근대 학부 편찬 수신서

| 역자 |

박병기(朴柄基)_서울대학교 윤리교육과를 졸업하고 동대학원에서 석·박사 학위를 받았다. 불교원전전문학림 삼학원을 수료하였고, 전주교육대학교 교수를 거쳐 현재 한국교원대학교 윤리교육과 교수로 재직하고 있다. 가산불교문화연구원 전문위원이자 국가생명윤리위원회 전문위원도 역임했다. 주요 논문으로는 「도덕 교과와 철학, 그 연속성과 불연속성」(2007), 「한국불교의 계율정신에 근거한 생태윤리의 모색」(2011), 「청소년 도덕적 동기화 진단도구 개발을 위한 기초연구」(2011) 외 다수가 있고, 주요 저서로 『윤리학과 도덕교육 1, 2』(인간사랑, 2007, 2011), 『동양 도덕교육론의 현대적 해석』(인간사랑, 2009) 등이 있으며, 주요 번역서로 티모시 샤프(Timothy J. Sharp)의 『행복 심리학』(인간사랑, 2008), 『근대 수신 교과서 1』(소명출판, 2011) 등이 있다.

김민재(金珉在)_한국교원대학교 윤리교육과를 졸업하고 동대학원에서 석사 학위를 받았으며 박사 과정을 수료하였다. 한림대학교 부설 태동고전연구소(지곡서당)에서 3년간의 한문연수과정을 수료하였으며, 현재 전주교육대학교에서 강의하고 있다. 주요 논문으로는 「도덕 심리학의 관점에서 하곡 정제두의 양지(良知)가 지니는 의의」(2011), 「사회적 직관주의가 지니는 도덕교육적 함의」(2012) 등이 있고, 공역서로 루돌프 슈타이너(Rudolf Steiner)의 『기독교적 세계관』(인간사랑, 2009), 『기도와 명상』(인간사랑, 2009), 알래스데어 매킨타이어(Alasdair MacIntyre)의 『철학의 과업』(인간사랑, 2010) 등이 있으며, 단독 번역서로는 신해영(申海永)의 『윤리학 교과서』(1907)를 현대어로 풀이한 『근대 수신 교과서 3』(소명출판, 2011)이 있다.

근대 학부 편찬 수신서

초판 인쇄 2012년 7월 25일 **초판 발행** 2012년 7월 30일
편저자 학부(學部) **역자** 박병기 김민재
펴낸이 박성모 **펴낸곳** 소명출판 **출판등록** 제13-522호
주소 서울시 서초구 서초동 1621-18 란빌딩 1층
전화 02-585-7840 **팩스** 02-585-7848 **전자우편** somyong@korea.com **홈페이지** www.somyong.co.kr

값 32,000원
ISBN 978-89-5626-729-6 93370

근대 학부 편찬 수신서

박병기 김민재

소명출판

|일러두기|

1. 번역의 저본으로 『夙惠記略』은 서강대학교 로욜라도서관 소장본을 사용하였으며, 『小學讀本』과 『普通學校 學徒用 修身書』는 국립중앙도서관 소장본을 사용하였다. 또한 1977년도에 한국학문헌연구소의 주도로 아세아문화사에서 영인 출판한 『한국 개화기 교과서 총서』 중 제 1권과 9권에 포함되어 있는 원본들도 참조하였다.
2. 영인의 출처를 밝히자면, 『夙惠記略』은 서강대학교 로욜라도서관 소장본(청구기호 : 고서 숙94)을 디지털 한글 박물관(www.hangeulmuseum.org)에서 이미지화한 것으로 사용하였다. 『小學讀本』과 『普通學校 學徒用 修身書』는 모두 국립중앙도서관에서 자체 소장본(청구기호 : 한古朝25-1, 朝12-B262-1-4)을 이미지화한 것으로 사용하였다. 영인을 위해 세 기관의 양해를 얻었다.
3. 기본적인 편차와 체제는 저본을 따랐으나, 『夙惠記略』과 『小學讀本』의 경우에는 가독의 편의를 위하여 저본에는 없는 목차를 제시하였으며, 1 · 2 · 3과 같은 부호도 사용하였다.
4. 번역은 직역을 원칙으로 하되, 지나치게 과거적인 표현의 경우에는 맥락을 해치지 않는 범위 내에서 현대역을 하였다.
5. 맞춤법과 띄어쓰기는 '한글맞춤법 통일안'을 따르는 것을 원칙으로 하였다.
6. 한글 표기를 원칙으로 하고, 고유명사나 이름, 관직, 지명, 기타 전문용어는 한자 또는 원어를 ( ) 안에 표기하였다. 반복되어 나올 경우에는 한글로만 표기하는 것을 원칙으로 하되, 서명은 병기하였다.
7. 부호는 다음과 같이 구별하였다.
   ( ) : 음이 같은 한자 표기
   역자가 가독성을 위해 부가 기입하는 내용 표기
   [ ] : 한글과 발음이 다른 한자와 일부 인용문 및 성어(成語) 표기
   한글 중에서 현대어로 전환한 고어(古語) 표기
   저본의 내용 중 오기(誤記)가 의심되는 문구 표기
   " " : 인용문, 대화
   ' ' : 시제(詩題), 재인용, 강조
   「 」 : 항목명, 편명, 논문명
   『 』 : 서명

역자 서문

우리 사회는 살 만한 사회일까? 밤거리를 큰 두려움 없이 지나다닐 수 있다거나 최소한의 생존이 보장된다는 점을 생각해보면, 그래도 꽤 괜찮은 사회가 아닌가 하는 자부심이 느껴지기도 한다. 그러나 다른 한편 끝을 모르는 경쟁으로 내몰리고 있는 어린 학생들과 취업준비생들, 막중한 책임감 때문에 픽픽 쓰러지는 40 · 50대 중년층들을 떠올리면 우리 사회의 현재적 위상에 깊은 회의감을 느끼지 않을 수 없게 된다. 경제성장과 민주화 과정 모두를 비교적 성공적으로 이끌어낸 대표적인 사례로 평가받기도 하는 한국이 정작 그 안에 살고 있는 한국인들에게는 절망감을 안겨주는 이 역설을 우리는 어떻게 해석하고 대응해야 하는 것일까?

'이 땅의 도덕교육 전공자'라는 정체성을 공유하고 있는 우리 역자들에게 이 문제는 학문적 관심사를 넘어서는 실천적이고 실존적인 고민거리를 제공해 준다. 그 고민거리는 물론 쉽게 해결될 수 있는 문제는 아니다. 다층적인 문제들이 함께 섞여있는 양상을 띠기 때문에, 단지 도덕교육의 차원에서만 접근했다가는 자칫 초점을 비껴가는 공허한 목소리로 끝날 가능성이 높다. 최소한 사회구조적 차원과 개인적 차원 모두에 주목해야 하고 가치와 의미의 차원뿐만 아니라 사실과 생존의 차원에도 함께 주목해야만 비로소 그 얽혀있는 실타래를 풀 수 있는 실마리가 모습을 나타낼 것이다.

그런 문제의식을 전제로 삼아 역자들은 몇 년 전부터 19세기 말에서 20세기 초반의 한반도 상황에 주목하고 있는 중이다. 조선(朝鮮)이라는 성리학을 이념으로 삼은 도덕 공동체이자 정치 공동체가 붕괴한 자리를 대체한 입헌군주국인 대한제국(大韓帝國)은 고종(高宗) 황제의 초라한 위상으로 상징되는 가련한 운명 속에 놓여있었다. 그 운명을 자신의 것으로 받아들이면서 대처하고자 했던 당시 지식인들은 면암(勉庵) 최익현(崔益鉉)과 외세를 등에 업은 혁명가 고균(古筠) 김옥균(金玉均)으로 상징되는 다양한 실천적 대안을 내놓았지만, 불행히도 그 중 어느 것도 성공하지 못하고 결국 일본 제국주의자들에게 나라를 내어놓아야 하는 상황으로 내몰렸다.

그 상황 속에서 나온 실천적이면서도 장기적인 대안 중의 하나가 바로 수신 교과(修身 敎科)의 독립 및 교과서 편찬 작업이다. 조선 성리학의 전통을 계승하면서도 서구와 그 서구에 빠르게 적응한 일본제국주의자들이 주도하는 새로운 20세기 역사에 대응하기 위해서 전 국민을 대상으로 하는 교과 교육 중심의 시민교육 체제를 받아들이는 동시에, 그 정신적 축으로 수신 교과를 독립시켜 다음 세대를 교육시키고자 했던 것이다. 그런 노력들을 우리는 개화기 수신 교과서 곳곳에서 확인할 수 있었다.

그 시기에 세워진 여성교육기관인 이화학당을 계승한 이화여자대학교 한국문화연구원이 주축이 되어 이화여대 도서관에 소장된 수신서와 역사서를 번역하는 작업을 하는 과정에 역자들은 각각 번역자로서, 또 수신서를 총괄하는 해제자로서 참여했고 그 결과가 이미 세상에 나와 있다(이화여대 한국문화연구원 편, 『근대 수신 교과서』(전 3권), 소명출판,

2011). 역자들은 그 과정에서 제외된 수신서 중에서 현재의 교육과학기술부에 해당하는 대한제국의 '학부(學部)'가 주체가 되어 편찬한 3권의 수신서에 관심을 갖게 되었는데, 그 이유는 사립학교에서 편찬한 수신서와는 달리 현재의 국정 및 검정 교과서와 더 많은 유사성을 지니고 있다고 판단했기 때문이다.

수신 교과의 역사를 이어받은 오늘의 도덕 교과는 일제 식민지 치하에서 식민지 백성으로서의 노예적 도덕성을 기르는 일을 하기도 했고, 유신쿠데타로 상징되는 박정희 독재 정권 치하에서 그 정당성을 상실한 유신을 찬양하는 오욕의 역사를 지니고 있다. 더 나아가 광주 민주화 운동을 군홧발로 짓밟고 들어선 전두환 군사정권 시절에는 이른바 국민정신교육이라는 이름으로 군부독재를 정당화하는 일익을 담당하기도 했다. 그런 오욕의 기억이 오늘날까지 이어지면서 도덕 교과를 중심으로 하는 도덕교육의 정당성과 성과에 대한 부정적인 평가가 엄존하고 있고, 도덕교육 전공자들인 우리는 이 사실에 깊은 책임감을 통감하고 있다. 그러나 과연 그런 역사적 오류만으로 도덕 교과의 정당성과 실효성 자체가 송두리째 부정될 수 있는 것일까?

도덕교육은 궁극적으로 독자적인 도덕 주체의 자율적인 도덕 판단 능력과 실천 성향을 길러주는 것을 목적으로 삼는다. 자신의 삶의 의미를 스스로 설정하거나 발견해 나가면서 그것이 실천적 영역으로까지 확장될 수 있게 하는 실천력까지 길러주는 것을 목표로 한다는 것이다. 그러나 우리는 도덕교육이 그 과정 중 하나로 한 사회에 존재하는 보편적이면서도 특수한 가치들에 익숙해지게 하는 도덕 사회화를 동시에 설정해야 한다는 점에도 충분히 유의할 필요가 있다. 그렇지 않은 경우 한 개인의 도덕성 기반이 형성될 수 없을 뿐만 아니라, 정체성 형성을 저해하는 결과를 빚을 것이기 때문이다. 다만 이러한 도덕 사회화는 그 과정 안에 이미 비판적이고 반성적인 사회화를 포함하면서 궁극적인 자율적 도덕성 형성으로 이어질 수 있을 때에야 비로소 온전한 정당화 근거를 지닌다는 점에 대해서도 우리는 유의해야 한다.

그런 점에서 우리의 도덕 교과는 도덕 사회화를 전제로 하는 도덕 교육뿐만 아니라, 그 과정에서 형성되는 관습적 도덕성에 대한 비판적 성찰과 극복을 지향하는 철학교육을 포함하고 있다. 도덕과 교육과정의 역사 속에서도 이미 '2007 개정 교육과정'을 기점으로 삼아 철학교육의 내용이 적극적으로 도입되고 있다. 이제 우리에게 남은 과제는 그 '도덕 사회화'와 '자율적 도덕성 발달'이라는 도덕교육의 두 목표 사이의 역설을 철학교육을 매개체로 삼아 보다 적극적으로 극복하는 일과 유교문화권에서 채택하고 있는 도덕 교과적 접근에 대해 그 의미와 한계를 객관적이고 정당하게 평가하는 일이다.

종교교육과 철학교육, 도덕과 교육 등으로 나뉠 수 있는 세계 도덕교육의 패러다임은 각각 그 문화적 뿌리와 함께 의미와 한계를 동시에 지니고 있고, 교양교육에 관심이 많은 철학자 누스바움(Martha C. Nussbaum)의 적절한 지적과 같이 서로가 서로를 모방해가면서 발전하는 세계화 시대를 우리는 맞고 있기도 하다. 우리 한국에 대한 정당한 자부심과 비판적 성찰력이 조화를 이루어야만 미래가 있는 것처럼, 우리의 도덕 교과 중심의 도덕교육에 대해서도 이제 정당한 평가에 근거한 자부심과 비판의식이 동시에 살아나야만 한다. 그래야만 미래가 없다고 절망을 말하는 한국교육이 인성교육을 중심으로 다시 살아

날 수 있는 토대가 마련될 수 있을 것이기 때문이다.

대한제국 시기의 학부가 주체가 되어 편찬한 이 세 권의 수신서는 우리 도덕 교과의 역사적 뿌리를 다시 확인할 수 있는 계기를 마련해 줌과 동시에 그 안에 담겨있는 당시 상황에 대한 비판적인 성찰을 바탕으로 현재의 도덕교과서가 지니고 있는 문제들을 찾아 개선해 가는 데 큰 도움을 줄 수 있을 것으로 기대해 본다. 국한문 혼용체로 되어 있어 일반 사람들이 접근하기 어려운 텍스트이기 때문에, 이렇게 번역함으로써 보다 많은 사람들이 손쉽게 접근할 수 있게 되기를 바란다.

이상과 같은 문제의식과 바람을 가지고 번역을 시작했지만, 실제로 이 세 권의 학부 편찬 수신서를 선정하고 현대어로 전환하는 과정은 그리 쉽지 않았는데 그 중 몇 가지 사항을 이 서문에서 밝혀두고자 한다. 첫째는 학부 편찬 수신서 선정의 문제이다. 학부에서 1907년 편찬한 『보통학교 학도용 수신서(普通學校 學徒用 修身書)』는 수신 교과의 텍스트라는 성격을 의심받지 않으나, 그 이전 1895년에 편찬한 『숙혜기략(夙惠記略)』과 『소학독본(小學讀本)』은 그렇지 않다. 1894년에서 1906년까지의 기간은 교과별 학제가 막 도입되던 시기였는데, 학부의 주도 하에 다양한 근대 교과서들이 제작되긴 하였지만, 법령에 따라 설치된 교과목들의 고유 교과서들이 완벽하게 구비되지는 못한 상태였다. 따라서 기존의 연구들에서는 『숙혜기략』과 『소학독본』을 다른 교과의 텍스트로 분류하기도 하였다. 그러나 당시 교과서의 내용을 세밀하게 살펴보면, 특정 교과서가 결국은 특정 교과를 지향하고 있다는 점을 알 수 있다.

또한 이 시기의 교과서들이 고유성과 체계성을 완벽하게 갖추지는 못하였다 할지라도, 특정 교과서가 어떤 교과목에 적합하였고 실제 사용되었는지를 추론하는 과정은 매우 중요하다. 왜냐하면 특정 교과서가 어떤 교과로 분류되느냐에 따라 평가가 완전히 달라지기 때문이다. 『소학독본』이 좋은 예인데, 이 책은 '독본(讀本)'이라는 명칭에 집착하여 기존에는 국어 교과서류로 분류되는 경우가 잦았다. 따라서 이 책을 언급하는 연구들에서는 『소학독본』이 유가적 인물의 언행만을 제시하고 있기에 개화나 근대화에 역행하는 인상을 준다는 점을 강조한다.

그러나 『소학독본』을 수신서류로 분류할 경우 그 평가는 달라진다. 왜냐하면 이 책은 학부 편찬 수신서들 중에서 체계성과 안정성을 가장 높은 수준으로 확보하고 있기 때문이다. 이렇게 교과 분류가 달라지는 까닭은 기존의 연구들이 교과서의 내용 특징을 제대로 분석하지 않고, 제목 혹은 목차에만 의존했기 때문으로 보인다. 현재에는 『숙혜기략』과 『소학독본』의 내용 특징을 근거로 하여 수신 교과로 분류하는 경우가 많으며, 역자들 역시 여기에 대한 연구를 지속적으로 해왔기에 두 책을 근대의 학부 편찬 수신서류로 분류하였다.

둘째는 현대어로 번역하는 과정상의 어려움이다. 『보통학교 학도용 수신서』와는 달리 『숙혜기략』과 『소학독본』은 한시(漢詩)와 난자(難字), 경문(經文) 등이 자주 등장하는데, 역자들이 보기에는 그동안 근대 수신 교과서에 대한 연구가 많지 않았던 까닭 역시 여기에 있는 것 같다. 따라서 역자들은 『숙혜기략』과 『소학독본』에 포함되어 있는 다양한 옛 이야기와 한시들을 해독하는 과정에서, 사서(四書)와 삼경(三經)을 포함한 여러 문헌들을 참조하였다. 그 문헌들의 목록은 본 번역서의 참고 문헌에 수록되어 있다. 그러나 그런 노력에도 불구하고 모든 전거들을 찾아내지는 못하였으며, 이와 같은 이유로 번역상의 오류가 있을 경우 그것은 역자들의 책임이다.

셋째는 학부 편찬 수신서와 사립학교 수신서의 성격 규명 문제이다. 이 세 종류의 수신 교과서는 1894년에서 1910년까지의 기간 동안 공식적으로 발간된 수신 교과서 전부이지만, 사립학교에서 별도로 편찬된 수신 교과서와는 성격이 상당히 다르다. 실상 학부에서 편찬을 주도하였던 공식적인 수신서들은 학습자들이 주체적인 시각으로 그 시대를 살아나갈 수 있도록 교육하는데 부족한 점이 많았다. 왜냐하면 1895년에 발간할 시기에는 아직 제대로 된 교과서를 만들 수 있는 준비가 되지 못하였고, 1907년에 발간할 시기에는 어느 정도의 경험은 축적되었다 할지라도 통감부(統監府)가 대한제국의 교육 정책을 좌우하고 있었기 때문이다. 그에 비해 자율적이고 민족적인 성격의 사립학교들에서 발간한 각급별 수신 교과서들은 다른 양상을 보여준다. 이와 관련된 내용은 본 역서의 뒤에 첨부된 부록에서 보다 상세하게 논의될 것이다.

마지막으로 이 수신서들의 초역은 김민재가 맡아서 했고, 박병기는 초역 원고를 검토하는 역할 분담을 했음을 밝혀두고 싶다. 한국교원대학교 대학원에서 석·박사과정 지도교수와 지도학생이라는 인연으로 만나고 있는 우리는 개화기에 발간된 수신서(修身書)의 현재적 의미와 한계에 대해 지속적인 대화를 나누고 있는 중이고, 이를 토대로 이 시대의 도덕 교과서가 어떤 모양새를 갖추어야 하고 또 어떤 역할을 해내야 하는지에 대해서도 연구실이나 교정의 벤치, 가까운 커피점을 공유

공간으로 삼아 대화를 이어가고 있다. 모쪼록 이 수신서 번역이 젊고 패기 있는 한 학자의 삶에 의미 있게 새겨질 수 있기를 기원하고, 더 나아가 우리의 이러한 인연이 우리 도덕교육의 미래에도 긍정적인 자취를 남길 수 있게 되기를 바라는 마음 또한 간절하다.

또한 모든 연구물들의 출판 과정이 그러하듯 이 책 역시 여러 사람의 도움으로 세상에 빛을 보게 되었는데, 이 지면을 빌려 그 분들에게 감사의 마음을 전한다. 우선적으로 언급하고 싶은 이들은 한시의 해독에 큰 도움을 준 김현진 군과 권석창 군이다. 두 사람은 태동고전연구소(지곡서당)에서 3년간의 한문연수과정을 수료하였고, 현재는 각각 성균관대학교 대학원과 한국학 대학원에서 연구 활동에 전념하고 있다. 이어서 점점 어려워지는 국내의 출판 여건에도 불구하고, 이 책을 위하여 여러 가지 도움을 주신 박성모 사장님과 김민지 선생님 및 소명출판 식구들에게도 깊은 감사를 드린다. 마지막으로 본 번역서의 후반부에 실린 학부 편찬 수신서들의 이미지를 영인하는 과정에서 여러 가지 도움을 주신 국립중앙도서관, 서강대학교 로욜라도서관, 디지털 한글 박물관의 관계자 분들에게도 감사의 말씀을 드린다.

2012년 봄

역자들을 대표하여 박병기 드림

근대 학부 편찬 수신서 해제*

본 해제에서는 학부에서 1895년에 편찬한 『숙혜기략』과 『소학독본』, 그리고 1907년에 편찬한 『보통학교 학도용 수신서』에 관한 개략적 소개를 제시할 것이다. 이 수신서들이 지니는 역사적 위치와 현대적 의의에 대해서는 본서의 부록을 참조할 수 있다.

1. 『숙혜기략(夙惠記略)』

『숙혜기략』의 '숙혜(夙惠)'는 '일찍 깨닫는다'는 의미인데, 중국 남조(南朝) 송(宋)나라의 유의경(劉義慶)이 편찬한 『세설신어(世說新語)』의 편명에서 비롯되었다. 제목에서 알 수 있듯이, 『숙혜기략』은 일찍 깨달은 명사들의 일화를 간략하게 기록해놓은 책이다. 이 책에는 별도의 목차가 제시되어 있지 않으며, 서문 · 내용 · 결문의 구성을 취하고 있다. 우선 서문에서는 정호(程顥), 여본중(呂本中), 양억(楊億) 등이 언급한 내용들을 인용한 뒤 다음과 같이 마무리함으로써 이 책이 나아갈

* 본 해제의 내용은 김민재, 「개화기 '학부 편찬 수신서'가 지니는 교과용 도서로서의 의의와 한계」, 『이화사학연구』 제42집, 이화사학연구소, 2011에서 제 3장의 내용을 수정, 보완한 것임을 밝힌다. 이 논문은 본래 번역이 이루어지는 과정에서 해제를 염두에 두고 쓰였다.

전체적인 성격을 암시하고 있다.

…… 진실로 그 재능을 헤아리지 않고 멀고 큰 것으로 가르치기를 빨리 하면 능히 이해하지 못할 것이고, 진실로 많은 것을 힘쓰고자 하면 능히 오랫동안 기억하지 못할 것이며, 진실로 심오함으로써 하면 또한 깨닫기가 어려울 것이다. 그러한 까닭에 작은 것과 가까운 것이 반드시 유독 아름다운 것은 아니지만 이것을 우선으로 하고, 한 가지 일과 한 가지 이치가 변화를 다하는 것은 아니지만 마침내 도를 이루고, 옛 일을 일상의 말과 같이 하는 것이 비록 본래의 글은 아니지만 '맺음을 들이되 통한 곳이 있으니', 어린 아이를 가르칠 자는 마땅히 이것으로써 법해야 하지 않겠는가. 이에 국한문(國漢文)을 사용하여 어린 아이의 일찍 깨달은 일화들을 모아서 학문을 처음 배우는 이들의 삼가 본보기로 삼으니, 보는 자들은 또한 가히 이것으로써 근본한 바를 알아야 할 것이다.

위의 내용을 통해 알 수 있듯이 『숙혜기략』은 기존의 하학이상달(下學而上達)이라는 공부 과정에서 특히 하학에 초점을 맞추고 있고, 그 방법으로서 나이별로 뛰어난 행적을 보여주는 '모범(model)'을 제시하고 있으며, 특히 '중국' 인물들의 사례를 집약해놓고 있다. 이것을 표로서 간단히 제시하자면 〈표 1〉과 같다.

이렇게 내용이 구성되는 과정에서 몇 가지 특이한 사항이 엿보인다. 먼저 첫 번째로 지적할 수 있는 것은 나이에 따른 인물 사례의 비중이 균등하지 않다는 것이다. 5세부터 9세까지의 시기에 소개된 인물의 숫자가 다른 시기에 비해 많은데, 그 중에서도 특히 5세와 7세에 집중되어 있음을 위의 표를 통하여 알 수 있다. 그리고 이것은 『숙혜

〈표 1〉『숙혜기략』의 연령대별 인물 사례

연령대	인물 사례
태어남	神農氏, 帝嚳 高辛氏, 蒼頡, 釋迦佛, 老子
7개월	白居易
8개월	金時習
돌	明道, 曹彬
3세	東方朔, 徐積, 厖九疇, 劉因
4세	孔融, 蕭穎士, 劉公恕, 解縉
5세	賈逵, 孔文擧의 두 자식, 蘇頲, 金麟厚, 路溫舒, 張純·張儼·朱異, 念賢, 李德林, 裴休, 崔鉉, 章懷 太子, 李德裕, 房玄齡, 狄仁傑, 文彦博, 劉基
6세	陸績, 江淹, 愍懷 太子, 王勃
7세	項槖, 黃琬, 陳元方, 孫放, 謝安, 宋璟, 楊收, 李泌, 高定, 駱賓王, 張九齡, 司馬溫公, 晏殊, 孫覿, 王禹偁, 楊億, 許衡, 李珥
8세	蒲衣子, 謝尙, 管輅, 徐之才, 嚴武, 彭思永, 寇準, 黃庭堅, 岳柱
9세	楊寶, 徐孺子, 黃香, 鄧王沖, 楊修, 陸秀, 王維
10세	司馬遷, 劉晏
11세	陳元方, 邴原, 劉少逸, 王守仁
12세	甘羅, 吳祐, 秦宓, 鐘毓·鐘會, 祖瑩, 柳惲
13세	褚陶, 荀子文, 張方平, 鄒智
14세	諸葛靚, 岑文本
15세	陳蕃, 吉翂
이하 총각	汪錡, 王允之, 謝朗, 戴逵, 楊喬·楊髦
이하 십여세	柳渾, 蘇世長
16세	狄靑
17세	河妥
18세	張橫渠
19세	張奮
20세	李邕
이하 소년	陸倕, 杜如晦

기략』이 소학교용 교재라는 점을 뒷받침하고 있다.

둘째, 『숙혜기략』에는 대부분 중국의 인물들이 소개되고 있는데,

그 소속 국가도 많을 뿐 아니라 인물들이 이름을 떨친 분야도 학문, 정치, 문학 등으로 다양하다. 소속된 인물이 매우 많아 자주 언급되는 한(漢)·당(唐)·송(宋) 등으로부터 한 번만 언급되는 주(周)·제(齊)·촉한(蜀漢)·수(隋)·금(金) 등까지, 국가의 범위를 폭넓게 하여 인물 사례를 소개하고 있다. 한편 신농씨(神農氏)·제곡 고신씨(帝嚳 高辛氏)·창힐(蒼頡) 등과 같은 전설적 인물과, 석가불(釋迦佛)·노자(老子)와 같은 유가에서 배척하는 인물들도 등장한다. 이런 특징은 『숙혜기략』 전체에서 잘 드러나는데, 가규(賈逵)·허형(許衡) 등과 같은 유학자뿐 아니라 심학(心學)의 왕수인(王守仁) 및 선불교에 관심이 많았던 배휴(裴休) 등도 함께 소개되고 있으며, 뛰어난 정치가로 알려진 소정(蘇頲)·적인걸(狄仁傑)·송영(宋璟) 등과 시인으로 알려진 왕발(王勃)·황정견(黃庭堅) 및 화가인 이옹(李邕)·대규(戴逵) 등도 소개되고 있다. 물론 이상의 인물들이 소개되는 과정에서 그들의 학문이나 정치적 경향이 세밀하게 드러나는 것은 아니라 할지라도, 『숙혜기략』의 내용 성격이 포괄성을 띠고 있다는 점은 뚜렷하게 알 수 있다.

그러나 다른 한편 유가라고 하면 떠오를 법한 공자(孔子)나 맹자(孟子), 주희(朱熹) 등에 대한 직접적 언급은 찾아볼 수 없고, 명재상이라고 불리는 관중(管仲)과 굴원(屈原)이나 뛰어난 시인인 이백(李白)과 두보(杜甫) 등도 보이지 않는다는 점에서, 인물 선별 기준이 무엇인가 하는 의문을 제기하게끔 한다. 그리고 조선의 인물들도 소개되고 있기는 하나, 그 숫자도 김시습(金時習), 김인후(金麟厚), 이이(李珥)의 세 명에 불과하고 그나마도 언급 정도에 그치고 만다는 점에서 아쉬움을 남긴다.

셋째, 『숙혜기략』에 소개된 인물들은 뛰어난 자질을 타고나는 경우가 대부분이다. 즉 평범한 자질을 가지고 태어났는데 노력으로써 그것을 극복하는 사례 소개는 거의 없으며, 소위 '천재'들에 대한 이야기가 많다는 것이다. 다음과 같은 예시가 전형적인 경우이다.

한(韓)나라 가규(賈逵)는 오세에 신명함이 보통 사람들보다 뛰어났다. 그 누이는 한요(韓瑤)의 부인이었는데, 이웃 서생의 책 읽는 소리를 듣고, 가규를 안고서 울타리 너머에서 들었다. 그랬더니 가규가 십 세에 육경(六經)을 암송하였다. 누이가 가규에게 일러 말하기를, "우리 집안이 생활이 궁하고 어려워서 일찍이 배움의 문에 들어가지 아니하였는데, 네가 어찌 천하에 삼분(三墳)과 오전(五典)을 알고서 외우기를 빠뜨린 구절이 없는가"라고 하였다. 가규가 말하기를, "누님이 나를 안고서 울타리 아래에서 이웃집의 책 읽는 소리를 엿들었기에 이제 조금도 틀림이 없는 것입니다"라고 하였다. (5세)

요컨대 가규는 기억력이 남달라서 다섯 살 때부터 담 너머의 경전 암송 소리만 들었을 뿐인데도 열 살에는 육경을 외웠던 것이다. 이와 유사한 사례들은 『숙혜기략』 전반에 걸쳐 제시되고 있다. 그런데 이 책 역시 일종의 교과용 도서라는 점을 감안할 때, 저와 같은 내용들이 나이 어린 아동들에게 얼마나 교육적 효과를 발휘할 수 있는가에 대해서는 다소 회의적이지 않을 수 없다.

이상의 내용 특징을 본론에서 보여준 뒤, 『숙혜기략』의 편자는 결문을 통하여 "후대의 사람들도 진실로 사람됨에 뜻이 있다면, 재능이 비록 그 가능성에 미치지 못한다 할지라도 미침을 꾀하려는 생각조차 없어서 어떠하겠는가. 또한 오로지 총명하고 민첩하기만 한 자는 비록 선을 행하기 쉽다 할지라도 또한 악을 행하기도 쉬우니, 배워서 수양함만 같지 못하다"라고 밝히고 있다. 즉 재능이 뛰어난 것도 중요하지만 그 재능을 선한 방향으로 발현하는 근본은 덕성의 함양, 수신에 있음을 강조하는 것이다. 또한 다소 재능이 미치지 못한다 할지라도 제시된 모범들에 근접하기 위해 노력해야 함도 강조하고 있다.

2. 『소학독본(小學讀本)』

『소학독본』 역시 『숙혜기략』과 마찬가지로 별도의 목차는 제시되어 있지 않다. 그런데 『소학독본』에는 직접적으로 서문과 결문이라고 지칭하는 내용도 없다. 하지만 입지(立志), 근성(勤誠), 무실(務實), 수덕(修德), 응세(應世)라는 다섯 가지 주제에 맞추어 내용이 진행되고 있으며, 이 주제들이 서로 분리되는 것이 아니라 밀접히 연관된다는 점에서, 그리고 '뜻을 세운다'는 입지와 '세상에 응한다'는 응세가 선후(先後) 관계를 말할 수 있다는 점에서, 각각 서문과 결문의 역할을 하고 있다. 특히 입지 편과 응세 편의 말미에는 다음과 같은 내용들이 있으며 두 내용이 서로 통하고 있어 더욱 이런 점을 뒷받침하고 있다.

① …… 아직은 모자란 어린 학생들이여. 우리 대군주 폐하께옵서 높으신 덕을 더욱 밝히시어 조서로써 경계함을 자주 내리시니, 『시경(詩經)』에 이른바

"주(周)나라가 비록 오래된 나라이나, 천명은 새롭도다"라고 할 때이다. 우리도 임금의 뜻을 본받고 그리워하여 배워 익힘을 힘쓰며 충효를 일삼아 국가와 함께 오래도록 태평하기를 절하여 기원하노라. (입지)

②…… 학자는 배우는 바를 깊이 이해하고 마음의 줏대를 견고하게 세워서, 후일 임금을 모시며 백성을 대함에 있어 간사한 인간의 의혹을 받지 말아야 할 것이다. 공자는 말하기를, "또한 희다고 아니하겠는가. 검은 물을 들여도 검어지지 아니한다. 또한 견고하다고 아니하겠는가. 갈아도 엷아지지 않는다"라고 하였다. 이와 같은 후에야 임금을 받들고 사직을 떠받치는 지주(砥柱)가 되는 것이다. (응세)

『숙혜기략』과 유사한 형태로 『소학독본』 역시 다섯 가지 주제별로 뛰어난 행적을 보여주는 '모범' 사례들을 제시하고 있다. 그러나 주목해야 할 점은 『숙혜기략』에 비하여 『소학독본』의 사례들은 더욱 '도덕적 모범(moral model)'에 가까우며, 또한 '고려와 조선'의 인물들의 사례를 집약해놓고 있다는 점이다. 이것을 간단한 표로서 제시하면 다음과 같다.

〈표 2〉 『소학독본』의 주제별 인물 사례

주 제	인물 사례
입지	孟思誠, 宋時烈, 趙穆, 李滉, 金集, 鄭鵬, 金長生
근성	鄭逑, 李珥, 權尙夏
무실	金宏弼, 宋軼, 崔興遠, 成渾, 宋浚吉, 李元翼, 金誠一
수덕	趙光祖, 申欽, 李珥, 徐敬德
응세	南孝溫, 李珥, 鄭夢周, 柳夢寅, 李恒福, 李德馨, 白文寶, 尹斗壽, 鄭光弼, 李睟光, 金麟厚, 宋麟壽, 李之菡

이와 같이 본론 내용이 구성되는 과정에서 『소학독본』은 매우 체계적인 모습을 보여준다. 우선 첫 번째로 제시할 수 있는 것은, 『소학독본』에서는 각 편의 도입부에 그 해당 주제의 의미 혹은 전체적인 요지를 밝히고 있다는 점이다. 세 번째 편인 무실(務實)과 네 번째 편인 수덕(修德)의 도입부를 살펴보자.

① 천하의 일과 사물에는 허(虛)와 실(實)이 있으니, '허하면 폐하고 실한 것만 힘쓰는 것'이 이른바 무실(務實)이다. 이 때문에 옛 성현의 행함은 실하지 않음이 없었는데, 중고(中古)에 과거제가 시행되면서부터 선비의 풍습이 점점 어그러져 청탁이 어지럽고 뇌물이 성행하였다. 뒤에 태어난 소년들이 실지(實地)를 힘쓰지 아니하고 혹 한가로이 놀면서 날을 살거나 잡다한 재주로 세월을 보내다가, 바라지 않았는데 늙고 또 쇠하면 가난하고 어려운 처지에서 슬퍼하며 탄식하니, 또한 가련하지 아니한가. (무실)

② 도의(道義)로 본성을 함양하여 인애(仁愛)가 마음에 넉넉히 차이면 덕의 기운이 자연스럽게 밖으로 나타나게 되니, 덕이 능히 드러나면 위로 임금을 섬기고 아래로 백성을 다스리는 것이 자연스럽게 교화가 이루어진다. 만일 덕을 닦지 못하고 기교나 거짓으로 일을 다스리면 교화하지 못할 뿐 아니라, 폐단이 여러 가지로 발생하여 반드시 전복됨에 이를 것이다. (수덕)

이것은 같은 시기에 발행된 『숙혜기략』이 연령대에 맞추어 여러 인물들의 사례를 단순 배열한 방법과는 사뭇 다른 것으로, 저와 같은 주제의 의미 혹은 전체적인 요지의 제시는 일종의 교육 목표로서 기능하였을 것으로 보인다.

둘째, 『소학독본』은 주제에 해당하는 인물의 사례를 소개한 뒤 그 내용을 요약 · 정리하고 때로 사서(四書)나 삼경(三經)을 통하여 뒷받침 혹은 보충까지 하는 치밀성을 보여준다. 가령 조선조의 정구(鄭逑)의 사례를 설명하고 요약한 뒤 『중용(中庸)』과 『맹자(孟子)』의 내용으로 보충하고 있다.

> 한강(寒岡) 정구(鄭逑) 선생이 칠세에 배움에 들어가면서, 산 속의 방에 홀로 올라가 사십일을 잠도 자지 않고 매우 열심히 배움의 길을 찾았다. 그러자 일 년 만에 글 솜씨가 완성되었으니, 사람이 정성스럽고 근면하면 천하에 어려운 일이 없는 것이다. …… 하늘의 명이 별도로 있는 것이 아니라 사람의 정성스러움에 있으며, 운수가 별도로 있는 것이 아니라 사람의 부지런함에 있는 것이다. 공자가 말하기를, "하늘이 물건을 낼 적에는 반드시 그 재질을 따라 돈독하게 한다. 이 때문에 심은 것은 북돋아주고, 기운 것은 엎어버린다"라고 하였다. …… 맹자가 말하기를, "명(命)을 아는 자는 넘어지려고 하는 담장 아래에 서지 않는다"라고 하였으니, 죽고 사는 것이 비록 명이나 거기에 서지 않는 것은 사람의 일이다. (근성)

이와 같은 점은 『소학독본』의 내용 기술이 구체적이면서도 체계적으로 되어 있고 또한 수준 높은 것이라는 평가를 뒷받침할 수 있는 또 다른 근거가 된다.

셋째, 『소학독본』의 내용 구성은 상당히 유가적 색채를 지니고 있다. 위의 표에서도 알 수 있듯이, 소개된 인물들은 대부분 당대의 뛰어난 유학자였다. 그리고 이런 점에서 『소학독본』은 내용의 성격이 편향성을 지니고 있으며, 상당한 포괄성을 보여주었던 『숙혜기략』과 대비되는 모습을 보여준다.

『소학독본』의 유가적 색채는 다섯 가지 주제들의 명칭에서도 잘 드러나고 있는데, 그 중 가장 많은 분량을 차지하는 것은 다름 아닌, '수덕'과 '응세'이다. '뜻을 세운다'는 입지, '부지런하고 정성스럽게 한다'는 근성, '실제에 힘쓴다'는 무실 등이 어느 하나 중요하지 않은 것이 없으나, 특히 개인의 '덕을 닦는다'는 수덕을 강조하는 것은 유가 전통에서 근본적인 부분이라는 것은 주지의 사실이다. 또한 이것이 단지 개인 내면의 덕을 닦는데 그치는 것이 아니라 응세로 '그 범위를 적극적으로 확장시켜야 한다'는 것도 다음과 같은 내용에서 잘 드러나고 있다.

> 율곡(栗谷) 선생이 말하기를, "선비와 군자는 사람을 구제하고 사물을 이롭게 해야 할 것이다. 따라서 마땅히 그 실제[實]에 살아야 할 것이요 그 이름에 살아서는 안 될 것이니, 이름에 살면 덕이 줄어든다. 경(卿)과 대부(大夫)는 국가를 걱정하고 백성을 위해야 할 것이다. 따라서 마땅히 그 마음을 둘 것이요 그 말[言]을 두어서는 안 될 것이니, 말을 두면 곧 손상이 도래한다"라고 하였다. 이 때문에 옛날의 현인과 군자는 세상에 서서 일을 처리하는데 있어 이름과 실제가 다르지 아니하고 말과 행동이 어긋나지 않았다. (응세)

인물 소개와 관련하여 특이한 점을 지적하자면, 이이(李珥)의 경우에는 『소학독본』에서 매우 강조되는 인물이라는 것이다. 다른 인물들이 다섯 개의 주제에 배속되어 모두 한 번씩 언급되는데 반해 율곡은 '근성'과 '수덕', '응세'에 걸쳐 두루 인용되고 있으며, 특히 '응세'에서는 전반부와 후반부에서 모두 언급되고 있다. 즉 네 차례에 걸쳐 다루어질 만큼 중요한 위상을 차지하고 있다. 율곡이 조선을 대표하는 유학자라는 점을 학부 편찬 수신서를 통해서도 확인해볼 수 있다.

지금까지 살펴본 『숙혜기략』과 『소학독본』은 모두 학부에서 1895년에 발간한 수신 교과용 도서로서 1906년 통감부(統監府) 설치 이전의 시기에 주로 활용되었을 것으로 보인다. 이 두 교과서는 유사한 형태를 취하고 있으면서도 서로 다른 내용들로 구성되어 있음을 알 수 있다. 그렇다면 통감부 설치 이후 1907년에 학부에서 발간한 『보통학교 학도용 수신서』는 어떠한 전개 양상을 보여주는가.

3. 『보통학교 학도용 수신서(普通學校 學徒用 修身書)』

광무(光武) 11년(1907) 동경의 삼성당(三省堂)에서 인쇄되어 출간된 『보통학교 학도용 수신서』는 이미 명칭에 '수신서'라는 용어가 들어가기에, 앞서 살펴본 두 권의 수신서와는 달리 그 성격을 의심받지는 않는다. 권 1에서 권 4로 구성되어 있으며, 각 권에 해당하는 목차도 제시되어 있다. 그런데 권 1과 권 2의 경우에는 책을 구성하고 있는 행과 열의 수가 적으며 국문과 한문 중에서 국문의 비중이 훨씬 높으나, 권 3과 권 4의 경우에는 전체 과의 수는 약간 줄어들지만 행과 열의 수가 많이 늘어나고 한문의 비중과 난이도가 높아지는 양상을 보여주고 있

〈표 3〉『보통학교 학도용 수신서』 권 1 - 권 4의 내용 구성

과 \ 권	권 1	권 2	권 3	권 4
1과	학교	생물	규칙	독립자영
2과	착한 학생	이웃 사람은 사촌	예의	직업
3과	활발한 기상	다른 사람에게 방해를 끼치지 말 것	신분과 의복	공동
4과	의좋은 친구	예절바른 태도	알맞게 근면하고 알맞게 노는 것	공중
5과	사마광	친구	프랭클린	위생
6과	다투어 싸우지 말라	다른 사람의 과실	다른 사람의 명예	황실
7과	거짓말 잘하는 아이	형제	진정한 용기 있는 자	어진 관리
8과	워싱턴 1, 2	한 가정의 화목	군자의 경쟁	조세
9과		인내의 덕 됨	관대	공과 사의 구별
10과	부모의 즐거움	종	어리석은 사람의 미신 1, 2	박애
11과	신체	정직		동물 대우
12과	자기의 물건과 다른 사람의 물건	청결	자선	적십자사
13과	물건을 잘 간수하는 일	존덕 1, 2	절제	친구
14과	물건을 귀중히 여기는 아이		·	·
15과	약속	·	·	·

다. 목차를 중심으로 내용의 구성을 살펴보면 〈표 3〉과 같다.

이와 같은 구성을 지닌 『보통학교 학도용 수신서』의 내용 특징 중 첫 번째로 지적할 수 있는 점은 인물 예시에 대한 것이다. 『보통학교 학도용 수신서』에는 위 목차에 제목으로 들어가 있는 인물들도 포함하여 상당수의 인물들이 예시되어 있다.

서양의 인물로는 미국의 워싱턴[華盛頓]과 프랭클린[흐란그린], 영국의 나이팅게일[나이딩겔], 스위스의 뒤낭[쥬난], 네덜란드의 무명인(無名人) 등이 있다. 동양의 인물로는 중국의 인물이 특히 많은데, 공자와 자공(子貢), 증자(曾子), 안평중(晏平仲), 인상여(藺相如)와 염파(廉頗), 구범(咎犯)과 우자고(虞子羔) 등과 같은 고대의 인물들과 더불어, 당의 장공예(張公藝)와 장진국(張鎭國), 송의 사마온공(司馬溫公)과 여몽정(呂蒙正), 청의 순거백(荀巨伯) 등이 제시되고 있다. 한편 일본의 인물로도 두 명이 언급되어 있는데 존덕(尊德)과 영목(鈴木)이 그들이다. 존덕과 영목의 경우 사람 수로는 두 명일뿐이지만, 전자의 경우에는 자기희생과 책임감, 근면성 등이 체득된 인물로서, 후자의 경우에는 자선과 사랑을 적극적으로 실천한 인물로서 매우 강조되고 있다는 점을 간과해서는 안 된다.

그런데 이와 같이 적지 않은 수의 인물이 등장하는 가운데 한반도의 인물로는 고려조의 서필(徐弼) 한 사람이 있을 뿐이다. 명성으로만 보자면 서필 이외에도 목차 구성에 따라 제시할 수 있는 위인이 매우 많았을 것인데도 단 한 명만이 제시되어 있다. 권 3에 이응선(李應善)과 장구용(張九容)이라는 인물이 등장하지만, 역사적으로 중요한 인물도 아니고 인적 사항도 알 수 없으며 비중 없이 다루어지고 있기에 한반도의 인물 사례라고 말하기에는 역부족이다.

『보통학교 학도용 수신서』의 이와 같은 문제점은 앞서 살펴보았던 『숙혜기략』과는 다른 것이다. 『숙혜기략』은 내용 성격의 포괄성을 전제로 하고 있을 뿐 아니라, 같은 시기에 발간되었던 『소학독본』이 그 부족한 점을 보완할 수 있었다. 그러나 이 『보통학교 학도용 수신서』는 그 자체로 온전한 수신 교과서가 되기에 당시 교과용 도서의 편찬 과정에서 일본의 영향력이 얼마만큼 행사되었는가를 알 수 있는 간접적 자료가 된다.

『보통학교 학도용 수신서』의 내용 특징 중 두 번째로 지적할 수 있는 것은, 충군이나 애국과 같은 내용들이 매우 부족하다는 것이다. 이 책을 객관적으로 살펴보자면, 개인 · 가정 · 사회 · 국가라는 영역 중 마지막을 제외한 앞의 세 가지는 보통학교의 학습자용으로 쉽게 설명되어 있다고 평가하는데 인색할 필요는 없다. 효도, 우애, 예의, 절제, 용기, 의리, 신뢰, 정직, 준법, 박애 등과 같은 덕목 중심의 내용들은 어렵지 않은 단어들을 사용하여 알기 쉽게 구성되어 있다는 것이다. 그러나 교과서가 시대의 가치관을 반영하는 구체적 증거물이라는 점에서, 당시의 공식적인 수신 교과서에 충군 및 애국의 내용이 없다는 것은 분명 한계로 작용한다.

『보통학교 학도용 수신서』에서 직접적으로 충군을 강조하는 내용은 권4의 제6과 '황실'에 제시되어 있을 뿐인데, 그나마도 내용이 상당히 소략하다. 일본에서는 이 『보통학교 학도용 수신서』에 근면, 착실, 규율, 신용 등이 강조되고 충군과 애국의 덕목을 넣지 않은 것에 대한 정당화를 시도하기도 한다. 즉 당시 대한제국의 정황이 개혁을 앞두고 있었기에 충군이나 애국과 같은 덕목을 가르친다는 것이 오히려 청년의 장래에 불행한 결과를 가져온다는 것이다. 그러나 이와 같은 정당화는 대한제국을 식민지로 삼으려던 일본 시각에서의 전형적 정당화임을 알 수 있다.

『보통학교 학도용 수신서』의 내용 특징 중 세 번째로 지적할 수 있는 것은, 대한제국에 대한 부정적 이미지가 다양한 방식으로 제공되고 있다는 것이다. 기술(記述)의 방식과 삽화의 방식이 부정적 이미지 제공의 대표적 방법이다.

우선 기술의 방식을 살펴보자면, 직접적 기술과 간접적 기술로 나누어 살펴볼 수 있을 것이다. 전자는 대한제국 국민의 부정적인 점을 직접적으로 드러내어 기술하는 것이다. 몇 가지 예만 살펴보자면 다음과 같다.

> ①…… 우리나라 사람들은 의복은 자주 세탁하는데, 그러나 목욕을 적게 한다. 신체와 의복뿐만 아니라 집안·정원·도로 등도 청결하게 함이 옳다. 도로에 대소변을 누며 집 밖으로 대소변을 흘려보내어 악취가 코를 찌르게 하는 것은 문명국에서는 결코 없는 일이다. (권2 제12과 '청결')
>
> ②…… 우리나라에서는 일을 하는데 근면함도 없고 노는데 즐거움도 없이 시간을 쓸데없이 허비하는 사람이 매우 많아서, 일을 하든지 길을 가든지 긴 연죽을 입에 물고 나태함이 극도에 달하여 국민의 원기(元氣)가 떨치지 못하니 이것은 하루라도 바삐 고칠 습관이다. …… (권3 제4과 '알맞게 근면하고 알맞게 노는 것')

이어서 간접적 기술이라는 것은 부정적인 예시를 우선 제시하고 그와 같이 '해서는 안 된다'라고 기술하는 것들을 의미한다. 그런데 문제는 그와 같은 표현 방식이 너무 많다는 데 있다. 삽화의 방식도 이 간접적 기술과 밀접한 연관을 맺고 있다. 실제로 긍정적인 예시는 서양과 중국, 일본인들의 인물 사례를 통해서 제시하고 있다. 이에 반해 부정적인 예시는 '이 아이', '어떠한 학생' 등과 같은 형태로 이야기를 시작하는데, 이런 예시들에는 삽화가 함께 있는 경우가 대부분이고, 그 삽화에는 부정적인 행동을 하는 인물이 대한제국의 아동이라는 것이 뚜렷이 드러나 있다.

또한 삽화에는 간접적 기술을 도와주는 것 이외에도 일본 혹은 서양의 우월적 이미지 제공의 기능이 있다. 예를 들어 권1의 제6과 '다투어 싸우지 말라'와 권4의 제5과 '위생'의 삽화에 등장하는 교사와 의사의 모습은 양장을 입고 말끔한 모습을 하고 있으며 일본식 콧수염을 기르고 있다. 이것은 교사 앞에서 울고 있거나 의사 앞에서 치료를 받고 있는 대한제국 사람들과 큰 대조를 이룬다. 이런 부분은 삽입된 삽화에 일본 우월 정신이 반영되었음을 드러내는 것이다. 또한 권1의 제8과 '워싱턴'과 권4의 제11과 '동물 대우' 등에 등장하는 서양인들의 모습은 당당하고 화려하게 그려지고 있으며, 이런 점은 중국 인물의 삽화에도 적용된다. 삽화에서는 인물 뿐 아니라 사물에 대한 형용도 왜곡된 형태로 하고 있는 경우가 있다. 권 1의 제 7과 '거짓말 잘하는 아이'의 삽화에 등장하는 호랑이의 모양새가 그러한 경우인데, 눈매나 달리고 있는 모습이 매우 어리석어 보인다.

지금까지 『숙혜기략』과 『소학독본』, 『보통학교 학도용 수신서』에 관하여 개략적 소개를 제시하였다. 서두에서 언급한 것처럼 이 서적들의 역사적 위치와 현대적 의의에 대해서는 본서의 부록을 참조할 수 있다. 소략하여 밝히자면, 첫 번째로 『숙혜기략』은 교과서가 기본적으로 갖추어야 할 요건들이 매우 부족하며, 내용 역시 오류가 많다. 두 번째로 『소학독본』은 『숙혜기략』과 비교하여 상당한 체계성을 지니고 있을 뿐 아니라, 시대에 대한 비판 의식도 살펴볼 수 있다. 그러나 여전히 내용상 오류가 많으며, 유가적 색채를 강하게 지닌다는 점에서 사상적 편향성을 지적할 수 있다. 세 번째로 『보통학교 학도용 수신서』는 교과서가 갖추어야 할 요건의 측면에서는 가장 발전되었으며, 개인이나 사회 윤리에 대한 내용도 아동용으로 적합하다. 그러나 일제의 영향으로 비판 의식의 고취는 상당히 부족하며, 국가 윤리에 대한 내용 역시 매우 제한되어 있다.

차례

학부 편찬 『보통학교 학도용 수신서』 권1

학부 편찬 『보통학교 학도용 수신서』 권2

학부 편찬 『보통학교 학도용 수신서』 권3

● 학부 편찬 『보통학교 학도용 수신서』 권4

● 부록_ 근대 수신 교과서 탐색을 통한 전통교육과 현대 도덕과(道德科) 교육의 연결

숙혜기략

숙혜기략

목차

1. 서

명도(明道) 선생[1]이 말씀하시기를, "군자의 사람 가르침은 차례가 있다. 먼저 작은 것과 가까운 것을 전하고, 뒤에는 큰 것과 멀리 있는 것을 가르치는 것이다. 먼저 가까운 것과 작은 것만을 전하고, 뒤에는 멀리 있는 것과 큰 것을 가르치지 않는 것이 아니다"[2]라고 하셨다. 여본중(呂本中)[3]의 『동가훈(童家訓)』에 이르기를, "오늘 한 가지 일을 기억하고 내일 한 가지 일을 기억하여 이것이 오래되면 곧 자연스럽게 두루 통달하게 되고, 오늘 한 가지 이치를 분별하고 내일 한 가지 이치를 분별하여 이것이 오래되면 곧 자연스럽게 두루 미치게 되며, 오늘 한 가지 어려운 일을 행하고 내일 한 가지 어려운 일을 행하여 이것이 오래되면 곧 자연스럽게 견고해진다"[4]라고 하였다. 양억(楊億)[5]의 『가훈(家

---

1 정호(程顥, 1032~1085) : 북송(北宋)의 유학자로, 자는 백순(伯淳)이고 호는 명도(明道)이다. 아우 정이(程頤, 1033~1107)와 함께 이정자(二程子)로 불리며, 도덕설을 주장하여 우주의 이치와 사람의 본성이 본래 동일하다고 보았다. 저서에 「정성서(定性書)」, 「식인편(識仁篇)」 등이 있다. 본 번역서의 이하에서는 내용에 등장하는 인물에 대하여 각주를 달 경우, 가급적 참조할만한 역사서나 이야기의 출전을 설명의 말미에 표기하도록 하겠다. (예 : 『송사(宋史)』 권125 참조) 또한 인물의 생몰년도가 모두 미상인 경우에는 생략하였음을 밝힌다.

2 『二程集』『河南程氏遺書』卷8 : "先傳後倦, 君子教人有序. 先傳以小者近者, 而後教以大者遠者, 非是先傳以近小, 而後不教以遠大也."

3 여본중(呂本中, 1084~1145) : 북송의 시인이자 학자로, 본명은 대중(大中)이고 자는 거인(居仁)이며 호는 동래선생(東萊先生)이다. 원우재상(元祐宰相) 여공저(呂公著)의 증손으로, 어렸을 때부터 민첩하고 슬기로워 많은 기대와 사랑을 받았으며, 시호는 문청(文淸)이다. 북송의 황정견(黃庭堅)을 대표로 하는 강서시파(江西詩派)에 속한다. 강서시파의 법사(法嗣) 25인에 대한 「강서시사종파도(江西詩社宗派圖)」를 지었으며, 저서로는 『동래선생시집(東萊先生詩集)』, 『자미시화(紫微詩話)』, 『동가훈(童家訓)』 등이 있다. –『송사(宋史)』 권376 참조.

4 『御定小學集註』卷5 : "呂氏童蒙訓曰, 今日記一事, 明日記一事, 久則自然貫穿. 今日辨一理, 明日辨一理, 久則自然浹洽. 今日行一難事, 明日行一難事, 久則自然堅固. 渙然冰釋, 怡然理順, 久自得之, 非遇然也."

訓)』에 이르기를, "어린 아이의 배움은 마땅히 애초에 먼저 들어가는 말로 중심을 삼아야 하니, 날마다 옛 일을 기억하기를 자못 일상의 말과 같이 하면 문득 도리를 깨닫게 되며, 그것을 오래도록 하여 성숙해지면 덕성이 자연스럽게 진취할 것이다"[6]라고 하였다. 이것은 모두 옛 사람의 어린 아이를 가르치는 핵심 방법이다. 진실로 그 재능을 헤아리지 않고 멀고 큰 것으로 가르치기를 빨리 하면 능히 이해하지 못할 것이고, 진실로 많은 것을 힘쓰고자 하면 능히 오랫동안 기억하지 못할 것이며, 진실로 심오함으로써 하면 또한 깨닫기가 어려울 것이다. 그러한 까닭에 작은 것과 가까운 것이 반드시 유독 아름다운 것은 아니지만 이것을 우선으로 하고, 한 가지 일과 한 가지 이치가 변화를 다 하는 것은 아니지만 마침내 도를 이루고, 옛 일을 일상의 말과 같이 하는 것이 비록 본래의 글은 아니지만 '맺음을 들이되 통한 곳이 있으니[納約自牖]',[7] 어린 아이를 가르칠 자는 마땅히 이것으로써 법해야 하지

---

5 양억(楊億, 974~1020) : 송나라의 문인으로, 자는 대년(大年)이다. 건주(建州) 포성(浦城) 사람으로, 비서성정자(秘書省正字), 좌정언(左正言), 호부낭중(戶部郎中), 한림학사(翰林學士) 등을 역임하였으며, 전약수(錢若水)와 『태종실록(太宗實錄)』을 편수하고, 『책부원귀(冊府元龜)』 등도 편찬하였다. 시호는 문공(文公)이며, 전유연(錢惟演), 유균(劉筠) 등과 함께 서곤체(西崑體)의 시풍을 대표하는 『서곤수창집(西崑酬唱集)』을 남겼다. –『송사(宋史)』 권305 참조.

6 『御定小學集註』 卷5 : "楊文公家訓曰, 童稚之學, 不止記誦, 養其良知能, 當以先入之言爲主. 日記故事, 不拘今古, 必先以孝弟忠信禮義廉恥等事. 如黃香扇枕, 陸績懷橘, 叔敖陰德, 子路負米之類, 只如俗說, 便曉此道理, 久久成熟, 德性若自然矣."

7 원문은 "約을 納홈이 牖가 有ᄒᆞ니"인데, 이 부분은 『주역(周易)』 「감괘(坎卦)」의 육사효(六四爻) 내용 중 '납약자유(納約自牖)'를 인용한 것이다. 「감괘」의 육사효에 대하여 정이(程頤)는 '아래에서 돕는 사람이 없어 천하의 험난함을 구제할 수 있는 자는 아니지만, 높은 지위에 있는 신하'라고 풀이하였다. 그리고 육사효는 그런 신하가 험난함에 대처하는 도리를 설명한 것이라고 하였는데, '납약(納約)'은 군주에게 나아가 맺는 도를 말하고 '유(牖)'는 개통의 뜻이라고 하였다. 즉 임금의 마음에 닿으려면 임금이 밝게 아는 곳을 통하여 들어가서 가려진 곳을 깨쳐야 한다는 의미이다. 『숙혜기략』의 편자가 이 말을 인용한 까닭은 작고 가까운 것, 한 가지 이치와 한 가지 일, 옛 일을 일상의 말과 같이 하는 것 등의 보다 쉬운

않겠는가. 이에 국한문(國漢文)을 사용하여 어린 아이의 일찍 깨달은 일화들을 모아서 학문을 처음 배우는 이들의 삼가 본보기로 삼으니, 보는 자들은 또한 가히 이것으로써 근본한 바를 알아야 할 것이다.

2. 태어남

1 신농씨(神農氏)[8]는 태어나자마자 능히 말을 하고, 오일에 능히 움직이고, 칠일에 이가 갖추어졌다.

2 제곡 고신씨(帝嚳 高辛氏)[9]는 태어나자마자 신령하여 스스로 그 이름을 말하였다.

3 창힐(蒼頡)[10]은 일명 사황(史皇)이니 태어나자마자 글씨를 썼다.

4 석가모니[釋迦佛][11]는 태어나자마자 능히 말을 하였다.

방법을 통하여 어린 아이가 밝게 아는 곳으로 들어간 뒤, 보다 높은 수준의 교육을 도모해야 한다는 의미이다.

『周易』「坎卦」: "六四, 樽酒, 簋貳, 用缶, '納約自牖', 終无咎."

8 신농씨(神農氏) : 중국 고대 전설상의 제왕으로, 삼황(三皇)의 한 사람이다. 농업 · 의료 · 악사(樂師)의 신이자, 주조(鑄造)와 양조(釀造)의 신이며, 또 역(易)의 신, 상업의 신이라고도 한다. 여기서 삼황(三皇)이란 중국 고대 전설에 나오는 세 명의 임금이다. 천황씨(天皇氏) · 지황씨(地皇氏) · 인황씨(人皇氏)로 보는 설도 있고, 수인씨 · 복희씨 · 신농씨로 보는 설도 있으며, 복희씨 · 신농씨 · 헌원씨로 보는 설 등 여러 학설이 있다.

9 고신씨(高辛氏) : 중국 고대의 오제(五帝)의 한 사람이다. 오제 중 또 다른 한 명인 황제(黃帝)의 증손이자, 요(堯) 임금의 할아버지라고도 한다. 전욱(顓頊)을 보좌하여 그 공으로 신(辛) 땅에 봉하였다가 다시 전욱의 뒤를 이어서 박(亳) 땅에 도읍(都邑)하였으므로 고신씨(高辛氏)라 일컫는다. 여기서 오제(五帝)란 중국 고대 전설상의 다섯 성군(聖君)인 소호(少昊), 전욱, 제곡(帝嚳), 요, 순(舜) 등을 이른다. 소호 대신 황제를 넣기도 한다.

10 창힐(蒼頡) : 중국 고대 전설상의 제왕인 황제(黃帝) 때의 좌사(左史)이다. 새와 짐승의 발자국을 본떠서 처음으로 문자를 만들었다고 한다.

11 석가모니(釋迦牟尼) : 불교의 개조이며, 세계 4대 성인의 한 사람이다. 기원전 624년에 지금의 네팔 지방의 카필라바스투 성에서 슈도다나와 마야 부인의 아들로 태어났으며, 29세 때

5 노자(老子)[12]의 이름은 이(耳)이고, 또 다른 이름은 담(聃)이며, 자는 백양(伯陽)이다. 태어나자마자 오얏나무[李樹]를 가리키며 말하기를, "이것은 나의 성(姓)이다"라고 하였다.

3. 7개월

1 당(唐)나라 백거이(白居易)[13]는 태어난 지 칠개월에 유모가 '지(之)'와 '무(無)' 두 글자를 가리켰는데 비록 백 번으로 시험하여도 틀리지 않더니, 구세에는 성률(聲律)을 암기하였다.

4. 8개월

1 우리나라의 매월당(梅月堂) 김시습(金時習)[14]은 태어난 지 팔개월

에 출가하여 35세에 득도하였다. 이후 인도 각지를 다니며 포교하다가 80세에 입적하였다.

12 노자(老子) : 춘추(春秋) 시대 도가(道家)의 시조로, 본명은 이이(李耳)이다. 상식적인 인의와 도덕에 구애되지 않고 만물의 근원인 도(道)를 좇아서 살 것을 역설하였으며, 무위자연(無爲自然)을 존중하였다. 저서에 『도덕경(道德經)』이 있다.

13 백거이(白居易, 772~846) : 당나라의 시인으로, 자는 낙천(樂天)이고 호는 향산거사(香山居士), 취음선생(醉吟先生) 등이다. 일상적인 언어 구사와 풍자에 뛰어나며, 평이하고 유려한 시풍은 원진(元稹)과 함께 원백체(元白體)로 통칭된다. 작품에 '장한가(長恨歌)', '비파행(琵琶行)' 등이 유명하다.

14 김시습 (金時習, 1435~1493) : 조선 전기의 문인으로, 자는 열경(悅卿)이고 호는 매월당(梅月堂), 동봉(東峯), 청한자(淸寒子), 벽산청은(碧山淸隱), 췌세옹(贅世翁) 등이다. 생육신의 한 사람이며, 승려가 되어 방랑 생활을 하며 절개를 지켰다. 유불(儒佛) 정신을 아울러 포섭한 사상과 탁월한 문장으로 일세를 풍미하였다. 한국 최초의 한문 소설 『금오신화(金鰲新話)』를 지었고, 저서에 『매월당집(梅月堂集)』이 있다.

만에 능히 책을 알고 삼세에 능히 시를 지었으며 오세에 『중용(中庸)』과 『대학(大學)』을 통달하였으니, 사람들이 신동이라고 칭하였다.

5. 돌

1 송(宋)나라 정명도(程明道)[15] 선생이 말 못할 때에 숙모가 안고서 놀며 장난하다가 비녀가 떨어진 것을 알지 못하였다. 며칠 뒤에 깨닫고 찾았으나 찾지 못하자 명도 선생이 손으로 가리키거늘, 숙모가 안고 가리키는 곳을 따라가서 비녀를 찾았다.

2 송나라 조빈(曹彬)[16]이 태어나서 돌이 되었는데 부모가 여러 가지 장난감을 두고 조빈이 골라 집는 것을 살펴보았다. 조빈이 왼손에는 방패와 창을 들고 오른손에는 제기[俎豆]를 집었는데, 잠깐 새 다시 관직을 표시하는 조각[印] 하나를 집었다. 그리고 훗날 추밀사(樞密使)가 되었다.

---

15 『숙혜기략』 서의 각주 1번 참조.

16 조빈(曹彬, 932~1000) : 송나라의 무장으로, 자는 국화(國華)이고 진정(眞定) 영수(靈壽) 사람이다. 진주병마도감(晉州兵馬都監), 추밀사(樞密使) 등을 역임하였으며, 태조(太祖) 조광윤(趙匡胤)을 도와 노국공(魯國公)에 봉해졌다. 전쟁에서 불필요한 살상은 엄하게 금하여 인덕으로 널리 알려졌으며, 시호는 무혜(武惠)이다. -『송사(宋史)』 권258 참조.

6. 3세

[1] 한(漢)나라 동방삭(東方朔)[17]의 자는 만천(曼倩)이니, 태어난 지 삼 일 만에 어머니 전씨(田氏)가 사망하여 이웃집 여인이 주워서 길렀다. 삼세에 신묘한 예언서를 한 번 보아 암송하였고 십삼 세에 여러 서적들을 읽었으며, 십오 세에 검술을 배웠고 십육 세에 시서(詩書) 이십 이만 자를 외웠다. 십구 세에 손오병법(孫吳兵法)[18]에서 전쟁에서의 진의 갖춤과 전투신호에 대한 가르침을 배웠고, 또 이십 이만 자를 외었다. 이십 이세에 키가 구척 삼촌(九尺 三寸)[19]이요, 눈은 구슬을 매단 것 같이 아름답게 빛나고 이빨은 조개를 엮은 것 같이 가지런하였다. 용기는 맹분(孟賁)[20]과 같았고 날래기는 경기(慶忌)[21]와 같았으며, 청렴은 포숙(鮑叔)[22]과 같았고 신용은 미생(尾生)[23]과 같았다.

---

17 동방삭(東方朔, BC 154~BC 93) : 전한(前漢)의 문인으로, 자는 만천(曼倩)이고 평원(平原) 염차(厭次) 사람이다. 해학과 변설 및 직간 등으로 이름이 났다. 속설에 서왕모(西王母)의 복숭아를 훔쳐 먹어 장수하였으므로 삼천갑자 동방삭이라고 이른다. –『한서(漢書)』 권65, 『몽구(蒙求)』 '만천삼동(曼倩三冬)' 참조.

18 손오병법(孫吳兵法) : 병법서로 유명한 『손자(孫子)』와 『오자(吳子)』를 합쳐 부른 말이다.

19 1척은 30.3cm이고 1촌은 1척의 1/10이니, 9척 3촌은 약 280cm이다.

20 맹분(孟賁) : 전국(戰國) 시대 제(齊)나라의 용사로, 『맹자(孟子)』에도 등장한다. 『孟子』「公孫丑」: "曰, 若是, 則夫子過孟賁遠矣. 曰, 是不難, 告子先我不動心."

21 경기(慶忌) : 신화 속 괴생명체로, 『관자(管子)』에 등장하며 빠르게 달리는 것을 즐긴다. 『管子』「水地」: "慶忌者, 其狀若人, 其長四寸, 衣黃衣, 冠黃冠, 戴黃蓋, 乘小馬, 好疾馳. 以其名呼之, 可使千裏外一日反報. 此涸澤之精也."

22 포숙(鮑叔) : 제나라의 대부이다. 관중(管仲)을 환공(桓公)에게 추천하였다. '관포지교(管鮑之交)'의 우정으로 알려져 있다. –『사기(史記)』 권62 참조.

23 미생(尾生) : 노(魯)나라에 미생이라는 사람이 있었는데, 사랑하는 여인과 다리 아래에서 만나기로 약속하고 기다렸다. 시간이 지나도 여인이 오지 않았는데, 소나기가 내려 물이 밀려와도 끝내 자리를 떠나지 않고 기다리다가 마침내 교각을 끌어안고 죽었다. 이 고사에서 유래한 성어가 '미생지신(尾生之信)'인데, 이 말은 신용을 의미하는 경우도 있으나 고지식하여 융통성이 없을 경우에도 사용된다. –『사기(史記)』 권69 참조.

2 송나라 절효(節孝) 선생 서적(徐積)[24]은 삼세에 아버지가 사망하였는데, 새벽부터 해질 무렵까지 평상 아래에서 아버지 부르기를 매우 슬피하였다. 『효경(孝經)』을 읽을 때는 눈물을 능히 그치지 못하였으며, 아버지의 이름이 '석(石)'인 까닭에 평생에 돌을 밟지 않았고 돌로 된 기구도 사용하지 않았다.

3 금(金)나라 마구주(麻九疇)[25]는 삼세에 글자를 알고 칠세에 능히 초서(草書)를 하였으며, '대(大)'자가 수척이 되게 썼으니 단번에 신동으로 지목되었다. 장종(章宗)[26]이 불러서 보고 묻기를 "네가 궁전에 들어와서 두려우냐"라고 하였는데, 대답하기를 "임금과 신하는 아버지와 자식입니다. 자식이 어찌 아버지를 두려워하겠습니까"라고 하였으니, 장종이 크게 기특하게 여겼다.

4 원(元)나라 유인(劉因)[27]은 타고난 기품이 보통 사람들보다 뛰어나서 삼세에 책을 읽고 수천 수백의 단어들을 매일 기억하더니, 겨우 이십 세의 나이에 경학구(經學究)가 되었다. 경서의 고증과 주석 등을

24 서적(徐積) : 송나라의 지극한 효자로, 자는 중거(仲車)이고 초주(楚州) 산양(山陽) 사람이다. 본문에 소개된 사례 이외의 효행으로도 널리 알려졌다. 어머니가 사망하였을 때는 3년간 여막에 살면서 곡을 하였는데, 눈 내리는 밤에도 그 소리가 끊이질 않았다고 전한다. 효행으로 이름이 높아 초주교수(楚州教授)를 역임하였으며, 시호는 절효처사(節孝處士)이다. –『송사(宋史)』 권459 참조.

25 마구주(麻九疇) : 금나라의 학자로, 자는 지기(知幾)이고 이주(易州) 사람이다. 그는 오경(五經)에 능통하였는데 그 중에서도 『주역(周易)』과 『춘추(春秋)』에 특히 뛰어났으며, 후에는 소옹(邵雍)의 『황극경세서(皇極經世書)』에 관심을 가졌다고 전한다. 한림문자(翰林文字) 등을 역임하였으나 대부분 은거 생활을 하였으며, 50세의 나이로 병사하였다. –『금사(金史)』 권126 참조.

26 장종(章宗, 1168~1208) : 금나라의 제 6대 황제로, 성은 완안(完顔)이고 이름은 경(璟)이다. 관제를 정하고 형법을 고쳤으며 예악을 정비하는 일을 벌여, 금나라가 국가로서의 완성을 갖추는 데 힘썼다. 재위 기간은 1190~1208년이다.

27 유인(劉因, 1249~1293) : 원나라의 유학자로, 자는 몽길(夢吉)이고 호는 정수(靜修)이며 시호는 문정(文靖)이다. 집안 대대로 유가를 익혔고 원대의 뛰어난 유학자로 높이 평가되었으며, 시에도 능력이 있어 『정수문집(靜修文集)』 등을 남겼다. –『원사(元史)』 권171 참조.

두루 통달하고 해석한 뒤 탄식하여 말하기를, "성인의 자세한 뜻이 자못 여기에 그치지 않을 것이다"라고 하였다.

7. 4세

[1] 한나라 공융(孔融)[28]의 자는 문거(文擧)이니, 사세에 형과 배를 먹을 때 작은 것을 취하여 말하기를, "작은 아이는 마땅히 작은 것을 먹어야지"라고 하였다. 십 세에 아버지를 따라서 낙양(洛陽)에 도달하였는데, 이 당시에 이원예(李元禮)[29]가 명성이 있어 사례교위(司隷校尉)가 되었으니, 대문에 이르는 자는 모두 재주가 뛰어난 사람에 청렴하다고 칭송을 받거나 내외종간의 친척이어야 이 문을 통과할 수 있었다. 공융이 대문에 이르러 관리에게 말하기를, "나는 이원예 부군(府君)의 친척이네"라고 하여 임의로 통과해서 나아가 앉았다. 이원예가 물어 말하기를, "자네가 나[僕]와 무슨 친척 관계가 있는가"라고 하였다. 공융이 대답하여 말하기를, "옛날 저의 조상이신 공자[仲尼]가 공의 조상이신 노자[百陽][30]와 스승 제자의 친분이 있었으니, 이는 저와 공이 여

---

28 공융(孔融, 153~208) : 후한(後漢) 말기의 학자로, 공자의 20대 손이고 노국(魯國) 사람이다. 자는 문거(文擧)이고 건안칠자(建安七子) 중 한 사람이다. 북해(北海)의 재상이 되어 학교를 세웠고, 조조를 비판 및 조소하다가 일족과 함께 처형되었다. 저서에 『공북해집(孔北海集)』이 있다. ─『후한서(後漢書)』 권70, 『몽구(蒙求)』 '공융양과(孔融讓果)' 참조.

29 이원예(李元禮, 110~169) : 후한의 학자로, 본명은 이응(李膺)이고 자는 부예(符禮)이며 영천(潁川) 양성(襄城) 사람이다. 그는 본성이 맑고 높았다고 하며, 진식(陳寔, 7세의 [3]의 내용 및 각주 참조)과는 사우(師友) 관계였다고 전한다. 관련된 일화는 '등용문(登龍門)'이라는 고사성어로 남기어졌다. ─『후한서(後漢書)』 권67, 『세설신어(世說新語)』 「덕행(德行)」편 참조.

30 태어남의 [5]번의 내용 및 각주 참조. 공자가 주(周)나라에 갔을 때 노자에게 예를 물은 적이

러 대에 통하여 우정을 맺은 것입니다"라고 하니, 이원예와 손님들이 기특하게 여기지 않는 이가 없었다. 그런데 태중대부(太中大夫) 진위(陳韙)가 늦게 도착하였기에 사람들이 그 말을 들려 주었다. 그러자 진위가 말하기를 "어릴 때에 똑똑하다[了了]고 해서 커서 반드시 훌륭하게 되는 것은 아니다"라고 하였다. 공융이 말하기를 "생각하건대 그대는 어렸을 때에 반드시 똑똑하였겠습니다"라고 하니, 진위가 대단히 당황스러워 하였다.

[2] 당나라 소영사(蕭穎士)[31]는 사세에 문장을 엮어서 글을 짓고, 책을 보면 한 번 봄에 즉시 암송하였다. 일찍이 이화(李華), 육거(陸據)와 용문(龍門)에 유람할 때 함께 길옆에 있는 비석을 읽었는데, 소영사는 한 번 보고 즉시 암송하였고, 이화는 두 번 보고 능히 암송하였고, 육거는 세 번 보고 능히 기억하니, 이야기를 주고받던 사람들이 "세 사람의 재능과 품격의 고하가 또한 이와 같다"라고 하였다.

[3] 송나라 유공(劉公) 서(恕)[32]의 자는 도원(道原)이니, 사세 때의 일이다. 좌객 중에 "공자는 형제가 없다"라고 말하는 사람이 있었다. 유서가 그 말에 응하여 말하기를, "(공자는) 그 형의 자식으로써 (남용(南容)에

있다.

31 소영사(蕭穎士) : 당나라의 학자이자 관리로, 자는 무정(茂挺)이고 난릉(蘭陵) 사람이다. 개원(開元) 23년 진사시에 장원급제 하였고, 학식이 매우 뛰어나 소부자(蕭夫子)라고 불렸다. 비서정자(秘書正字) 등을 역임하였고, 시호는 문원선생(文元先生)이다. 재상 이임보(李林甫)가 그를 보고자 하였는데, 소영사가 부친상을 당하여 제대로 된 만남이 성사되지 못했다. 이 일로 이임보가 앙심을 품고 소영사를 홀대하자 '벌앵도수부(伐櫻桃樹賦)'를 지어 이임보를 책하였다고 전한다. –『신당서(新唐書)』 권202 참조.

32 유서(劉恕) : 송나라의 학자이자 관리로, 균주(筠州) 사람이다. 어려서부터 매우 영민하여 책을 읽을 때 눈으로 훑으면 곧 외었다고 전한다. 관직은 비서승(秘書丞)에 이르렀다. 본문의 대화가 『송사(宋史)』에는 8세의 나이라고 기록되어 있고, 『동도사략(東都事略)』 등에는 4세의 나이라고 기록되어 있다. 『숙혜기략』의 편자는 4세라고 기록된 서적을 보고 옮겨 적은 것으로 보인다. –『송사(宋史)』 권444, 『동도사략(東都事略)』 권87 하(下) 참조.

계) 시집을 보냈다"[33]라고 하니 온 좌석이 놀라워하였다.

4 명(明)나라 해진(解縉)[34]이 사세에 나와서 시장에서 놀다가 마침 넘어졌는데, 여러 사람들이 웃었다. 곧 읊어서 말하기를, "가랑비 계속 내려 거리는 기름같이 미끄러운데, 봉황이 땅에 넘어졌다고 소들이 크게 비웃는구나"라고 하였다. 구세에 그 아버지가 해진을 데리고 강에 가 목욕하는데, 아버지가 옷으로 오래된 나무 위에 덮고서 대구[對]를 명하며 말하기를, "천년된 노목(老木)을 옷걸이 삼고"라고 하니, 해진이 곧 대구하여 말하기를, "만 리의 긴 강을 목욕대야 삼네"라고 하였다.

8. 5세 몇 세를 더 보탬

1 한나라 가규(賈逵)[35]는 오세에 신명함이 보통 사람들보다 뛰어났다. 그 누이는 한요(韓瑤)의 부인이었는데 이웃 서생의 책 읽는 소리를 듣고, 가규를 안고서 울타리 너머에서 들었다. 그랬더니 가규가 십 세에 육경(六經)을 암송하였다. 누이가 가규에게 일러 말하기를, "우리

---

33 『論語』「公冶長」: "子謂南容, 邦有道, 不廢, 邦無道, 免於刑戮. 以其兄之子妻之."

34 해진(解縉, 1369~1415) : 명나라 전기의 서예가로, 자는 대신(大紳)이고 호는 춘이(春爾)이다. 시독학사(侍讀學士), 한림학사(翰林學士), 우춘방대학사(右春坊大學士) 등을 역임하였으며, 학문과 시에 뛰어났다고 한다. 저서에 『학서법(學書法)』, 『서학상설(書學詳說)』 등이 있다. –『명사(明史)』 권147 참조.

35 가규(賈逵, 30~101) : 후한의 유학자로, 자는 경백(景伯)이고 부풍(扶風) 평릉(平陵) 사람이다. 학문이 대단히 뛰어났으며, 특히 고문(古文)에 밝아서 훗날 마융(馬融), 정현(鄭玄)과 같은 고문경서(古文經書)의 대가들이 출현할 수 있는 기반을 마련하였다. 저서로 『경전의고(經傳義詁)』, 『논란(論難)』 등이 있다. –『몽구(蒙求)』 '가규문사(賈逵問事)' 참조.

집안이 생활이 궁하고 어려워서 일찍이 배움의 문에 들어가지 아니하였는데, 네가 어찌 천하에 삼분(三墳)[36]과 오전(五典)[37]을 알고서 외우기를 빠뜨린 구절이 없는가"라고 하였다. 가규가 말하기를, "누님이 나를 안고서 울타리 아래에서 이웃집의 책 읽는 소리를 엿들었기에 이제 조금도 틀림이 없는[萬不失一] 것입니다"라고 하였다.

2 한나라 공문거(孔文擧)[38]에게 두 명의 자식이 있었는데, 큰 아이는 육세이고 작은 아이는 오세였다. 낮에 아버지가 잠을 잘 때 작은 아이가 상 위의 술을 훔쳐 마시는데, 큰 아이가 일러 말하기를 "어찌 배례(拜禮)도 않고 마시는가"라고 하니, 작은 아이가 답하기를 "훔쳐 마시는 술에 어찌 배례까지 행하겠습니까"라고 하였다.

3 당나라 소정(蘇頲)[39]의 자는 광석(廷碩)이니, 어려서부터 재빨리 깨닫고 한 번에 읽는 것이 천 마디에 이르렀으며, 문득 다시 외우기까지 하였다. 이부시랑(吏部侍郎) 마재(馬載)가 말하기를, "옛말에 '하루에 천리를 달린다[一日千里]'라고 하였는데, 네가 그렇구나"라고 하였다. 오세에 배담(裴談)이 그 아버지 소괴(蘇瓌)에게 들렀을 때 (소정을) 시험하여 유신(庾信)[40]의 「고수부(枯樹賦)」를 암송하게 하였는데, 마지막 편

36 삼분(三墳) : 중국 고대의 삼황(三皇)의 사적(事跡)을 적은 책으로 오늘날은 전하지 않는다.
37 오전(五典) : 다양한 의미로 쓰이지만, 일반적으로 『시경(詩經)』, 『서경(書經)』, 『역경(易經)』, 『예기(禮記)』, 『춘추(春秋)』를 가리킨다.
38 4세의 1의 내용 및 각주 참조. 본문의 이야기는 『세설신어(世說新語)』「덕행(德行)」편 참조.
39 소정(蘇頲, 670~727) : 당나라의 학자이자 정치가로, 시호는 문헌(文憲)이다. 감찰어사(監察禦史), 중서사인(中書舍人), 익주장사(益州長史), 지이부선사(知吏部選事) 등을 역임하고, 소허공(小許公)에 봉해졌다. 시문에 뛰어나 현종(玄宗)은 소정과 이애(李乂) 두 사람을 뛰어난 시인으로 칭찬하였다고 한다. 소정은 문장에도 능력이 있어 연국공(燕國公) 장열(張說)과 함께 높이 칭송되었으며, 문집으로 삼십 여권을 남겼다고 전한다. —『전당시(全唐詩)』 권73 참조.
40 유신(庾信, 513~581) : 남북조(南北朝) 시대의 문인으로, 자는 자산(子山)이고 남양군(南陽郡) 신야(新野)사람이다. 양(梁)나라와 북주(北周)에서 관리로 지냈으며, 뛰어난 문장 실력

에 이르러 (배담의) '담(談)'자를 피하고 그 운(韻)을 바꾸어 말하기를, "지난 날의 버드나무, 한음(漢陰)에서 한들거렸는데, 이제 시든 걸 보니 강가에서 서글퍼지는구나. 나무 또한 이와 같은데, 사람이 어떻게 견딜까"라고 하니, 배담이 오래도록 감탄하였다. 중종(中宗)이 신동으로 불러서 보고 말하기를 "네가 통한 것으로 바쳐 보아라"라고 하니, 소정이 대답하여 말하기를 "나무는 먹줄을 따르면 곧아지고, 임금은 간언을 따르면 성군이 되네"라고 하였다. 팔세에 경조윤(京兆尹)[41]이 "(경조윤의) '윤(尹)'자로 읊어보아라"라고 하니, 말하기를 "축(丑)에 발이 달려있어도, 갑(甲)에 비해 온전한 몸[全身] 아니네. 군(君)을 보면 입[口]이 없고, 이(伊)를 알면 사람[亻]이 없네"[42]라고 하였다. 십 칠세에 대학(大學)에 놀러가서 시험에 응하여[對策][43] 우수한 성적으로 통과하였다. 원종(元宗)이 내란을 평정하고 서적과 조서를 가득 맡겼는데, 홀로 소정이 사인(舍人)이 되어 태극전(太極殿) 뒤에 있으면서 입으로 불러주니, 공상(功狀)의 처리가 백 갈래였다. 기록하는 관리가 말하기를, "공께 빌겠사오니, 천천히 해주소서. 그렇지 않으면 손목이 빠지겠습니다"라고 하였다. 중서령(中書令) 이교(李嶠)[44]가 말하기를, "그대의 생각이 넘쳐

으로 존경을 받았다. 특히 『춘추좌씨전(春秋左氏傳)』에 능통하였다고 전하며, 그의 문체는 서릉(徐陵, 507~583)과 함께 서유체(徐庾體)로 불린다. 저작으로 『유자산문집(庾子山文集)』이 전한다.

41 경조윤(京兆尹) : 한나라 때 서울을 지키어 다스리던 으뜸 벼슬로, 이후에도 관명으로 계속 사용된다. 당나라의 한유(韓愈) 역시 경조윤을 역임했다.

42 이 시는 윤(尹)의 글자 형태와 축(丑), 갑(甲), 군(君) 이(伊)의 글자 형태를 비교한 것이다. 윤(尹)과 비교할 때 축(丑)은 아래 획[ノ]이 없고, 갑(甲)은 왼쪽 획[|]이 더 있으며, 군(君)은 구(口) 자가 더하여 있고, 이(伊)는 인(亻) 자가 더하여 있다.

43 대책(對策) : 과거에서 정치 또는 경의(經義)에 관한 문제를 내어 답안을 쓰게 하는 일과 그 답안을 말한다. 한나라 무제(武帝)가 동중서(董仲舒)를 시험한 데서 시작되었다.

44 20세의 ①의 내용 및 각주 참조.

흐르는 샘과 같음은 내가 미치지 못하는 바이네"라고 하였다.

④ 우리나라의 하서(河西) 선생 김인후(金麟厚)[45]는 오세에 능히 글을 지었다.

⑤ 한나라 노온서(路溫舒)[46]는 어릴 때 아버지가 마을의 문지기가 되었기에 온서로 하여금 양을 방목하게 하였다. 온서가 늪 안에 부들[蒲]을 잘라서 널[牒]을 하고 책을 베껴서 차츰차츰 익혔다.

⑥ 오(吳)나라 장순(張純)과 장엄(張儼) 및 주리(朱異)는 모두 어렸을 때 이름이 널리 알려졌다. 일찍이 함께 표기장군(驃騎將軍) 주거(朱據)[47]에게 이르렀는데, 주거가 세 사람의 재능과 명성을 듣고 시험하고자 하여 말하기를, "세 명의 현명한 이가 나를 찾아와 돌아보니, 늙고 비루한 몸이 위로받고 싶음이 크네. 나를 위하여 각각 한 가지 물건으로 읊은 후에 앉게나"라고 하였다. 장순은 '자리[席]'를 읊으며 말하기를, "자리[席]는 겨울에 깔고 대자리[簟]는 여름에 펼치듯, 읍양(揖讓)하고 앉음은 군자의 마땅한 바이네"라고 하였다. 장엄은 '개[犬]'를 읊으며 말하기를, "지키면 위엄이 있고 나가면 사로잡음이 있네. 한로(韓盧)[48]와

---

45 김인후(金麟厚, 1510~1560) : 조선 중기의 문신이자 유학자로, 자는 후지(厚之)이고 호는 하서(河西), 담재(湛齋) 등이다. 중종(中宗) 35년(1540)에 문과에 급제하고, 여러 관직을 거쳤으나, 을사사화(乙巳士禍)가 일어나자 낙향하여 성리학 연구에 전념하였다. 저서에 『하서집(河西集)』, 『주역관상편(周易觀象篇)』 등이 있다.

46 노온서(路溫舒) : 한나라의 관리로, 자는 장군(長君)이고 거록(鉅鹿) 동리(東裏) 사람이다. 『춘추(春秋)』에 능통하였고 옥리(獄吏)를 수행하였으며, 효렴(孝廉)으로 천거된 후 정위사(廷尉史), 임회태수(臨淮太守) 등을 역임하였다. ―『기보통지(畿輔通志)』 권102, 『몽구(蒙求)』 '온서절포(溫舒截蒲)' 참조.

47 주거(朱據, 195?~251?) : 오나라의 무장으로, 자는 자범(子範)이고 오도(吳都) 오(吳) 사람이다. 얼굴이 잘 생겼고 힘도 세었으며, 문젯거리에 대한 시비 가리기에 능했다고 전한다. 손권(孫權)으로부터 여몽(呂蒙), 장온(張溫)을 이을 인물로 기대 받았으며, 손권이 천도하여 오나라를 일으켰을 때 그 공주와 결혼하고 좌장군(左將軍)이 되었다. 표기장군(驃騎將軍) 등을 역임하였으나, 훗날 중서령(中書令) 손홍(孫弘)의 거짓 조서에 의해 죽음을 명받는다. ―『삼국지(三國志)』 권57 참조.

송작(宋鵲)[49]은 죽백(竹帛)에 이름을 남겼네"라고 하였다. 주리는 '쇠뇌[弩]'를 읊으며 말하기를, "남악(南岳)의 활과 종산(鍾山)의 화살촉으로, 상황에 응하여 명중시키니 높은 담장의 새매를 쏘겠네[射隼高墉]"[50]라고 하였다. 세 명이 각각 읊기를 완성한 후에 앉으니 주거가 크게 탄복하여 칭찬하였다.

7 위(魏)나라 염현(念賢)[51]은 용모와 체격이 뛰어났다. 풍부하게 경전과 역사를 섭렵하였고, 아이 때에는 학교 안에 있으며 독서를 하였다. 관상을 잘 보는 자가 학교를 지나가는데 여러 학생들이 다투어 쫓아갔으나, 염현이 홀로 가지 아니하고 비웃으며 여러 학생들에게 이르기를, "남아의 생사와 부귀함이 다 하늘에 있거늘 어찌 급하게 관상을 보겠는가"라고 하였다.

8 수(隋)나라 이덕림(李德林)[52]의 자는 공보(公輔)이니, 어려서 총명하고 민첩하였다. 몇 살 안 되어 좌사(左思)[53]의 「촉도부(蜀都賦)」를 암

---

48 한로(韓盧) : 전국 시대 한나라의 명견으로, 검은색이다.

49 송작(宋鵲) : 춘추 시대 송나라의 명견으로, '한로'와 같이 명견을 비유할 때 쓰인다.

50 이 부분은 『주역(周易)』「해괘(解卦)」의 상육효(上六爻) 내용 중 '공용석준고용지상(公用射隼于高墉之上)'을 인용한 것이다.
『周易』「解卦」: "上六, '公用射隼于高墉之上', 獲之, 无不利."

51 염현(念賢) : 위나라의 관리로, 자는 개로(蓋盧)이다. 중군북면대도독(中軍北面大都督), 태위(太尉), 진주자사(秦州刺史) 등을 역임하였으며, 시호는 소정(昭定)이다. –『주서(周書)』 권14 참조.

52 이덕림(李德林) : 수나라의 학자이자 관리로, 박릉(博陵) 안평(安平) 사람이다. 매우 총명하여 15세에는 오경(五經)에서부터 고금의 문집에 이르기까지 매일 수천 단어들을 외웠다고 전한다. 중서사인(中書舍人), 승상부속(丞相府屬), 의동대장군(儀同大將軍), 호주자사(湖州刺史) 등을 역임하였다. 이덕림의 아들은 『북제서(北齊書)』를 저술한 이백약(李百藥)이다. –『수서(隋書)』 권42 참조.

53 좌사(左思, 250?~305?) : 서진(西晉)의 시인으로, 자는 태충(太沖)이고, 제국(齊國) 임치(臨淄) 사람이다. 10년 동안 구상하여 지었다는 「삼도부(三都賦)」가 당시 문인의 거두였던 장화(張華)에게 절찬 받아 유명해졌으며, 이를 낙양(洛陽)의 지식인들이 다투어 베꼈기에 '낙양(洛陽)의 지가(紙價)를 올리다'라는 고사가 남아있다. 작품으로 '교녀시(嬌女詩)', '영사

송하여 십여 일에 문득 다 통달하였으니, 고릉지(高陵之)가 보고 감탄하며 조정의 신하에게 이르기를, "나이를 먹으면 반드시 천하에 훌륭한 그릇이 될 것이다"라고 하였다.

[9] 당나라 배휴(裴休)[54]의 자는 공미(公美)이니, 어렸을 때에 경전을 암송하고 책을 붙잡으면 시간이 지나가도 문을 나서지 않았다. 하루는 사슴을 음식으로 권하는 자가 있었는데, 여러 학생들이 함께 권하였다. 배휴가 말하기를, "이제 한 번 고기를 먹으면 뒤에 어찌 이어나가겠는가"라고 하였다.

[10] 당나라 최현(崔鉉)[55]이 어렸을 때 아버지 최원략(崔元略)[56]을 따라서 한황(韓滉)을 방문하였다. 한황이 시렁 위에 송골매를 가리키고 읊어 보라고 하니 곧장 말하기를, "하늘가를 날고 싶은 마음과 담력인데 시렁에 매인 머리와 몸이러니, 날아오르고 싶은데 인연이 있어야지[欲擬飛騰'來'有因][57]. 만 리 푸른 하늘 끝내는 가보아야 할 텐데, 끈을 풀러 줄 사람이 누구인지 모르겠구나"라고 하였다. 한황이 말하기를, "이

시(詠史詩)', '초은시(招隱詩)' 등이 있다. –『진서(晉書)』 권92, 『세설신어(世說新語)』「문학(文學)」편 참조.

54 배휴(裴休, 791~870) : 당나라의 관리로, 하내(河內) 제원(濟源) 사람이다. 현량방정(賢良方正), 선무군절도사(宣武軍節度使), 노자형명관찰사(潞磁邢洺觀察使), 호부상서(戶部尙書) 등을 역임하였으며, 문장과 글씨에 능통하였다. 종밀(宗密)과 희운(黃檗)에게 사사하였고, 그들의 저작에 서문을 쓰기도 하였다. 배휴가 황벽(黃壁) 희운(希運)을 만난 일화는 '황벽형의(黃檗形儀)'라는 화두가 되어 여러 화두집에 수록되었다. –『구당서(舊唐書)』 권177 참조.

55 최현(崔鉉) : 당나라의 관리로, 자는 대석(臺碩)이다. 원외랑(員外郎), 호부시랑승지(戶部侍郎承旨), 어중대부(禦中大夫), 금자광록대부(金紫光祿大夫) 등 여러 관직을 역임하였다. 『속회요(續會要)』와 같은 역사서를 감수하였다. –『구당서(舊唐書)』 권163 참조.

56 최원략(崔元略) : 당나라의 관리로, 박릉(博陵) 사람이다. 전중시어사(殿中侍禦史), 형부낭중(刑部郎中), 어사중승(禦史中丞), 경조윤(京兆尹), 활주자사(滑州刺史) 등 여러 관직을 역임하였다. –『구당서(舊唐書)』 권163 참조.

57 『숙혜기략』에는 '래(來)'로 되어 있으나, 저 글자는 본래 '미(未)'이다. 편자가 원자를 옮기는 과정에서 발생한 실수로 보인다.

『唐詩紀事』 卷51 : "天邊心膽架頭身, 欲擬飛騰'未'有因. 萬里碧霄終一去, 不知誰是解條人."

아이는 '앞길이 원대하다[前程萬里]'라고 이를 만하다"라고 하였다. 보경(寶慶) 3년에 과거에 급제하여 아홉 번 조정에 거처하고 세 번 절모(節旄)[58]를 들었으며 위국공(魏國公)에 봉해졌다.

[11] 당나라 장회태자(章懷太子) 현(賢)[59]의 자는 명윤(明允)이니, 몇 살 안 되었을 때에도 책을 읽고 한 번 보면 잊지 않았다. 『논어(論語)』에 "어진 이를 어질게 여기되, 여색을 좋아하는 마음과 바꾸어서 하라[賢賢易色]"[60]에 이르러 암송하기를 세 번 반복하니, 황제가 그 까닭을 물었다. 대답하여 말하기를 "성품이 실로 이것을 사랑하옵니다"라고 하니, 황제가 이세적(李世勣)[61]에게 말하고 "어린데도 영리하다"라고 칭찬하였다.

[12] 당나라 이덕유(李德裕)[62]가 어릴 때, 아버지 이길보(李吉甫)가 이덕유의 행동이나 일처리가 신속함을 자랑하였다. 재상 무원형(武元衡)이 불러서 보고 묻기를, "그대가 집에 있으면서 무슨 책을 즐겨 읽는가"라고 하였다. 여기에 이덕유는 응대하지 않았다. 다음날에 무원형이

---

58 절모(節旄) : 중국에서 천자가 임명의 표적으로서 출정하는 장군이나 사절(使節)에게 주던 기(旗)이다.

59 이현(李賢, 654~684) : 당나라 측천무후(則天武后)의 둘째 아들로, 시호는 장회태자(章懷太子)이다. 어려서 능력이 출중하여 고종(高宗)의 총애를 받고 황태자가 되었다. 여러 학자들을 소집하여 『후한서(後漢書)』에 주석을 붙이기도 하는 등 학자적 기질도 뛰어났으나, 출생에 대한 소문과 궁내의 세력 다툼에 의해 황태자의 지위를 빼앗기고 유배되어 죽음을 맞는다.

60 『論語』「學而」: "子夏曰, '賢賢易色', 事父母, 能竭其力, 事君, 能致其身, 與朋友交, 言而有信. 雖曰未學, 吾必謂之學矣."

61 이세적(李世勣, 594~669) : 당나라의 고구려 침공군의 실질적 총사령관이다. 후에 이적(李勣)이라 개명하였으며, 영국공(英國公)이라고도 한다.

62 이덕유(李德裕, 787~849) : 당나라의 재상으로, 자는 문요(文饒)이고 조군(趙郡) 사람이다. 헌종(憲宗) 시기의 재상 이길보(李吉甫)의 아들이며, 한림학사(翰林學士), 중서사인(中書舍人) 등을 역임하였고, 중앙집권의 강화에 힘썼다. 큰 권세를 누렸으나, 선종(宣宗) 즉위로 실각되었다. – 『구당서(舊唐書)』 권174 참조.

이길보에게 말하자 그가 이덕유를 꾸짖었는데, 이덕유가 말하기를 "무원형 공이 몸소 재상이 되어 나라를 다스리시는데, 음과 양의 조화를 묻지 아니하고 즐겨 읽는 책을 물어보니, 그 말이 가당치 않아서 대답하지 않았습니다"라고 하였다.

13 당나라 방현령(房玄齡)[63]은 어릴 때 총명하고 민첩하며 문장을 엮는 것을 잘하고 초서[草]와 예서[隸]에 솜씨가 있었다. 아버지 방언겸(房彥謙)이 수나라에서 벼슬을 하고 있었는데, 방현령이 조용하면서도 분명히 하여 말하기를, "주상이 공덕이 없고 신령한 기물을 없애서 나라를 장구하게 할 계책을 세우지 않습니다. 적자와 서자를 뒤섞이게 해두니 마침내 서로 죽여 그 망함을 가히 기다리고 있습니다" 하였다. 언겸이 크게 놀라 말하기를 "망언을 하지 말거라"라고 하였으나, 드디어 관직을 떠나 종남산(終南山)에 은거하였다.

14 당나라 적인걸(狄仁傑)[64]이 어릴 때였는데, 같은 동문 중에 피해를 입은 자가 있었다. 관리가 힐난하고 여러 사람이 다투어 변론하였는데, 인걸은 괘념치 아니하였다. 그런데 관리가 꾸짖으니 인걸이 말하기를, "책 안에 바야흐로 성인과 더불어 대하고 있는데, 어느 겨를에 속된 관리와 함께하여 말하겠는가"라고 하였다.

---

63 방현령(房玄齡, 578~648) : 당나라의 재상으로, 자는 교(喬)이고 제주(齊州) 임치(臨淄) 사람이다. 태종(太宗)의 옆에서 보좌하였으며 중서령(中書令), 상서좌복야(尚書左僕射) 등을 역임하였다. 두여회(杜如晦, 이하 소년의 2의 내용 및 각주 참조)와 함께 당대의 현신으로 꼽히며, 태종의 신임이 높아서 고구려 침공 시 수도인 장안(長安)에 남아 성을 지키기도 하였다. –『신당서(新唐書)』 권96 참조.

64 적인걸(狄仁傑, 630~700) : 측천무후(則天武後)가 세운 무주(武周) 시대의 재상으로, 자는 회영(懷英)이고 병주(幷州) 태원(太原) 사람이다. 대리승(大理丞), 지관시랑(地官侍郎), 봉각난대평장사(鳳閣鸞台平章事) 등을 역임하였다. 측천무후에게 직간하였을 뿐 아니라, 여러 인재들을 천거하여 당의 중흥에 크게 기여하였다. 적인걸이 사망하자 측천무후가 매우 애도했다고 전하며, 시호는 문혜(文惠)이다. –『구당서(舊唐書)』 권89 참조.

15 송나라 문언박(文彦博)[65]의 자는 관부(寬夫)이다. 어릴 적에 여러 아이들과 공을 때리며 놀고 있었는데, 공이 굽은 구멍 속으로 들어가 버렸다. 그래서 능히 꺼낼 수가 없었는데, 문언박이 물을 부어 공을 뜨게 하여 꺼냈으니, 대개 그 지혜가 이와 같았다.

16 명나라 유기(劉基)[66]는 어려서 민첩함과 깨달음이 매우 뛰어나서, 독서를 하는데 눈이 지나가면 문득 그 요점을 가슴에 새겼다. 일찍이 서점에서 천문학 서적 한 질을 빌려 보고 다음 날에 말하기를 물 흐르듯이 하니, 그 사람이 크게 놀라서 유기에게 책을 주겠다고 하였는데, 유기가 받지 않고 말하기를 "이미 다 익혔소"라고 하였다.

9. 6세

1 한나라 육적[陸'續'][67]의 나이가 육세에 원술(袁術)을 뵈러 가니, 원술이 귤을 꺼내었다. 육적이 귤 세 개를 품고 엎드려 감사하다가 땅에

---

65 문언박(文彦博, 1006~1097) : 북송의 재상으로, 시호는 충렬(忠烈)이다. 추밀부사(樞密副使), 참지정사(參知政事), 동중서문하평장사(同中書門下平章事), 추밀사(樞密使) 등 요직을 두루 역임하였으며, 저서에 『노공집(潞公集)』이 있다.

66 유기(劉基, 1311~1375) : 원나라 말기에서 명나라 초기까지 살았던 정치가이자 작가로, 자는 백온(伯溫)이고 청전(靑田) 사람이다. 고안승(高安丞), 어사중승(禦史中丞), 태사령(太史令) 등을 역임하였으며, 『성의백문집(誠意伯文集)』, 『욱리자(鬱離子)』 등을 남겼다. –『명사(明史)』 권128 참조.

67 『숙혜기략』에는 '속(續)'으로 되어 있으나, 저 글자는 본래 '적(績)'이다. 편자가 이름을 옮기는 과정에서 발생한 실수로 보인다.
육적(陸績) : 한나라의 학자로, 자는 공기(公紀)이고 오군(吳郡) 오(吳) 사람이다. 그는 용모가 웅장하고 박학다식하였으며, 성력(星歷)과 산수(算數)에 이르기까지 공부하지 않은 것이 없었다고 한다. 울림태수(鬱林太守)와 편장군(偏將軍) 등을 역임하면서도, 「혼천도(渾天圖)」를 짓고 『주역(周易)』에 주석을 달며 현학을 해석하는 등 저술 작업에 매진하였다. –『삼국지(三國志)』 권57, 『몽구(蒙求)』 '육적회귤(陸績懷橘)' 참조.

떨어뜨리니, 원술이 말하기를 "육적은 어찌 손님으로 와서 귤을 품었는가"라고 하였다. 육적이 대답하기를, "장차 어머니에게 드리려고 하였습니다"라고 하였다. 원술이 매우 기특하게 여겼다.

[2] 진(晉)나라 강엄(江淹)[68]의 자는 문통(文通)이니, 육세에 능히 시를 엮었다. 붓에 꽃이 생기는 것을 꿈꾼 뒤, 글에 대한 생각이 날마다 발전하였다.

[3] 진나라 민회태자(愍懷太子)[69]가 어렸을 때부터 총명하고 슬기로워서 무제(武帝)가 매우 사랑하였다. 태자의 나이가 육칠 세 때에 궁전 안에 주의 소홀로 불이 났는데, 무제가 망루에 올라 살펴보려 하였다. 태자가 황제의 옷자락을 끌어 당겨서 어두운 가운데로 들어가니, 황제가 그 까닭을 물었다. 대답하여 말하기를, "저문 밤 급작스러운 사태에 마땅히 위험을 방비해야 할 것입니다. 불빛이 가까이 하여 그것으로 하여금 황제를 드러나 보이게 아니하겠습니다"라고 하였다.

[4] 당나라 왕발(王勃)[70]의 자는 자안(子安)이니, 육세에 문장을 엮는

---

68 강엄(江淹, 444~505) : 남조(南朝)시대의 학자로, 제양(濟陽) 고성(考城) 사람이다. 양(梁)나라에서 금자광록대부(金紫光祿大夫) 등을 역임하였으며, 유 · 불 · 도에 능통하였다고 한다. 강엄이 사망하자 고조(高祖)는 흰 옷을 입고 애도를 표했다고 하며, 시호는 헌백(憲伯)이다. 『강문통집(江文通集)』을 남겼으며, '예건평왕상서(詣建平王上書)' 등이 유명하다. –『양서(梁書)』 권14, 『몽구(蒙求)』 '강엄몽필(江淹夢筆)' 참조.

69 사마휼(司馬遹) : 서진의 2대 황제인 혜제(惠帝)의 장자로, 자는 희조(熙祖)이고 시호는 민회(愍懷)이다. 타고난 총명함으로 초대 황제인 무제(武帝)가 매우 아껴서 항상 좌우에 두었다고 전한다. 훗날 혜제의 부인이었던 황후 가남풍(賈南風)의 계략으로 폐위, 살해당한다. 소개된 이야기는 『진서(晉書)』 권53에 수록되어 있는데, 사마휼의 나이 5세 때 일이라고 한다. 그런데 『숙혜기략』에는 6~7세라고 하였으니, 편자가 원문을 옮기는 과정에서 발생한 실수로 보인다. –『진서(晉書)』 권53 참조.

70 왕발(王勃, 650~676) : 당나라 초기의 시인으로, 양형(楊炯), 노조린(盧照鄰), 낙빈왕(駱賓王)과 더불어 초당 사걸(初唐 四傑)의 한 사람이다. 특히 오언 절구에 뛰어났으며, 성당시(盛唐詩)의 선구자가 된다. 이른 나이에 바다를 건너다 익사하였고 『왕자안집(王子安集)』을 남겼다. –『신당서(新唐書)』 권201 참조.

것을 잘하였다. 구세에 안사고(顔師古)[71]가 주석한 『한서(漢書)』를 읽다가 「지하(指瑕)」를 저술하여 실수를 적발하였다. 십삼 세에 아버지에게 안부를 여쭈러 강서(江西)로 가는 길에, 마침 부독(府督)이 등왕각(滕王閣)[72]에서 잔치를 벌였는데 왕발이 서(序)를 지었다.

10. 7세

1 항탁(項橐)[73]은 칠세에 공자의 스승이 되었다.

2 한나라 황완(黃琬)[74]의 자는 자염(子琰)이요, 강하(江夏)의 사람이다. 어려서 아버지를 잃었으나, 일찍이 분별력과 지혜가 있었다. 그 조부 황경(黃瓊)이 위군태수(魏郡太守)가 되었는데, 건화(建和) 원년 정월에 일식(日食) 현상이 도읍에서는 보이지 아니하였다. 황경이 문서

---

71 안사고(顔師古, 581~645) : 당나라의 학자이자 관리로, 자가 사고(師古)이고 이름은 주(籀)이다. 섬서성(陝西省) 만년(萬年) 사람으로, 중서사인(中書舍人), 중서시랑(中書侍郎), 비서감(秘書監) 등을 역임하였다. 학문에 뛰어나 『오경정의(五經正義)』의 편찬에도 참여했을 뿐 아니라, 특히 『한서(漢書)』의 주석으로 널리 알려져 있다.

72 등왕각(滕王閣) : 당나라 태종(太宗)의 아우 등왕(滕王) 이원영(李元嬰)이 강서성(江西省) 남창(南昌) 시의 서남쪽에 세운 누각이다.

73 항탁(項橐) : '탁(橐)'은 '탁(託)'으로 표기하기도 한다. 유안(劉安)의 『회남자(淮南子)』「수무(脩務)」 편에는 다음과 같은 기록이 있다. "대저 항탁은 칠세에 공자의 스승이 되었는데, 이는 공자가 그의 말을 들어주었기 때문이다. 나이 어린 이가 어른에게 아는 체 하다가는 얻어맞기에도 바쁠 텐데, 어느 겨를에 도를 밝히겠는가." – 『회남자(淮南子)』「수무(脩務)」 편 참조.

74 황완(黃琬, 141~192) : 후한 말의 정치가로, 강하(江夏) 안륙(安陸) 사람이다. 황경(黃瓊)의 손자이며, 오관중랑장(五官中郎將), 예주목(豫州牧), 양천향후(陽泉鄕侯) 등을 역임하였다. 동탁(董卓)이 정권을 잡은 후 사도(司徒)에 임명되며 후에 왕윤(王允)과 함께 동탁의 주살을 모의했으나 실패하고 처형된다. – 『후한서(後漢書)』 권9, 『몽구(蒙求)』 '황완대일(黃琬對日)' 참조.

로 조정에 보고를 하니, 태후가 조서를 내려 일식되는 정도의 많고 적음을 물어보았는데, 황경이 거기에 대답할 바를 알지 못하였다. 황완의 나이가 칠세였는데 곁에 있다가 말하기를, "왜 일식의 남은 부분이 달의 처음과 같다고 아니하십니까?"라고 하였다. 황경이 그 말로 조서에 응답하였다. 사공(司空) 성윤(盛允)이 병이 있었는데, 조부 황경이 황안을 보내어 안부를 물었다. 마침 강하에서 오랑캐[蠻賊]의 일을 보고하였는데, 성윤이 글을 펼쳐서 읽기를 마치고 황안을 놀리며 말하기를, "강하 큰 땅에 오랑캐가 많고 선비['土'][75]가 적도다"라고 하였다. 황안이 손을 받들고 대하여 말하기를, "오랑캐가 강하를 어지럽히는 책임은 사공에게 있습니다"라고 하니 성윤이 매우 기특하게 여겼다.

3 한나라 진원방(陳元方)[76]은 태구(大丘)의 장(長)이었던 진식(陳寔)[77]의 큰 아들이다. 칠세 때에 아버지 태구가 친구와 갈 시간을 정오로 약속하였는데, 정오가 지났는데도 친구가 도착하지 아니하니 태구가 포기하고 떠났다. 떠난 후에 손님이 도착하였다. 진원방이 문 밖에 나가 보니, 손님이 묻기를 "부친이 계시는가"라고 하였다. 답하기를, "아버님께서 기다리시다가 어르신이 도착하시지 아니하여 이미 떠나셨습

75 『숙혜기략』에는 '토(土)'로 되어 있으나, 저 글자는 본래 '사(士)'이다. 편자가 원문을 옮기는 과정에서 발생한 실수로 보인다.
『後漢書』 卷91 : "允發書視畢, 微戲琬曰, 江夏大邦, 而蠻多'士'少."

76 진원방(陳元方) : 진식(陳寔, 아래의 각주 참조)의 장자로, 본명은 진기(陳紀)이다. 아버지와 동생인 진심(陳諶, 자는 계방(季方))과 더불어 삼군(三君)이라 불릴 만큼 덕행이 높았다고 전해진다. 동생과 관련된 일화는 '난형난제(難兄難弟)'라는 고사성어로 남기어졌다. —『후한서(後漢書)』 권92, 『세설신어(世說新語)』 「덕행(德行)」편 참조.

77 진식(陳寔, 104~187) : 자는 중궁(仲弓)이고 영천(潁川) 허창(許昌) 사람으로, 당시의 어진 선비로 이름이 높았다고 한다. 그래서 진식이 사망하자 문상온 자가 3만명이었다고 전한다. 관련된 일화는 도둑을 완곡하게 표현한 '양상군자(梁上君子)'라는 고사성어로 남기어졌다. —『후한서(後漢書)』 권92, 『몽구(蒙求)』 '진식유도(陳寔遺盜)' 참조.

니다"라고 하였다. 손님이 갑자기 노하여 말하기를, "사람이 아니로다. 더불어 갈 것을 기약하였다가 내버리고 떠났구나"라고 하였다. 진원방이 말하기를, "당신이 아버님과 정오로 기약하고 도착하지 아니하였으니 이것은 신용이 없는 것이요, 자식을 대하여 아버지를 욕하니 이것은 예의가 없는 것이오"라고 하였다. 손님이 부끄러워하여 수레에서 내려 가까이 가려 하였으나, 진원방이 돌아보지 아니하고 문으로 들어가 버렸다.

4 진나라 손방(孫放)[78]의 자는 제장(齊莊)이니, 손성(孫盛)[79]의 자식이다. 어려서 뛰어나고 지혜로웠는데 칠팔 세에 아버지와 함께 유량(庾亮)[80]을 따라서 사냥을 할 때였다. 유량이 일러 말하기를 "자네 같은 아이도 또한 왔는가"라고 하니, 손방이 응하여 답하기를 "작은 사람 큰 사람 할 것 없이 공을 따라서 갑니다[無小無大, 從公于邁]"[81]라고 하였다. 유량이 또 묻기를 "무슨 장(莊)과 나란히[齊] 하려고 하는가"라고 하니,[82] 손방이 답하기를 "장자[莊周]에 나란히 하려고 합니다"라고 하였

78 손방(孫放) : 손성(孫盛, 아래의 각주 참조)의 둘째 아들이다. 예장태수(豫章太守)를 역임했던 형 손잠(孫潛, 자는 제유(齊由))과 더불어 어렸을 때부터 총명함으로 그 이름을 날렸으며, 장사상(長沙相)을 지냈다. -『진서(晉書)』 권82, 『세설신어(世說新語)』「언어(言語)」 및 「배조(排調)」편 참조.

79 손성(孫盛) : 동진(東晉)의 학자이자 무장으로, 자는 안국(安國)이고 태원(太原) 중도(中都) 사람이다. 좌저작랑(佐著作郎), 비서감(秘書監), 시중(侍中) 등을 역임하였고 『위씨춘추(魏氏春秋)』와 『진양추(晉陽秋)』 등을 저술하였다. -『진서(晉書)』 권82 참조.

80 유량(庾亮, 289~340) : 동진의 정치가로, 자는 원규(元規)이고 시호는 문강(文康)이다. 유량은 얼굴이 잘 생겼고 담론을 잘 하였으며, 본성은 도가(道家)를 좋아하였음에도 풍격이 준정하고 행동은 예절에 따랐다고 전한다. 중서감(中書監), 좌위장군(左衛將軍) 등을 역임하였고, 후에 영창현공(永昌縣公)에 봉해졌다. 소준(蘇峻)이나 곽묵(郭默)의 반군을 평정해서 공을 세웠고, 초서와 행서를 잘했다. -『진서(晉書)』 권73 참조.

81 이 부분은 『시경(詩經)』「노송(魯頌)」 '반수(泮水)'의 한 구절이다.
『詩經』「魯頌」'泮水' : "思樂泮水, 薄采其芹. 魯侯戾止, 言觀其旂. 其旂茷茷, 鸞聲噦噦. '無小無大, 從公于邁.'"

82 이는 손방의 자가 제장(齊莊)이기에 이를 가지고 희롱한 것이다.

다. 유량이 말하기를 "어찌 공자[仲尼]를 따르려 아니하는가"라고 하니, 손방이 답하기를 "성인은 도를 나면서부터 알고[生知] 있기에, 바라서 꾀함에 도달할 수 있는 바가 아닙니다"라고 하였다. 유량이 크게 기뻐하며 말하기를, "왕필[王輔嗣][83]이 낫다고 하지 못할 것이다"라고 하였다. 유익(庾翼)[84]의 아들 유원지[爰'客'][85]가 일찍이 손성에게 방문하여, 손방을 보고 말하기를 "안국[安國]이 어디에 있는가"라고 하였다. 그런데 안국은 (손방의 아버지인) 손성의 자(字)이다. 손방이 대답하기를, "유치공(庾稚恭)의 집에 있습니다"라고 하였다. 그런데 치공은 (유원지의 아버지인) 유익의 자이다. 유원지가 크게 웃고 말하기를, "여러 손씨[孫]의 번성함[大盛]이 이와 같네"라고 하였다. 손방이 또 말하기를 "여러 유씨[庾]의 융성함[翼翼]만 같지 못합니다"라고 하였다. 그리고 사람들에게 말하기를 "내가 짐짓 저 이의 아버지의 이름을 거듭 불렀다"라고 하였다.[86]

5 진나라 사안(謝安)[87]은 사혁(謝奕)[88]의 동생이다. 사혁이 섬령(剡令)

83 왕필(王弼, 226~249) : 위나라의 학자로, 자는 보사(輔嗣)이다. 위진 시대 노장학(老莊學)의 시조로 불리며, 저서에 『노자주(老子注)』, 『주역주(周易注)』 등이 있다.

84 유익(庾翼, 305~345) : 동진의 정치가로, 자는 치공(稚恭)이고, 시호는 숙후(肅候)이다. 유량(庾亮, 위의 각주 참조)의 동생으로 안서장군(安西將軍), 형주자사(荊州刺史) 등을 역임하였다. 호(胡)를 멸망시키고 촉(蜀)을 취하여 진의 중원회복의 큰 뜻을 품고 여러 직책에 올랐으나, 뜻을 이루지 못하고 사망했다. 초서와 예서를 잘하였고, 왕희지(王羲之)에 이어 명성이 높았다. –『진서(晉書)』 권73 참조.

85 『숙혜기략』에는 '객(客)'으로 되어 있으나, 저 글자는 본래 '지(之)'이다. 편자가 이름을 옮기는 과정에서 발생한 실수로 보인다.
유원지(庿援之) : 유익(庿翼, 위의 각주 참조)의 둘째 아들이다. 형은 의성태수(義成太守)를 지냈던 방지(方之)이다. 원지에게는 아버지 유익의 기풍이 있었다고 전한다. –『진서(晉書)』 권73 참조.

86 원용은 손방의 아버지 '손성(孫盛)'의 두 글자를 사용하였고, 손방은 원용의 아버지 '유익(庾翼)'의 두 글자를 사용하여 서로 주고받은 것이다. 거듭 불렀다는 것은 '융성함[翼翼]'으로써 '익'을 두 번 불렀다는 것이다.

87 사안(謝安, 320~385) : 동진의 재상으로, 자는 안석(安石)이고 진군(陳郡) 양하(陽夏) 사람이다. 오흥태수(吳興太守), 이부상서(吏部尚書), 녹상서사(錄尚書事), 태보(太保) 등을 역

이 되었을 때 어떤 늙은이가 법을 어긴 적이 있었는데, 사혁이 독한 술[醇酒][89]로 벌하여 지나치게 취함에 이르렀다. 사안의 나이가 칠세였는데 푸른 바지를 입고 형의 무릎 옆에 앉아 있다가 간하여 말하기를, "형님. 늙은이를 생각하십시오"라고 하였다. 사혁이 얼굴빛을 엄숙하게 고치고 말하기를, "놓아 보내고자 하느냐" 하고 드디어 놓아주었다.

6 당나라 송경(宋璟)[90]은 칠세에 능히 문장을 엮었다. 팔구 세에 꿈에 큰 새가 책을 물고와 입 안으로 뱉어내었는데, 그 책을 삼키고 드디어 새에 올라서 곧바로 위로 솟구치다가 문득 갑작스럽게 놀라서 깼다. 그런데 오히려 가슴 사이에 책이 있는 것 같더니, 그 후로 글을 잘 짓는 재주가 날로 진취하고 품은 지혜가 더 밝아졌다.

7 당나라 양수(楊收)[91]의 자는 장지(藏之)이다. 칠세에 아버지를 잃었는데 상 치루기를 성인이 되어서까지 하였다. 어머니 장손(長孫) 부인이 글을 알아서 친히 가르쳤는데 십삼 세에 여러 경전의 의미에 통달하고 글읽기를 잘하였으니, 마을 사람들이 신동이라고 불렀다. 그 시(詩)와 부(賦)를 살펴보자. 길 가던 사람이 울타리를 무너뜨려 부수니

임하였으며, 시호는 문정(文靖)이다. 효무제(孝武帝) 때 전진(前秦)의 부견(苻堅)이 쳐들어오자, 정토대도독(征討大都督)이 되어 비수강(淝水江)에서 무찔렀다고 전한다. —『진서(晉書)』 권73, 『세설신어(世說新語)』「덕행(德行)」편 참조.

88 사혁(謝奕) : 동진의 관리로, 자는 무혁(無奕)이다. 어려서부터 뛰어난 자질로 명성이 있었으며, 안서장군(安西將軍), 예주자사(豫州刺史) 등을 역임하였다. —『진서(晉書)』 권79 참조.

89 순주(醇酒) : 무회주(無灰酒), 즉 다른 것이 조금도 섞이지 아니한 술이다.

90 송경(宋璟, 663~737) : 당나라의 재상으로, 현종(玄宗)의 개원(開元) 연간에 요숭(姚崇)과 함께 소위 개원의 치(治)를 행하였다. 형주(邢州) 남화(南和) 사람으로, 감찰어사(監察御史), 이부시랑(吏部侍郎), 상서우승상(尚書右丞相) 등을 역임하였으며, 시호는 문정(文貞)이다. 절개가 곧고 법도를 잘 지켰으며, 성격이 강직하여 논공상벌(論功賞罰)에 사사로움이 없었다고 한다. —『신당서(新唐書)』 권124 참조.

91 양수(楊收) : 동주(同州) 풍익(馮翊) 사람으로, 스스로 말하기를 수월공(隋越公) 표(素)의 후손이라 하였다. 아버지는 호주(濠州)에서 녹사(錄事)와 참군(參軍)을 지낸 유직(遺直)이며, 자식으로는 진사가 된 거(鉅), 린(鏻) 등이 있다. —『구당서(舊唐書)』 권177 참조.

양수가 비웃으며 말하기를, "네가 숫양의 뿔[羸]이 아닌데, 어찌 내 울타리를 들이받는가"[92]라고 하였다. 형 발(發)[93]이 놀면서, "개구리[蛙]로 읊어보라"고 하니, 곧 말하기를 "토끼 곁에서 옥수(玉樹)를 나눠 갖고, 용의 아래서 동의(銅儀)를 비추네['免'邊分玉樹, 龍底'躍'銅儀][94]. 모여서 함께 북치고 노래하니, 다시 공과 사를 묻지 않네"라고 하였다. 또 "붓[筆]으로 읊어보라. 그리고 '찬(鑽)'자를 부(賦)하라"고 하니, 곧 말하기를 "비록 낭중물(囊中物)은 아니어도, 얼마나 견고한지 뚫을[鑽] 수가 없네. 하루아침에 정사를 집행한다면, 반드시 삼단(三端)[95]의 으뜸이 되리라"라고 하였다.

[8] 당나라 이필(李泌)[96]이 칠세에 글 지을 줄을 알았다. 황제가 불러서 이필이 도착하였는데, 황제가 장열(張說)과 바둑을 두다가 장열에게 이필의 능력을 시험하라고 하였다. 장열이 "모남과 둥긂[方圓], 움직임과 고요함[動靜]으로 읊어보라"고 하였는데, 이필이 머뭇거리며 말

---

92 원문은 "네가 觸角이 아니니 엇지 내 藩을 觸ㅎ는고"인데, 이 부분은 『주역(周易)』「대장괘(大壯卦)」의 구삼효(九三爻)의 내용을 인용한 것이다. 「대장괘」의 구삼효에는 "숫양이 울타리를 받아 그 뿔이 곤궁하다"라는 구절이 있다.
『周易』「大壯卦」: "九三, 小人用壯, 君子用罔, 貞厲, '羝羊觸藩, 羸其角.'"

93 양수에게는 형제가 세 명 있었는데, 발(發)과 가(假)는 형이고 엄(嚴)은 아우였다. 발(發)은 첫째 형으로 자는 지지(至之)다. 그는 태화(太和) 4년에 진사가 되었으며, 호남관찰추관(湖南觀察推官), 전시어사(轉侍禦史) 등을 역임하였다.

94 『숙혜기략』에는 '면(免)'으로 되어 있으나, 저 글자는 본래 '토(兎)'이다. 또한 '약(躍)'자도 잘못되어 있는데, 저 글자는 본래 '요(耀)'이다. 편자가 원문을 옮기는 과정에서 발생한 실수로 보인다.
『舊唐書』 卷177 : "'兎'邊分玉樹, 龍底'耀'銅儀. 會當同鼓吹, 不復問官私."

95 삼단(三端) : 문사의 붓끝, 무사의 칼끝, 변사의 혀끝을 이르는 말이다.

96 이필(李泌) : 당나라 현종(玄宗)과 숙종(肅宗), 덕종(德宗) 때의 재상으로, 자는 장원(長源)이고 시호는 현화(玄和)이며 봉호는 업후(鄴侯)이다. 현종이 불러 태자였던 숙종을 모셨으며, 숙종이 즉위한 이후 정사에 참여하였다. 한림학사(翰林學士), 항주자사(杭州刺史) 등을 역임하였고, 문집으로 이십 여권을 남겼으나 현재 남은 것은 '장가행(長歌行)' 등 시 네 수뿐이다. –『구당서(舊唐書)』 권130, 『전당시(全唐詩)』 권109 참조.

하기를 "그 대략을 듣기를 원합니다"라고 하였다. 그래서 장열이 말하기를, "모난 것은 바둑판과 같고, 둥근 것은 바둑돌과 같네. 움직임은 바둑돌이 사는 것과 같고, 고요함은 바둑돌이 죽는 것과 같네"라고 하였다. 그러자 이필이 즉시 대답하여 말하기를, "모난 것은 의로움을 행하는 것과 같고, 둥근 것은 지혜를 쓰는 것과 같네. 움직임은 뛰어난 인물을 부르는 것과 같고, 고요함은 일이 뜻대로 되는 것과 같네"라고 하였다. 장열이 이것을 듣고 황제에게 똑똑한 아이를 얻음을 경축하니, 황제가 크게 기뻐하여 말하기를 "이 아이의 정신이 육체보다 크도다"라고 하면서, 비단을 주고 그 집에 조서를 내려 (아이를) 잘 돌보라고 하였다.

[9] 당나라 고정(高定)[97]은 고영(高郢)[98]의 자식이다. 칠세에 『서경(書經)』을 읽는 중에 「탕서(湯誓)」 편에 이르러 꿇어앉고 아버지에게 묻기를, "어찌 신하로서 임금을 벌하는 것입니까"라고 하였다. 고영이 대답하기를, "하늘에 응하고 사람을 도리에 따르게 하는 것이 어찌 벌이라고 하겠느냐"라고 하였다. 고정이 대답하여 말하기를, "명을 따르는 자는 선조의 사당에서 상을 주지 않았고, 명을 따르지 않는 자는 사직에서 죽이지 않았는데,[99] 이것이 사람을 도리에 따르게 하는 것입니

97 고정(高定) : 당나라의 학자이자 관리로, 어려서부터 그 총명함이 절륜했다고 전하며 벼슬은 경조참군(京兆參軍)에 이르렀다. 고정이 어렸을 때의 자가 동이(董二)였기에, 사람들이 어릴 때의 슬기로움을 말할 때 그 글자를 많이 썼다고 전한다. 저작으로 『역외전(易外傳)』 22권을 남겼다. –『구당서(舊唐書)』 권147 참조.

98 고영(高郢) : 당나라의 관리로, 자는 공초(公楚)이고 그 선조는 발해(渤海) 사람이다. 이미 9세에 『춘추(春秋)』에 통달하였으며, 글을 잘 엮었다고 전한다. 형부상서(刑部尙書), 태상경(太常卿), 어사대부(禦史大夫), 병부상서(兵部尙書) 등을 역임하였으며, 시호는 정(貞)이다. –『구당서(舊唐書)』 권147 참조.

99 『서경(書經)』의 「탕서(湯誓)」 편은 은(殷, 商)나라의 시조인 '탕(湯)'이 하(夏)나라의 마지막 왕이자 폭군인 '걸(桀)'을 벌하는데 그 맹세를 드러낸 편이다. 위 본문에서 고정(高定)은 신

까"라고 하니, 고영이 대답하지 못하고 고정을 범상치 않게 여겼다.

[10] 당나라 낙빈왕(駱賓王)[100]은 칠세에 능히 시를 지었다. 거위를 읊어서 말하기를, "하얀 털로 푸른 물에 떠다니며, 붉은 발로 맑은 물결 일으키네"라고 하였다. 훗날 서경업(徐敬業)을 위하여 「무후격(武后檄)」을 지었는데, 측천무후(則天武后)[101]가 보고 말하기를 "이와 같은 재능이 있는데, 영락하여 떠돌아다니는 것은 재상의 과실이로다"라고 하였다.

[11] 당나라 장구령(張九齡)[102]은 칠세에 문장을 엮었다. 현종(玄宗)[103]의 생일[千秋節]에 이전 시대의 잘되어 흥함과 못되어 망함을 기술하여

하인 탕이 군주인 걸을 벌하는 것에 대하여 유교적 의리로 의문을 품고 있는 것이다. 또한 본문에서 인용된 글은 『서경』의 다른 편인 「감서(甘誓)」편의 글인데, 본래 글에 부정사를 사용하여 자신의 의문을 표현하였다. 「감서」편에서의 인용 내용은 "명을 따르는 자는 선조의 사당에서 상을 내리고, 명을 따르지 않는 자는 사직에서 죽인다"는 것이다.
『書經』「甘誓」: "用命賞于祖, 弗用命戮于社."

100 낙빈왕(駱賓王, 640?~684?) : 천재였으나 출신이 낮아 불우하였으며, 측천무후의 노여움을 사 좌천되었다. 그래서 낙임해(駱臨海), 낙승(駱丞)이라고도 불린다. 처지에 대한 불만을 가지고 있었는데, 서경업(徐敬業)이 양주(揚州)에서 반란을 일으키자 이에 가담하여 격문을 기초하였다. 그러나 반란이 실패하자 처형되었다는 설이 있는가 하면, 자취를 감추었다는 설도 있다. 초당 사걸(初唐 四傑) 중 한 명으로 일컬어지며, 격조가 아름다웠고, 특히 칠언가행(七言歌行)에 뛰어났다. 시문집으로는 『낙빈왕문집(駱賓王文集)』, 『낙임해집(駱臨海集)』 등이 있다.

101 측천무후(則天武后, 624~705) : 당나라 고종(高宗)의 황후로, 성은 무(武)이고 이름은 조(曌)이다. 중국 역사에서 유일한 여제로 고종을 대신하여 실권을 쥐고, 두 아들을 차례로 제왕의 자리에 오르게 하였으며, 스스로 제왕의 자리에 올라 국호를 주(周)로 고치고 성신황제(聖神皇帝)라 칭하였다.

102 장구령(張九齡, 673?~740) : 당나라의 시인이자 관리로, 자는 자수(子壽)이고 시호(文獻)는 문헌(文獻)이다. 소주(韶州) 곡강(曲江) 사람이기에, 사람들은 그를 장곡강(張曲江)이라고 부르기도 하였다고 한다. 중서사인(中書舍人), 중서시랑(中書侍郎) 등을 역임하고 현종(玄宗) 때 재상이 되었다. 훗날 이임보(李林甫)에게 미움을 받아 좌천되었다. 『곡강장선생문집(曲江張先生文集)』 20권을 남겼다. -『전당시(全唐詩)』 권47 참조.

103 현종(玄宗, 685~762) : 당나라의 제6대 황제로, 본명은 이융기(李隆基)이고 별칭은 명황(明皇)이다. 현종은 요숭(姚崇), 송경(宋璟), 장열(張說), 장구령(張九齡) 등 명상의 도움을 얻어, 안팎으로 번영하며 태평성태를 누렸다. 그러나 노년에 양귀비(楊貴妃)에게 빠져 국정 운영을 이임보(李林甫)에게 맡기고, 안녹산(安祿山)의 난 등이 연이어 발생하여 폐해가 극심해졌다. 현종은 음악이나 글씨에도 뛰어난 것으로 알려져 있다. 재위 기간은 712~756년이다.

『천추금감록(千秋金鑑錄)』을 바쳤고, 풍모와 거동이 훌륭하여 황제가 항상 사람을 쓰며 말하기를, "풍모나 기량이 장구령만 하느냐"라고 하였다.

[12] 송나라 사마광[司馬溫公][104]은 어릴 때에 언제나 기억하여 암송하는 것이 다른 사람만 같지 못함을 걱정하였다. 그래서 홀로 휘장을 내리고 책이 찢어지도록 강독하고 암송하였더니, 칠세에 『춘추(春秋)』의 대의를 통달하였다. 일찍이 여러 아이들과 놀고 있었는데, 한 아이가 독 안의 물에 빠져서 여러 아이들이 놀라 달아났다. 사마광이 돌로 독을 깨뜨려 아이가 살 수 있었는데, 나라에서 그림으로 그려 널리 퍼뜨리며 이름 붙이기를 「소아격옹도(小兒擊瓮圖)」라고 하였다.

[13] 송나라 안수(晏殊)[105]는 칠세에 능히 문장을 엮었다. 안무장(安撫張) 지백(智白)이 신동으로 천거하였는데, 황제가 안수를 불러서 진사(進士) 천여 명과 더불어 시험을 보게 하였다. 안수의 신기(神氣)가 두려워하지 아니하고 붓을 당겨서 글을 완성하니, 황제가 가상하여 진사 출신을 하사하였다. 재상 구준(寇準)[106]이 말하기를, "안수는 장강(長江)의 바깥[江外][107] 사람입니다"라고 하였다. 황제가 말하기를, "장구령은 강외의 사람이 아닌가"라고 하였다. 후에 시부(詩賦)와 논(論)을 시험하

---

104 사마광(司馬光, 1019~1086) : 북송의 학자이자 정치가로, 자는 군실(君實)이고 호는 우부(迂夫), 우수(迂叟)이며 사마온공(司馬溫公)이라고도 한다. 신종(神宗) 초에 왕안석(王安石)의 신법(新法)에 반대하여 은퇴하고, 철종(哲宗) 때에 재상이 되자 신법을 폐하고 구법(舊法)으로 통치하였다. 저서에 『자치통감(資治通鑑)』, 『사마문정공집(司馬文正公集)』 등이 있다.

105 안수(晏殊, 991~1055) : 북송의 정치가이자 문인으로, 자는 동숙(同叔)이다. 1043년에 재상이 되어 학교를 부흥시키고 인재 양성에 힘썼다. 저서에 문집 『주옥사(珠玉詞)』가 있다.

106 8세의 [7]의 내용 및 각주 참조.

107 강외(江外) : 강남(江南)을 말하는 것으로, 지역이 장강(長江)의 남쪽에 있어 강외라고 칭해진다.

였는데 안수가 말하기를, "신이 일찍이 이것을 작성하였습니다"라고 하며 다른 제목을 청하여 완성하니, 황제가 그 뛰어남을 칭찬하고 비서정자(秘書正字)로 발탁하였다.

⑭ 송나라 손적(孫覿)이 칠세 때의 일이다. 소동파(蘇東坡)[108]가 보고 말하기를 "그대는 무엇을 익히는가"라고 하니, 손적이 대답하기를 "시문으로 주고받기[屬對]를 배우고 있습니다"라고 하였다. 동파가 말하기를 "형문(衡門)의 어린 아이, 아름다운 그릇[璠璵器]이로다"라고 하니, 손적이 응하여 말하기를 "한림(翰林)의 신선, 금수장(錦繡腸)[109]이로구나"라고 하였다. 그 때에 하늘에서 이슬비가 내렸는데, 동파는 붉은 비단 옷에 금대를 하고 있었다. 또 대구를 명하면서 "홍포(紅袍)가 비에 젖으니, 본래의 기운[本氣]이 되살아나네"라고 하니, 손적이 응대하여 말하기를 "금대(金帶)에 바람이 부니, 여지(荔枝)의 향기가 나네"라고 하였다.

⑮ 송나라 왕우칭(王禹偁)[110]의 자는 원지(元之)이니, 칠세에 능히 글을 지었다. 필문간공(畢文簡公)이 고을 일에 종사하게 되어 그 재주를 아꼈는데, 그의 집이 밀가루를 갈아서 산다는 것을 듣고 인하여 마시(磨詩)를 지으라고 하였다. 왕우칭이 생각하지 아니하고 대답하여 말

---

108 소식(蘇軾, 1036~1101) : 북송의 문인으로, 자는 자첨(子瞻)이고 호는 동파(東坡)이다. 당송팔대가(唐宋八大家)의 한 사람으로, 구법파(舊法派)의 대표자이며 서화에도 능하였다. 작품에 「적벽부(赤壁賦)」, 저서에 『동파전집(東坡全集)』 등이 있다.

109 금수장(錦繡腸) : 뱃속이 시문으로 가득하여 아름다운 시구들이 계속해서 나옴을 이르는 말이다.

110 왕우칭(王禹偁, 954~1001) : 송나라의 문인으로, 농가의 한미한 출신이었으나 뛰어난 능력을 지녀 한림학사(翰林學士)에 이르기까지 여러 직책을 역임하였다. 직언으로 간하고 아부를 싫어하여 8년 동안 3번이나 축출 당하였으나, 자신의 뜻을 굽히지 않았다고 한다. 저서에 『소축집(小畜集)』 등이 있다.

하기를, "다만 중심만 제대로 맞춘다면, 더디 갈린다고 무엇을 근심하겠는가. 사람이 가볍게 힘을 드러내면, 이내 서서히 돌아가기 시작하네"라고 하였다. 필문간공이 태수(太守)의 자리에 앉아서 시구를 말하기를, "앵무새가 능히 말을 해도 봉황과 같기는 어렵네"라고 하니, 좌객이 모두 대구하지 못하였다. 그런데 원지가 그 아래에 쓰기를, "거미가 비록 실 잣는 솜씨가 있어도 누에만 같지 못하네"라고 하니, 공이 찬탄하며 드디어 의관을 입히고 작은 벗이라고 불렀다.

16 송나라 양억(楊億)[111]은 나면서 털이 몸에 있었고 그 길이가 길었는데 경월(經月)[112]이 되자 떨어졌다. 또 나이가 들어도 말을 아니 하였는데, 하루는 아버지가 안고서 동산 가운데에 이르러 읊으며 말하기를, "작은 동산 울타리에 배가 떨어진 이치를, 신동은 아는가 모르는가"라고 하였다. 양억이 갑자기 응대하여 말하기를, "바람이 나무를 흔든 것이 아니라, 바로 이 까치들이 가지를 놀라게 한 것이네"라고 하였다. 칠세에 문장을 엮었다. 십일 세에 태종(太宗)이 그 이름을 듣고 불러들여 삼일에 시부(詩賦) 다섯 편을 시험하니, 붓을 들어 완성하되 "새벽에는 구름 밖 고개를 오르고, 밤에는 달 떠오른 조수를 건너네[夜渡'日'中潮]. 원컨대 맑은 충절을 간직하여[願秉'忠清'節][113], 종신토록 성조(聖朝)에서 일하리라"라고 하였다. 태종이 깊이 상과 우대를 더하고, 내시도지(內侍都知) 왕인예(王仁睿)에게 명하여 중서(中書)에 보냈다. 또

111 『숙혜기략』 서의 각주 5번 참조.
112 경월(經月) : 태음력(太陰曆)의 표준시간으로 정월(整月)이라고도 부른다.
113 『숙혜기략』에는 '일(日)'로 되어 있으나, 저 글자는 본래 '월(月)'이다. 또한 '충청(忠淸)'은 '청충(淸忠)'이다. 편자가 원문을 옮기는 과정에서 발생한 실수로 보인다.
『詩話總龜』 卷2 : "曉登雲外嶺, 夜渡'月'中潮, 斷句, 願秉'淸忠'節, 終身立聖朝."

시 한 장을 읊으니 재상이 그 재능의 뛰어남에 놀라서 글로 치하하고, 대궐에 초대하여 비서성정자(秘書省正字)를 내리며 일러 말하기를, "오래 고향 마을에서 떨어져 있으니 능히[시러곰] 부모의 생각이 나지 않느냐"고 말하였다. 양억이 대답하여 말하기를, "신이 폐하를 뵙는 것이 신의 부모를 보는 것과 같습니다"라고 하니, 재상이 탄복하며 칭찬하기를 오래도록 하였다.

17 원나라 허형(許衡)[114]은 어려서 뛰어난 재주가 있었다. 칠세에 배움에 들어와 장(章)과 구(句)를 배웠는데, 그 스승에게 묻기를 "책을 읽는 것은 어찌하려 함입니까"라고 하니, 스승이 말하기를 "과거 급제를 얻기 위한 것이니라"라고 하였다. 허형이 말하기를 "이 따름입니까"라고 하니, 스승이 크게 기특하게 여겨 그 부모에게 일러 말하기를 "이 아이가 뛰어나고 슬기로운 것이 범상치 않으니, 다른 날에 반드시 크게 보통 사람들보다 뛰어날 것이기에 내가 그 스승이 아니라오" 하고 드디어 인사하고 떠났다.

18 우리나라의 율곡(栗谷) 선생 이이(李珥)는 칠세에 문장을 지었다.

114 허형(許衡, 1209~1281) : 원나라의 학자로, 자는 중평(仲平)이고 호는 노재(魯齋)이다. 하내(河內) 사람으로 요설재(姚雪齋)에게서 성리학을 배웠으며, 세조(世祖) 당시 수시력(授時曆)의 편찬을 주도하였다. 시호는 문정(文正)이고, 훗날 공자의 묘정(廟庭)에 종사되었다. 그의 학풍은 실천적인 성향이어서 여말 선초(麗末 鮮初) 신진 사대부들의 학문에 영향을 끼쳤다고 한다. 저서로 『노재전서(魯齋全書)』가 있다. –『원사(元史)』 권158 참조.

11. 8세

1 포의자(蒲衣子)[115]는 팔세에 순(舜)의 스승이 되었다.

2 진나라 사상(謝尙)[116]의 자는 인조(仁祖)이니 팔세에 신통하고 총명하여 조숙하였다. 아버지 사곤[謝琨][117]이 그를 데리고서 손님들을 전송할 때 어떤 이가 말하기를, "이 아이는 이 자리에서 안연(顔淵)입니다"라고 하였다. 사상이 답변하여 말하기를, "이 자리에 공자가 없는데, 어찌 안연을 분별하겠습니까"라고 하니 손님들이 감탄하지 않는 이가 없었다.

3 진나라 관로(管輅)[118]는 팔구 세에 별을 올려다보며 말하기를, "집닭과 청둥오리도 오히려 때를 아는데, 하물며 사람이랴"라고 하며, 이

---

115 포의자(蒲衣子) : 『장자(莊子)』「응제왕(應帝王)」편에 등장하는 인물이며, 설결(齧缺)의 스승으로 제시되고 있다.

116 사상(謝尙, 308~357) : 진나라의 관리로, 예장태수(豫章太守) 사곤(謝鯤, 아래의 각주 참조)의 아들이다. 어려서부터 매우 착한 심성을 지녔는데, 가령 7세에 형이 사망하자 매우 애통하게 여겨 친척들이 기특하게 여겼다고 한다. 건무장군(建武將軍), 건위장군(建威將軍), 상서복사(尙書僕射) 등을 역임하였으며, 시호는 간(簡)이다. –『진서(晉書)』 권79, 『세설신어(世說新語)』「언어(言語)」편, 『몽구(蒙求)』 '사상구욕(謝尙鴝鵒)' 참조.

117 『숙혜기략』에는 '곤(琨)'으로 되어 있으나, 저 글자는 본래 '곤(鯤)'이다. 편자가 이름을 옮기는 과정에서 발생한 실수로 보인다.
사곤(謝鯤) : 진나라의 관리이자 학자로, 자는 유여(幼輿)이고 진국(晉國) 양하(陽夏) 사람이다. 어려서부터 지혜롭다는 명성과 높은 식견이 있었으나, 예법에 맞는 몸가짐은 부족하였다고 전한다. 『노자(老子)』와 『주역(周易)』을 좋아하였으며, 노래와 악기에도 능하였다. 예장태수(豫章太守) 등을 역임하였으며, 시호는 강(康)이다. –『진서(晉書)』 권49 참조.

118 관로(管輅, 208~256) : 위나라의 점술가로, 자는 공명(公明)이고 평원(平原) 사람이다. 그는 용모가 추하고 위엄도 없었으며, 술을 좋아하였다고 전한다. 또한 음식이나 말로 희롱함에서도 그 종류를 가리지 않았기에, 사람들이 그를 좋아했지만 공경하지는 않았다고 전한다. 『주역(周易)』과 천문, 점술에 능하였으며, 소부승(少府丞)을 역임하였다. 그의 행적은 『삼국지(三國志)』 중 『위서(魏書)』에 속하는 권29에 소개되는데 『숙혜기략』에서는 진나라 사람이라 기술하였으니, 편자가 원문을 옮기는 과정에서 발생한 실수로 보인다. 관련된 일화는 상투적인 말을 의미하는 '노생상담(老生常談)'이라는 고사성어로 남기어졌다. –『삼국지(三國志)』 권29, 『세설신어(世說新語)』「규잠(規箴)」편 참조.

웃 아이와 놀다가 문득 땅을 그어서 하늘[天文]의 일월성신을 그렸다.

4 남송(南宋)나라 서지재(徐之才)[119]의 나이가 팔세에 주사(周舍)에게 가서 『노자(老子)』를 배울 때였다. 주사가 서지재를 위하여 음식을 베풀고 놀리며 말하기를, "자네는 마음을 써서 의(義)를 생각하지 아니하고, 다만 음식을 숭배하는가"라고 하였다. 서지재가 답변하기를, "성인은 그 마음은 허하게 하고 그 배는 실하게 합니다"[120]라고 하였다.

5 당나라 엄무(嚴武)[121]는 엄정지(嚴挺之)의 자식이다. 엄정지가 부인에게 박하게 하니 엄무의 나이가 팔세였다. 그 어머니에게 물어서 말하기를, "아버님이 항상 원영(元英)연지의 첩에게 후하게 대하고, 일찍이 어머니를 위로하지 아니하는 것이 어찌 이 지경에 이르렀습니까"라고 하였다. 어머니가 말하기를, "너의 아버지가 나의 용모 누추함을 싫어하여 베개와 이불을 함께 하기를 여러 밤으로 너를 임신한 뒤 그 이후로는 서로 포기하였다"라고 하며, 말을 마치고 슬퍼하면서 오열하니 엄무도 또한 분개하였다. 아버지가 나가고 원영이 막 조는 것을 살펴본 뒤 작은 쇠몽둥이로 그 머리를 세게 때렸다. 엄정지가 돌아와서 경악하자 좌우에서 말하기를, "소낭군(小郎君)이 놀면서 철추를 돌

---

119 서지재(徐之才) : 난양(丹陽) 사람으로, 아버지는 웅(雄)이다. 서지재는 어려서부터 기질이 뛰어나 자라면서 여러 관직을 역임하였고, 의술에도 뛰어났던 것으로 전해진다. 그의 행적은 『북제서(北齊書)』 권33에 소개되는데 『숙혜기략』에서는 남송 사람이라 기술하였으니, 편자가 원문을 옮기는 과정에서 발생한 실수로 보인다. -『북제서(北齊書)』 권33 참조.

120 『老子』: "是以聖人之治, 虛其心, 實其腹, 弱其志, 强其骨."

121 엄무(嚴武, 726~765) : 당나라의 군사가이자 시인으로, 화주(華州) 화음(華陰) 사람이다. 자는 계응(季鷹)이고 중서시랑(中書侍郎) 엄정지(嚴挺之)의 아들이다. 전중시어사(殿中侍御史), 경조소윤(京兆少尹), 검남절도사(劍南節度使), 성도부윤(成都府尹), 검교이부상서(檢校吏部尙書) 등을 역임하고, 정국공(鄭國公)에 봉해졌다. 시인 두보(杜甫)와 매우 가깝게 지내어 많이 도와주기도 하였으나, 여러 차례 살해하려 했다고도 전한다. -『구당서(舊唐書)』 권117 참조.

리다가 이런 상황에 이르렀습니다"라고 하였다. 엄정지가 엄무를 불러서 말하기를, "너는 어찌 놀기를 심하게 하는가"라고 하였다. 엄무가 말하기를, "어찌 천자의 조정에서 벼슬하는 자가 그 첩을 대하는 것을 후하게 하고, 아이의 어머니를 곤욕스럽게 하는 것이 있습니까. 따라서 모름지기 쳐서 죽인 것이요, 논 것이 아닙니다"라고 하였다. 아버지가 말하기를, "참으로 엄정지의 아이로구나"라고 하였다.

[6] 송나라 팽사영(彭思永)[122]이 팔구 세 때의 일이었다. 팽사영이 막 학사(學舍)에 나아가려는데 금비녀를 문 밖에서 주웠다. 그래서 그 곳에서 묵묵히 앉아서 찾는 자를 기다렸는데, 한 관리가 와서 배회하기에 그 상황을 물어보고 금비녀를 꺼내서 주었다. 관리가 수백 금으로 사례하려 하였으나, 사영이 웃으면서 받지 않았다.

[7] 송나라 구준(寇準)[123]의 자는 평중(平仲)이니 팔세에 화산(華山)을 읊으며 말하기를, "그 위로는 하늘이 있을 뿐이고, 더불어 겨룰 산이 없네. 머리 드니 붉은 해가 가깝고, 고개 돌리니 흰 구름이 낮게 깔렸구나"라고 하였다. 그 스승이 구준의 아버지에게 일러 말하기를, "구준이 어찌 재상이 되지 않겠습니까"라고 하였다.

[8] 송나라 황정견(黃庭堅)[124]의 자는 노직(魯直)이다. 어려서부터 영

---

122 팽사영(彭思永, 1000~1070) : 송나라의 관리로, 자는 계장(季長)이고 길주(吉州) 여릉(廬陵) 사람이다. 관직으로는 시어사(侍御史), 호부시랑(戶部侍郎) 등을 역임하였다. –『송사(宋史)』 권320 참조.

123 구준(寇準, 961~1023) : 북송의 시인이자 관리로, 화주(華州) 하규(下邽) 사람이고 시호는 충민(忠愍)이다. 대리평사(大理評事), 추밀원직학사(樞密院直學士), 염철판관(鹽鐵判官) 등을 역임하고, 진종(眞宗) 때 재상이 되었다. 거란의 침공 당시 공을 세워 내국공(萊國公)에 봉해졌으나 훗날 좌천된다. 시 세계에 있어서는 주로 자연의 애련함을 읊었으며, 『구충민공시집(寇忠愍公詩集)』을 남겼다. –『송사(宋史)』 권281 참조.

124 황정견(黃庭堅, 1045~1105) : 북송의 문인으로, 호는 산곡(山谷)이다. 시인으로서의 명성이 높았으며, 소식(蘇軾)과 더불어 송대를 대표하는 시인이다. 강서시파(江西詩派)의 창시자

특하여 잘 깨닫더니, 팔세에 능히 시를 지어 사람을 전송하였다. 과거를 보러가는 이에게 이르기를, "현명한 군주[明主] 곁으로 돌아가는 그대를 전송하니, (군주가) 옛날의 황정견에 대해 물어본다면, 인간 세상에 유배된 것이 이제 8년이 되었다고 하라"라고 하였다. 또 목동시(牧童詩)를 읊으며 말하기를, "소를 타고 멀고 먼 마을 앞을 지나가는데, 짧은 피리 소리 바람타고 언덕 넘어 들리네[短笛風吹隔隴'間'][125]. 명리(名利) 좇아 몰려다니는 수많은 장안(長安) 사람들, 온갖 재주 다 부려도 소 타고 피리 부는 그대만은 못하리라"라고 하였다.

9 원나라 악주(岳柱)[126]의 자는 지소(止所)요, 또 다른 자는 겸산(兼山)이다. 나이가 팔세에 화사(畵師) 하징(何澄)의 「도모전발도(陶母剪髮圖)」를 보고, 도모의 팔 가운데 금팔찌를 가리키며 힐책하여 말하기를, "금팔찌로 가히 잔치를 쉽게 할 수 있는데, 어찌하여 머리카락을 잘랐습니까"라고 하였다. 그러자 하징이 뛰어나다고 여겼다.

로 당시 시단에 큰 영향력을 행사하였으며, 글씨에도 뛰어나 소식 · 채양(蔡襄) · 미불(米芾) 등과 함께 북송 사대가(北宋 四大家)로 일컬어진다. 시집으로 『산곡집(山谷集)』이 남아있다.

125 『숙혜기략』에는 '간(間)'으로 되어 있으나, 저 글자는 본래 '문(聞)'이다. 편자가 원문을 옮기는 과정에서 발생한 실수로 보인다.
『漁隱叢話』 前集 卷47 : "騎牛遠遠過前村, 短笛風吹隔隴'聞'. 多少長安名利客, 機關用盡不如君."

126 악주(岳柱) : 원나라의 학자이자 관리로, 어려서부터 용모와 행동이 단정하고 엄숙하였을 뿐 아니라, 영리하고 높은 식견까지 지니고 있었다고 전한다. 또한 천성적으로 효성과 우애가 깊어 어머니와 동생이 사망하였을 때 매우 슬퍼하였으며, 경서(經書)와 역사를 좋아해 천문에서 의약에 이르기까지 두루 통달하였다고 한다. 집현학사(集賢學士), 중봉대부(中奉大夫), 예부상서(禮部尙書), 영록대부(榮祿大夫), 집현대학사(集賢大學士) 등을 역임하였다. -『원사(元史)』 권130 참조.

12. 9세

[1] 한나라 양보(楊寶)[127]가 구세 때였다. 노란 참새[黃雀]가 부엉이의 공격을 받아 땅으로 떨어져서 땅강아지와 개미 등으로부터 고통을 받고 있었다. 양보가 불쌍하게 여겨 참새를 가져와서 비단을 바른 상자 안에 두고, 황화(黃花)로 길러서 털이 풍성해지자 날려 보냈다. 밤에 노란 옷의 동자[黃衣童子]가 나타나, 고리 모양의 백옥 4개를 양보에게 주면서 말하기를, "그대의 자손으로 청렴결백하고 지위가 삼공(三公)에 오르는 자가 마땅히 이 수와 같을 것입니다"라고 하였다.[128]

[2] 한나라 서유자(徐孺子)[129]의 나이가 구세에 달빛 아래에서 놀고 있었다. 어떤 이가 말하기를, "만일 달 안에 다른 사물들이 없으면 마땅히 매우 밝을 것이야"라고 하였다. 서유자가 말하기를, "그렇지 않습니다. 비유하자면 사람 눈에 (검은) 눈동자와 같아서, 이것이 없으면 반드시 밝지 못할 것입니다"라고 하였다.

[3] 한나라 황향(黃香)[130]은 구세에 어머니가 돌아가시니 슬피 부르

---

127 양보(楊寶) : 한나라 때 형주자사(荊州刺史), 동래태수(東萊太守), 탁군태수(涿郡太守), 태위(太尉) 등을 역임했던 관서공자(關西孔子) 양진(楊震)의 아버지이다. 양보는 『구양상서(歐陽尚書)』를 익힌 학자였으나, 은거생활을 하면서 가르침을 전했다고 한다. –『후한서(後漢書)』 권54 참조.

128 양보의 아들 양진(楊震)은 안제(安帝) 시기에 태위(太尉)가 되고, 그 아들 양병(楊秉)은 환제(桓帝) 시기에 태위가 되며, 그 아들 양사(楊賜)는 영제(靈帝) 시기에 태위가 되고, 그 아들 양표(楊彪)는 헌제(獻帝)와 위나라 문제(文帝) 때 태위가 되었다. –『몽구(蒙求)』 '양보황작(楊寶黃雀)' 참조.

129 서유자(徐孺子, 97~168) : 동한(東漢)의 학자로, 본명은 서치(徐穉)이고 예장(豫章) 남창(南昌) 사람이다. 매우 검약하였으며, 조정의 부름이 여러 차례 있었음에도 응하지 않았다고 한다. 진번(陳蕃, 15세의 [1]의 내용 및 각주 참조)은 태수가 되어서도 서유자를 한갓 빈객으로 대접하지 않았고, 그만을 위한 자리(榻)를 특별히 만들어 두었다가 오면 사용하고 떠나면 다시 걸어두었다고 전한다. –『후한서(後漢書)』 권83, 『세설신어(世說新語)』 「덕행(德行)」편 참조.

짖기를 매우 간절하게 하였다. 아버지를 모시는데 더우면 베개와 자리에 먼저 부채질하고, 추우면 몸으로 이불을 먼저 따뜻하게 하였다. 도읍에서 말하여 이르기를, "천하에는 강하(江夏)에 사는 황향과 겨룰 만한 짝이 없다"라고 하였다.

4 위나라 등왕(鄧王) 충(沖)의 자는 창서(蒼舒)이니, 어렸을 때에 지혜가 이미 어른과 같았다. 구세 때에 손권(孫權)[131]이 큰 코끼리를 조조[操][132]에게 보내었는데, 조조가 그 경중을 저울질하려고 하였으나 가히 하지 못하였다. 여러 신하들도 대답하지 못하고 있었는데 충이 말하기를, "코끼리를 배에 실어서 그 물의 흔적이 이르는 곳을 새기고, 다른 물건을 저울질하여 견주면 곧 그 경중을 알 수 있을 것입니다"라고 하니, 조조가 크게 기특하게 여겼다.

5 위나라 양수(楊修)[133]의 자는 덕조(德祖)이니 구세에 매우 총명하고 지혜로웠다. 공군평(孔君平)[134]이 양수의 아버지 양표(楊彪)를 방문

---

130 황향(黃香, 68~122) : 후한의 유명한 효자로, 자는 문강(文强)이고 강하(江夏) 안륙(安陸) 사람이다. 지극한 효성에 더하여 경전에도 해박했으며, 문장에도 능하였다고 전한다. 낭중(郎中), 상서령(尙書令), 위군태수(魏郡太守) 등을 역임하였으며, 그 효성이 '황향선침(黃香扇枕)'이라는 고사로 남아 있다. 중국의 저명한 효자 24명[二十四孝] 중 한 명이다. –『후한서(後漢書)』 권110 상(上), 『몽구(蒙求)』 '황향선침(黃香扇枕)' 참조.

131 손권(孫權, 182~252) : 삼국 시대 오나라의 초대 황제로, 자는 중모(仲謀)이다. 손견(孫堅)의 아들로 유비(劉備)와 더불어 조조(曹操)를 적벽에서 무찌르고 위와 제휴하여 제위에 올랐다.

132 조조(曹操, 155~220) : 삼국 시대 위나라의 시조로, 자는 맹덕(孟德)이다. 황건의 난을 평정하여 공을 세우고 동탁(董卓)을 벤 후 실권을 장악하였다. 208년에 적벽(赤壁) 대전에서 유비와 손권의 연합군에게 크게 패하여 중국이 삼분된 후 216년에 위왕(魏王)이 되었다.

133 양수(楊修, 175~219) : 위나라의 모사로, 자는 덕조(德祖)이고 홍농(弘農) 화음(華陰) 사람이다. 조조의 모사로 활약하였으나 참수되는데, 그의 일화는 '계륵(鷄肋)'이라는 고사성어로 남기어졌다. –『세설신어(世說新語)』 「언어(言語)」 편, 『몽구(蒙求)』 '양수첩대(楊脩捷對)' 참조.

134 공군평(公君平) : 진나라 학자이자 관리로, 본명은 탄(坦)이다. 어려서부터 바르고 곧았으며, 거동이 훌륭했다고 전한다. 『춘추좌씨전(春秋左氏傳)』에 능통하였고, 완제(完帝)가 진

하였는데 양표가 있지 아니하여, 양수가 그를 위해 과일을 내어 왔다. 과일 중에 (소귀나무의 열매인) 양매(楊梅)가 있었는데 공군평이 양수에게 가리켜 보이며 말하기를, "이것은 자네의 집에서 나는 과일인가"라고 하였다. 양수가 응대하여 답변하기를, "공작(孔雀)이 어르신의 집에서 기르는 짐승이라는 말을 듣지는 못하였습니다"라고 하였다.[135]

6 위나라 육수(陸秀)는 육복(陸馥)의 자식이다. 육수의 나이가 구세에 육복이 일러 말하기를, "너의 할아버지 동평왕(東平王)에게는 12명의 자식이 있었는데, 내가 직계[嫡長]가 되어 가업을 이어받았다. 내가 이제 나이가 많이 들었으나 네가 어린 아이이니, 어찌 육씨 종가의 우두머리를 감당하겠느냐"라고 하였다. 육수가 말하기를, "진실로 힘을 써서 싸우는 것도 아닌데, 어찌 어린 아이라고 걱정하십니까"라고 하니 육복이 기특하게 여겨 세워서 적자를 삼았다.

7 당나라 왕유(王維)[136]의 자는 마힐(摩詰)이니 구세에 글을 지을 줄 알았다. 한 손님이 「안락도(安樂圖)」에 제목 표기가 없는 것으로 보았는데, 왕유가 천천히 말하기를 "이것은 예상우의곡[霓裳][137] 제 3첩(疊)

나라 왕이 되자 공군평으로 하여금 세자문학(世子文學)을 담당하게 하였다. 이후 태자사인(太子舍人), 상서랑(尚書郎), 오흥내사(吳興內史) 등을 역임하였다. –『진서(晉書)』 권78 참조.

135 이는 양수와 공군평이 성(姓)으로 장난한 것이다. 양매(楊梅)의 '양'이 양수의 성씨이고, 공작(孔雀)의 '공'은 공군평의 성씨이다.

136 왕유(王維, 699?~759?) : 당나라의 문인이자 화가로, 태악승(太樂丞), 태자중윤(太子中允), 태자중서자(太子中庶子), 상서우승(尚書右丞) 등을 두루 역임하였다. 상서우승을 했기에 왕우승(王右丞)이라고도 불리며, 이백(李白)·두보(杜甫)와 더불어 3대 시인으로 꼽힌다. 그의 시에는 불교의 영향이 드러나 '시불(詩佛)'이라고도 불리는데, 시집으로 『왕우승집(王右丞集)』을 남겼다. 그림에도 뛰어나 남종문인화(南宗文人畵)의 개조로 여겨진다. –『신당서(新唐書)』 권202 참조.

137 예상우의곡(霓裳羽衣曲) : 신선들의 세계인 월궁(月宮)의 음악을 본떠 만들었다고 하는 곡조이다.

의 최초박입니다"라고 하였다. 그런데 손님이 그렇게 여기지 아니하여 장인을 데려와 곡을 살펴보게 하고서야 이에 믿었다.

13. 10세

1 한나라 사마천(司馬遷)[138]은 십 세에 고문(古文)을 통달하였으며, 이십 세에 남쪽으로 장강과 회수[江淮]를 유람하였다. 회계산[會稽][139]에 올라서 우혈(禹穴)[140]을 찾았으며, 구의산[九嶷][141]을 보고 원수와 상수[沅湘]에 떠서 북쪽으로 문수와 사수[汶泗]를 건넜다. 학업을 제(齊)나라와 노(魯)나라 지역에서 익히며 공자의 유풍을 보았고, 추(鄒)나라의 역(嶧) 지역에서 어진 사람을 등용하기 위한 활쏘기[鄕射]를 하였다. 번설(蕃薛)과 팽성(彭城)에서 고생하고 양(梁)나라와 초(楚)나라를 지났으며, 돌아와 『사기(史記)』를 저술하였으니 그 문장의 크게 이름남이 만대에 길이 이어질 것이다.

---

138 사마천(司馬遷, BC 145?~BC 86?) : 『사기(史記)』의 저자로 널리 알려졌으며, 자는 자장(子長)이다. 부친 사마담(司馬談)은 아들 사마천에게 어린 시절부터 고전 문헌을 구해 읽도록 가르쳤으며, BC 110년에 사망하면서 자신이 시작한 『사기』의 완성을 사마천에게 부탁하였다. 사마천은 『사기』를 저술하는 과정에서, 흉노의 포위 속에서 부득이하게 투항하지 않을 수 없었던 이릉(李陵) 장군을 변호하다 황제의 노여움을 사서, BC 99년에 궁형(宮刑)을 받기도 하였다. 후에 황제의 신임을 회복하여 환관의 최고직인 중서령(中書令)이 되었다. 힘든 과정을 통해 완성된 『사기』의 규모는 본기(本紀) 12권, 연표(年表) 10권, 서(書) 8권, 세가(世家) 30권, 열전(列傳) 70권 모두 130권 52만 6천 5백자에 이른다.

139 회계산(會稽山) : 중국 절강성(浙江省) 소흥(紹興) 남동쪽에 있는 명산으로, 오왕 부차(夫差)가 월왕 구천(勾踐)을 포위(包圍)한 곳이기도 하다.

140 우혈(禹穴) : 전하는 바에 의하면 하우(夏禹)의 장지(葬地)라고 하며, 절강성 소흥의 회계산에 있다.

141 구의산(九疑山) : 명산으로 알려져 있으며, 호남(湖南) 영원현(寧遠縣)의 남쪽에 있다.

[2] 당나라 유안(劉晏)[142]은 십 세에 국가의 복된 조짐이라고 칭찬을 받았다. 황제가 불러서 궁궐 내에 들어왔는데, 귀비(貴妃)가 안아서 무릎 위에 두고 얼굴을 씻고 머리를 빗는 일을 함께 하였다. 비서성정자(秘書省正字)를 제수하고 황제가 물어보기를, "네가 정자가 되었는데 몇 글자나 바로 하였는가"라고 하였다. 유안이 대답하여 말하기를, "다른 글자들은 다 바로 하였으나, '붕(朋)'자를 바로 하지 못하였습니다"라고 하니, 황제가 크게 기특하게 여겼다.[143]

14. 11세

[1] 한나라 진원방(陳元方)[144]의 나이가 십일 세에 원공(袁公)에게 방문하였다. 원공이 물어 말하기를, "현명하신 그대의 아버님이 태구(太邱) 지역에 계시는데 멀고 가까운 곳에서 칭송하니, 무슨 일을 이행하시는가"라고 하였다. 진원방이 말하기를, "아버님께서는 태구에 계시면서 강한 자를 덕(德)으로써 부드럽게 하시고 약한 자를 인(仁)으로써 편안하게 하시니, 오래될수록 더욱 공경을 받으십니다"라고 하였다.

---

142 유안(劉晏, ?~780) : 당나라의 관리로, 자는 사안(士安)이고 조주(曹州) 남화(南華) 사람이다. 현종(玄宗)부터 덕종(德宗)까지 오랜 기간 관리로 지냈으며, 뛰어난 이재(理財)를 발휘하였다. 관직으로는 탁지사(度支使), 염철사(鹽鐵使), 상평사(常平使) 등을 역임하였으며, 운하 수송 방법을 사용하여 식량 사정을 보다 원활하게 하였다. 안사(安史)의 난으로 피폐해진 재정을 위해 노력하였으며, 애민(愛民)을 우선하였다고 전한다. –『신당서(新唐書)』 권149 참조.

143 이는 '붕(朋)'자를 통해 당시 황제인 현종(玄宗)의 총애를 받던 권력자들의 잘못을 지적한 것이다.

144 7세의 [3]의 내용 및 각주 참조.

원공이 말하기를, "나도 과거에 업령(鄴令)이 되어 바로 이 일을 행하였는데, 알지 못하겠네. 경의 아버님이 나를 본받은 것인가. 내가 경의 아버님을 본받은 것인가"라고 하였다. 진원방이 말하기를, "주공(周公)과 공자는 세대를 달리하여 태어났습니다만, 주선(周旋)과 동정(動靜)을 만 리에 하나 같이 하였습니다. 주공이 공자를 스승으로 삼은 것도, 공자가 주공을 스승으로 삼은 것도 아닙니다"라고 하였다.

[2] 한나라 병원(邴原)[145]의 나이가 십일 세에 일찍이 부모를 여의고 집이 가난하였다. 이웃에 공부방이 있었는데, 병원이 지나가다가 울음을 터트렸다. 선생님이 물어 말하기를, "어찌 울고 있느냐"라고 하였다. 병원이 말하기를, "책을 읽는 사람들이 다 아버지와 형이 계십니다. (우는 이유 중) 한 가지는 그 외롭지 않음을 부러워하는 것이며, 또 한 가지는 배움을 할 수 있다는 것을 부러워하는 것입니다"라고 하였다. 선생님이 측은하게 여겨 말하기를, "진실로 배우고자 하면 재물을 필요로 하지 않는다"라고 하니, 병원이 드디어 학교에 나아갔다.

[3] 송나라 유소일(劉少逸)[146]은 소주(蘇州) 사람이다. 나이 십일 세에 그 스승 반랑(潘閬)이 데리고 장주(長洲)의 재상 왕원지(王元之)와 오현(吳縣)의 재상 나사순(羅思純)에게 보였다. 그리고 유소일이 지은 것으

145 병원(邴原) : 한나라의 관리로, 자는 근구(根矩)이고 북해(北海) 주허(硃虛) 사람이다. 황건적을 피하여 피해 요동(遼東) 지방에서 지냈고, 훗날 조조를 섬겨 오관장 장사(五官將 長史)가 되었는데 문을 닫고 스스로를 지켜 공사(公事)가 아니면 나오지 않았다고 한다. 조조가 오나라를 정벌하려 할 때 좇아 따라갔으나 사망하였다. 화흠(華歆), 병원, 관녕(管寧) 세 사람이 뛰어나면서도 절친한 친구였기에, 사람들은 화흠을 용의 머리, 병원을 용의 배, 관녕을 용의 꼬리라 칭했다고 전한다. –『삼국지(三國志)』 권11 참조.

146 유소일(劉少逸) : 소주동자(蘇州童子)라고 불렸으며, 본문에 소개된 일화로 관직에 진출한 이후 직책은 상서원외랑(尚書員外郎)까지 올랐다고 전한다. –『시화총귀(詩話總龜)』 권2 참조.

로 두 공에게 바쳤다. 두 공이 그 바친 것이 대필한 것인가를 의심하고 믿지 아니하여, 유소일과 더불어 구(句)를 주고받았다. 나사순이 말하기를 "바람이 없으니 연기와 불꽃이 곧게 오르고"라고 하니, 유소일이 말하기를 "달이 떠있으니 대나무 그늘이 차갑구나"라고 하였다. 또 나사순이 말하기를 "해가 꽃 그림자를 옮겨와 바둑판에 드리우고"라고 하니, 유소일이 말하기를 "바람이 꽃향기를 보내와 술통에 들어오네"라고 하였다. 왕원지가 말하기를 "강에 바람이 불고 비가 내리는데 성은 저물어가고"라고 하니, 소일이 말하기를 "바다에는 파도가 치는데 나무는 가을이구나[波濤海'樹'秋][147]"라고 하였다. 또 왕원지가 말하기를 "한 번은 술로 인한 갈증[酒渴]에 바다를 삼키려 했고"라고 하니, 소일이 말하기를 "몇 차례나 시광(詩狂)으로 하늘에 오르려 했네"라고 하였다. 두 공이 놀랍게 여기고 조정에 들려주어 진사 급제를 내렸다.

4 명나라 왕수인(王守仁)[148]이 십일 세에 '금산사(金山寺)'를 지어 말하기를, "주먹만 한 크기의 한 점 같은 금산, 유양(維揚)의 물 아래 하늘을 깨뜨리네. 취하여 묘고대(妙高臺) 위의 달에 기대고[醉倚'高妙臺'上月][149], 옥퉁소 가락은 동굴 속 용의 잠을 깨우네"라고 하였다.

---

147 '파도해수추(波濤海樹秋)'의 구절은 기록에 따라 '수(樹)'가 '사(寺)'(『宋詩紀事』 등)로 되어 있기도 하다. 『숙혜기략』의 편자는 '수(樹)'로 기록된 서적을 보고 옮겨 적은 것으로 보인다.

148 왕양명(王陽明, 1472~1529) : 명나라의 유학자로, 자는 백안(伯安)이고 시호는 문성(文成)이다. 학문적으로는 당시의 관학이었던 주자학(朱子學)을 배웠으나 만족하지 않았다. 35세에 환관 유근(劉瑾)의 노여움을 사 귀주(貴州) 용장(龍場)으로 좌천된 것을 계기로 삼아 학문을 계속하였으며, 심즉리(心卽理), 지행합일(知行合一), 만물일체(萬物一體) 등을 강조하였다. 『전습록(傳習錄)』과 『양명문록(陽明文錄)』 등의 서적이 남아있다.

149 『숙혜기략』에는 '고묘대(高妙臺)'으로 되어 있으나, 저 단어는 본래 '묘고대(妙高臺)'이다. 편자가 원문을 옮기는 과정에서 발생한 실수로 보인다.
『王文成全集』 권19 : "金山一點大如拳, 打破維揚水底天, 醉倚'妙高臺'上月, 玉簫吹徹洞龍眠."

15. 12세

1 진(秦)나라 감라(甘羅)[150]는 십이 세에 소서자(少庶子)가 되었다. 문신후(文信侯, 즉 여불위(呂不韋))[151]가 장당(張唐)으로 하여금 연(燕)나라의 재상으로 가게 하려는데, 장당이 가는 것을 달가워하지 않았다. 감라가 자신이 장당에게 가 볼 것을 청하니, 문신후가 꾸짖어 보내려고 하였다. 그러자 감라가 말하기를, "항탁(項橐)[152]은 칠세에 공자의 스승이 되었습니다. 이제 신은 태어난 지 십이 년입니다. 문신후께서 신을 시험하면 될 것인데, 어찌 갑자기 질타하십니까"라고 하였다. 문신후가 이에 허락하였는데, 감라가 장당을 보고 말하기를 "특별히 와서 그대를 조문합니다. 옛날에 무안군(武安君)이 응후(應侯)[153]의 말을 듣지 않아서 두우(杜郵)에서 죽었습니다. 이제 그대가 문신후의 말을 듣지 아니하였으니, 이것은 무안군이 응후의 말을 듣지 아니함과 같은 것입니다"라고 하였다. 장당이 두려워하여 연나라로 갈 것을 허락하였다. 감라가 돌아와서 보고하자 문신후가 이에 감라를 봉하여 상경(上卿)으

---

150 감라(甘羅) : 진(秦)나라 무왕(武王) 시기의 재상 감무(甘茂)의 손자로, 감무 사후 겨우 십이 세의 나이에 문신후 여불위를 섬겼다. 본 번역서에 소개된 일과 함께 진시황(秦始皇)의 사신으로 조(趙)나라에 가서 조왕(趙王)을 설득하여 하간(河間)의 다섯 개 성을 얻는 성과를 거두었다. 이후 돌아와서 상경(上卿)에 봉해지고, 조부인 감무가 소유했던 땅과 저택을 다시 하사받았다. –『사기(史記)』 권71 참조.

151 여불위(呂不韋, ?~BC 235) : 진(秦)나라의 재상이다. 본래는 대상인으로 수완이 뛰어나고 이재에 밝았다고 한다. 조나라에 인질이 되어 있었던 진나라 장양왕(莊襄王)을 도와 그 공로로 승상이 되고 시황제로부터 중부(仲父)로 존칭되었지만 밀통(密通) 사건에 연루되어 실각, 끝에는 자살하였다. 3,000여 명의 빈객들의 학식을 모아 편찬한『여씨춘추(呂氏春秋)』 등의 기록을 남겼다.

152 7세의 1 의 내용 및 각주 참조.

153 범수(范睢, ?~BC 255) : 진(秦)나라의 정치가로, 자는 숙(叔)이고 범저(范睢, 范且)라고도 불린다.

로 삼았다.

[2] 한나라 오우(吳祐)[154]의 나이 십이 세에 아버지 오회(吳恢)가 남양(南陽)의 태수(太守)가 되었다. 그래서 오우가 따라서 관아에 이르렀다. 오회가 푸른 대쪽에 불을 쬐어 푸른빛을 없애고[殺靑] 경서를 베끼려고 하였는데, 오우가 간하여 말하기를 "이제 아버님이 다섯 봉우리를 넘어서 바닷가에 계시는데, 그 풍속이 진실로 비루하지만 또 진기하고 특이한 것도 많습니다. 그래서 위로는 국가에서 의심하는 바이고 아래로는 권세있는 자들이 지켜보고 있는 바입니다. 이 책이 만일 완성되면 곧 이 양자의 의심을 겸할 것입니다.[155] 전에 마원(馬援)[156]은 율무[苡薏]로 헐뜯음을 불러일으켰고,[157] 왕양(王陽)은 옷 주머니[衣囊]로 명

---

154 오우(吳祐) : 한나라의 관리로, 자는 계영(季英)이다. 『후한서(後漢書)』「오우전(吳祐傳)」에는 그가 인자하고 청렴하였다고 전한다. 오우가 교동후상(膠東侯相)으로 있을 때, 하급 관리였던 손성(孫性)이 백성들에게 세금을 더 거두어 옷 한 벌을 장만해서 아버지에게 드렸다. 손성의 아버지는 손성을 꾸짖고 자백하여 벌을 받게 하였는데, 자초지정을 들은 오우는 손성의 일을 '간과지인(觀過知仁)', 즉 과실을 보면 인(仁)한진 그렇지 않은지를 알 수 있다고 표현하였다. 그리고 그 옷을 다시 아버지에게 가져다 드리게 하였다. 이 이야기는 종종 『논어(論語)』「이인(里仁)」편을 풀이할 때 인용되기도 한다. –『후한서(後漢書)』 권94 참조.

『論語』「里仁」: "子曰, 人之過也, 各於其黨. 觀過, 斯知仁矣."

155 이 부분은 『후한서(後漢書)』의 「오우전(吳祐傳)」에는 "이 책이 만일 완성되면, 수레 두 대의 분량을 겸할 것입니다"라고 되어 있다. 그러나 『숙혜기략』의 원문에는 "此書가 만일 成훈즉 此兩疑ᄅᆞᆯ 兼홀지라"라고 되어 있다. 본 번역서에서는 『숙혜기략』 대로 풀이하였다.
–『後漢書』 卷94 「吳祐傳」: "此書若成, 則載之兼兩."

156 마원(馬援, BC 14~AD 49) : 후한의 장군으로, 자는 문연(文淵)이고 부풍(扶風) 무릉(茂陵) 사람이다. 한중랑태수(漢中郎太守), 태중대부(太中大夫), 복파장군(伏波將軍), 신식후(新息侯) 등을 역임하였고, 지금의 베트남 지역인 교지(交趾)까지 평정하였다. 훗날 남방의 무릉만(武陵蠻)을 토벌하러 출정하였다가 풍토병으로 사망하였다. –『후한서(後漢書)』 권24, 『몽구(蒙求)』 '복파표주(伏波標柱)' 참조.

157 억이명주(薏苡明珠) : 마원은 지금의 베트남 지역인 교지(交趾)를 정벌하러 갔다가 풍토병을 막기 위해 율무(薏苡)의 알곡을 자주 먹었다. 복귀하면서 율무의 알곡을 수레에 실어 가져오는데, 이것이 굵고 빛나 사람들은 진주와 무소뿔로 오해하였다. 이런 오해로 인해 훗날 마원은 사후 모함을 받고 작위도 회수된다. 이상의 일들이 '율무를 빛나는 구슬로 본다'는, 다시 말해 근거 없는 억측과 비방을 의미하는 '억이명주(薏苡明珠)'라는 고사성어로 전

예를 구하였다고 하니,[158] 시기와 의심에 빠지는 것은 진실로 선현이 삼가는 바입니다"라고 하였다. 오회가 오우의 머리를 어루만지며 말하기를, "오씨가 대대로 똑똑한 이[季子][159]가 없지 않다"라고 하였다.

③ 촉한(蜀漢)나라 진복(秦宓)[160]의 자는 자칙(子勅)이니 나이가 십이 세에 오나라 장온(張溫)이 찾아왔을 때, 진복은 제갈량(諸葛亮)의 좌중에 있었다. 장온이 진복에게 물어보며 말하기를 "하늘이 머리가 있는가"라고 하니, 진복이 말하기를 "있습니다"라고 하였다. 장온이 말하기를 "어느 방향에 있는가"라고 하니, 진복이 말하기를 "『시경(詩經)』에서 이르기를, '이에 권연히 서쪽 땅을 돌아보니[乃眷西顧'[161]라고 하였으니, 머리가 서쪽 방향에 있습니다"라고 하였다. 장온이 말하기를 "하늘이 귀가 있는가"라고 하였는데, 진복이 말하기를 "『시경』에 이르기를, '학이 구고(九皐)에서 울면, 소리가 하늘에 들린다[鶴鳴于九皐, 聲聞于天]'[162]라고 하였으

해진다. -『후한서(後漢書)』 권24, 『몽구(蒙求)』 '마원억이(馬援薏苡)' 참조.

158 왕양낭의(王陽囊衣) : 전한의 왕길(王吉)은 자가 자양(子陽)인데, 아들 왕준(王駿)과 손자 왕숭(王崇)까지 직책이 모두 어사대부(御史大夫)에 이르렀다. 왕길로부터 왕숭에 이르기까지 청렴하기로 세간에 이름 높았으나, 재능이나 명성 등은 각자의 아버지에게 미치지 못하였다. 하지만 봉록과 작위는 계속 높아져 모두가 좋은 수레와 말, 의복 등으로 자신을 봉양하기를 극진히 하였다. 그럼에도 금과 은, 비단 등의 물건을 쌓아 놓지는 않았으니, 거처를 옮길 때에도 싣고 가는 것은 주머니에 담은 옷가지들[囊衣]에 불과하였고, 훗날 벼슬을 떠나 집안에 살 때도 베옷과 거친 음식으로 살았다. 그래서 이들은 명예를 보전할 수 있었다. -『몽구(蒙求)』 '왕양낭의(王陽囊衣)' 참조.

159 계자(季子) : 춘추 시대 오나라의 계찰(季札)이다. 수몽(壽夢)의 막내 아들로 지조가 높았으며, 연릉(延陵)에 봉해져 연릉 계자라고도 불린다. 이로 인해 계자는 '막내 아들'이라는 의미도 지니는데, 여기서는 그보다는 '똑똑한 이'에 대한 비유적 표현으로 보인다.

160 진복(秦宓, ?~226) : 촉한(蜀漢)의 학자로, 광한(廣漢) 면죽(綿竹) 사람이다. 어려서부터 재능과 학식이 있었기에 자주 부름을 받았지만, 병을 핑계로 나가지 않았다. 후에 제갈량(諸葛亮) 아래에서 좌중랑장(左中郎將), 장수교위(長水校尉), 대사농(大司農) 등을 역임하였다. -『삼국지(三國志)』 권38, 『몽구(蒙求)』 '진복논천(秦宓論天)' 참조.

161 『詩經』「大雅」'皇矣' : "皇矣上帝, 臨下有赫. 監觀四方, 求民之莫. 維此二國, 其政不獲. 維彼四國, 爰究爰度. 上帝耆之, 憎其式廓. '乃眷西顧, 此維與宅."

162 『詩經』「小雅」'鶴鳴' : "'鶴鳴于九皐, 聲聞于天.' 魚在于渚, 或潛在淵. 樂彼之園, 爰有樹檀,

니, 귀가 없으면 어찌 듣겠습니까"라고 하였다. 장온이 말하기를 "하늘이 발이 있는가"라고 하니, 진복이 말하기를 "『시경』에서 이르기를, '하늘의 움직임이 매우 어렵거늘[天步艱難]'[163]이라고 하였으니, 만일 발이 없으면 어찌 움직이겠습니까"라고 하였다. 장온이 말하기를 "하늘이 성(姓)이 있는가"라고 하니, 진복이 말하기를 "성이 유(劉)입니다"라고 하였다. 장온이 말하기를 "어찌 아는가"라고 하니, 진복이 말하기를 "천자의 성이 유입니다. 이것으로써 아는 것입니다"라고 하였다.[164]

4 위나라 종육(鐘毓)[165]과 종회(鐘會)[166]가 어려서 뛰어나다는 명성이 있었는데, 나이가 십이삼 세에 위 문제(文帝, 즉 조비(曹丕))가 듣고 그 아버지 종요(鐘繇)[167]에게 말하여 삼가 볼 때였다. 종육은 얼굴에 땀이 있으니 황제가 물어보기를, "어찌 땀을 흘리는가"라고 하였다. 종육이 대답하여 말하기를, "두렵고도 두려워[戰戰惶惶] 땀이 나오는 것이 물과 같습니다"라고 하였다. 다시 종회에게 물어보기를, "어찌 땀이 나오지 않는가"라고 하였다. 종회가 대답하여 말하기를, "두렵고도 두려워[戰

其下維穀. 它山之石, 可以攻玉."

163 『詩經』「小雅」'白華': "英英白雲, 露彼菅茅. '天步艱難', 之子不猶."

164 당시 진복은 제갈량의 휘하에 있었고, 제갈량은 유비(劉備)와 유선(劉禪)을 위해 일했다. 따라서 천자의 성인 '유'를 하늘의 성으로 본 것이다.

165 종육(鐘毓) : 종요(鐘繇, 아래의 각주 참조)의 장자로 자는 치숙(稚叔)이다. 14세에 산기시랑(散騎侍郎)이 되었으며, 기지와 민첩함, 담소하는 자세 등에서 아버지 종요의 기풍이 있었다고 전한다. –『삼국지(三國志)』 권13, 『세설신어(世說新語)』「덕행(德行)」편 참조.

166 종회(鐘會) : 종요의 작은 아들로 자는 사계(士季)이다. 어려서부터 민첩하고 슬기로웠다고 전하며, 비서랑(秘書郎), 관내후(關內侯), 황문시랑(黃門侍郎), 사례교위(司隸校尉), 진서장군(鎭西將軍) 등을 역임하였다. 사마소(司馬昭)에 저항하여 반란을 일으켰다가 내부의 불화로 죽임을 당하였다. –『삼국지(三國志)』 권28, 『세설신어(世說新語)』「덕행(德行)」편 참조.

167 종요(鐘繇, 151~230) : 위나라의 정치가로, 자는 원상(元常)이고 영천(潁川) 장사(長社) 사람이다. 위나라 초기 대리(大理)가 되었으며, 상국(相國)을 역임했다. –『삼국지(三國志)』 권13 참조.

戰慄慄] 땀이 감히 나오지 못합니다"라고 하니 황제가 큰 상을 내렸다.

⑤ 북위(北魏)나라 조영(祖瑩)[168]의 자는 원진(元珍)이니, 범양(范陽) 사람이다. 십이 세에 중서(中書)의 학생이 되어 책을 즐겼는데, 어머니가 조영이 병이 날까 두려워 책읽기를 금지하였다. 그러자 조영이 가만히 불을 붙이고 독서를 하면서 집안사람들이 깰까 두려워 옷과 이불로 빛이 새는 구멍을 막았다. 박사 장천용(張天龍)이 학생들을 모아 놓고 『서경(書經)』을 강독할 때였다. 조영이 밤에 독서를 하다가 피로하여 하늘이 밝은 줄 깨닫지 못하였다가, 실수로 같은 방 학생의 『예기(禮記)』「곡례(曲禮)」 권을 집어서 강독 자리에 올랐다. 그런데 『서경』 세 편을 암송하기를 한 자도 빼놓지 않았으니, 그 명예가 매우 높아서 내외 친척이 신동[聖童]이라고 불렀다.

⑥ 양(梁)나라 유운(柳惲)[169]의 자는 언유(彥遊)이니, 언(偃)의 자식이다. 나이가 십이 세에 황제가 불러 보고 묻기를 "어떤 책을 읽었는가"라고 하니, 유운이 대답하여 말하기를 "『서경(書經)』이옵니다"라고 하였다. 또 묻기를 "어떠한 좋은 구절이 있던가"라고 하니, 유운이 답하여 말하기를 "'덕은 정사를 선하게 하고, 정사는 백성을 기름에 있다[德惟善政, 政在養民]'[170] 입니다"라고 하였다. 그러자 고조(高祖)가 그 똑똑함

---

168 조영(祖瑩) : 위나라의 학자이자 관리로, 8세에 이미 여러 시와 서적에 통달했다고 전한다. 본문에 소개된 일화 중 '불빛이 새나가는 것을 막은 일'로 인해 이름이 알려졌으며, 내외 친속들은 '성인과 같은 작은 아이[聖小兒]'라고 불렀다. 조영은 또한 문장을 엮는 것을 좋아했는데, 당시 중서감(中書監) 고윤(高允)은 항상 놀라며 말하기를, "이 아이의 기량은 다른 아이들이 따라갈 수 없으니 끝내 대성할 것이다"라고 하였다. 기주진동부장사(冀州鎭東府長史), 산기시랑(散騎侍郎), 전중상서(殿中尙書) 등을 역임하였다. ―『위서(魏書)』 권82 참조.

169 유운(柳惲, 465~517) : 양나라의 시인으로, 오흥태수(吳興太守)를 역임하였다. '장문원(長門怨)', '강남곡(江南曲)' 등의 시가 남아 있다.

170 『書經』「大禹謨」: "禹曰, 於, 帝念哉. '德惟善政, 政在養民', 水火金木土穀惟修, 正德利用厚生惟和. 九功惟敘, 九敘惟歌. 戒之用休, 董之用威, 勸之以九歌, 俾勿壞. 帝曰, 兪. 地平天成,

을 칭찬하고 명하여 공주(公主)에게 장가들게 하였다.

16. 13세

1 진나라 저도(褚陶)[171]의 자는 계아(季雅)이니, 전당(錢塘) 사람이다. 삼분과 오전[墳典][172]으로 스스로 즐겼는데 일찍이 말하기를, "성현이 두루 갖추어져 책 안에 있으니, 이것을 버리고 무엇을 구하리오"라고 하였다. 그리고 나이 십삼 세에 '구조(鷗鳥)'와 '수애(水磑)'[173]라는 두 편의 부(賦)를 지었으니, 보는 자가 기특하게 여겼다.

2 북위나라 순자문(荀子文)[174]은 영천(潁川) 사람이니, 나이 십삼 세에 총명하고 말재주가 있었다. 정광(正光) 초에 반숭화(潘崇和)가 복씨(服氏)의 『춘추(春秋)』를 강독하니, 순자문이 제자가 되어 가르침을 받았다. 이때에 조군(趙郡)의 이재[李'予'][175]가 순자문에게 사는 곳을 물었는데, 순자문이 대답하여 말하기를 "저는 중감리(中甘里)에 삽니다"라고 하였다. 이재가 말하기를 "어찌하여 성의 남쪽에 삽니까"라고 하니, 대개 거기에 여관[四夷館][176]이 있기에 그런 뜻에 이로써 비웃은 것이다.

六府三事允治, 萬世永賴, 時乃功."

171 저도(褚陶) – 『진서(晉書)』 권92 참조.

172 분전(墳典) : 삼분(三墳)과 오전(五典)의 병칭이다.

173 수애(水磑) : 수차를 이용한 맷돌을 말한다.

174 순자문(荀子文) – 『낙양가람기(洛陽伽藍記)』 권3 참조.

175 『숙혜기략』에는 '여(予)'로 되어 있으나, 저 글자는 본래 '재(才)'이다. 편자가 원문을 옮기는 과정에서 발생한 실수로 보인다.
『洛陽伽藍記』 卷3 : "趙郡 李'才'問子文曰, 荀生住在何處."

176 사이관(四夷館) : 북위 시대의 낙양(洛陽)에 있던 성 남쪽의 여관이며, 사방 각 지역에서 온 사람들은 여기에 묵었다. 사이관의 첫째는 금릉관(金陵館)이고, 둘째는 연연관(燕然館)이

순자문이 말하기를, "국가 남쪽의 좋은 땅을 경이 어찌 이상하게 여깁니까. 만일 냇물로 말하자면 이수와 락수[伊洛][177]가 깊고 넉넉히 흐르며, 오래됨으로 말하자면 영대(靈臺)와 석경[石'逕'][178]이 있습니다. 사액 받은 절의 아름다움으로는 보덕사[報德]와 경명사[景明]가 있고,[179] 당대의 부귀한 사람으로는 고양[高'陰'][180]과 광평(廣平)이 있습니다. 사방의 풍속을 평하자면 만국천성(萬國千城)이며, 인물로 논하자면 내가 있고 경은 없습니다"라고 하니, 이재가 여기에 대답할 수가 없었다. 반숭화가 말하기를, "'그대 영천의 선비는 날카롭기가 송곳과 같고, 연나라 조군의 선비는 무디기가 망치와 같다[燕趙之士鈍'無'錘]'[181]라고 한 것이, 진실로 빈 말이 아니로다"라고 하였다.

③ 송나라 장방평(張方平)[182]의 자는 안도(安道)이니, 십삼 세에 응천

며, 셋째는 부상관(扶桑館)이고, 넷째는 엄자관(崦滋館)이다. –『낙양가람기(洛陽伽藍記)』 권3 참조.

177 이락(伊洛) : 이수(伊水)와 락수(洛水)를 말한다.

178 『숙혜기략』에는 '경(逕)'으로 되어 있으나, 저 글자는 본래 '경(經)'이다. 편자가 원문을 옮기는 과정에서 발생한 실수로 보인다.
『洛陽伽藍記』 卷3 : "若言川澗, 伊洛崢嶸, 語其舊事, 靈臺石'經', 招提之美, 報德景明."

179 보덕사(報德寺), 경명사(景命寺) : 보덕사는 효문황제(孝文皇帝) 원굉(元宏)이 세웠으며, 경명사는 선무황제(宣武皇帝) 원각(元恪)이 세웠다. 이 두 절에 얽힌 여러 가지 일화는 『낙양가람기(洛陽伽藍記)』 권3에 상세히 기록되어 있다.

180 『숙혜기략』에는 '음(陰)'으로 되어 있으나, 저 글자는 본래 '양(陽)'이다. 편자가 원문을 옮기는 과정에서 발생한 실수로 보인다.
『洛陽伽藍記』 卷3 : "當世富貴, 高'陽'廣平, 四方風俗, 萬國千城, 若論人物, 有我無卿."

181 『숙혜기략』에는 '무(無)'로 되어 있으나, 저 글자는 본래 '여(如)'이다. 편자가 원문을 옮기는 과정에서 발생한 실수로 보인다.
『洛陽伽藍記』 卷3 : "才無以對之, 崇和曰, 汝潁之士利如錐, 燕趙之士鈍'如'錘, 信非虛言也. 擧學皆笑焉."

182 장방평(張方平) : 송나라의 학자이자 관리로, 남경(南京) 사람이다. 신종(神宗) 즉위 후 참지정사(參知政事), 지진주령(知陳州令) 등을 역임하였다. 성품이 강개하여 왕안석(王安石)이 정권을 잡았을 때에도 자신을 굽히지 않은 것으로 명망이 높았다. 소식(蘇軾)이 탄핵받았을 때 장방평이 그를 위해 힘써 주었으며, 훗날 소식의 간청으로 문정(文定)이라는 시호를 받는다. –『송사(宋史)』 권318 참조.

부학(應天府學)에 입학하였다. 그런데 집이 가난하여 책이 없어서 일찍이 다른 사람에게 가서 삼사(三史)[183]를 빌려 열흘 후에 문득 돌려주며 말하기를, "이미 그 자세함을 얻었다"라고 하였다. 보통 책들을 항상 한 번 보고 두 번 읽지 아니하며, 문장을 엮을 때는 초안 같은 것을 잡지 아니하였다.

4 명나라 추지(鄒智)[184]는 사천(四川) 사람이니, 태어나면서부터 뛰어나게 영리하였다. 나이 십삼 세에 능히 글을 짓고, 용천암(龍泉菴)에 거할 때는 나무의 잎을 쓸어서 불사르고 독서를 하였다. 후에 향시(鄕試)에서 제 일등을 차지하였으니, 고을 사람들이 모여서 바라보았다. 추지가 말 위에서 시로 읊어 말하기를 "용천암에서 고생하던 서생이, 뜻밖으로 삼파(三巴) 제일의 명예를 훔쳤구나. 세상에는 아직도 이해하기 어려운 일들 허다하니, 마을 사람들아! 어찌 이에 크게 놀라는가."라고 하였다.

---

183 삼사(三史)란 사마천(司馬遷)의 『사기(史記)』, 반고(班固)의 『한서(漢書)』, 범엽(范曄)의 『후한서(後漢書)』를 일컫는다.

184 추지(鄒智, 1466~1491) : 명나라의 학자이자 관리로, 자는 여우(汝愚)이고 호는 입제(立齋)이다. 사천(四川) 합주(合州) 사람으로, 서길사(庶吉士) 등을 역임하였다. 황종희(黃宗羲)의 『명유학안(名儒學案)』에는 추지가 진헌장(陳獻章)의 학풍인 백사(白沙) 학파로 분류되어 있으며, 26세의 나이로 사망했다고 전한다. 『명사(明史)』에는 12세의 나이에 향시를 통과하는 것으로 기록되어 있는데 『숙혜기략』에서는 13세라고 기술하였으니, 편자가 원문을 옮기는 과정에서 발생한 실수로 보인다. ―『명사(明史)』 권179, 『명유학안(明儒學案)』 권6 「백사학안(白沙學案) 하(下)」 '이목추입재선생지(吏目鄒立齋先生智)' 참조.

17. 14세

[1] 오나라 제갈정(諸葛靚)[185]이 오나라에 있을 때 나이가 십사 세였다.[186] 조정의 큰 모임에서 손호(孫皓)[187]가 묻기를, "경이 자를 '중사(仲思)'라 하는데 어떤 것을 생각하는가"라고 하였다. 제갈정이 대답하여 말하기를, "집에 있어서는 효를 생각하고, 임금을 섬김에 있어서는 충성을 생각하고, 친구에 있어서는 신용을 생각하는 것, 이런 것들일 따름입니다"라고 하였다.

[2] 당나라 잠문본(岑文本)[188]의 나이 십사 세에 아버지 잠지상(岑之象)이 수나라에서 벼슬을 하다가 사람들에게 송사를 당하였다. 잠문본이 사례 교위[司隷]에게 이르러 원통함을 하소연하였는데, 묻는 말에 옳고 그름을 가려 대답함이 애절하면서도 막힘이 없어 굽히는 바가 없으니, 여러 사람이 눈여겨보았다. 명하여 '연화부(蓮花賦)'를 지으라고 해

---

185 제갈정(諸葛靚) : 오나라의 장수로, 자는 중사(仲思)이다. 또한 위나라에서 사마소(司馬昭)에 대항한 제갈탄(諸葛誕)의 아들이다. 훗날 사마염(司馬炎)의 서진(西晉)에 의해 오나라는 멸망하는데, 마침 제갈정의 누이가 서진에 있어 그는 그곳으로 피신한다. 이 사실을 알아챈 사마염이 제갈정과 어렸을 때의 우정을 죽마(竹馬)에 비유하면서 직책을 내리지만, 제갈정은 거절한다. –『세설신어(世說新語)』「덕행(德行)」 및 「방정(方正)」편 참조.

186 어렸을 때는 위나라에 있었기에, '오나라에 있을 때'라는 표현을 사용한 것이다. 이후 위나라는 서진(西晉)이 되었으므로 제갈정은 오나라에 계속 머문다.

187 손호(孫皓, 242~284) : 오나라의 마지막 황제이자 손권(孫權)의 손자로, 자는 원종(元宗), 호종(皓宗) 등이다. 처음에는 선정을 베풀었으나 훗날 가혹한 조세와 잘못된 정사로 민심을 잃었으며, 그 가운데 쳐들어온 진나라에 항복하였다. 진나라에서는 손회를 귀명후(歸命侯)로 봉하였다. 재위 기간은 264~280년이다.

188 잠문본(岑文本) : 당나라의 학자이자 관리로, 자는 경인(景人)이고 남양(南陽) 극양(棘陽) 사람이다. 잠문본은 본성이 침착하면서도 민첩하였고, 자태와 거동이 아름다웠으며, 경전과 역사에 두루 능통하여 담론을 잘했다고 전한다. 비서랑(秘書郎), 중서시랑(中書侍郎), 중서사인(中書舍人), 중서령(中書令) 등을 역임하였으며, 시호는 헌(憲)이다. –『구당서(舊唐書)』 권70 참조.

서 잠문본이 완성하니, 합대(合臺)가 감탄하며 칭찬하였고 드디어 억울함을 씻었다. 이정(李靖)이 천거하여 중서사인(中書舍人)으로 뽑았는데, 혹 명령이 많고 급박하면 관리 여섯 일곱 명을 다스려서 붓을 묵에 담그고 대기시켰다가 말로 하여 받아쓰게 하되, 완성하면 빠진 뜻이 없었다.

18. 15세

① 한나라 진번(陳蕃)[189]의 자는 중거(仲擧)이다. 나이 십오 세에 일찍이 한 집에 한가로이 살고 있었는데, 뜰과 지붕에는 잡초가 무성하여 거칠고 지저분하였다. 설근(薛勤)이 진번에게 일러서 말하기를, "그대는 어찌 쓸고 닦아 깨끗이 하여 손님을 대접하지 아니하느냐"라고 하였다. 그러자 진번이 말하기를 "대장부가 마땅히 천하를 쓸고 닦아야 하니 어찌 한 집을 일삼겠습니까"라고 하였다.

② 양나라 길분(吉翂)[190]의 자는 언소(彦霄)이다. 나이가 십오 세에 아버지가 원향(原鄕)의 령(令)이 되었는데, 관리의 비방으로 죽음을 당하게 되었다. 길분이 등문고(登聞鼓)[191]를 치고 아버지가 받을 죽음의 명

189 진번(陳蕃, 99?~168) : 후한 말의 정치가로, 여남(汝南) 평여(平輿) 사람이고 조부는 하동태수(河東太守)였다. 낙안태수(樂安太守), 예장태수(豫章太守), 상서령(尙書令), 대홍려(大鴻臚), 태부(太傅), 녹상서사(錄尙書事), 고양후(高陽侯) 등을 두루 역임하였다. ―『후한서(後漢書)』 권66, 『몽구(蒙求)』 '진번하탑(陳蕃下榻)' 참조.

190 길분(吉翂) : 양나라 사람으로, 풍익(馮翊) 연작(蓮勺) 사람이다. 효성으로 널리 알려졌는데 아버지를 구한 일화로 유명하다. 『역(易)』과 『노자(老子)』에 능통했다고 전하며, 본주(本州)의 주부(主簿) 등을 역임하였다. 아버지가 죄에 처했을 때, 길분은 가슴이 두근거리는 병[悸疾]을 얻었다고 하는데, 이로 인해 사망하였다. ―『양서(梁書)』 권47 참조.

을 대신하기를 애걸하였다. 무제(武帝)가 다른 사람이 시킨 것인가 의심하여 정위(廷尉)에게 명령해서 매우 곤장을 치게 하였는데, 변하지 아니하니 이에 모두 용서하였다.

19. 이하 젊은이

[1] 노(魯)나라 왕기(汪錡)가 동자 시절이었다. 제(齊)나라가 노나라를 침략하여 노략질하였는데, 왕기가 적에게 대항하다가 패하여 사망하였다. 노나라 사람들이 요절한 자의 예법[殤]을 아니하고자 하여 공자에게 물었는데, 공자가 말하기를 "능히 방패와 창을 집어서 사직(社稷)을 지켰으니, 가히 요절한 자의 예법이 아닌 성인(成人)의 예법을 해야 한다"[192]라고 하였다.

[2] 진나라 왕윤지(王允之)[193]는 왕돈(王敦)[194]의 조카이다. 왕윤지가

---

191 등문고(登聞鼓) : 중국에서 제왕이 신하들의 충간(忠諫)이나 원통함을 듣기 위하여 매달아 놓았던 북이다. 진나라에서 시작하여 당, 송, 명나라 때에도 두었다.

192 『春秋左氏傳』「哀公 十一年」: "公爲與其嬖僮汪錡乘, 皆死, 皆殯. 孔子曰, 能執干戈以衛社稷, 可無殤也. 冉有用矛於齊師, 故能入其軍. 孔子曰, 義也."

193 『세설신어(世說新語)』「가휼(假譎)」편에는 '왕윤지(王允之)'를 '왕우군(王右軍)'으로 표기하고 있다. 왕우군은 왕희지(王羲之)를 말한다. 그러나 『진서(晉書)』에는 왕윤지로 기록되어 있으며, 『숙혜기략』에서도 바르게 표기되어 있다.
왕윤지(王允之) : 진나라의 무장이자 정치가로, 자는 심유(深猷)이다. 소준(蘇峻)이 반란을 일으켰을 때, 윤지가 그 토벌에 공이 있어 번우현후(番禺縣侯)로 봉해졌다. 이후 건무장군(建武將軍), 선성내사(宣城內史) 등을 역임하였으며, 시호는 충(忠)이다. –『진서(晉書)』 권76 참조.

194 왕돈(王敦, 266~324) : 진나라의 무장이자 정치가로, 자는 처중(處仲)이고 임기(臨沂) 사람이다. 무제(武帝)의 딸 양성공주(襄城公主)와 혼인하였으며, 원제(元帝) 시기에는 시중(侍中), 정남대장군(征南大將軍) 등을 역임하였다. 원제가 왕돈의 권세를 누르려고 하자, 반란을 일으켜 원제를 가두고 승상(丞相)을 자임했다. 무창(武昌)의 난 때 명제(明帝)가 그를 토

젊었을 때 왕돈이 그의 총명하고 지혜로움을 아껴서 항상 자기를 따라다니게 하였다. 왕돈이 일찍이 밤에 술을 마실 때 (왕윤지는) 취하기를 사양하고 먼저 잠자리에 들었는데, (왕돈이) 전봉(錢鳳)과 더불어 반역을 계획하였다. 왕윤지가 지나가다가 그 말을 듣고 잠자리에 잔뜩 토하여 옷과 얼굴을 모두 더럽혔다. 전봉이 나가자 왕돈이 불을 들고 왕윤지가 토한 가운데 자고 있음을 비추어 보더니 (취한 줄로 알고) 다시 의심하지 아니하였다. 마침 그의 아버지 왕서(王舒)[195]가 정위(廷尉) 벼슬을 받았기에 왕윤지는 집에 돌아가기를 청하고, (집에 당도하여) 그 반역 계획을 왕서에게 아뢰었다. 왕서가 왕도(王導)[196]와 더불어 함께 황제에게 알려주고 조용히 미리 준비하여 막았다.

3 진나라 사낭(謝朗)[197]은 사혁(謝奕)의 자식이요, 사현(謝玄)의 동생이다. 여러 책을 많이 읽고 뛰어난 재주가 있어서 젊은 시절에 숲속의 도인과 오묘한 이치를 담소하니, 숙부 사안(謝安)[198]이 (크게 될 인물로 보아) 재주와 기량을 아꼈다.

벌하였으나, 왕돈이 병으로 사망하자 육시(戮屍)하였다. –『진서(晉書)』 권98 참조.

195 왕서(王舒) : 진나라의 정치가로, 자는 처명(處明)이고 승상 왕도(王導, 아래의 각주 참조)의 사촌 동생이다. 동중랑장(東中郎將), 사마(司馬), 안남장군(安南將軍), 상주자사(湘州刺史) 등을 역임하였으며, 시호는 목(穆)이다. –『진서(晉書)』 권76 참조.

196 왕도(王導, 276~339) : 진나라의 정치가로, 자는 무홍(茂弘)이고 광록대부(光祿大夫) 왕람(王覽)의 후손이다. 서진이 멸망하자 사마예(司馬睿)를 지지하여 동진을 건국하는데 큰 공적을 세웠으며, 이로써 승상(丞相)이 되었다. 사촌 왕돈(王敦, 위의 각주 참조)이 반란을 일으켰을 때 정치적 위기를 맞이하였으나, 이를 평정함으로써 극복하였고 뛰어난 처세술로 역사에 이름을 남겼다. –『진서(晉書)』 권65 참조.

197 사낭(謝朗) : 진나라의 관리로, 자는 장도(長度)이다. 사낭은 현묘한 이치[玄理]를 즐겨 말하였으며, 문장의 뜻이 빼어났다고 전한다. 동양태수(東陽太守)를 역임하였다. 『숙혜기략』에서는 사낭을 사혁(謝奕)의 자식이자 사현(謝玄)의 동생이라고 하였으나, 『진서(晉書)』 권79에는 사낭의 아버지는 사거(謝據)이고 젊어서 사망했다고 기록되어 있다. 또한 같은 책에서 사혁의 아들은 세 명인데, 사천(謝泉), 사정(謝靖), 사현(謝玄)임을 밝히고 있다. –『진서(晉書)』 권79 참조.

198 7세의 5의 내용 및 각주 참조.

4 진나라 대규(戴逵)[199]의 자는 안도(安道)이다. 젊은 시절에 계란즙에 흰 기와가루를 반죽하여 정현(鄭玄)[200]의 비석을 세우니, 이른바[갈온][201] 계비(雞碑, 즉 계란즙으로 만든 비석)이다. 또 글을 지어 스스로 새겼는데 그 말이 수려하고 재주가 묘하여, 당시의 사람들이 놀라워 하지 않을 수 없었다.

5 진나라 양교(楊喬)와 양모(楊髦)는 기주(冀州)의 날사(剌史)였던 양회(楊淮)의 두 자식인데, 양교와 양모가 모두 젊은 시절에 훌륭한 인재가 되었다. 양회가 배위(裴頠)[202] 및 악광(樂廣)[203]과 좋은 벗 관계를 맺었는데, 두 자식을 배위와 악광에게 보내어 뵙게 하였다. 배위의 본성은 관대하고 바른지라 양교의 고상한 운치를 사랑하여 양회에게 이르기를, "양교가 마땅히 그대에게 미치고 양모는 조금 못 미칩니다"라고

199 대규(戴逵, ?~395?) : 동진의 문인 화가로, 초국(譙國)사람이다. 어릴 때부터 재능을 나타내어 박학했으며, 거문고 연주, 언변, 불상 조각 등에 두루 능했다고 전해진다. 무릉왕(武陵王) 사마희(司馬晞)가 그의 거문고 연주를 듣고자 하였으나, 단호히 거절하고 거문고를 부수었다고 전한다. –『진서(晉書)』 권94, 『몽구(蒙求)』 '대규파금(戴逵破琴)' 참조.

200 정현(鄭玄, 127~200) : 후한 말기의 대표적 유학자로, 경학의 금문(今文)과 고문(古文) 외에 천문(天文)·역수(曆數)에 이르기까지 광범위한 지식의 소유자였다고 전해진다.

201 번역서에서 '이르기를'이라고 표현한 단어는 원문에는 '갈온'이라고 표기되어 있다. 이 '갈온'이 정확히 무엇을 의미하는지 분명치 않아, 문맥상 '이른바'라고 번역하였음을 밝힌다.

202 배위(裵頠, 267~300) : 진나라의 학자이자 관리로, 자는 일민(逸民)이다. 어려서부터 앞일을 내다볼 수 있는 식견이 있었으며, 널리 공부하여 옛 일에도 상고할 수 있어 그 명성이 높았다. 또한 「숭유론(崇有論)」 등을 지어서 청담(淸談)의 무리를 배척하기도 하였다. 태자중서자(太子中庶子), 산기상시(散騎常侍), 시중(侍中), 광록대부(光祿大夫), 상서좌복사(尙書左僕射) 등을 역임하였으며, 시호는 성(成)이다. 훗날 조왕(趙王) 윤(倫)에게 피살되었다. –『진서(晉書)』 권35 참조.

203 악광(樂廣) : 진나라의 학자이자 관리로, 자는 언보(彥輔)이고 남양(南陽) 육양(淯陽) 사람이다. 청담(淸談)을 잘하였는데, 당시 사람들이 풍류를 말할 때는 악광과 왕연(王衍)을 첫머리에 꼽았다고 한다. 진나라 위관(衛瓘)은 악광의 담론하는 모습을 보고 "사람 중의 물거울[水鏡]이다"라고 표현했다는 이야기가 전한다. 중서시랑(中書侍郎), 시중(侍中), 하남윤(河南尹), 이부상서좌복사(吏部尙書左僕射) 등을 역임하였다. –『진서(晉書)』 권43, 『몽구(蒙求)』 '언보빙청(彥輔氷淸)' 참조.

하였다. 악광의 본성은 정순한지라 양모의 맑고 빼어나며 초월적인 태도를 사랑하여 양회에게 이르기를, "양교가 스스로 그대에게 미친다고 하나 양모가 더욱 빼어납니다"라고 하였다. 양회가 웃으면서 말하기를 "두 아이의 우열은 곧 배위와 악광의 우열이로다"라고 하였다.

20. 이하 십 여세

[1] 당나라 유혼(柳渾)[204]은 일찍이 고아가 되었는데 십 여세에 무당이 말하기를, "아이의 관상이 일찍 죽고 또 천하니 승려[浮屠]가 되면 가히 죽음을 늦출 수 있을 것이오"라고 하였다. 제부(諸父)가 따르고자 하였는데 유혼이 말하기를, "성인의 가르침을 떠나서 이상한 술법을 행하는 것은 빨리 죽는 것만 같지 못합니다"라고 하였다. 그리고 학문을 더욱 도탑게 하였으며, 더불어 즐기는 이가 모두 이름난 선비였다.

[2] 주(周)나라 소세장(蘇世長)[205]은 십 여세에 무제(武帝)에게 글을 올

204 유혼(柳渾) : 당나라의 관리로, 자는 이광(夷曠), 유심(惟深)이고 본명은 재(載)이다. 양주(襄州) 사람으로, 감찰어사(監察禦史), 상서우승(尙書右丞), 병부시랑(兵部侍郞), 평상사(平章事), 산기상시(散騎常侍) 등을 역임하였고 시호는 정(貞)이다. 문집 10권을 남겼으나 현재 남아 있는 시는 '모난(牡丹)' 한 수이다. -『구당서(舊唐書)』 권125, 『전당시(全唐詩)』 권196 참조.

205 소세장(蘇世長) : 수나라와 당나라의 학자이자 관리로, 자는 양사(良嗣)이고 옹주(雍州) 무공(武功) 사람이다. 그는 기지가 뛰어나고 말을 잘하였으며, 술을 즐겨 위의는 다소 부족했다고 전한다. 수나라에서는 장안령(長安令), 도수소감(都水少監) 등을 역임하였고, 당나라에서는 홍문관(弘文館) 십팔학사(十八學士) 중 한 명이 되었다. 여기서 십팔학사란 당나라 태종(太宗)이 높였던 학자들로, 두여회(杜如晦), 방현령(房玄齡), 우지녕(于志寧), 소세장(蘇世長), 설수(薛收), 저양(褚亮), 요사렴(姚思廉), 육덕명(陸德明), 공영달(孔穎達), 이현도(李玄道), 이수소(李守素), 우세남(虞世南), 채윤공(蔡允恭), 안상시(顔相時), 허경종(許敬宗), 개문달(蓋文達), 설원경(薛元敬), 소욱(蘇勖) 등이다. -『구당서(舊唐書)』 권75 참조.

렸다. 무제가 그 어림을 기특하게 여겨 어떤 책을 읽었는가를 물으니, 대답하여 말하기를 "『효경(孝經)』과 『논어(論語)』를 익혔습니다"라고 하였다. 무제가 말하기를 "무슨 말을 가히 읽었는가"라고 하니, 답하기를 "나라를 다스리는 자는 감히 홀아비와 과부를 업신여기지 않으며, 정치를 함에 있어 덕으로써 합니다"[206]라고 하였다. 무제가 말하기를 "훌륭하구나"라고 하고, 그로 하여금 배움을 호문관(虎門館)[207]에서 마치게 하였다.

21. 16세

① 송나라 적청(狄靑)[208]의 나이가 십육 세에, 그 형 적소(狄素)가 마을 사람 중 철나한(鐵羅漢)이라고 불리는 자와 물가에서 다투었다. 나한이 물에 빠져 죽으니, 마을[保伍][209] 사람들이 바야흐로 적소를 포박하였다. 마침 적청이 밭에서 식사를 하다가 보고 말하기를 "나한을 죽인 자는 나입니다"라고 하니, 사람들이 모두 적소를 풀고 적청을 포박

206 『孝經』「孝治章」: "治國者不敢侮於鰥寡, 而況於士民乎."
『論語』「爲政」"子曰, 爲政以德, 譬如北辰, 居其所而衆星共之."

207 '호문관(虎門館)'은 『신당서(新唐書)』에는 '호문관'으로 표기되어 있으나, 『구당서(舊唐書)』에는 '수문관(獸門館)'으로 표기되어 있다. 『숙혜기략』의 편자는 '호(虎)'로 기록된 서적을 보고 옮겨 적은 것으로 보인다. –『구당서(舊唐書)』 권75, 『신당서(新唐書)』 권103 참조.

208 적청(狄靑) : 송나라의 장군으로, 자는 한신(漢臣)이고 분주(汾州) 서하(西河) 사람이다. 서하(西夏)와 농지고(儂智高)의 반란을 평정하고 추밀사(樞密使)를 역임하였으나, 훗날 판진주(判陳州)로 좌천된다. 시호는 무양(武襄)이다. 서하와의 전쟁에서 여러 차례 화살을 맞고도 건재하여 적천사(狄天使)라는 별칭이 있었다고 전한다. –『송사(宋史)』 권290 참조.

209 보오(保伍) : 고대에는 백성 다섯 가구를 오(伍)로 삼았고, 또한 보(保)를 세워 서로 통섭하게 하였다. 이런 이유로 보오(保伍)는 보통 호적 편제의 기본 자료를 지칭한다.

하였다. 적청이 말하기를 "내가 죽음에서 달아나지 아니할 것이니, 내가 나한을 구하기를 기다려 주시오. 만일 (나한이 완전히) 죽었으면 그 때 나를 포박해도 늦지 않습니다"라고 하니, 사람들이 따랐다. 적청이 묵묵히 빌면서 말하기를, "내가 만일 귀하다면 나한이 마땅히 소생할 것이다"라고 하였다. 그리고 주검을 들고 물을 여러 말 꺼내었는데 나한이 소생하니, 사람들이 신기하게 여겼다.

22. 17세[210]

[1] 북위나라 하타(河妥)는 나이가 십칠 세에 기교(伎巧)[211]가 되어 상동왕(湘東王)을 모셨는데, 후에 왕이 그의 총명함을 알고 불러서 좌우에서 책을 암송하게 하였다. 이때에 난릉(蘭陵)의 소신(蕭眘)이 또한 준재로 청양(青楊) 거리에 살고, 하타는 백양(白楊) 근처에 살았다. 그래서 당시 사람들이 말하기를, "세상에 두 명의 준재가 있어 백양의 하타요, 청양의 소신이다"라고 하였으니, 그 아름다움의 드러남이 이와 같았다.

---

210 이 부분은 16세와 17세가 나누어지는 부분인데, 『숙혜기략』에는 다른 경우들과는 달리 '17세'라는 구분이 없다. 저자가 빠뜨린 것으로 보이기에, 역자들이 17세라는 구분을 넣었음을 밝힌다.

211 기교(伎巧) : 공예(工藝)의 장인을 가리킨다.

23. 18세

1 송나라 횡거(橫渠) 선생 장재(張載)[212]는 나이가 십팔 세 때에 병서로 범중엄(范仲淹)[213]에게 여쭈었다. 범중엄이 꾸짖어 말하기를, "선비가 스스로 유교[名敎]에서 가히 배울 것이 있거늘 어찌 병법을 일삼는가"라고 하였다. 장재 선생이 그 책망하는 말에 느끼고 깨닫는 바가 있어 주야로 육경(六經)을 연구하며 불교와 노장의 책까지 읽지 아니한 것이 없었다.

24. 19세

1 오나라 장분(張奮)[214]은 장소(張昭)[215]의 조카이다. 나이가 십구 세

---

212 장재(張載, 1020~1077) : 북송의 유학자로, 자는 자후(子厚)이고 호는 횡거(橫渠)이다. 유가와 도가의 사상을 조화시켜 우주의 기(氣) 일원적 해석을 강조하여, 이정 · 주자의 학설에 영향을 끼쳤다. 저서에 『정몽(正蒙)』, 『역설(易說)』, 「서명(西銘)」, 「동명(東銘)」 등이 있다.

213 범중엄(范仲淹, 989~1052) : 북송의 정치가이자 학자로, 자는 희문(希文)이고 시호는 문정(文正)이다. 인종(仁宗) 때에 참지정사(參知政事)가 되어 개혁하여야 할 정치상의 10개 조를 상소하였으나 반대파 때문에 실패하였다. 『범문정공집(范文正公集)』등이 남아있다.

214 장분(張奮) : 소개된 이야기는 『삼국지(三國志)』 권52의 「장소전(張昭傳)」에 수록되어 있는데, 장분의 나이 20세 때 일이라고 한다. 그런데 『숙혜기략』에서는 19세라고 하였으니, 편자가 원문을 옮기는 과정에서 발생한 실수로 보인다. 기록에 따르면 장분은 장군이 되었고 잇달아 공을 세워 평주도독(平州都督)과 낙향정후(樂鄉亭侯)를 역임하였다고 한다. –『삼국지(三國志)』 권52 참조.

215 장소(張昭, 156~236) : 오나라의 관리로, 자는 자포(子布)이고 시호는 문후(文侯)이다. 서주(徐州) 팽성(彭城) 사람으로, 젊어서 백후자안(白侯子安)으로부터 『좌씨춘추(左氏春秋)』를 배웠다. 손책(孫策)과 그의 아우 손권(孫權)을 위해 일하였으며, 유권후(由拳侯), 보오장군(輔吳將軍), 누후(婁侯) 등을 역임하였다. 성품이 매우 강직하였으며, 학문 역시 뛰어났다고 전한다. –『삼국지(三國志)』 권52 참조.

에 성을 공격하는 화공차(火功車)를 제작하였으니, 보척(步隲)이 천거하였다. 그런데 장소가 장분에게 일러서 말하기를, "네 나이가 오히려 적다"라고 하였다. 그러자 장분이 대답하여 말하기를, "왕기(汪錡)[216]는 난리 속에 죽고, 자기(子奇)는 아(阿)를 다스렸습니다. 제가 비록 재주는 없으나 나이가 적지는 않습니다"라고 하였다.

25. 20세

① 당나라 이옹(李邕)[217]이 나이가 이십 세에 특진(特進) 이교(李嶠)[218]를 뵙고 스스로 말하기를, "읽은 서적들을 (책으로) 엮지는 못하니, 한번 숨겨놓으신 서적들을 보기를 원합니다"라고 하였다. 이교가 말하기를, "비밀 창고 안의 책 만권을 어느 시일에 능히 익히겠는가"라고 하였다. 이옹이 굳게 청하거늘, 이교가 이에 이옹으로 하여금 숨겨놓은 책들에 잠시 대하게 하였는데, 얼마 되지 않아 사양하고 떠나려 하였다. 이교가 놀라서 시험삼아 깊숙이 숨겨둔 책의 차례를 물었는데, 밝게 분변하기를 노래 같이 하였다. 이교가 감탄하여 말하기를, "그대는 또한 뛰어난 사람이로다"라고 하였다.

216 이하 젊은이의 ①의 내용 참조.
217 이옹(李邕, 675~747) : 당나라의 서예가로, 자는 태화(泰和)이다. 비문을 많이 썼으며, 행서에 능하여 이왕(二王) 서법에 새로움을 가미한 기골있는 서풍을 만들었다고 한다. 대표작에는 「이사훈비(李思訓碑)」, 「녹산사비(麓山寺碑)」 등이 있다.
218 이교(李嶠, 645~714?) : 당나라의 시인으로, 자는 거산(巨山)이다. 당나라 초기의 근체시의 창시자이자 궁정시인의 거두로서, 『이교잡영(李嶠雜詠)』 등이 전해진다.

26. 이하 소년

1 제나라 육수(陸倕)[219]는 어려서 배움을 성실히 하고 글짓기를 잘 하였다. 집안에 두 개의 초가집을 지어서 왕래를 두절하고 낮밤으로 독서하였는데, 이와 같이 한지 몇 년이 흘러 읽은 것을 한 번 외어 반드시 입으로 암송하였다. 일찍이 다른 사람의 『한서(漢書)』를 빌렸다가 「오행지(五行志)」 사 권을 잃어버렸는데, 이에 외운 것을 적어서 돌려주니 대강도 빼먹은 것이 없었다.

2 당나라 두여회(杜如晦)[220]는 어려서 시원스럽고 잘생겼으며 책을 좋아하였다. 풍류에 스스로 있으면서도 안으로는 큰 절개를 지니고 있어 기회를 임하면 빨리 결단하였다.

27. 결

대저 사람 중에서 능력이 빼어난 자는 또한 천성으로 말미암는 것이지 사람들이 모두 가능한 것은 아니다. 그래서 그 능하지 못한 자는 언제나 진위(陳韙)[221]의 '어려서 슬기로운 자가 커서 반드시 훌륭한 것

---

219 육수(陸倕) : 제나라의 관리로, 자는 좌공(佐公)이고 오군(吳郡) 오(吳)의 사람이다. 17세에 본주(本州)의 수재로 천거되었으며, 태자중사인(太子中舍人), 중서시랑(中書侍郎), 국자박사(國子博士), 수태상경(守太常卿) 등을 역임하였다. 문집 20권을 남겼다고 한다. ―『양서(梁書)』 권27 참조.

220 두여회(杜如晦, 585~630) : 당나라의 정치가로, 자는 극명(克明)이다. 방현령(房玄齡, 5세의 13의 내용 및 각주 참조)과 함께 태종(太宗)을 섬겼으며, 당의 법률과 인사 제도를 정비하여 '정관(貞觀)의 치'를 구축한 명신이다. 방현령과 아울러 '방두(房杜)'라 불린다.

221 4세 1의 내용 참조.

은 아니라는 말'을 가리켜 이야깃거리로 삼는다. 옛날로부터 지금에 이르기까지 약간이라도 명예가 있는 자는 일찍이 어린 아이 시절의 식견에서 말미암지 않는 것이 없다. 후대의 사람들도 진실로 사람됨에 뜻이 있다면, 재능이 비록 그 가능성에 미치지 못한다 할지라도, 미침을 꾀하려는 생각조차 없어서 어떠하겠는가. 또한 오로지 총명하고 민첩하기만 한 자는 비록 선을 행하기 쉽다 할지라도 또한 악을 행하기도 쉬우니, 배워서 수양함만 같지 못하다. 따라서 편자[余]가 이 책에 예시된 사람들의 이야기를 모은 까닭은 일시에 그 할 수 없는 바를 억지로 하려는 것이 아니고, 또한 어린 시절에 있어 배움의 바탕이 되게 하려는 것이다. 대저 너희 보통 학도들은 각각 힘써 노력하여 삼가 본보기로 삼을 바를 알아야 할 것이다.

—『숙혜기략』 끝

소학독본

소학독본

학부 편집국 신간

대조선 개국 오백사년 겨울

목차

1. 입지(立志)

옛날에 남자가 태어남에 뽕나무로 만든 활과 쑥대로 만든 화살로 천지와 사방에 쏜 것[桑弧蓬矢][1]은 '남자의 뜻을 세움[立志]'이 상하와 사방에 있기 때문이다.

이 때문에 어렸을 때 배워서 익히는 것은 부모를 사랑함과 형을 공경함을 넘어서는 것이 없고, 자란 후의 일은 임금을 사랑함과 국가를 위함에 더할 것이 없는 것이다.

어렸을 때에 효심이 지극하면 자란 후에 임금에게 충성하지 아니함이 없으며, 집에 있어서 자애로운 정이 두터우면 세상을 바로 세움에 백성을 사랑하지 아니함이 없다.

이 때문에 옛 성인이 말하기를, "효(孝)란 것은 이것으로써 부모를 섬기는 바요, 제(悌)란 것은 이로써 어른을 섬기는 바요, 자애[慈]란 것은 이로써 민중을 부리는 바이다"[2]라고 하였다.

무릇 어렸을 때 배움은 자란 후에 행하기를 위한 것이다. 세월이 물 흐르듯 하여 자라고 나이가 들 날이 멀지 않았으니, 일생이 어릴 줄 알지 말고 힘써서 배움을 부지런히 해야 할 것이다.

1 맹문정공(孟文貞公)[3]세종(世宗)조 좌의정[左相], 이름은 사성(思誠)이 팔세에 학

---

1 상호봉시(桑弧蓬矢) : '남자가 큰 뜻을 세움'을 이르는 말이다. 옛날 중국에서 남자가 태어나면 뽕나무로 만든 활과 쑥대로 만든 살을 천지 사방에 쏘아 큰 뜻을 이루기를 빌던 풍속에서 유래한다.

2 『大學』: "孝者所以事君也. 弟者所以事長也. 慈者所以使衆也."

3 맹사성(孟思誠, 1360~1438) : 조선 전기의 재상으로, 자는 자명(自明)이고 호는 고불(古佛)이다. 세종 때에 우의정과 좌의정을 지냈으며, 황희(黃喜)와 함께 조선 전기 문화 창달에

문에 들어와 『서경(書經)』의 「우공(禹貢)」[4] 편을 배우다가, "계(啓)[5]가 울어대었으나 저는 자식으로 여겨 사랑해주지 못하고"[6]라는 구절에 이르자 물어서 말하기를, "우(禹)는 어떠한 사람입니까"라고 하였다. (선생이) 대답하여 말하기를, "옛날의 성군(聖君)이시다"라고 하였다. 맹문정공이 말하기를, "성군과 같으시면 천하의 일이 곧 자기 몸의 일이거늘, '저는 자식으로 여겨 사랑해주지 못하고[予不子]'라는 세 글자에 자랑하는 기색이 있는 것 같으니 우를 위하여 취하지 않겠습니다"라고 하였다. 맹문정공이 비록 우의 본래 뜻과 『서경』의 대의를 상세히 해석하지는 못하였으나, 팔세 아이의 의지와 취향이 또한 훌륭하지 아니한가.

남자가 천하에 태어나 천하로써 자임하지 못하면 어찌 남자라고 칭하겠는가.

2 우암(尤菴) 송(宋) 선생[7] 효종(孝宗)조 좌의정, 이름은 시열(時烈), 시호는 문정(文正)이 문인을 경계하여 말하기를, "장부가 능히 바로 그 시대를 가지고 유념하지 못하면 어찌 족히 더불어 배움을 의논하겠는가"라고 하였으니,

---

크게 기여하였고, 성품이 청백하고 검소하기로 이름이 났다. 『태종실록(太宗實錄)』을 편찬하였으며, 작품에 「강호사시가(江湖四時歌)」 등이 있다.

4 『서경(書經)』에서 인용된 부분은 실제로는 「익직(益稷)」 편에 나오는 내용이다. 『소학독본』에서는 「우공(禹貢)」 편이라고 밝히고 있는데, 이것은 편자의 실수로 생각된다.

5 계(啓)는 우(禹)의 어린 아들이다. 우가 아내와 자식이 있었으나 천하의 일을 우선하는 까닭에, 계가 울어도 제대로 돌보아주지 못하였음을 설명하는 구절이다.

6 『書經』「益稷」: "予創若時, 娶于塗山, 辛壬癸甲, 啓呱呱而泣, 予弗子."

7 송시열(宋時烈, 1607~1689) : 조선 후기의 문신이자 학자로, 자는 영보(英甫)이고 호는 우암(尤庵), 우재(尤齋)이다. 효종(孝宗)의 장례 때 대왕대비의 복상 문제로 남인과 대립하고, 후에는 노론의 영수로서 숙종(肅宗) 15년(1689)에 왕세자의 책봉에 반대하다가 사사(賜死)되었다. 저서에 『우암집(尤庵集)』, 『송자대전(宋子大全)』 등이 있다.

무릇 사람의 배움이 임금과 나라를 위해서라는 것을 여기에서 가히 볼 수 있다.

[3] 월천(月川) 조(趙) 선생[8]이름은 목(穆)이 퇴계(退溪) 이(李) 선생[9]시호는 문순(文純), 이름은 황(滉)께 후학을 가르치는 방법을 물었다. 퇴계 선생이 답하여 말하기를, "그 덕을 우선 길러야 하네"라고 하였다. 월천 선생이 말하기를 "무엇을 말하는 것입니까"라고 하니, 퇴계 선생이 말하기를 "덕을 기르지 아니하면 입지(立地)가 두텁지 못하고, 입지가 두텁지 못하면 만물을 완성할 수 없는 것이네"라고 하였다. 대개 어렸을 때로부터 덕의(德義)를 길러야 백성을 위하고 만물을 완성하는 터전이 된다.

이 때문에 한창 자라고 있는 나무를 꺾지 아니하며, 겨울을 보내고 깨어나는 곤충을 죽이지 아니하는 것이, 모두 어린 아이 시기에 인과 덕을 기르는 것이다.

덕이란 것은 복(福)을 성하게 하는 기구요, 백성을 모으는 터전이니 가히 배양하지 아니하겠는가.

[4] 신독재(愼獨齋) 김(金) 선생[10]시호는 문경(文敬), 이름은 집(集)은 어렸을 때에

---

8 조목(趙穆, 1524~1606) : 조선 중기의 문인으로, 자는 사경(士敬)이고 호는 월천(月川), 동고(東皐)이다. 이황(李滉)의 문인으로서 1552년 생원시에 합격, 성균관 유생이 되었다. 이후 두루 관직을 역임하여 1601년 공조참판에 이르렀는데, 집안은 가난했으나 평생을 학문 연구에만 뜻을 두어 대학자로 존경을 받았다. 문집에 『월천집(月川集)』, 저서로 『곤지잡록(困知雜錄)』이 있다.

9 이황(李滉, 1501~1570) : 조선 중기의 대학자로, 자는 경호(景浩)이고 호는 퇴계(退溪), 퇴도(退陶), 도수(陶叟) 등이다. 벼슬은 예조판서, 양관 대제학 등을 역임하였다. 정주(程朱)의 성리학 체계를 집대성하여 '이기이원론(理氣二元論)', '사칠론(四七論)' 등을 주장하였다. 작품에 시조 「도산십이곡(陶山十二曲)」, 저서에 『퇴계전서(退溪全書)』 등이 있다.

10 김집(金集, 1574~1656) : 조선 중기의 문신이자 학자로, 자는 사강(士剛)이고 호는 신독재

생명을 죽이는 것을 보지 못하여 의복에 있는 벼룩이나 이를 잡아도 바깥에 버리고 죽이지 아니하였다.

사람의 심지(心志)가 이러하여야 가히 임금과 윗사람을 보좌하며 백성을 구제할 것이다.

5 신당(新堂) 정(鄭) 선생[11]이름은 붕(鵬), 한훤당[寒暄] 김굉필(金宏弼)이 연원이 열 살 전에 여러 아이들과 함께 배울 때였다. 마을 안의 글방에서 배우는 아이들이 모두 살림이 가난하여 양식을 가져오지 못하니, 신당 선생이 부모에게 굳게 청하여 수십 명의 아이들에게 모두 음식을 보내어 배고픔과 배부름을 같이하였다. 그리고 말하기를, "사람의 학문하는 것이 본디 나라를 위하고 민중을 구제하는 것이라 하는데, 장차 학문을 향함에 어찌 같은 친구의 굶주리고 추움을 구제하지 아니하겠는가"라고 하였다. 어렸을 때라도 일을 처리하는 것과 마음의 덕이 나이 든 자가 경외할 바이다.

비유하건대 재목이 어렸을 때 곧게 길러져야 큰 후에 기둥과 들보가 될 것이요, 샘물이 근원을 맑게 뚫어야 도달한 후에 장강과 한수가 될 것이니, 사람도 어린 아이를 가르치는 일이 바르게 되어야 자란 후에 대인(大人)이 되는 것이다.

(愼獨齋)이며 김장생(金長生)의 아들이다. 효종(孝宗) 때에 이조판서가 되어 북벌을 계획하였으나, 김자점(金自點)이 이 사실을 청나라에 밀고하자 관직을 사임하고 예학(禮學)을 연구하였다. 저서에 『신독재집(愼獨齋集)』이 있다.

11 정붕(鄭鵬, 1467~1512) : 조선 전기의 문신으로, 자는 운정(雲程)이고 호는 신당(新堂)이다. 김굉필(金宏弼)에게 학문을 배웠으며, 1492년 과거에 급제하였다. 이후 여러 관직에 중용되었으나, 사퇴하기를 반복하고 향리에서 학문에 힘썼다. 도량이 크고 학식이 높았으며 권세에 아부하지 않았다. 저서에 『신당실기(新堂實記)』가 있다.

이 때문에 공자가 말하기를, "어렸을 때 바름으로써 기르는 것이 성인(聖人)이 되는 공부이다"[12]라고 하였다.

6 사계(沙溪) 김(金) 선생[13] 시호는 문원(文元), 이름은 장생(長生)이 어려서부터 성품과 행동이 순수하고 인정이 많아서 화려함을 좋아하지 아니하고, 진정한 마음으로 학문을 구하여 마침내 나라 안의 큰 학자가 되었다. 일찍이 정산현감(定山縣監)이 되었을 때에 일본인들이 도적이 되어 쳐들어왔거늘, 사계 선생이 백성을 어루만져 편안하게 하여 각각 편의를 얻게 하였다. 그리고 가까운 지역의 사대부 집안이 많이 피난하여 오면 사계 선생이 또한 진심으로 두루 구휼하니, 백성들이 모두 난리의 고통을 잊고 따라서 돌아가는 자가 시장 사람들 같았다. 어려서 배울 때 뜻을 세움이 독실하지 못하였으면 공효(功效)가 어찌 이러하겠는가.

아직은 모자란 어린 학생들이여. 우리 대군주 폐하께오서 높으신 덕을 더욱 밝히시어 조서로써 경계함을 자주 내리시니, 『시경(詩經)』에 이른바 "주(周)나라가 비록 오래된 나라이나, 천명은 새롭도다"[14]라고 할 때이다. 우리도 임금의 뜻을 본받고 그리워하여 배워 익힘을 힘쓰며 충

---

12 『周易』「蒙卦」: "象曰, 蒙, 山下有險, 險而止, 蒙. 蒙, 亨, 以亨行時中也. 匪我求童蒙, 童蒙求我, 志應也. 初筮告, 以剛中也, 再三瀆, 瀆則不告, 瀆蒙也. 蒙以養正, 聖功也."

13 김장생(金長生, 1548~1631) : 조선 중기의 학자이자 문신으로, 자는 희원(希元)이고 호는 사계(沙溪)이다. 율곡 이이(李珥)의 제자이자 송시열(宋時烈)의 스승으로, 조선 예학(禮學)의 태두이다. 저서에 『의례문해(疑禮問解)』, 『근사록석의(近思錄釋疑)』, 『경서변의(經書辨疑)』 등이 있다.

14 『詩經』「大雅」'文王': "文王在上, 於昭于天. 周雖舊邦, 其命維新."

효를 일삼아 국가와 함께 오래도록 태평하기를 절하여 기원하노라.

2. 근성(勤誠)

'근면하고 정성스럽게 한다(勤誠)'는 두 글자가 쉽고도 어려우니, 처음 공부하는 사람들은 그것을 열심히 또 열심히 해야 할 것이다.

1 한강(寒岡) 정(鄭) 선생[15] 시호는 문목(文穆), 이름은 구(逑)이 칠 세에 배움에 들어가면서, 산 속의 방에 홀로 올라가 사십일을 잠도 자지 않고 매우 열심히 배움의 길을 찾았다. 그러자 일 년 만에 글 솜씨가 완성되었으니, 사람이 정성스럽고 근면하면 천하에 어려운 일이 없는 것이다.

이 때문에 『자사자(子思子)』[16]에서 말하기를, "다른 사람이 한 번에 능하거든 나는 백 번을 하고 다른 사람이 열 번에 능하거든 나는 천 번을 해야 할 것이니, 진실로 능히 이렇게 하면 비록 어리석다 하나 반드시 밝아지며, 비록 유약하다고 하나 반드시 강해진다"[17]라고 하였다.

---

15 정구(鄭逑, 1543~1620) : 조선 시대의 문신이자 학자로, 자는 도가(道可)이고 호는 한강(寒岡)이며 시호는 문목(文穆)이다. 백매원(百梅園)을 세워 유생들을 가르쳤으며, 임진왜란 때는 의병을 일으켜 싸웠다. 여러 학문에 정통하였고, 예학(禮學)에 뛰어났으며, 글씨도 잘 썼다. 저서에 『심경발휘(心經發揮)』, 『오선생예설(五先生禮說)』, 『성현풍범(聖賢風範)』 등이 있다.

16 『자사자(子思子)』 : 춘추 시대에 자사(子思, BC 483?~BC 402?)가 지은 유학서로 본래 23편으로 구성되어 있었는데, 현재는 온전히 전하지 못하고 『중용(中庸)』이 그 중 남은 것이라고 한다. 자사는 노(魯)나라의 유학자로, 이름은 급(伋)이고 공자의 손자이자 증자(曾子)의 제자이다. 또한 맹자는 자사의 재전제자다. 자사는 성(誠)을 천지와 자연의 법칙으로 삼고 천인합일(天人合一)의 철학을 제창하였다.

17 『中庸』 : "人一能之, 己百之. 人十能之, 己千之. 果能此道矣, 雖愚必明, 雖柔必强."

하늘의 명이 별도로 있는 것이 아니라 사람의 정성스러움[誠]에 있으며, 운수가 별도로 있는 것이 아니라 사람의 부지런함[勤]에 있는 것이다.

공자가 말하기를, "하늘이 물건을 낼 적에는 반드시 그 재질을 따라 돈독하게 한다. 이 때문에 심은 것은 북돋아주고, 기운 것은 엎어버린다"[18]라고 하였다.

복록(福祿)은 하늘이 내려주는 것이 아니라, 즉 사람이 만드는 것이다.

이 때문에 맹자(孟子)가 말하기를, "명(命)을 아는 자는 넘어지려고 하는 담장 아래에 서지 않는다"[19]라고 하였으니, 죽고 사는 것이 비록 명이나 거기에 서지 않는 것은 사람의 일[人事]이다.

[2] 율곡(栗谷) 이(李) 선생[20] 시호는 문성(文成), 이름은 이(珥)이 말하기를, "사람이 마음을 다하는 곳에 자연히 앞서 알게 되는 현명한 생각이 있다"라고 하였으니, 무릇 정성스러움이란 것은 마음의 거울[心鏡]을 닦는 것이다. 마음의 거울이 한 번 닦이면 백 가지 일에 어려움이 없을 것이니, 만일 일을 하고자 한다면 반드시 정성스러움으로써 해야 할 것이다.

[3] 수암(遂菴) 권(權) 선생[21] 시호는 문순(文純), 이름은 상하(尙夏)이 말하기를, "세

---

18 『中庸』: "故天之生物, 必因其材而篤焉. 故栽者培之, 傾者覆之."

19 『孟子』「盡心」: "孟子曰, 莫非命也, 順受其正, 是故知命者不立乎巖牆之下. 盡其道而死者, 正命也, 桎梏死者, 非正命也."

20 이이(李珥, 1536~1584) : 조선 중기의 문신이자 학자로, 자는 숙헌(叔獻)이고 호는 율곡(栗谷), 석담(石潭), 우재(愚齋) 등이다. 호조와 이조, 병조판서 및 우찬성 등을 역임했다. 저서에 『율곡전서(栗谷全書)』, 『성학집요(聖學輯要)』, 『경연일기(經筵日記)』 등이 있다.

21 권상하(權尙夏, 1641~1721) : 조선 시대의 학자로, 자는 치도(致道)이고 호는 수암(遂菴), 한수재(寒水齋) 등이다. 송시열(宋時烈)의 수제자였으며 글씨에도 뛰어났다. 저서에 『한

상 사람들 중에 일을 만드는 자는 많으나 한 가지 재주라도 능한 자는 적으니, 그 병이 정성스럽지 못한 가운데에서 나타나는 것이다"라고 하였다.

하물며 지금 세상에 여러 나라가 상호 교류하여 남자가 할 일이 백 배나 많아졌으니, 무릇 천하와 국가를 위하는 군자들은 마땅히 깊고 충분히 생각해야 할 것이다.

공자가 말하기를, "문왕(文王)과 무왕(武王)의 정치가 방책에 펼쳐져 있으니, '그 사람[其人]'이 있으면 그 정사가 거행되고, '그 사람'이 없으면 그 정사가 종식됩니다"[22]라고 하였다. '그 사람'이란 것은 쓸 만한 사람을 이르는 것이다. 이 때문에 사람이 천하의 일을 만들고자 한다면, 반드시 쓸 만한 사람을 만들어야 한다.

공부를 하는 때에 정성을 다하지 아니하면 한갓 공부가 완성되지 못할 뿐 아니라 자신의 인품도 중도에서 떨어져 버리니, 이 때문에 군자는 정성스러움을 귀중히 여기는 것이다.

정성스러움이라는 것은 일함을 맞이한 후에 사용하는 것이다. 그러나 그 본원은 곧 마음의 숙달함에 있으니, 이 때문에 군자는 그 마음을 독실하게 하는 것이다.

수재집(寒水齋集)』, 『삼서집의(三書輯疑)』 등이 있다.

22 『中庸』: "哀公問政, 子曰, 文武之政, 布在方策, 其人存則其政擧, 其人亡則其政息."

3. 무실(務實)

천하의 일과 사물에는 허(虛)와 실(實)이 있으니, '허하면 폐하고 실한 것만 힘쓰는 것'이 이른바 무실(務實)이다.

이 때문에 옛 성현의 행함은 실하지 않음이 없었는데, 중고(中古)에 과거제가 시행되면서부터 선비의 풍습이 점점 어그러져 청탁이 어지럽고 뇌물이 성행하였다. 뒤에 태어난 소년들이 실지(實地)를 힘쓰지 아니하고 혹 한가로이 놀면서 날을 살거나 잡다한 재주로 세월을 보내다가, 바라지 않았는데 늙고 또 쇠하면 가난하고 어려운 처지에서 슬퍼하며 탄식하니, 또한 가련하지 아니한가.

1 한훤당(寒暄堂) 김(金) 선생[23] 시호는 문경(文敬), 이름은 굉필(宏弼)이 어렸을 때부터 실없는 말이 없었는데, 일찍이 말에 대해 조심하는 글을 새긴 나무패를 만들어 후세 사람들을 경계하여 말하기를, "말이 실하면 친구가 스스로 이르고, 행동이 실하면 복록이 스스로 이른다"라고 하였다.

금수와 곤충도 모두 실제적인 일을 하면서 몸을 위하고 생을 꾀한다. 벌이 그 벌집을 보호하고 쇠똥구리가 그 찌꺼기를 굴리는 것은 다 그 스스로를 기르기 위한 것이요, 닭이 그 발톱으로 싸우고 매가 그 날개로써 때리는 것은 다 그 스스로를 방어하기 위한 것이니, 하물며 사람이 금수와 곤충만 같지 못하겠는가.

---

23 김굉필(金宏弼, 1454~1504) : 조선 전기의 성리학자로, 자는 대유(大猷)이고 호는 한훤당(寒暄堂), 사옹(蓑翁) 등이다. 김종직(金宗直)의 문인이며 형조 좌랑을 지냈고, 무오사화(戊午士禍) 때 유배되었다가 갑자사화(甲子士禍) 때 사사(賜死)되었다. 저서에 『한훤당집(寒暄堂集)』, 『경현록(景賢錄)』 등이 있다.

이 때문에 사람의 지금 맡고 있는 직무는 다 이용(利用)을 위하는 것이다. 공부하는데 힘쓰는 것은 지나간 자취를 알기 위함이요, 농사에 힘쓰는 것은 굶주림을 면하기 위함이요, 베 짜기를 힘써서 의상을 만들고, 기술을 힘써서 궁실을 완성하며, 상공업으로써 재화를 통하며, 공업으로써 도구를 갖추어, 천만 건의 일함이 다 쓰기를 위하는 것이다. 만일 이유 없이 한가로이 편하게 지내면서 장기와 바둑을 일삼고 해학을 즐겁게 여겨, 어렸을 때의 좋은 시간을 하염없이 다 보내면 우선은 편할 것이다. 그러나 잡다한 여러 가지 일이 이루어지지 못한 후에 부모와 형제, 처자들이 배고프고 추운 가운데 괴로워하면 어찌 후회하지 아니하겠는가.

2 송숙정공(宋肅靖公)[24]중종(中宗)조 영의정[首相], 이름은 질(軼)이 어렸을 때부터 높은 지위에 올라 고귀하게 되는 것을 숭상하지 않았다. 어렸을 때에 과거에 응시하기 위한 공부에 힘을 쓰다가 하루아침에 도리어 던져버리고 말하기를, "비록 잘하여도 국가에 도움 되는 것이 없을 공부이다. 어찌 좋은 시간을 헛된 곳[虛地]에서 보내겠는가"라고 하였다. 그리고 『자치통감[綱目]』과 『사기(史記)』를 두루 읽으면서 옛날과 지금의 다스려짐과 어지러움, 얻음과 잃음을 살피며 바로 그 시대에 구제할 도리를 살피고 생각하였다. 그래서 중종(中宗)이 사직을 다스린 후에[25]

24 송질(宋軼, 1454~1520) : 조선 전기의 문신으로, 자는 가중(可仲)이고, 시호는 숙정(肅靖)이다. 1482년 과거에 합격한 이후 형조참판, 경기도관찰사, 우찬성, 이조판서 등을 역임하였으며, 1506년 중종반정 때 정국공신(靖國功臣) 3등에 책록되고 여원부원군(礪原府院君)에 봉해졌다. 1513년 우의정에, 이어 영의정에 이르렀으나 양사(兩司)로부터 탐욕스럽고 무능하다고 하여 탄핵받았다.

25 중종반정(中宗反正)이 발생하여 연산군(燕山君)이 물러나고 중종이 왕위에 올랐음을 말한

바르게 고쳐 구제한 사업이 많았기에, 이에 정국공신(靖國功臣)으로 봉하고 관직이 영의정에 이르렀다. 칠십 세 이후에 동쪽의 성 바깥에 별장을 짓고 세상일을 상관하지 아니하였으나, 임금을 사랑하고 국가를 근심하는 때에는 오히려 약해지지 아니하여 여러 차례 상소를 올렸다.

이 때문에 공자가 말하기를, "큰 덕이 있는 자는 지위를 반드시 얻으며, 그 복록을 반드시 얻으며, 그 이름을 반드시 얻으며, 그 천수를 반드시 얻는다"[26]라고 하였다.

[3] 백불암(百不庵) 최(崔) 선생[27] 정종(正宗)조 참봉(參奉), 벼슬을 주어도 나서서 하지 않았으며, 이름은 홍원(興遠)[28]이 대구(大邱)의 부인동(扶仁洞)에 집을 짓고 제자를 모아서 공부를 가르쳤다. 또 동네 안의 백성들을 권면하여 각각 기술을 연마하게 하였는데, 사농공상에서 잘하는 바대로 익히게 하여 한 사람도 놀고먹는 사람이 없게 하였다. 거주한지 십여 년에 백성들이 모두 교화되어 백리 지경 안에는 길에 버려지지 아니하고 산길에서 밤을 보내어도 도적을 볼 수 없었다. 임금께서 그림을 그리는 사람을

다. 조정에서는 중종반정에서 공을 세운 이들에게 '정국공신(靖國功臣)'이라는 훈호를 내렸으며, 송질은 당시 3등 30명 중 한 명에 해당하였다.

26 『中庸』: "故大德必得其位, 必得其祿, 必得其名, 必得其壽."

27 최흥원(崔興遠, 1705~1786) : 조선 후기의 학자로, 자는 태초(太初), 여호(汝浩) 등이고 호는 백불암(百弗庵)이다. 학문에 힘써 성리학에 조예가 있었고, 백성들의 어려운 생활을 보고 남전향약(藍田鄕約)을 참고하여 부인동규(夫仁洞規)라는 향약을 만들었다. 이 규약을 통해 백성들에게 근면하고 검소하게 살도록 가르쳤고, 선공고(先公庫), 휼빈고(恤貧庫) 등의 창고를 설치하여 백성들의 생활을 안정시켰다. 시문집에 『백불암집(百弗庵集)』이 있다.

28 원문에는 '正宗朝參奉不仕名'으로 기록되어 있다. 여기서 '정종(正宗) 조 참봉(參奉)'에는 무리가 없으나, '불사명(不仕名)'은 의미가 쉽게 다가오지 않는다. 『소학독본』 내에서 비슷한 용례들을 살펴보면, '不仕, 名~'으로 보는 것이 옳은 듯한데, '名' 뒤에 백불암의 이름이 적혀있지 않다. 역자들은 『소학독본』의 용례를 따라 백불암의 이름을 덧붙여, '벼슬을 주어도 나서서 하지 않았으며[不仕], 이름[名]은 홍원(興遠)'이라고 번역하였음을 밝힌다.

보내시어 부인동을 그림으로 보시고 벼슬을 내리셨는데, 그 때에 백불암 선생이 나이가 칠순을 넘겼기에 상소하여 벼슬을 내어놓고 물러났다. 애석하도다. 서로의 만남이 늦음이여.

이로 말미암아 보건대 한갓 한 동네뿐이겠는가. 천하와 국가라도 백성들로 하여금 각각 그 재주를 따라서 기술을 연마하게 하면 어느 땅이 부인동이 아니겠는가.

이 때문에 군자가 마음을 임금과 국가에 두는 자는 반드시 실을 행함에 힘쓰고 허위를 깎아버리는 것이다.

공자가 말하기를, "의(義)를 정밀하게 하여 신묘함에 들어가는 것은 용(用)을 지극히 하기 위한 것이다"[29]라고 하였으니, 대개 의를 정밀하게 하는 것이 극진하면 가히 일을 만들어 세상에 쓰임이 있다.

정밀함[精]이란 것은 자기 위에 있는 것이요, 의(義)란 것은 사물 위에 있는 것이다. 따라서 자기의 정밀함을 극진히 하면 행하지 못할 일이 없을 것이요, 사물의 의를 바르고 가지런히 하면 믿지 아니할 사람이 없을 것이다. 그러면 자연히 천하의 일이 맡아지게 될 것이며, 자연히 천하의 사람과 사물이 고루 공평해질 것이다.

[4] 우계(牛溪) 성(成) 선생[30] 시호는 문간(文簡), 이름은 혼(渾)이 의를 정밀하게 하는 것에 공력 씀을 깊이 하여 평생에 사람을 책망함이 없었는데, 하루는 문하생 중에 사람을 원망하는 자가 있었다. 우계 선생이 말하기

---

29 『周易』「繫辭傳」: "精義入神, 以致用也, 利用安身, 以崇德也."

30 성혼(成渾, 1535~1598) : 조선 중기의 문신이자 학자로, 자는 호원(浩原)이고 호는 우계(牛溪), 묵암(默庵) 등이다. 성리학의 대가로 기호학파(畿湖學派)의 이론적 근거를 닦았다. 저서에 『우계집(牛溪集)』이 있다.

를, "내가 과연 넓은 화로와 큰 대장간이 될 것인데 어찌 질이 안 좋은 철의 녹지 아니함을 걱정하며, 내가 과연 거대한 바다와 긴 강이 될 것인데 어찌 가는 물줄기와 더러운 도랑의 용납하지 못함을 걱정하겠는가. 군자의 도는 다만 내 몸을 되돌아보아 원인을 찾는 것[反求]이다"라고 하였다.

이 때문에 공자가 말하기를, "활쏘기는 군자와 같은 점이 있으니, (활을 쏘았는데) 가운데[正鵠]를 잃으면 곧 자신의 몸에서 돌이켜 찾는다"[31] 라고 하였다.

5 동춘(同春) 송(宋) 선생[32] 시호는 문정(文正), 이름은 준길(浚吉)이 말하기를, "사람은 걱정과 즐거움의 원인을 (찾는 것을) 그만두어야 한다. 얻는 것과 잃는 것이 모두 나에게 연유하는 것이다"라고 하였으니, 대개 얻는 것도 스스로 취하는 것이요, 잃는 것도 스스로 취하는 것이다.

다른 나라 사람들은 모두 자기 집안의 여러 가지 일들을 자기 집안의 요량(料量)으로 행하여 이룬다. 그런데 우리나라 사람들은 중심이 되는 마음이 없어서, 다른 나라의 사물과 색을 보든지 다른 나라의 말을 들으면 자신의 마음을 스스로 지키기 못한다. 그래서 후일에 대한 요량은 없이 새롭게 듣고 새롭게 본 것만 숭상하다가 끝에 가서는 성취하는 자가 드무니, 어찌 분하고 한스럽지 아니하겠는가. 이 때문에 맹자가 말하기를, "한 가정 한 국가 천하가 모두 (어떤 이에 대해) 이르기

---

31 『中庸』: "子曰, 射有似乎君子, 失諸正鵠, 反求諸其身."

32 송준길(宋浚吉, 1606~1672) : 조선 중기의 문신으로, 자는 명보(明甫)이고 호는 동춘당(同春堂)이다. 우참판, 이조판서를 지내면서 노론(老論)의 거두로 활약하였다. 성리학, 예학에 능하였다. 저서에 『동춘당집(同春堂集)』, 『어록해(語錄解)』 등이 있다.

를 쓸 만하다거나 죽일 만하다고 이를지라도, 내가 살펴서 쓸 만함과 죽일 만함을 본 연후에 행한다"[33]라고 하였으니, 무릇 스스로가 중심이 되는 안목의 지님을 귀중하게 여기신 것이다.

6 오리(梧里) 이(李) 선생[34]시호는 문충(文忠), 이름은 원익(元翼)이 말하기를, "읽고 듣기만 하는 공부는 일의 이치가 통하거나 환하지 못하니, 지금 세상에 정밀하고 밝은 안목이 조목(趙穆)[35]월천(月川)과 같은 자가 드물다"라고 하였다. 대개 선비의 공부는 이치에 통하여 스스로 깨달음[自得]이 중요한 것이다.

7 학봉(鶴峰) 김(金) 선생[36]이름은 성일(誠一), 임진왜란시 훈신(勳臣)이 자식들을 훈계하여 말하기를, "남의 아버지가 되어 자식에게 바라는 정(情)이 어찌 크지 않겠느냐마는, 불행하게도 너희들의 재주 타고남이 낮아서 큰 사업은 희망하지 못하겠다. 다만 바라는 바는 사물을 대하거든 객기(客氣)를 제거하고 본심(本心)으로 헤아리고 정하여, 길함과 흉함 및

---

33 『孟子』「梁惠王」: "左右皆曰賢, 未可也, 諸大夫皆曰賢, 未可也, 國人皆曰賢, 然後察之, 見賢焉, 然後用之. 左右皆曰不可, 勿聽, 諸大夫皆曰不可, 勿聽, 國人皆曰不可, 然後察之, 見不可焉, 然後去之. 左右皆曰可殺, 勿聽, 諸大夫皆曰可殺, 勿聽, 國人皆曰可殺, 然後察之, 見可殺焉, 然後殺之. 故曰, 國人殺之也."

34 이원익(李元翼, 1547~1634) : 조선 중기의 명신으로, 자는 공려(公勵)이고 호는 오리(梧里)이다. 1569년 문과에 급제하여 우의정, 영의정 등을 지냈다. 임진왜란 때 대동강 서쪽을 잘 방어하여 호성공신(扈聖功臣)이 되었으며, 대동법을 시행하여 공부(貢賦)를 단일화하였다. 저서에 『오리집(梧里集)』, 『오리일기(梧里日記)』 등이 있다.

35 입지의 3의 내용 및 각주 참조.

36 김성일 (金誠一, 1538~1593) : 조선 중기의 문신이자 학자로, 자는 사순(士純)이고 호는 학봉(鶴峯)이다. 1568년에 과거에 급제하고, 1590년에 통신 부사로서 일본에 가서 실정을 살핀 후, 침략의 우려가 없다고 보고하였다. 임진왜란이 일어나자 경상우도 관찰사로 임명되어 의병 규합, 군량미 확보 등에 힘썼다. 저서에 『학봉집(鶴峯集)』, 『상례고증(喪禮考證)』 등이 있다.

이익과 해악을 가려 택하거라. 그래서 길함을 취하고 흉함을 피하며 이익을 취하고 해악을 피한다면, 아비 된 사람 또한 거의 마음을 놓을 것이다"라고 하였다.

세상 사람이 누가 화(禍)를 즐거워하고 흉함을 취하겠는가마는, 뒤에 태어난 이들이 우매하여 눈앞의 욕심과 가까이 있는 애정으로 종종 흉함과 화에 빠져버리니 어찌 슬프지 아니하겠는가.

4. 수덕(修德)

도의(道義)로 본성을 함양하여 인애(仁愛)가 마음에 넉넉히 차이면 덕(德)의 기운이 자연스럽게 밖으로 나타나게 되니, 덕이 능히 드러나면 위로 임금을 섬기고 아래로 백성을 다스리는 것이 자연스럽게 교화가 이루어진다.

만일 덕을 닦지 못하고 기교나 거짓으로 일을 다스리면 교화하지 못할 뿐 아니라, 폐단이 여러 가지로 발생하여 반드시 전복됨에 이를 것이다.

[1] 정암(靜庵) 조(趙) 선생[37] 시호는 문정(文正), 이름은 광조(光祖)이 말하기를, "아주 작은 차마 하지 못하는 마음의 단서가 바로 백성을 살리고 생물을

37 조광조(趙光祖, 1482~1519) : 조선 전기의 문신이자 성리학자로, 자는 효직(孝直)이고 호는 정암(靜庵)이다. 시호는 문정(文正)으로 부제학과 대사헌 등을 지냈다. 김종직(金宗直)의 학통을 이은 사림파의 영수로서, 급진적인 개혁을 추진하다가 훈구파 남곤(南袞) 일파가 일으킨 기묘사화(己卯士禍) 때에 죽임을 당하였다. 저서에 『정암집(靜庵集)』이 있다.

살리는 근본이요, 일종의 아까워하지 않는 기개가 바로 하늘을 받치고 땅을 지탱하는 기둥이자 주춧돌이다"라고 하였다. 따라서 군자는 한 마리의 벌레와 한 마리의 개미라도 인(忍)하여 상처 입히거나 죽이지 아니하며, 천금과 수많은 보물이라도 아까워하여 애석하게 여기지 않으니, 그런 연후에야 가히 백성과 생물을 위하여 천명을 세우고 하늘과 땅을 위하여 공을 세울 수 있다.

업적을 완성하고 공을 세워야 할 것인데 일마다 실제적인 곳을 좇아서 다리를 붙여야 할 것이니, 만일 조금이라도 명예를 원한다면 문득 잘못된 과정으로 돌아갈 것이다. 또한 도를 익히고 덕을 닦아야 할 것인데 생각마다 빈 곳[虛處]을 좇아서 마음을 두어야 할 것이니, 만일 조금이라도 공효를 계산하면 문득 속된 마음[塵情]에 떨어질 것이다.[38]

2 상촌(象村) 신(申) 선생[39] 시호는 문정(文貞), 이름은 흠(欽)이 말하기를, "사람이 그 덕을 두텁게 해야 할 것인데, 차라리 조용히 있을지언정 시끄럽게 하지 말고, 차라리 서툴지언정 꾀를 부리지 말아야 한다"라고 하였다.

열 번 말하여 아홉 번 중(中)하다 해도 반드시 뛰어나다고 칭할 것이 아니라, 한 번 말한 것이 중하지 못하면 곧 허물이 모이는 것이다. 열 번 꾀하여 아홉 번 성공한다 해도 반드시 공으로 돌아가는 것이 아니라, 한 번 꾀한 것이 성공하지 못하면 헐뜯는 말이 일어나는 것이다.

38 여기서 빈 곳[虛處]이란 3장 '무실(務實)'에서 강조했던 실에 대비되는 부정적인 허가 아니다. 마음이 사사로움이나 물욕으로 가림을 경계하는 것이다.

39 신흠(申欽, 1566~1628) : 조선 중기의 학자이자 문신으로, 자는 경숙(敬叔)이고 호는 상촌(象村), 현옹(玄翁), 현헌(玄軒), 방옹(放翁) 등이다. 정주(程朱) 학자로 유명하며, 저서에 『상촌집(象村集)』이 있다.

무릇 하늘과 땅도 기후가 온난하면 곧 사물이 생기고 차가우면 곧 사물이 죽는다. 그런 까닭으로 마음과 취미가 맑지만 차가운 자는 받아 누리는 것이 또한 쓸쓸하고 얇으며, 기운이 온화하며 마음이 따뜻한 자라야 오직 그 복이 두텁고 그 은택이 오래 가는 것이다.

사람이 만일 일념이 탐욕스럽고 사사로우면 문득 강(剛)을 녹여 유(柔)가 되며, 지혜를 막아 어둡게 되며, 은혜가 변하여 원수가 되며, 깨끗함을 물들여 더럽히게 된다. 그러면 일생의 인품이 무너져서 끝장나게 되니 옛 사람이 말하기를, "'탐욕하지 말라[不貪]'라는 두 글자로 가히 한 세상을 남보다 뛰어나게 산다"라고 하였다.

진정으로 청렴한 자는 청렴하다는 이름이 없으니, 이름을 세우는 자는 바로 이른바 욕심이 많은 자[貪夫]이다. 크게 솜씨가 있는 자는 기교부리는 술수가 없으니, 술수를 사용하는 자는 바로 이른바 서투른 기술자[拙工]이다.

3 율곡 선생이 말하기를, "공부하는 자는 다만 항상 조심하고 삼가는 마음과 생각이 있으며, 맑고 깨끗한 취미가 있으면 아름답다. 그런데 아름답기는 하나 한결같이 검속하기만 하여 맑고 고결함만 추구하면, 이것은 가을의 죽음[秋殺]만 있고 봄의 태어나게 함[春生][40]이 없는 것이니, 어찌 리(理)와 기(氣)에 부합하다고 하겠는가"라고 하였다.

악을 행하였는데 사람들이 알까 두려워하는 자는 악한 가운데에 오히려 한 줄기의 선한 길이 있고, 선을 행하였는데 사람들이 알기를 희

40 춘생추살(春生秋殺) : '봄에는 낳게 하고 가을에는 죽인다'는 뜻으로, 때에 따라 사랑하기도 하고 벌하기도 함을 이르는 말이다.

망하는 자는 선한 곳에 일종의 악의 뿌리가 숨어있는 것이다.

심지(心地)가 청정한 연후에 가히 책을 읽으며 옛 것을 배워야 할 것이니, 그렇지 못하고 하나의 선을 행하여 사사로움을 구제하려 하고, 하나의 선을 말하여 단점을 덮으려 하면, 이는 도적의 무기를 빌려 오는 것이며 도적의 양식을 가져오는 것이다.

도와 덕을 힘써 지키는 자는 일시적으로 고요하고 외롭지만, 권세에 아첨하는 자는 오랜 세월 처량하다. 그래서 통달한 사람은 사물 밖에서 사물을 바라보며 몸 뒤에서 몸을 생각하여, 차라리 일시적인 고요와 외로움을 받을지언정 오랜 세월의 고요와 외로움은 받지 않는다. 이 때문에 군자의 마음의 일은 하늘이 맑고 해가 빛나는 것과 같이 하여 사람으로 하여금 아니 알지 못하게 하는 것이요, 군자의 빛나는 재주는 옥을 쌓고 귀한 구슬을 감춘 것 같이 하여 사람으로 하여금 쉽게 알지 못하게 하는 것이다.

싸움을 해결하는데 위엄으로써 조력하니 곧 노한 기운이 자연스럽게 가라앉을 것이요, 탐욕스러움을 징계하되 재물로써 구제하니 곧 이익을 구하려는 마음이 자연스럽게 맑아진다. 이것은 이른바 그 기세를 통하여 이롭게 이끄는 것이요, 또 이 변화에 응하는 임시적인 편의[權宜]이다.

가난한 선비로서 옳게 여기어 사람을 구제하는 것이 바야흐로 천성 가운데 은택이요, 귀한 집안에서 능히 도를 공부하는 것이 바야흐로 심지(心地) 상의 공부이다.

사람의 됨됨이가 다만 한 가지로 진실하고 소탈하면, 자취는 비록 은미하다 할지라도 도리어 드러날 것이다. 그리고 마음을 보존함이

만일 아주 조금이라도 깨끗하지 않으면, 일하는 바는 비록 공적인 것이라 할지라도 또한 사사로운 것이다.

일이 없는 때에는 문득 한가롭고 잡스러운 마음이 있을까 생각하고, 일이 있는 때에는 문득 거칠고 뜬 마음이 있을까 생각해야 한다. 또한 일이 뜻대로 이루어졌을 때에는 문득 교만하고 자부하는 말과 얼굴빛이 있을까 생각하고, 일이 뜻대로 되지 않았을 때에는 문득 원망하고 꾸짖는 마음이 있을까 생각해야 한다. 그렇게 매 순간 검열해서 점점 다(多)로 따라서 소(少)에 들어가며 유(有)로 따라서 무(無)에 들어가기에 이를 수 있어야 진실로 이 학문함의 진정한 질적 변화[消食]이다.

악은 음(陰)함을 꺼리고 선은 양(陽)함을 꺼리니, 따라서 악이 드러난 자는 화가 얕고 악을 숨긴 자는 화가 깊으며, 선이 드러난 자는 공이 작고 선을 숨긴 자는 공이 크다.

4 화담(花潭) 서(徐) 선생[41] 시호는 문강(文康), 이름은 경덕敬德)이 말하기를, "덕은 재주의 주인이요, 재주는 덕의 종이다. 만일 재주가 있고 덕이 없으면, 주인이 없는 빈 집에 종의 무리가 권세를 부리는 것과 같다. 그러하면 어찌 인륜의 마땅한 도리와 기율을 바르게 다스릴 수 있겠는가"라고 하였다.

나의 마음을 항상 원만하게 유지하면 천하에 반드시 이지러지고 빠

41 서경덕(徐敬德, 1489~1546) : 조선 중기의 학자로, 자는 가구(可久)이고 호는 복재(復齋), 화담(花潭) 등이다. 이기론(理氣論)의 본질을 연구하여 이기 일원설을 체계화하였으며, 수학과 역학도 깊이 연구하였다. 저서에 『화담집(花潭集)』이 있다.

진 지방이 없을 것이요, 나의 마음을 항상 너그럽고 평안하게 유지하면 천하에 반드시 험하고 치우친 인정이 없을 것이다.

노년의 질병은 모두 장년 시절에 초래하여 얻은 것이요, 늙어서 노인된 처지의 죄업은 모두 젊은 시절에 지은 죄악인 것이다. 따라서 충만함을 유지하고 넉넉함을 지닌 군자는 어떤 일을 도리에 맞게 함을 더욱 삼가고 두려워해야 할 것이다.

사람의 작은 허물을 책하지 말고, 사람의 감추고 있는 사사로운 일을 밝히지 말며, 사람의 오래된 죄악을 유념치 말면, 가히 이로써 덕을 기를 수 있을 것이요, 또한 가히 해악을 멀리할 수 있을 것이다.

입에 좋은 맛이 모두 배를 아프게 하고 뼈를 썩게 하는 독약이니, 어림잡아 헤아려 절반(五分)만 하면 문득 원망이 없을 것이다. 또한 마음에 유쾌한 일이 모두 몸을 헐게 하고 덕을 흐트러뜨리는 나쁜 매개이니, 어림잡아 헤아려 절반만 하면 문득 후회가 없을 것이다.

사사로운 은혜를 베푸는 것이 공론을 돕는 것만 같지 못하며, 새로운 사람과 인연을 맺는 것이 예전부터 잘 지내던 사람을 도탑게 대함만 같지 못하다. 또한 영광스러운 명예를 세우는 것이 숨은 덕행을 씨뿌리는 것만 같지 못하며, 뛰어난 절조를 숭상하는 것이 일상적인 행실을 삼가 행함만 같지 못한 것이다.

집안사람들 간에 변(變)이 있으면 마땅히 차분하고 침착해야 할 것이니, 격양되어 소리 높여서는 안 될 것이다. 또한 친구 간에 교유하는 사이에 실수가 있으면 마땅히 간절하면서도 사리에 맞게 해야 할 것이니, 아첨하거나 순응해서는 안 될 것이다.

공평한 정론(正論)은 가히 마음대로 해서는 안 될 것이니, 한 번 마음대로 하면 곧 만세에 부끄러움을 남길 것이다. 또한 권문세가에 사사로이 드나듦은 가히 다리 붙여서는 안 될 것이니, 한 번 다리를 붙이면 곧 종신토록 치욕스러움이 되는 것이다.

치우쳐 믿어서 간사함에 속아서는 안 될 것이며, 스스로 자부하여 기세에 부리어져서는 안 될 것이며, 자기의 장점으로 다른 사람의 단점을 드러내서는 안 될 것이며, 자기의 서툶으로 다른 사람의 능함을 시기해서는 안 될 것이다.

다른 사람의 부족한 점은 숨겨주어 미봉하는 것을 필요로 하니, 만일 폭로하여 드러내면 이것은 (자기의) 단점으로써 (다른 사람의) 단점을 공격하려는 것이다. 또한 다른 사람의 미련한 행동은 가르쳐서 뉘우치고 교화되기를 필요로 하니, 만일 성내며 공격하면 이것은 (자기의) 미련함으로써 (다른 사람의) 미련함을 구제하려는 것이다.

절도를 곧게 하여 다른 사람의 꺼림을 받을지언정, 뜻을 굽혀서 다른 사람의 좋아함을 받아서는 안 될 것이다. 또한 죄가 없이 다른 사람의 헐뜯음을 받을지언정 실상[實]이 없이 다른 사람의 칭찬을 받아서는 안 될 것이다.

작은 곳에서도 새지 아니하고, 어두운 방에서도 속여 숨기지 아니하며, 마지막 무렵에도 게으르거나 소홀하지 아니한 것이 이른바 진정한 영웅이다.

한가한 가운데 그대로 지나치지 않으면 바쁜 가운데 수용하는 것이 있을 것이고, 고요한 가운데 빈[空] 곳으로 떨어지지 않으면 움직이는 가운데 수용하는 것이 있을 것이며, 어두운 가운데 속여 숨기지 않으면 밝은 가운데 수용하는 것이 있을 것이다.

맑되 능히 받아들임이 있고, 인(仁)하되 능히 결단함을 잘하며, 밝되 살핌에 상처주지 아니하고, 곧되 바로잡음에 지나치지 아니한 것이, 이른바 꿀이 든 예물[蜜餞]이 달지 아니하고 바다에서 나는 물건[海錯]이 짜지 아니한 것이다.

진정한 선비는 복을 바라고 구함에 무심하여도 하늘이 곧 그 마음으로 나아가서 알맞음[衷]을 열어주고, 음험한 사람은 화를 피하기를 궁리하여도 하늘이 곧 그 의중으로 나아가서 넋을 빼앗으니, 하늘의 기지와 권모가 매우 신묘함을 가히 볼 수 있다. 그러니 사람의 지혜와 재주가 무엇이 도움이 되겠는가.

평민이라도 남에게 은덕이 될 만한 일을 하는 것과 은혜를 베푸는 것을 옳게 여기면 문득 지위가 없는 재상인 것이요, 사대부라도 권세를 탐하는 것과 은총을 사고파는 것이 심하면 마침내 지위가 있는 걸인인 것이다.

하나의 가리움이라도 눈에 있으면 번뇌[空花][42]가 혼란스럽게 일어나고, 가는 먼지라도 몸에 붙으면 잡념이 어지럽게 날린다. 그러니 가리움을 밝게 해서 번뇌가 떨어지게 할 것이요, 먼지를 사라지게 해서 잡념을 끊어야 할 것이다.

영화와 총애가 있는 꼭대기 부분에는 수치가 준비하여 기다리고 있으니 반드시 득의양양[揚揚]하지 말 것이요, 곤궁한 배후에는 복이 따라오니 또한 무엇을 근심하고 두려워[戚戚] 하겠는가.

42 공화(空花) : 공화(空華)와 같은 말이다. 번뇌로 생기는 온갖 망상을 의미하며, 본래 실체가 없는 현상 세계를 그릇된 견해에 사로잡혀 실체가 있는 것처럼 착각하는 것을, 눈병을 앓고 있는 사람이 때로는 아무것도 없는 허공에 마치 꽃이 있는 것처럼 잘못 보는 일에 비유한 것이다.

옛 사람들은 한가하고 매인 데가 없음에 머물렀는데 지금 사람들은 문득 일생을 분주하게 보내고, 옛 사람들은 실제적인 것[實]을 받음에 머물렀는데 지금 사람들은 문득 한 세상을 헛되이 그냥 보낸다. 병의 원인은 빈 것을 즐기고 허망한 것을 좇아서 실제적인 안목을 열지 못한 까닭이니, 여러 사람들은 살펴야 할 것이다.

젊고 기운찬 자는 일마다 뜻을 붙여야 할 것이거늘, 뜻이 도리어 가벼워 범범히 물 가운데 오리 신세가 되니, 어찌 이로써 높고 먼 곳으로 날개를 떨치겠는가. 늙고 쇠약한 자는 일마다 정을 잊어야 할 것이거늘, 정이 도리어 무거워 보잘 것 없이 끌채에 매인 망아지가 되니, 어찌 이로써 속박되어 있는 몸을 벗어나겠는가.

재물을 쌓는 마음으로써 학문을 쌓고, 공적과 명예를 구하는 생각으로써 도덕을 구하며, 처자를 사랑하는 마음으로써 부모를 사랑하고, 작위를 보전하는 계책으로써 국가를 보전해야 할 것이다. 여기에서 나와서 저기로 들어가는 것이 다만 털끝의 차이가 있으나, 범인(凡人)을 뛰어넘어서 성인(聖人)에 들어가는 사람의 성품이 높은 하늘과 깊은 연못과 같이 나누어지니, 사람이 어찌 맹렬히 생각하고 또 생각하지 아니하겠는가.

성정(性情) 상의 치우치고 사사로움을 녹여버리는 것, 바로 이것이 하나의 큰 학문이다. 가정 내 서로 사이가 좋지 않아 벌어진 틈을 제거하는 것, 바로 이것이 하나의 큰 경륜(經綸)이다.

공부를 어려운 곳으로부터 실행하여 나가는 것을 바람에 거슬러서 노를 저음과 같이 하는 것, 바로 이것이 한층 더 진정한 변화[消息]이다. 학문을 괴로움 가운데로부터 구하는 것을 모래를 헤쳐서 금을 획득함과 같이 하는 것, 곧 이것이 하나의 진정한 정신(精神)이다.

재주와 지혜가 영민한 자는 마땅히 학문으로써 그 조급함을 다스릴 것이요, 기개와 절조가 격렬하고 높은 자는 마땅히 덕성으로써 그 치우침을 녹여야 할 것이다.

인욕(人慾)이 처음 일어난 곳을 좇아서 잘라 없애버리면, 문득 새로운 싹을 바로 잘라버리는 것과 같으니 그 공부가 매우 쉽다. 천리가 밝아져 있는 때로부터 보존하고 길러주면, 문득 먼지가 낀 거울을 다시 닦아주는 것과 같아서 그 광채가 다시 새로워질 것이다.

사람의 말로 인하여 사물의 이치를 깨달은 자는 깨달음이 있어도 다시 미혹될 것이니, 무릇 스스로 깨달아서 명백한[了了] 것만 같지 못하다. 또한 바깥의 사물을 좇아서 의미를 터득한 자는 터득함이 있어도 다시 잃어버릴 것이니, 자득하여 편안한[休休] 것만 같지 못하다.

5. 응세(應世)

선비와 군자는 세상을 돌아다니면서 사람들에게 기쁨과 노여워함을 가볍게 하지 못할 것이니, 기쁨과 노여워함을 가볍게 하면 곧 심정과 속마음을 모두 사람들에게 엿보이게 될 것이다. 또한 사물에게 사랑과 미워함을 무겁게 하지 못할 것이니, 사랑과 미워함을 무겁게 하면 곧 의기(意氣)와 정신을 모두 사물에 의해 제어 당하게 될 것이다.

[1] 추강(秋江) 남(南) 선생[43] 시호는 문숙[文‘肅’][44], 이름은 효온(孝溫)이 말하기를,

"쉬파리가 천리마에 붙으면 매우 빠르게 되지만,[45] 빠르되 뒤에 붙어있는 부끄러움을 면하기는 어렵다. 또한 겨우살이가 소나무에 의지하면 높이 올라가지만, 높되 달라붙어 올라간 부끄러움을 사양하지 못할 것이다. 그러니 군자가 차라리 몸에 바람과 서리를 쌓을지언정, 어찌 다른 사람이 사냥할 때 사용하는 매나 개가 되겠는가"라고 하였다. 대장부(大丈夫)가 처세를 비루하게 하면 어찌 명분과 절의를 이루겠는가.

2 율곡 선생이 말하기를, "선비와 군자는 사람을 구제하고 사물을 이롭게 해야 할 것이다. 따라서 마땅히 그 실제[實]에 살아야 할 것이요 그 이름에 살아서는 안 될 것이니, 이름에 살면 덕이 줄어든다. 경(卿)과 대부(大夫)는 국가를 걱정하고 백성을 위해야 할 것이다. 따라서 마땅히 그 마음을 둘 것이요 그 말[言]을 두어서는 안 될 것이니, 말을 두면 곧 손상이 도래한다"라고 하였다.

이 때문에 옛날의 현인과 군자는 세상에 서서 일을 처리하는데 있어 이름과 실제가 다르지 아니하고 말과 행동이 어긋나지 않았다.

3 포은(圃隱) 정(鄭) 선생[46]고려조 충신, 이름은 몽주(夢周), 시호는 문충(文忠)이 말하

---

43 남효온(南孝溫, 1454~1492) : 조선 전기의 문신으로, 생육신이다. 자는 백공(伯恭)이고, 호는 최락당(最樂堂), 추강(秋江), 행우(杏雨), 벽사(碧沙) 등이다. 김종직(金宗直)의 문인으로, 세조(世祖)에 의하여 물가에 이장된 단종(端宗)의 생모 현덕왕후(顯德王后)의 소릉(昭陵)의 복위를 상소하였으나 뜻을 이루지 못하자, 실의에 빠져 각지를 유랑하다 병사하였다. 저서에 『추강냉화(秋江冷話)』, 『사우록(師友錄)』 등이 있다.

44 『소학독본』에는 추강 남효온의 시호를 '문숙(文肅)'이라고 밝히고 있다. 그러나 이것은 편자의 실수로 생각된다. 남효온의 시호는 '문정(文貞)'이다.

45 창승부기미이치천리(蒼蠅附驥尾而致千里) : '쉬파리도 준마의 꼬리에 붙어 가면 천리의 먼 길도 도달할 수 있다'는 의미이다.

46 정몽주(鄭夢周, 1337~1392) : 고려 말기의 충신이자 유학자로, 자는 달가(達可)이고 호는

기를, "평상시 거할 때에는 욕심을 줄이고 몸을 소중히 하다가도, 대의를 위하여 목숨을 바쳐야 하는 절개에 임하면 가히 성명(性命)을 버려야 할 것이다. 또한 집안을 다스릴 때에는 수입을 헤아려 지출을 하다가도, 대의를 맞이하면 가히 천금을 버려야 할 것이다"라고 하였다.

이 때문에 큰일을 만나서 너무 당당한 사람은 작은 일에는 반드시 방자하고, 밝은 뜰에 처하여 단속하며 살피는 자는 어두운 방에서는 반드시 제멋대로 하니, 따라서 군자의 마음 작용은 작은 일에 임하여도 큰 원수를 대하는 것과 같이 하고, 밀실에 앉아서도 통행하는 길에서 행동하는 것과 같이 한다.

4 어우(於于) 유(柳) 선생[47]광해군(光海君)조 절의(節義), 이름은 몽인(夢寅)이 말하기를, "자기의 정욕은 가히 멋대로 하게 해서는 안 될 것이기에 마땅히 거스르는 방법으로써 제어해야 할 것이니, 그 방법이 '인(忍)' 한 글자에 있다. 또 다른 사람들의 정욕은 가히 떨어내지 못할 것이기에 마땅히 따르는 방법으로써 조화롭게 해야 할 것이니, 그 방법이 '서(恕)' 한 글자에 있다"라고 하였다.

지금 사람들은 다 '서'로써 자기에게 적용하고 '인'으로써 다른 사람들을 제어하니, 또한 불가함이 없는가.

포은(圃隱)이다. 오부 학당과 향교를 세워 후진을 가르치고, 유학을 진흥하여 성리학의 기초를 닦았다. 명나라를 배척하고 원나라와 가깝게 지내자는 정책에 반대하고, 끝까지 고려를 받들었다. 문집에 『포은집(圃隱集)』이 있다.

47 유몽인(柳夢寅, 1559~1623) : 조선 중기의 문장가이로, 자는 응문(應文)이고 호는 어우당(於于堂), 간재(艮齋), 묵호자(默好子) 등이다. 설화 문학의 대가였으며, 글씨에도 뛰어났다. 인조반정(仁祖反正)으로 벼슬을 내놓고 전전하다가 역모로 몰려 사형 당하였다. 저서로는 『어우야담(於于野談)』, 『어우집(於于集)』 등이 있다.

자세히 살피는 것이 '명(明)'이 아니라, 능히 살펴야 할 것을 능히 살피지 아니함이 가히 '명'이라 이를만한 것이다. 또한 반드시 이기는 것이 '용(勇)'이 아니라, 능히 이겨야 할 것을 능히 이기지 아니함이 가히 '용'이라 이를만한 것이다.

5 백사(白沙) 이(李) 선생[48] 시호는 문충(文忠), 이름은 항복(恒福), 오성부원군(鰲城府院君)이 항상 일컬어 말하기를, "명보(明甫)[49] 즉 한음(漢陰), 자는 함(銜)와 같은 자는 '한 시대의 뛰어난 사람[命世]'이라고 부를 수 있는 그릇이로다. 시대를 따르는 안에서 능히 시대를 구제하는 것이 산들 바람이 심한 더위를 식혀주는 듯하며, 세속에 섞이는 안에서 능히 세속을 벗어나는 것이 으스름한 달이 엷게 낀 구름에 비추는 듯하도다"라고 하였다.

6 담암(澹菴) 백(白) 선생[50] 시호는 문간['文'簡], 이름은 문보[文'甫'][51]이 처세하는

---

48 이항복(李恒福, 1556~1618) : 조선 선조(宣祖) 때의 문신으로, 자는 자상(子常)이고 호는 백사(白沙), 필운(弼雲) 등이다. 임진왜란 때 병조판서로 활약했으며, 뒤에 벼슬이 영의정에 이르렀다. 광해군(光海君) 때에 인목대비(仁穆大妃) 폐모론에 반대하다 북청(北青)으로 유배되어 죽었다. 저서에 『백사집(白沙集)』, 『북천일기(北遷日記)』, 『사례훈몽(四禮訓蒙)』 등이 있다.

49 이덕형(李德馨, 1531~1613) : 조선 후기의 문신으로, 자는 명보(明甫)이고 호는 한음(漢陰), 쌍송(雙松) 등이다. 선조(宣祖) 25년(1592)에 예조참판에 올라 대제학을 겸임하였다. 임진왜란이 일어나자 동지중추부사로서 일본 사신 겐소[玄蘇]와 화의를 교섭하였으나 실패했다. 그 후 왕을 정주까지 호종하였고, 청원사(請援使)로 명나라에 파견되어 원병을 요청하여 성공을 거두었다. 광해군 즉위 후에 영의정에 올랐다. 저서에 『한음문고(漢陰文稿)』가 있다.

50 백문보(白文寶, ?~1374) : 고려 말기의 문신으로, 자는 화부(和夫)이고 호는 담암(淡菴)이다. 숭불(崇佛) 정책이 나라에 미친 폐단을 논하고, 주자학을 받들 것을 건의하였다. 『동문선(東文選)』에 몇 편의 글이 수록되어 전한다.

51 『소학독본』에는 담암 백문보의 시호를 '문간(文簡)'이라고 밝히고 있다. 그러나 이것은 편자의 실수로 생각된다. 백문보의 시호는 '충간(忠簡)'이다. 또한 이름도 잘못되어 있는데, '문보(文甫)'가 아니라 '문보(文寶)'이다.

방법으로 그 자제에게 훈계하여 말하기를, “친구와 더불어 교유하는 자가 그 끝에 소원해지기를 쉽게 하기 보다는 차라리 그 시작에서 친하기를 어렵게 할 것이요, 사태나 사물을 맞이하여 통솔하는 자가 그 후에 유지하기를 꾀하기 보다는 차라리 그 전에 지키기를 질박하게 해야 할 것이다”라고 하였다.

이 때문에 심하고 맹렬한 화가 많이 놀리거나 희롱하는 사람에게 발생하고, 넘치도록 가득한 공이 항상 매우 작은 일에 무너지는 것이다.

이 때문에 사람들이 모두 좋다고 하여도 한 사람의 원망을 신중히 방어해야 하며, 일들이 모두 공이 있어도 한 가지 일의 끝을 신중히 꿰매어야 할 것이다.

원수가 지닌 원망의 쇠뇌는 피하기 쉬우나 은혜로운 사람의 창은 방어하기가 어렵고, 어려운 시절의 구덩이는 면하기가 쉬우나 즐거운 장소의 함정은 벗어나기가 어렵다.

이 때문에 진창에 더러워지고 어지러움에 빠지는 허물은 병의 근원이 ‘련(戀)’ 한 글자에 있고, 모난 것을 따르고 둥근 것을 쫓는 법은 편의가 ‘내(耐)’ 한 글자에 있다.

남과 잘 어울리지 않는[落落] 자는 합하기는 어려우나 또한 떨어지기도 어렵고, 남과 잘 어울리는[欣欣] 자는 친하기가 쉬우나 또한 소원해지기도 쉽다.

7 오음(梧陰) 윤(尹) 선생[52] 시호는 문정(文靖), 이름은 두수(斗壽)이 말하기를, “장

52 윤두수(尹斗壽, 1533~1601) : 조선 중기의 문신으로, 자는 자앙(子仰)이고 호는 오음(梧陰)이다. 문장이 뛰어났고, 글씨에도 문징명체(文徵明體)를 본떠 일가를 이루었다. 저서에 『연안

부의 뜻과 기운이 천하와 더불어 서로 기약하는 것이, 봄바람이 온갖 사물을 움직이게 하고 쑥쑥 자라나게 함과 같을 것이니, 마땅히 온전하지 못한 형태를 보존하지 못할 것이다. 또한 장부의 간과 쓸개가 천하와 더불어 서로 비추어주는 것이, 가을의 달이 여러 사물을 막힘없이 환하게 통하게 함과 같을 것이니, 마땅히 털 하나라도 희미하여 분명하지 않은 형상을 만들지 못할 것이다"라고 하였다.

선비와 군자가 마음을 붙잡고 세상에 처함에 있어 천하를 하나의 집으로 보아야 할 것이니, 군왕을 모시는 것은 부모를 모시는 것과 같이 하며, 백성을 부리는 것은 자제를 부리는 것과 같이 하며, 정사에 힘을 쓰는 것은 재산을 다스리는 것과 같이 하여야 천하의 큰 사업을 기대할 수 있을 것이다.

일이 없는 때라도 항상 일이 있는 것과 같이 예방하여서 가히 의지 밖의 변화를 그치게 할 것이요, 일이 있는 때라도 항상 일이 없는 것과 같이 누르고 안정하여서 가히 판 안에서 위태로움을 사라지게 해야 할 것이다. 치아는 빠지지만 혀는 오래 보존되니 강하고 굳셈이 유순함만 못한 것이요, 문짝은 썩으나 지도리는 좀이 슬지 않으니 편견을 고집하는 것이 원만하여 막힘이 없는 것만 못하다.

몸의 처신하기를 태산과 구정(九鼎)[53] 같이 하여 단정하고 진중히 움직이지 않으면 허물이 자연이 적을 것이요, 일에 응하기를 흐르는 물에 떨어진 꽃과 같이 유연하게 맡겨 버리면 마음을 당기는 멋이 자연

지(延安志)』, 『평양지(平壤志)』, 『기자지(箕子志)』 등이 있다.

53 구정(九鼎) : 하(夏)나라의 우왕(禹王) 때에 전국의 아홉 주에서 쇠붙이를 거두어서 만들었다는 아홉 개의 솥이다. 주(周)나라 때까지 대대로 천자에게 전해진 보물이었다고 한다.

이 많을 것이다.

[8] 정문익공(鄭文翼公)[54]이름은 광필(光弼)이 평생에 국사를 스스로 맡아서 잠깐이라도 앞뒤 헤아리지 못하거나 경솔함이 없었다. 일찍이 말하기를, "사태를 만남에 시종 편안하고 고요하며 침착하게 대하면, 비록 문란함이 어질러진 실과 같아도 끝에 가서는 실마리로 나갈 것이다. 또한 사람을 대함에 시종 충성과 신뢰 및 조심스럽고 중후하게 하면, 비록 간교함이 산도깨비와 같아도 마지막에는 돌아와 복종할 것이다"라고 하였다.

지초(芝草)[55]가 씨앗이 없고 예천(醴泉)[56]이 근원이 없으니, 뜻을 가진 선비는 마땅히 용감히 떨쳐 일어나 스스로 기약함을 높이 해야 할 것이다. 또한 여러 빛깔로 아롱진 구름은 흩어지기 쉽고 유리는 연하기가 쉬우니, 달인은 마땅히 머리를 돌려서 재능과 학식의 숨겨 감춤을 빨리 해야 할 것이다.

어그러짐과 곤궁이 비록 잠깐은 괴로움의 원인이지만, 진실로 뛰어난 이를 단련시키는 하나의 화로와 쇠망치이다. 그러니 능히 그 단련을 받는 자는 몸과 마음이 교화되어 좋은 철이 되고, 받지 못하는 자는 무딘 철이 변하지 못하여 종래에 제 값에 팔지 못하는 것이다.

---

54 정광필(鄭光弼, 1462~1538) : 조선 전기의 문신으로, 자는 사훈(士勛)이고 호는 수천(守天)이다. 시호는 문익(文翼)으로, 기묘사화(己卯士禍) 때 조광조(趙光祖)를 구하려다 파직되었으나, 뒤에 복직하여 좌의정과 영의정을 지냈다.

55 지초(芝草) : 버섯의 한 종류이다. 고대에는 이 버섯을 상서로운 풀로 여겨, 복용하면 그 효능으로 신선이 된다고 생각했다.

56 예천(醴泉) : 중국에서 태평할 때에 단물이 솟는다고 하는 샘이다.

9 지봉(芝峯) 이(李) 선생[57] 이름은 수광(睟光)은 두 가지의 가르침으로 세상 사람들을 경계하여 말하였다. 첫째, "다른 사람에게 해를 끼치려는 마음은 가히 있어서는 안 될 것이요, 다른 사람을 방어해주려는 마음은 가히 없어서는 안 될 것이다"라고 하였으니, 이것은 소원함에 상처 입은 자를 경계하는 것이다. 둘째, "차라리 다른 사람의 속임을 받을지언정, 다른 사람의 속임을 되갚지 말라"라고 하였으니, 이것은 살핌에 상처 입은 자를 경계하는 것이다. 두 가지의 가르침을 함께 보존하여서 깨끗하고 밝으며 또 온후하고 인정이 두터워야 할 것이다.

무리의 의심으로 인하여 독립된 견해를 폐해서는 안 될 것이요, 자기의 뜻을 중심으로 하여 다른 사람의 말을 막아서는 안 될 것이다. 작은 은혜를 사사로이 하여 대체(大體)를 해하여서는 안 될 것이요, 공론을 깔고 사사로운 정을 즐거이 해서는 안 될 것이다.

절개와 의리가 푸른 구름에 지나가며 문장이 새하얀 눈만큼 고아하여도, 덕성으로 쇳덩이를 녹이지 못하면 마침내 혈기가 사사롭게 되고 재능이 말단이 된다.

10 율곡 이선생이 말하기를, "일을 사양하되 넘치도록 가득할 때 할 것이요, 몸을 거처하되 홀로 뒤에 있을 땅에 할 것이요, 덕을 삼가되 지극히 작은 일에 할 것이요, 은혜를 베풀되 갚지 못할 사람에게 해야 할 것이다"라고 하였다.

57 이수광(李睟光, 1563~1628) : 조선 중기의 문신이자 학자로, 자는 윤경(潤卿)이고 호는 지봉(芝峯)이다. 이조판서를 지냈으며, 사신으로 여러 차례 명나라에 다녀오면서 천주교 지식과 서양 문물을 소개하여 실학 발전의 선구자가 되었다. 저서에 『지봉유설(芝峯類說)』, 『채신잡록(采薪雜錄)』 등이 있다.

덕이란 것은 일의 기반이니, 기반이 굳지 못하고서는 집의 마룻대와 추녀 끝이 견고하고 오래갈 수 없는 것이다. 마음이란 것은 세상을 잘 다스림의 뿌리 끝이니, 뿌리 끝이 자라지 못하고서는 가지와 잎이 무성할 수 없는 것이다.

도를 배우는 사람은 비록 마음이 있어도 항상 '바로잡음[定]'에 있어서, 원숭이와 말[猿馬][58]의 편안하지 못함과 같아서는 안 될 것이다. 또한 마음을 없이 하여도 항상 '슬기로움[慧]'에 머물러서, 나무와 돌의 움직이지 않음과 같아서는 안 될 것이다.

11 하서(河西) 김(金) 선생[59] 시호는 문정(文正)[60], 이름은 인후(麟厚)이 말하기를, "'부지런함[勤]'이란 것은 덕과 의를 민첩하게 하고자 하는 것인데, 세상 사람들이 부지런함을 빌려 이로써 그 가난함을 구제한다. 또한 '검소함[儉]'이란 것은 재물과 이로움에 담박하고자 하는 것인데, 소인(小人)이 검소함을 빌려 이로써 그 인색함을 꾸민다. 부지런함과 검소함이라는 두 글자가 군자가 몸을 처신하는 증표이거늘, 도리어 소인의 자기 이익만을 꾀하는 도구가 되니 어찌 애석하지 않겠는가"라고 하였다.

은혜를 베풀되 마땅히 담박함으로부터 점점 짙게 해야 할 것이니, 짙게 함을 먼저 하고 담박함을 뒤에 하면 사람들이 그 은혜를 잊을 것

---

58 심원의마(心猿意馬) : '마음은 원숭이 같고 뜻은 말이 뛰는 것과 같다'는 뜻으로, 번뇌로 중생의 마음이 잠시도 고요하지 못하고 언제나 어지러움을 이르는 말이다.

59 『숙혜기략』 5세의 4의 내용 및 각주 참조.

60 김인후의 시호는 본래 문정(文靖)이었으나, 정조 20년(1796)에 문정(文正)으로 고쳐 내려졌다. －『정조실록(正祖實錄)』 권45 참조.

이다. 또한 위엄을 베풀되 마땅히 엄함으로부터 차차 관용해야 할 것이니, 관용함을 먼저하고 엄함을 뒤에 하면 사람들이 괴롭힘을 원망할 것이다.

선비와 군자가 혹 권력의 문과 세력의 길에 처하더라도, 지조와 행실은 엄하며 밝게 하고 심기(心氣)는 온화로우며 부드럽게 하여, 잠시라도 매우 더러운 무리를 좇아서 가까이 하지 말 것이요, 잠시라도 벌이나 전갈의 독을 분격하여 범해서는 안 될 것이다.

음모와 괴상한 술책, 특이한 행동과 기이한 능력이 모두 세상을 살아가는 중에 재앙의 근원이 되니, 다만 하나의 도덕규범과 일상적인 행동이야말로 가히 이로써 처음과 끝에 관통하며 화평을 불러올 수 있다.

나의 마음을 어둡게 하지 말고, 사람의 정을 거스르지 말며, 사물과 재물을 다하게 하지 말 것이니, 이 세 가지를 체득하여 실행하면 족히 이로써 천지를 위하여 마음을 세울 것이요, 백성을 살리기 위하여 천명을 세울 것이요, 후세를 위하여 복을 세울 것이다.

관직에 머무르는데 있어 두 가지의 유의해야 할 것이 있으니, 말하자면 '공평하면 밝음이 생기고, 청렴하면 위엄이 생긴다'라는 것이다. 집에 머무르는데 있어 두 가지의 유의해야 할 것이 있으니, 말하자면 '용서하면 정이 화합하고, 검소하면 쓰임이 충분하다'라는 것이다.

소인을 멀리하되 원수와 원망을 만들지 말라. 소인도 스스로 무리와 류가 있는 것이다. 군자와 교유하되 아첨을 들이지 말라. 군자는 본디 사사로운 정이 없는 것이다.

12 규암(圭菴) 송(宋) 선생[61] 시호는 문충(文忠), 이름은 인수(麟壽)이 자제에게 경계하여 말하기를, "다른 사람들과 뜻이 부합되지 않는다고 하여 걱정하지 말고, 유쾌한 마음을 즐거워하지 말며, 오랜 안정을 믿지 말고, 처음의 어려움을 꺼리지 말라"라고 하였다.

이 때문에 『주역(周易)』 「계사전(繫辭傳)」에서 말하기를, "용과 뱀이 숨는 것은 몸을 보존함에 이롭기 때문이요, 자벌레가 몸을 굽히는 것은 몸을 늘리는데 이롭기 때문이다"[62]라고 하였다.

공자가 말하기를, "하늘의 도는 가득한 것을 이지러지게 하고 겸손한 것을 더해주며, 땅의 도는 가득한 것을 변하게 하여 겸손한 데에 더해주며, 사람의 도는 가득한 것을 싫어하고 겸손한 것을 좋아하며, 귀신은 가득한 것을 해치고 겸손한 것에 복을 준다"[63]라고 하였다.

이 때문에 사람의 도는 온화하고 선하며 공손하고 검소한 가운데에 만 가지 일을 만들며 백복을 부르는 것이다.

대인(大人)은 가히 두렵지 아니하지 못할 것이니, 대인을 두려워하면 곧 제멋대로 하는 마음이 없을 것이다. 소민(小民)도 또한 두렵지 아니하지 못할 것이니, 소민을 두려워하면 곧 강폭하다는 이름이 없을 것

61 송인수(宋麟壽, 1499~1547) : 조선 중기의 문신으로, 자는 미수(眉叟)이고 호는 규암(圭庵)이다. 시호는 문충(文忠)이며, 중종(中宗) 16년(1521)에 과거 급제한 이후 대사헌과 이조참판까지 여러 관직을 역임하였다. 후에 윤원형(尹元衡) 등의 미움을 사서 전라도관찰사로 좌천되었다. 1545년 을사사화(乙巳士禍)로 한성부좌윤에서 파직되어 청주에 은거하다가 윤원형 등에 의해 사사(賜死)되었다. 문집에 『규암집(圭庵集)』이 있다.

62 이 부분은 『주역(周易)』 「계사전(繫辭傳)」의 원문과 약간의 차이가 있으나, 뜻은 통하므로 『소학독본』대로 번역하였다.
『周易』 「繫辭傳」 : "尺蠖之屈, 以求信也, 龍蛇之蟄, 以存身也."

63 이 부분은 『주역(周易)』 「겸괘(謙卦)」의 원문과 약간의 차이가 있으나, 뜻은 통하므로 『소학독본』대로 번역하였다.
『周易』 「謙卦」 : "天道虧盈而益謙, 地道變盈而流謙, 鬼神害盈而福謙, 人道惡盈而好謙."

이다.

선비와 군자가 가난하여 능히 사물을 구제하지 못하는 자가 있다. 그러나 사람들이 어리석고 미련한 사태를 당면하거든 한 마디 말을 내어서 생각하여 깨우치게 하며, 사람들이 급하고 어려운 사태를 당면하거든 한 마디 말을 내어서 도와주어 해결하게 하면 이것도 또한 헤아릴 데 없는 공덕인 것이다.

사람의 인생이 헛된 풍경[幻景]과 진정한 풍경[眞景]이 있으니, 헛됨으로 본다면 공명과 부귀로부터 나의 팔다리와 몸까지 바깥 사물이 아닌 것이 없고, 진정함으로 본다면 부모와 형제로부터 천하의 만물까지 한 몸이 아닌 것이 없다. 그러니 사람이 능히 헛됨과 진정함의 두 가지 풍경을 큰 안목으로 간파하여서, 가히 이로써 천하의 책임을 맡을 것이요, 가히 이로써 세상 사이의 고삐와 쇠사슬을 벗어야 할 것이다.

부귀와 명예가 도덕을 따라서 오는 자는 산림 가운데의 꽃과 같아서 스스로 서서히 번성하고 많아진다. 또한 (그것이) 공로를 따라서 오는 자는 질그릇이나 난간 중의 꽃과 같아서 문득 옮겨 다니는 무리의 폐하고 흥하는 모양이 있다. 그리고 만일 (그것을) 권세로 얻은 자는 뿌리가 번식하지 못하여 그 시듦을 가히 서서 기다릴 것이다.

이미 무너진 일을 구하는 자는 낭떠러지를 만난 말을 모는 것과 같으니 한 번의 매질이라도 가볍게 하지 말 것이요, 거의 이루어진 공을 도모하는 자는 모래사장 위로 올라가는 배를 당기는 것과 같으니 한 번의 노질이라도 멈추어서는 안 될 것이다.

은혜를 사고파는 것은 덕을 갚는 두터운 마음만 같지 못하고, 분노를 표명하는 것은 부끄러움을 참는 고상한 운치만 같지 못하다.

13 토정(土亭) 이(李) 선생[64]이름은 지함(之菡), 한산(韓山) 사람이 스무 살 안팎에 화담 서경덕 선생[65]에게서 『주역(周易)』을 배울 때, 가까운 이웃 상인의 집에 머물러 살았다. 주인 아내의 자색이 매우 뛰어났는데, 토정 선생이 왕래하면서 눈길을 두지 아니하였다. 하루는 그 부인이 그 남편에게 장사하러 나가라고 재촉하거늘, 그 남편이 의심하여 거짓으로 나갔다가 멀리서 엿보았다. 해가 지고 토정 선생이 등불을 밝혀 독서를 하거늘, 그 부인이 등불의 옆에 앉아서 놀기를 꼬드김이 심하였다. 그러나 토정 선생이 응하지 않고 이치를 들어 크게 꾸짖었는데, 그 부인이 부끄러워 울었다. 남편이 밖에서 엿보고 있다가 그 자리의 상황을 다 알았다. 그래서 야간에 화담 선생의 집으로 바로 가서 문을 두드리고 들어가 말하기를, "선생님의 문하에서 학문하는 선비는 진정 한 명의 성인(聖人)입니다"라고 하고 그 연유를 모두 설명하였다. 화담 선생이 주의하여 듣고 토정 선생이 머무는 곳에 곧장 가서 사양하며 말하기를, "공이 나 경덕화담의 이름의 스승이오. 경덕의 친구조차도 아닌데 하물며 수업을 할 수 있겠소"라고 하였다. 학자가 진실된 마음을 실천하는 것의 합당함이 이와 같아야 할 것이다.

학자는 배우는 바를 깊이 이해하고 마음의 줏대를 견고하게 세워서, 후일 임금을 모시며 백성을 대함에 있어 간사한 인간의 의혹을 받지 말아야 할 것이다.

---

64 이지함(李之菡, 1517~1578) : 조선 전기의 학자로, 자는 형중(馨仲), 형백(馨伯) 등이고 호는 토정(土亭), 수산(水山) 등이다. 포천(抱川)과 아산(牙山)의 현감을 지냈으며, 서경덕(徐敬德)의 문인으로, 의약, 복서(卜筮), 천문, 지리, 음양 등 다양한 분야에 능통하였다. 저서에 『토정비결(土亭秘訣)』이 있다.

65 수덕의 4의 내용 및 각주 참조.

공자는 말하기를, "또한 희다고 아니하겠는가. 검은 물을 들여도 검어지지 아니한다. 또한 견고하다고 아니하겠는가. 갈아도 얇아지지 않는다"[66]라고 하였다.

이와 같은 후에야 임금을 받들고 사직을 떠받치는 지주(砥柱)가 되는 것이다.

—『소학독본』 끝

66 이 부분은 『논어(論語)』 「양화(陽貨)」 편의 원문과 약간의 차이가 있으나, 뜻은 통하므로 『소학독본』대로 번역하였다.
『論語』「陽貨」: "子曰, 然, 有是言也. 不曰堅乎, 磨而不磷, 不曰白乎, 涅而不緇."

보통학교 학도용 수신서 권 1

학부 편찬 보통학교 학도용 수신서 권 1

동경 삼성당(三省堂) 서점 인쇄

목차

제1과 학교

우리들이 처음 이 학교에 입학하였으니, 우리들이 학교에 입학한 것은 무엇을 배우려고 하는 것인가. 여러 가지 일을 배워 착한 사람이 되고자 하는 것이다.

선생님은 좋은 말씀을 들려주시며, 또 재미있는 놀이를 가르쳐 주신다.

여러 아이와 함께 배우며 함께 노는 것은 매우 즐거운 일이다.

우리들은 매일 일찍 일어나서 학교에 가는 것이 옳다.

비를 두려워하여 학교에 가지 아니하는 사람은 게으른 사람이니, 진취하기를 바랄 수가 없는 사람이다.

제2과 착한 학생

이 그림을 보아라. 이곳은 학교의 교실이다.

이곳에 활발하게 손을 들고 있는 학생이 있다.

이 학생은 이제 선생님이 물으시는 대로 대답하는 사람이다.

여러 학생들은 선생님을 보고, 마음을 다하여 선생님의 말씀을 듣는다.

이 학생들은 선생님이 물으시는 대로 대답을 잘한다.

또 이 학생들은 단정히 앉아 있으며, 마음을 다하여 선생님이 가르치시는 말씀을 들으며, 선생님이 물으시는 대로 잘 대답하니, 이 학생들은 참 착한 학생이다.

이 가운데 뒤를 돌아보는 학생도 있고, 창문 바깥을 보는 학생도 있으며, 책상에 기대어 앉은 학생도 있다.

이러한 학생들은 모두 착한 학생이 아니다.

제3과 활발한 기상

'아이는 활발한 기상이 있는 것이 좋다' 하니, 활발한 기상이 없는 아이는 진취하기에 부족한 사람이다.

이곳은 운동장이니 여러 학생들이 활발하게 논다.

두세 명의 학생은 운동장 모퉁이에 서 있으며, 두세 명의 학생은 돌 위에 걸터앉아 있다.

저 학생들은 모두 활발한 기상이 없는 학생이다.

기상이 활발한 학생은 교실에서도 우물쭈물함이 없다.

선생님이 물으시는 것에 잘 대답하고 또 모르는 것은 선생님에게 물어야 한다.

남이 웃을까 겁내어 잘 대답하지 못하는 학생은 활발한 기상이 없는 학생이다.

제4과 의좋은 친구

한 아이가 넘어지자 두 아이가 근심하니, 이 세 아이는 의좋은 동무라서 매일 학교에 가는 것을 서로 권면하여 세 아이가 함께 한 번도 결석하거나 늦게 도착하는 일이 없었다.

이제 세 아이가 함께 학교에 가다가 길 위에서 한 아이가 넘어졌는데, 두 아이가 놀라서 끌어 일으키고 그 중 한 아이는 의복의 흙을 털어주며 다른 한 아이는 흩어진 공부 도구들을 거두어 주었다.

넘어진 아이는 두 동무의 친절함을 감사하게 여겼다.

만일 두 동무가 무슨 사고가 있으면, 간절히 도와주려고 노력하는 것이 옳다

무릇 친구는 의를 두텁게 하여 서로 친절히 함을 극진히 하는 것이 옳다.

자기의 욕심대로만 하고 친구의 사정을 돌아보지 아니하는 것은 의리가 없는 것이다.

제5과 사마광

옛날 송(宋)나라에 사마광[司馬溫公][1]이라고 하는 현인이 있었으니, 어릴 때에 동무들과 더불어 놀다가 한 아이가 잘못하여 물이 가득한 큰 독 속에 빠졌다. 모든 아이들이 크게 놀라 소리를 질렀으나 큰 물독인 까닭에 어떻게 할 수가 없었다.

사마광이 급히 가서 큰 돌을 가져왔다. 사마광은 이 큰 돌을 가지고 어떻게 하겠다고 생각했을까.

사마광이 이 큰 돌을 사용하여 독을 깨트리니 물이 갑자기 쏟아져 나와 그 아이가 비로소 나왔다.

그 아이는 생명을 보전하였기에 감사함을 이기지 못하여 눈물을 흘리면서 사마광에게 고마움을 드러냈다. 모든 동무들은 그 아이의 생명 보전함을 기뻐하였으나, 한편으로 물독이 깨어짐을 몹시 아까워하였다. 그러나 사마광이 태연히 말하기를, "하나의 독은 가볍고 생명은 무겁다"라고 하였다.

---

1 『숙혜기략』 7세의 ⑫의 내용 및 각주 참조.

제6과 다투어 싸우지 말라

이 두 아이는 마을에서 가장 성격이 나쁜 아이들이다. 두 아이는 평상시 지낼 적에는 친밀히 서로 따르나, 종종 자기의 욕심대로 하는 일이 있기 때문에 다투어 싸우는 때가 많았다.

오늘도 두 아이가 돌을 쌓으면서 노는데 한 아이가 돌을 무너뜨렸다고 서로 다투어 싸우니, 학교의 선생님이 듣고 달려와서 두 아이를 타일러 주의시켰다.

다투어 싸우는 것은 아름답지 못한 일이니, 남이 이치가 아닌 말을 하거나 또 다투어 싸움을 시작하거든, 부모나 교사에게 말하여 교훈을 받는 것이 옳다.

닭과 개, 소와 말 같은 것들을 보아라. 저 짐승들은 서로 모이면 항상 다투어 싸운다. 사람은 많이 모여도 서로 즐거워하여 다투어 싸우는 것이 적으니, 다투어 싸우는 사람은 어리석고 사나운 사람이오, 또 하등의 사람인 것이다.

제7과 거짓말 잘하는 아이

어느 산촌에 한 아이가 있었는데, 사람들로 하여금 놀라서 야단법

석 떨게 하려고 "범이 왔어요. 범이 왔어요" 하고 소리를 지르면서 달아났다. 듣는 사람들이 크게 놀라 급히 모여 보니 범은 없었다. 그래서 여러 사람들이 크게 노하여 돌아갔다.

그 후 어느 날 정말로 범이 와서 입을 벌리며 눈을 부릅뜨고 그 아이를 물려고 하였다. 그 아이가 크게 놀라 "범이 왔어요. 범이 왔어요. 정말로 범이 왔으니 빨리 와서 구해 주세요" 하고 미친 사람 같이 소리를 질렀다.

그러나 마을 사람들은 또 거짓말로 생각하고 한 사람도 오지 않았으니, 그 아이는 어쩔 수 없이 범에게 물려 죽었다. 이와 같이 거짓말을 잘하는 사람은 진담을 하여도 남이 믿지 아니하며, 혹 처음에는 속여도 마지막에 가서는 신용을 잃어버려 남에게 천대를 받는다.

알지 못하는 일을 안다하며, 보지 못한 일을 보았다 하며, 듣지 못한 일을 들었다 함은 모두 거짓말이다.

제8과 워싱턴 1

미국에 워싱턴[華盛頓, 와싱돈][2]이라는 사람이 있었는데, 그 아버지가

2 워싱턴(G. Washington, 華盛頓, 1732~1799) : 미국의 저명한 정치가이자 초대 대통령으로,

벚꽃[櫻花] 나무 한 그루를 심고 매우 사랑하였다.

이 때 워싱턴의 나이는 어렸다. 아버지가 작은 도끼 한 자루를 사주니, 워싱턴은 크게 기뻐하며 시험 삼아 나무를 베어보려고 하였다. 그래서 뜰로 다니다가 우연히 벚꽃 나무를 보고 베어 넘어뜨렸다.

아버지가 사랑하는 것인 줄은 조금도 알지 못하였는데, 아버지가 바깥에서 돌아와 벚꽃 나무를 보려고 뜰에 나가니 벚꽃 나무가 넘어지고 꽃이 땅에 흩어져 있었다. 크게 노하여 종들을 모이게 하고 엄하게 꾸짖는데, 워싱턴이 이 말을 듣고 즉시 아버지 앞으로 나아가 말하였다.

"아버님. 저 벚꽃 나무를 벤 사람은 저입니다. 아버님께서 사랑하시는 줄은 조금도 알지 못하였습니다. 제가 매우 잘못하였으니 용서해 주세요."

여러분들은 이 때 그 아버지가 워싱턴을 크게 꾸짖었을 것으로 생각할 것이며, 또 워싱턴은 아버지에게 크게 꾸지람을 당했을 것이라고 생각할 것이다.

수많은 치적을 남겼다. 또한 독립혁명군의 총사령관을 역임하면서 독립전쟁을 지휘하였다. 3선 대통령으로 추대되었으나 사양하였으며, 재임기간은 1789~1797년이다.

제9과 워싱턴 2

그 아버지가 워싱턴의 손목을 잡아당기고 머리를 어루만지며 말하였다.

"네가 종들이 꾸지람을 당하는 것을 불쌍하게 여겨 두려워하지 않고 자백하니, 진실로 남자의 행실이로구나. 나는 이렇게 정직한 아들을 둔 것을 생각하니 기쁜 마음을 이기지 못하겠는데, 한 그루의 벚꽃나무를 어찌 아깝다 하겠느냐. 사람은 반드시 과실이 없을 수 없으니 즉시 잘못을 고치는 것이 옳은 일이거늘, 나약한 사람은 꾸지람을 당할까 두려워하여 거짓말을 꾸미는 것이다. 그런데 너 같이 정직한 사람은 능히 그 과실을 자백하는구나. 네가 항상 이렇게 정직한 남자의 행실을 가지면 반드시 세계에 명성이 높은 사람이 될 것이니, 나에게 이보다 더 즐거운 일이 어디 있겠는가."

그 후에 미국의 대통령이 되어 지금까지 미국 사람들이 신과 같이 존경하는 워싱턴이 바로 이 아이이다.

제10과 부모의 즐거움

부모님께서 우리들을 길러주신 노고는 우리들이 자세히 아는 것이다.

그러나 부모님께서는 노고가 되는 줄을 모르시고 도리어 즐거운 일로 삼으신다.

기는 것을 보시면 서기를 기다리시고, 서는 것을 보시면 걸어 다니기를 기다리시고, 걸어 다니는 것을 보시면 달리기를 기다리신다.

점점 자라면 학교에 보내어 필요한 사람으로 만들고자 하시는데, 학교에서 공부를 잘하여 선생님에게 칭찬을 듣고 동무들에게 존중을 받는 것을 들으시면, 부모님께서 지극히 기뻐하신다.

부모님의 즐거운 일은 이보다 큰 것이 없고, 또 아들이 된 자의 효성도 여기에서 지나침이 없는 것이다.

부모님께서는 항상 우리 몸이 건강하기를 바라시고 또 병이 들면 근심하시는 것이 과도하시니, 우리의 몸이 건강하여 매일 학교에 가서 활발하게 운동하고 열심히 공부하는 것을 보시면 어떻게 기뻐하실는지 헤아릴 수가 없는 것이다.

제11과 신체

부모님은 우리들이 건강하기를 바라셔서 항상 병이 있을까 근심하신다.

우리들이 불행하게도 병이 있으면, 부모님께서는 잠자는 일과 먹는 일을 잊어버리시고 극진하게 보살펴 주신다.

이 아이는 배가 아픈 모양이니 오죽 고생스럽겠으며, 그 부모님께서는 오죽 걱정되시겠는가.

이 아이가 어찌하여 배가 아픈가. 반드시 몸에 좋지 않은 것을 먹었거나, 그렇지 아니하면 과식한 까닭이다. 병이 들어 부모님께 근심을 시키면 가장 불효가 되니, 그런 까닭에 우리들은 항상 조심하여 신체를 건강하게 유지함이 옳다. 그러므로 물을 지나치게 먹거나 익지 않은 과실과 상한 음식을 먹는 것은 좋지 않으니, 가장 조심해야 할 것이다.

또 신체를 깨끗하게 아니하여서 병이 나는 일도 많으니, 항상 얼굴과 머리와 손과 발을 깨끗하게 하는 것이 좋다. 그런 까닭에 운동을 잘 하는 사람은 병이 적은 것이다. 그러나 운동을 지나치게 한 후에 즉시 물을 마시면 매우 해가 된다.

제12과 자기의 물건과 다른 사람의 물건

이 어린 아이는 복숭아 세 개를 가지고 있다. 이 어린 아이는 전원에 복숭아가 잘 무르익은 것을 보고 다섯 개를 따서 두 개는 먹고 세 개는 어머니에게 드리려고 가지고 돌아왔다. 어린 아이는 어머니도 매우 기뻐하실 줄로 생각하였다.

어머니가 이것을 보고 묻기를 "복숭아를 누구에게 얻었니?"라고 하니, 어린 아이가 대답하기를 "이것은 얻은 것이 아니고 길가의 밭에서 따온 것이에요"라고 하였다. 어머니가 놀라서 말하기를, "그것은 좋은 일이 아니다. 남의 것을 가져오면 곧 도적의 행실이다. 얼른 가서 밭주인에게 돌려주고 사죄를 하는 것이 옳으니, 누구의 밭인지 나와 함께 가자" 하고 급히 그 밭에 가서 주인을 찾아 깊이 사과하였다.

다른 사람의 물건과 자기의 물건을 분별하여 부디 남의 물건을 가지지 말고 또 말없이 쓰지 말며, 남의 물건을 빌려다가 쓸 때는 조심하여 쓰고 또 길 위에 떨어진 물건은 그 주인에게 돌려 주는 것이 옳으니, 만일 주인이 분명치 아니하면 부모나 교사에게 드리는 것이 옳다.

제13과 물건을 잘 간수하는 일

이 아이는 학교에 가기를 좋아하여서 하루도 결석함이 없었고, 또 한 번도 늦게 도착하는 일이 없었다. 그런데 어느 날에 평일과 같이 학교에 가려고 하는데 『국어독본(國語讀本)』을 둔 곳을 잊어버려서 아무리 찾아도 알 수 없고, 학교에 갈 시간은 이미 가까워 왔다. 마음이 매우 급하여 울면서 여종을 꾸짖었다.

어머니도 나와서 함께 찾았으나 끝내 볼 수 없었다. 할 수 없이 오늘 하루만 같이 앉는 학생의 책을 보고 함께 배우겠다고 하고 급히 학교에 가니, 이미 십분 즈음 지났다. 집에 돌아온 후에 어머님이 말씀하셨다.

"자기의 물건은 자기가 명심하여 잘 간수하는 것이 옳으니, 만일 남만 믿으면 항상 오늘 아침같이 낭패하는 일이 많을 것이다."

이 아이가 크게 뉘우치고 경계하여 이로부터는 의복과 신발, 서적 등 모든 학교 도구들의 자기 물건은 스스로 간수하여, 그 후에는 한 번도 학교의 시간을 어기는 일이 없었다.

제14과 물건을 귀중히 여기는 아이

한 아이가 있었는데 어느 상점에 와서 심부름꾼이 되기를 청하였다. 주인이 그 아이를 보고 단정한 사람이라고는 생각하였으나, 지금은 필요한 사람의 수효가 차서 빈 곳이 없으니 다른 상점에 가서 구하여 보라고 간절히 말하였다.

그 아이가 할 수 없어 돌아가는데, 우연히 그 상점 앞에 가는 바늘 한 개가 땅에 떨어진 것을 보았다. 그래서 집어 의복에 꽂고 가려 하는데, 주인이 창문으로 이것을 보고 다시 그 아이를 불러들여 자기의 상점에 두었다. 여러분들은 그 주인이 무슨 까닭으로 이 아이를 다시 불러들여 심부름꾼으로 쓴 것으로 생각하는가.

그 주인도 본래 지극히 가난하다가 매우 애쓰고 고생하여 부유한 사람이 된 것이다. 그런 까닭에 작은 물건이라도 귀중하게 여기는 사람은 끝에 가서는 착실한 상인이 된다는 것을 알고 있었다. 그런데 이제 그 아이가 작고 가는 바늘 한 개라도 귀중히 여기는 것을 보고 그 마음이 감동하여 움직인 것이다.

주인이 예상한 것과 같이 과연 그 아이는 점점 세상의 신용을 얻어 그 후에 착실한 상인이 되었다.

붓 한 개와 종이 한 장이라도 부모께서는 애써 고생하신 힘으로 우리들에게 주시는 것이니, 만일 잘 생각함이 없이 쓰고 버려 버리면 어찌 불효의 행실이 아니겠는가.

제15과 약속

순명이와 복동이는 매우 의좋은 동무이다. 순명이가 아름다운 그림책을 가지고 있었는데, 복동이가 순명이의 집에 가서 그림책을 보고 매우 좋아하였다. 그래서 어머니와 누이에게도 보이고자 하여 잠깐 빌려갔다가 그 다음날 오전에 반드시 도로 가져오기로 약속하였다. 그 날 밤에 어머니와 누이가 그 그림책을 보고 매우 기뻐하였다.

이튿날 큰 비가 오는데 복동이가 그 그림책을 가져다주려고 하였다. 그러자 누이가 만류하면서 말하기를, "큰 비가 오고 또 도로가 매우 좋지 않으니, 조금 기다리면 비가 그칠 듯 한데 오후에 가져다주면 어떻겠니?"라고 하였다. 복동이가 말하기를, "오전으로 약속한 것이야. 아무리 비가 올지라도 내 몸은 종이가 아니기에 젖어 찢어질 염려는 없다" 하고 웃으면서 마침내 가져다주었다.

어머니가 그 말을 듣고 크게 기뻐하여 말하였다.

"약속을 지키는 것은 진실로 착한 일이다. 남자가 한 번 약속한 일은 결단코 어기지 말아야 할 것이니, 너 같은 사람은 남에게 신용을 얻어 반드시 훌륭한 사람이 될 것이다."

– 보통학교 학도용 수신서 권1 끝

보통학교 학도용 수신서 권 2

학부 편찬 보통학교 학도용 수신서 권2

동경 삼성당(三省堂) 서점 인쇄

목차

제1과 생물

형과 아우 두 사람이 있었다. 그런데 어느 날 아우가 참새 둥지에서 참새 새끼를 가지고 와서 이것을 대바구니에 넣어 두었다. 그랬더니 참새 새끼가 두렵고 무서워서 슬피 울고 있었다.

어미 참새가 먹을 것을 구한다고 나갔다가 돌아와 보니, 새끼가 하나도 없어서 놀라 울며 사방으로 날아다니면서 새끼를 찾았다.

형이 이 모양을 보고 불쌍하고 가엾게 생각하여 아우에게 타일러 말하였다.

"너는 작은 새의 새끼를 잡아가지고 불쌍하고 가엾게 생각하지 아니하느냐. 보거라. 새 새끼는 두려움에 사로 잡혀 우리들의 얼굴만 보고 있다. 어미 새는 광기가 있는 것처럼 울면서 새끼를 찾는다. 우리 형제가 만일 다른 사람에게 붙잡히게 되어 부모님의 처소에서 떨어져 있다고 생각해 보아라. 그 때에 우리들이 슬퍼하며 원망함이 어떠할까 생각해 보아라. 또 부모님도 우리 형제를 잃어버리면 얼마나 슬프고 탄식할까 생각해 보아라. 참새는 새와 짐승, 곤충과 물고기의 무리이다. 그러나 몸을 스스로 아끼며 자식을 생각하는 마음은 우리와 다를 것이 없다. 그것을 생각하지 아니하고 무익하게 생물을 몹시 괴롭히는 것은 매우 악한 일이다. 자애의 마음이 있는 사람은 이와 같은 행위를 하지 않는다."

아우는 이 말을 듣고 크게 감동하여 갑자기 자애의 마음이 생겨나서 즉시 새 새끼를 참새 둥지에 도로 가져다 두었다.

제2과 이웃 사람은 사촌

예로부터 '이웃사촌'이라고 하는 말이 있다. 가까운 이웃 사람은 여러 가지 일에 서로 거들어 도와주는 것이 많음을 이르는 것이니, 급박한 질병이 있는 때와 도난과 화재를 당했을 때에 가장 힘을 다하는 것은 이웃 사람이요, 또 비상한 일이 있을 때뿐만 아니라 매일 서로 대화를 하고 서로 위로를 하며 서로 즐거워하는 것도 이웃 사람이다.

만일 우리 집이 사람이 살지 않는 산중과 광야에 홀로 있다면 그 적막함이 어떠하겠는가.

그러한즉 우리는 이웃 사람과 친목하며 여러 가지 일에 모두 서로 거들어 도와주어야 하는 것이다.

망령되게 꾸짖어 욕하거나 시시하고 자질구레한 일로 불화를 일으키는 것은 해서는 안 되는 것이다. 또 이웃집의 담과 벽을 상하게 하고 초목을 꺾으며 과실을 몰래 훔쳐, 이웃 사람에게 책망을 당하는 것도 해서는 안 되는 것이다.

제3과 다른 사람에게 방해를 끼치지 말 것

옥동이는 어머니와 함께 시장에 가서 남포등을 샀다. 그런데 돌아오는 길에 이것을 땅에 떨어뜨려서 남포등이 돌에 부딪쳐 깨져버렸다.

어머니가 그 깨어진 조각을 하나하나 줍고 있는데, 옥동은 이와 같이 깨어진 것은 아무데도 쓸데없는 물건인데 어떤 이유로 주어가지고 가느냐고 물었다. 어머니가 대답하기를, "깨어진 조각은 아무데도 쓸데가 없으나, 줍지 않고 그대로 두면 이것을 밟아 발을 다치는 사람이 있을까 두려워 그렇단다"라고 하였다. 옥동이도 과연 그럴 것이다 생각하고 함께 이것을 주어서 사람이 통행하지 않는 곳에 묻었다.

사람은 옥동의 어머니와 같이 다른 사람에게 방해를 끼치지 말기로 항상 마음을 먹는 것이 옳다.

자기 한 사람만 위하기를 생각하고 다른 사람의 일을 생각하지 아니하는 것은 착한 사람의 행실이 아니다. 학교에서 다른 사람에게 방해가 되는 것을 고려하지 않고 장난치는 사람이 있다.

책상을 더럽게 하거나 부수는 사람도 있으니, 그러한 사람은 능히 착한 사람이 되지 못한다.

다른 사람의 정원에 있는 수목을 자르고 논밭의 씨앗을 해롭게 하며, 교량 · 우편함 · 전신주에 장난을 치는 일은 가장 나쁜 일이다.

도로 근방에 대소변을 누어서 악취가 나게 하는 것은 다른 사람에게 방해가 될 뿐 아니라, 한 국가에 수치가 되는 것이다.

제4과 예절바른 태도

지금 이 사람의 집에 손님이 왔다. 아이가 예절바른 태도로 단정하게 공경히 인사한다. 손님은 이것을 보고 그 예절바른 태도가 있음을 칭찬하였다.

이 아이는 매일 학교에 가서 예절바른 태도를 연습하며 또 그 부모도 항상 그 아이에게 좋은 예법으로써 교육하였다.

우리들도 또한 이 아이와 같이 예절바른 태도를 단정히 하여 손님이 오실 때는 공경히 인사하는 것이 옳다. 또 아침에 일어날 때와 밤에 잘 때와 학교에 갈 때와 돌아올 때는 부모에게 인사하는 것이 옳다. 학교에서는 선생님에게 공경히 인사하고 학우에게 인사하며, 기타 도로 위에서 윗사람을 만났을 때에도 인사하는 것이 옳다.

우리 소년은 심기(心氣)를 활발하게 해야 할 것이나 경솔해서는 안 되니, 예를 잘 지키며 태도와 몸가짐을 단정히 하고 또 활발하게 하는 것이 진실로 선량한 소년이다.

제5과 친구

옛날 청(清)나라에 순거백(荀巨伯)[3]이라고 하는 사람이 있었다. 소년 시절에 학교에서 서로 가깝게 지내던 친구를 장성한 후에도 잊어버리지 않고 항상 서로 왕래하여 더욱 가깝게 지냈다.

거백이 그 친구가 병이 나서 매우 위중하다는 것을 듣고, 수 백리의 길을 멀리 여기지 않고 가서 위문하였다.

병든 친구가 기뻐하여 거백의 손을 잡고 눈물을 떨어뜨리며 그 친절함을 매우 고마워하였다. 마침 이 때 도적이 일어나서 인가에 불을 지르고 인명을 살해하며 재화를 탈취하였다. 친구는 거백이 도적에게 살해를 당할까 염려하여 말하기를, "자네가 먼 길에 와서 나로 인하여 도적에게 살해를 당할까 두려우니, 바라건대 빨리 도피하게"라고 하였다. 거백이 대답하여 말하기를, "지금 이와 같이 쇠약하고 병든 자네를 두고 가는 것은 차마 못하겠네. 만일 도적이 와서 나를 살해하면 나는 차라리 자네와 함께 죽겠네"라고 하였다. 말하는 사이에 벌써 도

3 순거백(荀巨伯) : 『순씨가전(荀氏家傳)』에 의하면 순거백은 한나라 환제(桓帝) 시기에 살았으며, 영천(潁川) 허주(許州) 사람이다. 그 생몰년과 상세한 내용은 전하지 않는다. 그런데 『보통학교 학도용 수신서』에서는 순거백을 청나라 사람이라고 하였으니, 편저자가 원문을 옮기는 과정에서 발생한 실수로 보인다. –『세설신어(世說新語)』「덕행(德行)」편 참조.

적이 왔다. 도적이 거백을 보고 말하기를, "마을의 사람들이 우리가 온다는 말을 듣고 다 도망하여 달아나거늘, 너는 무슨 연유로 홀로 머무르는가"라고 하였다. 거백이 대답하여 말하기를, "나는 친구의 병이 있음을 듣고 멀리서 왔다. 보아라. 여기 자리에 누워있는 사람은 내가 소년 때로부터 형제와 같이 가까이 하였던 친구다. 목숨이 이미 아침저녁으로 위태하거늘, 내가 어찌 차마 이 친구를 버리고 도주하겠는가. 이 친구와 함께 살해를 당할지라도 나는 여기 머무를 따름이다"라고 하였다. 도적이 거백의 말에 감동하여 서로 얼굴을 보며 말하기를, "우리가 비록 불량한 사람이나 어질고 착한 사람이 머무르는 처소에 들어와서 해를 끼치는 일을 해서는 안 된다" 하고 갔다. 온 마을이 이로 말미암아 도적의 난을 면하였으니, 거백 같은 이는 성심으로 그 친구를 서로 사랑한 것이다.

제6과 다른 사람의 과실

수동이와 복동이는 교실에서 한 걸상에 앉으며 한 책상에서 공부한다. 어느 날 수동이가 우연히 먹물을 떨어뜨려서 복동이의 책과 의복을 더럽혔다. 수동이가 허둥거리며 백지를 사용하여 먹물을 닦으면서 말하기를, "내가 주의하지 아니하여 너에게 꼭 필요한 책과 의복을 더럽게 하였으니 용서해다오" 하고 무수히 간청하였다.

복동이는 조금도 노여워하는 모양이 없고 수동이의 말을 근심하고 안타깝게 생각하여 대답하기를, "책은 좀 더러워졌으나 읽을 수 있겠으며, 의복에 묻은 먹물은 마르면 상관없다. 누구든지 과실이 없기는 어렵다. 나도 또한 너의 물품을 상할 일이 없겠다고 말하기는 어려우니, 그 때에 용서하라고 지금의 너처럼 간절히 빌면 도리어 미안할 것이다. 그러니 조금도 염려하지 말아라"라고 하였다.

과실은 주의하지 아니함으로부터 나오니 서로 조심하여 과실이 없도록 해야 한다. 만일 우연히 다른 사람의 물건을 더럽게 하거나 상하게 함이 있으면, 수동이와 같이 용서하기를 간절히 청해야 한다. 또 사람의 과실을 깊이 허물하지 말고 형제나 친구가 우연히 물건을 더럽히거나 상함이 있더라도 노하지 말며, 복동이와 같이 도리어 이것을 위로해야 한다.

제7과 형제

옛적에 어떠한 무장이 있었는데, 나이가 들어 장차 남은 인생이 멀지 아니함을 알았다. 그래서 다섯 자식을 슬하에 모이게 하고 화살 다섯 개를 (각각 하나씩) 주어 이것을 꺾으라고 하였다.

다섯 자식이 단지 쉽게 꺾이는 것을 기뻐하여 즉시 꺾어서 아버지에게 보여 주었다. 아버지는 다시 다섯 개의 화살을 주며 이것을 묶어서 꺾으라고 하니, 각각 힘을 다하여 꺾으려고 하였으나 화살은 꺾어지지 아니할 뿐 아니라 구부러지지도 않았다. 아버지가 이것을 보고 다섯 자식에게 훈계하여 말하였다.

"너희들 다섯 형제는 비유하건대 다섯 개의 화살과 같은 것이다. 화살은 한 개씩 꺾으면 쉽게 꺾이지만, 다섯 개를 묶으면 꺾기가 매우 어렵다. 너희들도 각각 외롭게 될 때는 사람들이 쉽게 능멸할 것이요, 서로 의기투합하여 하나로 화합하면 사람들이 능멸하지 못할 것이다. 나는 이미 늙어서 목숨이 아침저녁으로 절박하니, 내가 죽은 후에도 형은 아우를 사랑하며 아우는 형을 공경하여서 서로 의기투합하면 이 화살을 묶은 것과 같으니라."

다섯 자식이 이 말을 듣고 크게 감동하여 모두 아버지의 명을 지켜서 일족이 화목하여 문중이 번창하였다고 한다. 진실로 이 무장의 말과 같이 형제가 화합하는 것은 서로 이익이 된다. 또 부모는 자식이 화목한 것을 보면 대단히 기뻐하며, 화목하지 못한 것을 보면 대단히 근심한다. 그런 까닭에 형제가 화합하는 것은 큰 효행이 되고, 형제가 화합하지 못하는 것은 매우 불효가 된다.

제8과 한 가정의 화목

집안이 서로 화목한 것은 다른 사람들도 즐겁게 아는 것이다. 만일 그렇지 않고 집안이 떠들면서 다투면 듣는 사람도 불쾌한 생각이 든다.

예로부터 화목하지 못한 가족은 번창하는 일이 없고, 화목한 가족은 쇠하는 일이 없다. 집안에는 부모도 있고 형제도 있으며 자매도 있으니, 부모는 그 자식을 사랑하며 자식은 부모를 존경하는 것이 사람의 도리이다. 손위 누이와 형은 손아래 누이와 동생을 사랑하며, 손아래 누이와 동생은 손위 누이와 형을 공경하는 것이 또한 사람의 도리이다. 부모가 되어 자식을 사랑하지 아니하며, 자식이 되어 부모를 존경하지 아니하는 것은 사람의 도리가 아니다. 손위 누이와 형이 되어 손아래 누이와 동생을 미워하며, 손아래 누이와 동생이 되어 손위 누이와 형을 공경하지 아니하는 것은 금수보다도 졸렬한 것이다.

다만 나의 마음대로 하는 것으로부터 불화한 일이 발생하여 드디어 서로 반목하는 일이 있다. 자기의 마음대로 하는 마음을 억제하여 서로 용서하면 집안이 항상 화목하여 반드시 불화하는 일이 있지 아니할 것이다.

옛적에 어느 사람이 집안에 백 사람이 함께 사는데 한 번도 다투어 논하는 적이 없었다. 집이 점점 번창하여 웃음뿐이요 슬프고 괴로운 일은 없었기에, 이웃 사람들이 다 그 풍속을 모방하여 한 마을의 가족들이 모두 화목한 풍속을 이루었다 하니, 이는 가히 본받을 만한 일이다.

제9과 인내의 덕됨

중국의 옛 당(唐)나라 시대에 장공예(張公藝)[4]라고 하는 사람이 있었

---

4 장공예(張公藝) : 운주(鄆州) 수장(壽張) 사람으로, 그의 집에서는 구대에 걸쳐 이루어진 친족이 함께 모여 화목하게 살았다고 전한다. 이로부터 '구세동거(九世同居)'라는 말이 나왔

는데, 할아버지와 할머니, 형제자매들이 다 한 집안에서 살면서 서로 화목하게 지냈다. 고종(高宗) 황제께서 이 말을 들으시고 그 집에 친히 행차하여 일가가 화목한 방법을 물어보았다.

장공예가 종이와 붓을 가지고 와서 '참을 인(忍)'이라는 글자 백여 자를 써서 올렸다. 황제가 괴이하게 여겨 그 연유를 물어보니, 공예가 대답하여 말하였다.

"많은 수의 사람이 한 집안에 살면 항상 공평한 마음을 보전하기 매우 어려우며, 또 서로 맞지 않는 일이 있습니다. 그 옳고 그름을 서로 책망하며 서로 증오할 때는 드디어 다투어 논하고 시끄럽게 떠드는 것의 근본이 되며 반목 불화하는 기초가 되니, 일족이 화목하는 방법은 다만 '인' 한 글자뿐입니다."

무릇 친구 간에도 서로 참으면 교제하는 정과 의가 상하는 일이 없다. 다만 친한 것을 믿어 서로 참지 아니하고 즉시 서로 책망하며 서로 노하는 연유로 불화하는 일이 발생하는 것이다. 친자식, 형제자매 간은 더욱 서로 참음이 없고 나의 마음대로 말하기 쉽다. 이것이 곧 한 가족의 불화하는 원인이 되는 것이니, 공예의 말이 매우 당연하다.

다. —『구당서(舊唐書)』 권188, 『신당서(新唐書)』 권195 참조.

제10과 종

정동이의 집에 여종 두 사람과 남종 한 사람이 있었다. 정동이의 부모는 매우 자비심이 많은 사람인 까닭에 종 세 명에게 사랑을 베풀어 자식과 같이 여겼다. 종들도 또한 충성으로 주인을 위하여 주인의 집을 자기의 집과 같이 생각하였다.

그 중에 나이가 많은 여종은 정동이가 태어나기 전부터 집에 있어서 어렸을 때부터 정동이를 사랑하고 보호하였는데, 정동이 보기를 자식과 같이 하였다.

종들이 입은 의복은 다 정동이의 어머니가 준 것이며, 정동이의 아버지는 학문이 있는 사람이라 밤이면 때때로 종들을 모아서 문자를 가르쳐주고 또 때때로 유익한 말로 훈도하였다. 종들도 열심히 배웠기 때문에 『효경(孝經)』이나 수신서 등도 능히 통달하였다. 정동이가 학교에 입학한 이후로부터 세 명의 종들은 정동이가 공부를 잘하며 선생님에게 칭찬 받는 것을 기뻐하여, 학교에서 돌아오면 반드시 무엇을 배웠는가 하고 물었다.

종들은 가난하고 천한 집에서 태어나 자라서 학문도 능하지 못하며, 또 재산이 없기 때문에 독립하여 농업이나 상업 등도 경영하지 못한다. 저 사람도 넉넉한 집에 태어나 자라서 어렸을 때부터 학교에 가서 학문을 연습하였으면 우등한 사람이 되었을 것이다.

우리들도 재산이 없고 학문이 없으면 다른 사람의 종이 될 것이다. 이것을 생각하면 종은 천한 것이 아니라 가련한 사람이다. 이것을 생각하지 아니하고 종들을 괴롭고 수고롭게 하는 것은 가장 악한 일이다.

제11과 정직

어떠한 농부가 그 자식을 상인으로 만들고자 해서, 어떤 시장 의복점에 의탁하여서 심부름꾼이 되어 상업을 보고 배우게 하였다.

어느 날 그 가게에 한 부인이 와서 필목(疋木) 가운데 마음에 드는 것을 골라 꺼내서 이것을 사려고 하였다. 그런데 이 아이가 그 필목에 흠이 있는 것을 보고 이것을 부인에게 말하여 다른 필목을 선택하라고 하니, 그 부인은 좋은 물건이 없다면서 사려하던 일을 중지하고 곧바로 떠났다.

상점 주인이 이것을 보고 "사고 팔 물건에 흠이 있는 것을 손님에게 보이는 것은 꼭 필요한 것이 아니다"라 말하고 이 아이를 꾸짖으며, 즉시 편지를 그 아버지에게 보내어 빨리 이 아이를 데려가라고 하였다. 그 아버지가 편지를 보고 크게 놀라서, '나의 자식이 부당한 과실을 행하였구나' 하고 염려하며 그 상점에 와서 이유를 물었다. 주인이 그 연유를 말하고, "이 아이는 전혀 상인이 될 소망이 없다"라고 하였다.

아버지가 이 말을 들어보니, 주인의 소위 '꼭 필요한 것이 아니다'라고 하는 것은 실상 잘못을 저지른 것이 아니었다. 그래서 "나의 자식은 더욱 사랑할만한 정직한 심지가 있는 사람이다"라고 하고, 즉시 데리고 가서 다른 상점에 부탁하였다. 이 아이는 이후로부터 마음 다잡음을 더욱 정직하게 해서 드디어 큰 상인이 되었다.

이 아이를 쫓아내었던 의복 상점은 상업계에서 신용을 잃어서 점점 쇠망하였다.

사람은 어쩔 수 없이 정직할지라도, 정직함이 때로 자기의 이익이 되지 못하는 것 같은 때가 있다. 그러나 이것은 일시적인 일이요, 영원히 불이익을 받는 것은 아니다.

만일 정직한 마음이 부족하면 무슨 일이든지 사람들에게 신용을 얻지 못하는 것이다.

제12과 청결

신체의 때를 씻지 아니하며 더러운 의복을 입고 여러 사람의 앞에 나오는 것은 무례하기가 심한 것이다. 가령 무례는 아니라 하더라도 남이 싫어하며 더럽게 안다. 또 신체를 불결히 하여 더러운 의복을 입으면 신체를 위해서도 좋을 것이 없다. 병은 신체와 의복을 불결히 하는 것에서부터 많이 생긴다. 가령 불결함이 병의 근본이 아니 되더라도 항상 자기의 마음도 불쾌한 것이다.

그런 까닭에 사람이 목욕을 잘하고 의복을 세탁하며 두발을 정결하게 하여 항상 신체를 정결히 함이 옳다.

무릇 의복은 화려한 것을 필요로 하지 않고 고가의 물품을 취하지 않는 것이다. 훌륭하지 아니한 의복이라도 잘 세탁하여 청결하게 해야 할 것이다. 우리나라 사람들은 의복은 자주 세탁하는데, 그러나 목욕을 적게 한다. 신체와 의복뿐만 아니라 집안 · 정원 · 도로 등도 청결하게 함이 옳다.

도로에 대소변을 누며 집 밖으로 대소변을 흘려보내어 악취가 코를 찌르게 하는 것은 문명국에서는 결코 없는 일이다.

제13과 존덕(尊德) 1

지금으로부터 백 년 전에 일본에 존덕(尊德)[5]이라고 하는 고명한 사람이 있었다. 농부의 자식이라서 집이 원래 빈곤할 뿐 아니라, 아버지가 빨리 돌아가셔서 존덕은 어린 시절부터 무한히 큰 고통을 당하였다. 존덕은 매일 일찍 일어나서 낮이면 땔나무를 캐고 밤이며 짚신을 짜서 이것을 내놓고 팔아, 이로써 어머니를 모시고 아우를 양육함에 힘을 다하였다.

존덕이 십 이세가 되었을 때 큰 수해가 있어서 둑이 붕괴하여, 존덕

5 니노미야 손토쿠[二宮尊德, 1787~1856] : 에도[江戶] 시대의 농정가로, 어렸을 때 부모를 여의고 집안이 몰락하여 불행한 유년기를 보냈다. 청년기에 오다와라번[小田原藩]의 핫토리가[服部家]를 섬기는 무사가 된 이래, 뛰어난 역량을 발휘하여 농촌 경영을 수행하였고 다양한 업적을 남겼다. 신도(神道)와 유교, 불교 등을 결합한 심학풍(心學風)의 교학을 전파하였다.

이 거주하는 마을에서 집마다 한 사람씩 나와 둑 수축 공사를 시작하였다.

존덕도 이 공사에 가야 할 것이나, 나이가 어려 기력이 부족하였다. 그래서 집에 돌아가서 짚신을 삼아 그 다음날 아침에 가지고 가서 여러 사람에게 각각 하나씩 주며 말하기를, "나는 아직 어리기에 한 사람이 해야 할 작업을 능히 못하고, 모두 다른 사람에게 힘을 빌리는 것이 많습니다. 그 은혜를 보답하기 위해서입니다"라고 하였다. 사람들이 모두 이 말을 듣고 기쁘게 그 물건을 받으며, 존덕의 심덕(心德)에 감동하였다.

그리할 뿐 아니라 존덕이 자기의 조력이 부족함을 생각하여 다른 사람은 휴식하여도 자기는 휴식하지 아니하고 힘이 닿는 대로 하니, 흙과 돌을 운반하는 것이 도리어 어른 보다 많았다.

제14과 존덕 2

존덕이 십 육세가 되었을 때 그 어머니에게 병환이 있었다. 존덕이 깊이 탄식하여 낮밤으로 힘을 다하여 약시중을 들었으나 나아지는 정도가 없었고, 그 병환으로 인해 상을 당하였다. 친족이 의논하여 존덕은 그 큰아버지에게 의탁하고, 두 아우는 다른 친족의 집에 의탁하게 하였다. 큰아버지는 존덕에게 엄하게 하였으나, 존덕은 조금도 괘념하지 아니하고 종일 그 집안일을 도와주며 밤이면 등잔 아래에서 학문을 공부하였다.

큰아버지는 이것을 보고 등잔 기름을 많이 허비할까 하여, "밤공부로 인하여 등잔 기름을 허비해서는 안 된다"라고 하고, 밤공부를 정지하게 하였다.

존덕이 이것을 탄식하여 말하기를, "내가 불행히 부모를 잃고 큰아버지에게 의지하고 있다. 그러나 이제 학문을 하지 아니하면 일생에 무식한 사람이 될 것이니, 집안을 일으키기 매우 어려울 것이다. 나의 힘을 통하여 공부한다면 누가 허물하겠는가" 하고, 들깨를 심어 칠팔 되의 깨를 얻고 크게 기뻐하며 시장에 가서 내다 팔아 등잔 기름을 사서 밤공부를 하였다. 큰아버지는 또 이것을 보고 "농가의 아이가 학문을 하면 무엇에 쓰겠는가" 하며, 밤늦게까지 새끼를 꼬면서 집안일을 도우라고 명하였다. 존덕이 할 수 없이 밤늦게까지 새끼를 꼬며 짚신을 삼은 후에 밤공부를 더욱 힘썼다.

존덕은 이와 같이 큰아버지의 집안일을 도우면서 각종 서적을 읽었으며, 문자와 산술을 익히고 연습하여 학문이 고명한 이름난 선비가 되었다. 지금도 신사에서 제사를 모신다.

격언 : 고생이 너로 하여금 옥이 되게 한다.

— 보통학교 학도용 수신서 권2 끝

보통학교 학도용 수신서 권 3

학부 편찬 보통학교 학도용 수신서 권3

동경 삼성당(三省堂) 서점 인쇄

목차

제1과 규칙

석양이 산에 걸렸는데 어떠한 학생 두 명이 학교에서부터 집으로 돌아가고 있었다. 그런데 길 가에 나무 울타리를 두른 한 화원이 있었다. 그 화원 안에는 보기 드문 꽃과 이상한 풀이 가득 심어져 있었고, '일 없는 사람 출입 금지'라고 하는 나무패가 세워져 있었다. 한 학생이 나무 울타리를 넘어서 화원 안으로 들어갔는데, 함께 가던 학생이 나무패를 가리키며 말하기를, "여기 '일 없는 사람 출입 금지'라고 써져 있으니 빨리 나와라" 하고 재촉하였다. 화원 안에 들어간 학생은 사방을 돌아보며 화원 밖에 사람이 없는 것을 다행히 여기어, 친구의 충언을 못 들은 척 하고 꽃가지를 함부로 꺾었다. 조금 있다가 순사 한 명이 달려와서 이것을 보고 그 행위의 단정하지 못함을 크게 꾸짖었다.

무릇 규칙이라고 하는 것은 여러 사람의 공익을 보전하기 위하여 정한 것이다. 따라서 어떠한 때는 불편한 것으로 생각할 수 있을지라도 엄하게 지켜 추호도 어기지 아니해야 한다. 만일 사람들이 각기 자기에게 불편한 것을 생각하여 지키지 아니하면, 규칙은 있어도 없는 것과 같고 여러 사람의 질서를 문란하게 하는 것이니, 이것을 생각한다면 사람마다 서로 경계하여 어기지 않는 것이 옳다. 다른 사람은 알지 못할 것이라고 생각하고 정해진 규칙을 어기는 자는 매우 못난 자이니, "군자는 반드시 그 홀로 있을 때를 삼가야 한다"[6]라고 하는 말을 잠시도 잊지 말아야 한다.

제2과 예의

예의를 지키는 것은 사람으로서 지켜야 할 도리의 떳떳함이다. 예의를 지키지 않으면 다른 사람에게 천대를 받을 뿐 아니라, 다른 사람으로 하여금 불쾌한 마음을 가지게 한다. 그러므로 다른 사람과 접촉하여 사귐에 있어서 말을 반드시 공손하게 하며 어른을 대할 때는 특별히 공경하는 뜻을 다해야 한다. 다른 사람의 앞에서 하품을 하거나 기지개를 펴거나 귓속말을 하거나 눈을 굴리거나 해서는 안 되는 것이다.

다른 사람에게 편지를 보낼 때는 말과 뜻을 공손히 하고, 다른 사람의 편지를 받았는데 답신을 요구하거든 잠시라도 지체하지 말아야 한다. 또 다른 사람의 편지와 일반 글들은 허가 없이는 결단코 열어보아서 안 되고, 다른 사람이 편지 등과 같은 것을 쓸 때에 엿보는 것과 다른 사람의 담화를 엿듣는 것과 다른 사람의 집을 넘겨보는 것은 예가 아님의 가장 심한 것이다.

예의는 마음과 외양의 두 가지가 있으니, 외양으로만 보이고 마음에 참으로 공경하는 생각이 없으면 예의라 하지 못할 것이요, 또 마음으로는 공경함을 다할지라도 외양에 보이지 아니하면 예의에 합당하

6 『大學』: "所謂誠其意者, 毋自欺也, 如惡惡臭, 如好好色, 此之謂自謙, 故君子必愼其獨也."

지 못한 것이다. 그러므로 마음과 외양 두 가지를 다 주의해야 한다.

세상 사람들은 버릇없이 너무 친하게 함으로 인하여 예의를 돌아보지 않는 자가 있다. 그러나 그것은 크게 그릇된 것이다.

가령 친한 사이라도 그 친한 것을 믿고 예의를 지키지 아니하면 그 사귐을 오래도록 보전하기가 어려울 것이다. 안평중(晏平仲)[7]은 사람과 더불어 사귐에 친할수록 오래 공경하였기 때문에 공자가 칭찬하여 말하기를, "안평중은 사람과 더불어 사귀되 오랠수록 공경한다"[8]라고 하였다.

제3과 신분과 의복

어떠한 까마귀가 공작의 깃털이 가장 화려한 것을 보고 그것을 취하여 제 날개 사이에 꽂아 다른 까마귀들을 대하여 자랑하는데, 마침 공작이 와서 "이것은 네 깃털이 아니다" 하고 다 뽑아 버렸다. 다른 까마귀들이 이것을 보고 크게 조소하니, 그 까마귀가 창피함을 참지 못하여 어디론가 도망가 버렸다.

이것은 부질없이 의복을 사치하고자 하는 사람을 경계한 이야기이

7 안영(晏嬰, ?~BC 500) : 제나라의 정치가로, 자는 중(仲)이고 시호는 평(平)이다. 안평중(晏平仲), 안자(晏子)라고도 불린다. 영공(靈公), 장공(莊公), 경공(景公)의 3대를 섬기면서 재상을 지냈으며, 매우 강직하고 검소하기로도 유명하였다고 전한다. 사마천은 『사기(史記)』 권62의 '평론(評論)'을 통해 만일 안자가 살아 있다면, 자신이 그를 위해 채찍을 잡고 수레를 몰더라도 기쁜 마음으로 공경할 것이라고 하였다. 『안자춘추(晏子春秋)』는 그의 언행을 기록한 것이다. –『사기(史記)』 권62 참조.

8 『論語』「公冶長」: "子曰, 晏平仲善與人交, 久而敬之."

다. 사람은 능히 자기의 신분을 생각하여 신분에 알맞은 의복을 입는 것이 옳다. 그러지 않으면 그 까마귀와 같이 남에게 비웃음을 받는다.

의복은 화려한 것이나 값비싼 것이 필요한 것이 아니라, 정결하고 신분에 알맞은 것이 중요하다. 의복뿐 아니라 음식이나 그릇 등이라도 신분에 지나친 물건은 사람의 마음이 비루함을 보이는 것이다.

고려(高麗) 광종(光宗) 때에 서필(徐弼)[9]이라고 하는 현신이 있었는데, 벼슬이 내의령(內議令)에 이르렀으며 맑고 깨끗한 절개로 이름이 높았다. 하루는 광종이 여러 신하들을 불러 각각 황금 술잔을 주셨는데, 모두 머리를 조아려 임금의 은덕을 감사하였다. 그러나 서필은 홀로 황금 술잔을 받지 않고 말하기를, "의복과 그릇은 등급을 분명히 해야 할 것이며, 사치는 사람의 마음을 분수에 지나치게 하는 근본입니다. 신 등이 금으로 만든 그릇을 쓰면 왕은 장차 무엇을 쓰시려고 하십니까"

9 서필(徐弼, 901~965) : 고려 광종(光宗) 때의 문인이자 관리로, 본관은 이천(利川)이고 시호는 정민(貞敏)이다. 〈서필의 아버지 서신일(徐神逸)은 신라 말년에 태어나서 성 밖에 살았는데, 사슴이 화살을 맞고 뛰어 들어 왔으므로 그가 화살을 뽑고 숨겨 주었다. 사냥꾼이 와서 찾지 못하고 돌아갔는데, 꿈에 한 신인이 말하기를 "사슴은 내 자식인데 그대의 덕택으로 죽지 않았기에 마땅히 그대의 자손으로 하여금 대대로 재상이 되게 하겠다"고 하였다. 신일은 80세에 필(弼)을 낳았다.〉 이상은 『신증동국여지승람(新增東國輿地勝覽)』에 나와 있는 서필에 대한 기록의 대강이다. 고려의 외교가로 널리 알려진 서희(徐熙)는 바로 서필의 아들이다. –『신증동국여지승람(新增東國輿地勝覽)』 권8 「이천도호부(利川都護府)」 편 참조.

라고 하였다.

왕이 말하기를, "짐이 잘못하였도다. 경은 보배가 없는 것으로써 보배를 삼으니, 짐이 마땅히 경의 말로써 보배를 삼겠다"라고 하였다. 후대 사람들이 이 말을 전하여 미담으로 삼았다.

제4과 알맞게 근면히 하고 알맞게 노는 것

하루를 나누면 잠자고 먹고, 일하고 휴식하는 시간이 있다. 그런데 아무 일도 하는 것 없이 매일의 시간을 쓸데없이 허비하는 사람도 있고, 낮과 밤으로 근면하여 잠시도 놀지 않는 사람도 있고, 또 종일토록 노는 것도 없고 공부하는 것도 없이 담배피고 한담하면서 일하는 것을 소일거리로 아는 사람도 있다.

시간을 쓸데없이 허비하는 것은 인생의 본분을 져버리는 것이니 진실로 경계해야 할 바이거니와, 낮과 밤으로 쉬지 않고 일 하는 것에만 근면한 것도 반드시 좋은 일이 아니다. 사람이 일만 하고 노는 것이 없으면 신체가 건강하지 못하고 정신이 활발하지 못하여 마침내 일을 할 수 없는 데에 이를 것이니, 일을 할 때에는 가장 부지런히 하며 놀 때에는 가장 즐겁게 하는 것이 좋다.

영국 사람은 온갖 일에 시간을 엄격하게 정하여 일하는 시간에는 꼭 필요한 일이 아니면 말 한마디 주고받지 않고 흡연도 하지 아니하며, 무슨 재미있는 일이 있을지라도 귀를 기울여 듣거나 눈을 들어 보지 않고 다만 열심히 일을 한다. 그러나 정한 시간이 오면 일분간이라도 망설이지 않고 보던 일을 거두어 즉시 집으로 돌아와서 의복을 갈아입고, 어떤 경우는 교외에 산보하며 어떤 경우는 좋아하는 운동을 하고 또 친척과 친구가 모여서 즐겁게 담소한다. 이와 같이 하여 하루의 피로함을 잊어버리고 다음날은 다시 활발한 기상으로 일을 한다.

우리나라에서는 일을 하는데 근면함도 없고 노는데 즐거움도 없이 시간을 쓸데없이 허비하는 사람들이 매우 많아서, 일을 하든지 길을 가든지 긴 연죽을 입에 물고 나태함이 극도에 달하여 국민의 원기(元氣)가 떨치지 못하니 이것은 하루라도 바삐 고칠 습관이다.

우리들도 교실에서는 열심히 공부하고 운동장에서는 활발하게 운동하는 것이 옳다. 또 집에 있을지라도 공부할 때는 지극히 부지런히 하고 놀 때는 지극히 즐겁게 놀아야 하니, 아무 일도 하는 것 없이 시간을 쓸데없이 낭비하는 것은 노인이 할 일이요, 소년이 할 일이 아니다.

제5과 프랭클린

미국의 워싱턴의 친구 중에 프랭클린[흐란그린][10]이라고 하는 사람이 있었으니, 워싱턴과 함께 미국을 부강하게 한 것은 이 사람의 공이라고 하는 높은 명예를 얻은 사람이다.

---

10 프랭클린(B. Franklin, 1706~1790) : 미국의 정치가, 외교관, 과학자, 저술가이자 신문사의 경영자였다. 다양한 분야에서 활발하게 활동하였으며, 피뢰침을 발명하기도 하였다. 대륙회의의 펜실베이니아 대표를 역임하였고, 1776년 독립선언 기초위원을 지내기도 하였다. 프랭클린은 자유와 과학을 존중하였으며, 공리주의에 입각하였던 전형적 미국인이다. 그의 『자서전』은 문학적으로도 높이 평가된다.

프랭클린은 어린 시절로부터 자기의 학문과 도덕을 연구함에 주의를 기울여 절제, 부지런함과 검소함, 정직 등 12개의 경계문을 써서 벽에 붙이고, 자기가 매일 행동하는 일이 그 경계문에 어김이 있으면 그것에 점을 찍었다.[11] 처음에는 하루 동안에 점을 두 세 개씩 찍었는데, 점차로 수양하여 마침내 점을 찍을 필요가 없기에 이르렀다.

프랭클린은 화내기 쉬운 성품이 있었는데, 이 나쁜 성격을 스스로 고치려고 하였다. 그래서 사람을 대함에 화나는 일이 있으면 바로 말을 하지 않고 일부터 십까지 헤아린 후에 서서히 입을 열어 말하기로 마음으로 맹세하였더니, 후에는 습관이 되어 화내는 것이 적어졌다고 한다.

사람은 항상 자기의 성품과 행실을 돌아보아 나쁜 성격은 고치고 좋은 성격은 발달하게 하는 것이 옳다. 스스로 반성하는 마음의 솜씨가 없는 사람은 끝내 현인이나 군자가 되지 못한다. 증자(曾子)[12]는 덕성을 수양함에 있어 가장 필요한 일 세 가지를 자기가 능히 행하지 못할까 하여 매일 세 번씩 자기의 몸을 살폈다고 하니, 동서고금에 현인과 군자의 행하는 바가 다 같다.

증자가 말하였다. "나는 날마다 세 가지로 나의 몸을 살핀다. '다른

---

11 프랭클린의 13덕목은 다음과 같다. 절제, 침묵, 질서, 결단, 절약, 근면, 진실, 정의, 중용, 청결, 침착, 순결, 겸손. 원문에는 12개라고 나와 있으니, 편저자의 실수로 보인다.

12 증삼(曾參, BC 506~BC 436?) : 노나라의 유학자로, 자는 자여(子輿)이다. 증점(曾點)의 아들이며, 공자의 덕행과 사상을 조술하여 공자의 손자인 자사(子思)에게 전하였다. 그리고 이는 다시 맹자에게 전해졌다. 『논어(論語)』 「이인(里仁)」 편에서 증삼이 공자의 사상을 '충서(忠恕)'라는 단어로 요약한 것은 널리 알려져 있다. 후세 사람이 높여 증자(曾子)라고 일컬으며, 『증자(曾子)』, 『효경(孝經)』 등을 남겼다.
『論語』 「里仁」 : "子曰, 參乎, 吾道一以貫之. 曾子曰, 唯. 子出, 門人問曰, 何謂也. 曾子曰, 夫子之道, 忠恕而已矣."

사람을 위하여 일을 도모함에 충성[忠]스럽지 않았는가', '친구와 더불어 사귀는데 믿음[信]이 없었는가', '전수받은 것을 복습[習]하지 않았는가'가 그것들이다."[13]

제6과 다른 사람의 명예

이 젊은이는 지금 오래 거주하던 고향을 떠나려 한다. 그 사람은 무슨 까닭으로 고향을 떠나게 되었는가.

그 사람의 조상이 대대로 이 마을에 거주하고 그 사람도 또한 이 마을에서 태어나 자랐으나, 어린 시절부터 남을 비방하며 사람들의 과실을 적발하여 명예를 손상하게 하는 것을 좋아하는 까닭에 한 동네가 모두 그 사람을 미워하였다.

접한 이웃에 이응선(李應善)이라고 하는 상업가가 있었는데, 사람됨이 정직하여 한 사람도 시비하는 사람이 없었다. 그러나 응선의 할아버지가 일찍이 부정한 저울추로써 은을 매매한 일로 벌을 받은 적이 있었다. 그런데 이 젊은이는 항상 이 일을 들어 말하여 응선을 비웃었다.

또 같은 마을에 장구용(張九容)이라고 하는 농부가 있었는데, 불행히

13 『論語』「學而」: "曾子曰, 吾日三省吾身, 爲人謀而不忠乎. 與朋友交而不信乎. 傳不習乎."

중년에 다른 빚들을 헤아려 갚지 못한 까닭에 잠시 파산을 당하였다. 그러나 그 후에 상업에 열심히 노력하여 다시 가산이 풍요해져서 이전의 부채를 다 갚았으니, 사람마다 구용을 칭찬하지 않는 이가 없었다. 그런데 이 젊은이는 지금도 오히려 파산했던 때의 일을 말하여 구용을 모욕하였다.

이 젊은이가 이와 같이 남의 좋지 않은 일을 적발하며 또 허무한 말을 꾸며 만들어 사람들의 명예를 상하게 하는 일이 많은즉, 누가 이 사람과 교유하기를 즐겨하겠는가. 사람들의 마음을 크게 잃어 이 마을에서 살기 어려운 까닭에, 드디어 부모의 고향을 떠나게 되었다.

다른 사람의 일을 좋지 않게 말하면 끝에 가서는 남에게 미움을 받고 자기도 역시 좋지 않은 말을 듣는다.

사람의 명예는 생명과 재산보다 소중한 것이다. 명예를 위하여 생명을 아끼지 않는 사람도 있으니, 자기의 명예를 소중히 여김과 같이 남의 명예를 소중히 여겨 결단코 손상시키지 말아야 한다.

내가 남의 명예를 소중히 여기면 남도 또한 나의 명예를 소중히 여기고, 내가 남의 명예를 헐뜯으면 남이 또한 나의 명예를 헐뜯으니, "너에게서 나온 것은 너에게로 돌아간다"[14]라고 하는 옛말을 명심해야 한다.

14 『孟子』「梁惠王」: "孟子對曰, 凶年饑歲, 君之民老弱轉乎溝壑, 壯者散而之四方者, 幾千人矣, 而君之倉廩實, 府庫充, 有司莫以告, 是上慢而殘下也. 曾子曰, 戒之戒之. 出乎爾者, 反乎爾者也. 夫民今而後得反之也. 君無尤焉. 君行仁政, 斯民親其上, 死其長矣."

제7과 진정한 용기가 있는 자

싸움을 즐기고 좋아하는 것은 혈기의 용감이니, 군자가 귀중하게 여기는 것이 아니다. 여러분은 이미 인상여(藺相如)와 염파(廉頗)가 남긴 자취를 알 것이다.[15] 염파가 인상여의 아래에 위치함을 분노하여 기회를 얻으면 욕하고자 하는 것을 인상여가 듣고 상봉하기를 즐겨하지 않았다. 인상여가 염파를 두려워하여 꺼린 것은 아니다. '조(趙)나라는 약소한 나라요, 진(秦)나라는 강대한 나라이다. 그러나 진나라가 감히 조나라를 침공하러 오지 못하는 것은 나와 염파가 있기 때문이다. 이제 우리 두 사람이 다투어 서로 반목하면 조나라는 멸망할 것이다'라고 생각하였기 때문이다. 염파의 무례한 거동을 보고 인상여인들 어찌 마음을 즐겁게 여겼겠는가마는, 국가를 위하여 자기 한 몸의 사사로운 분노를 억제한 것이다. 염파도 이 말을 듣고 크게 부끄러워하여 인상여를 방문하고 사죄하였다고 하니, 인상여와 같은 사람은 진정한 용기 있는 자이다.

세상에 종종 육체적인 힘이 남보다 뛰어남을 믿고, 눈을 부릅뜨며 팔을 걷어 올리면서 큰 소리로 다른 사람을 심하게 욕하여 용감한 자로 자처하는 자가 있으나, 이것은 농부나 시골 사람의 행동이요 선비나 군자가 행동할 바가 아니다.

강과 하천을 건너는 데는 배가 아니면 안 되고, 승냥이와 이리를 잡

---

15 문경지교(刎頸之交) : '서로를 위해서라면 목이 잘린다 해도 후회하지 않을 정도의 사이'라는 뜻으로, 생사를 같이할 수 있는 아주 가까운 사이, 또는 그런 친구를 이르는 말이다. 인상여(藺相如)와 염파(廉頗)의 고사에서 유래되었으며, 관련된 이야기가 이번 과에서 소개된다. —『사기(史記)』 권81 참조.

는 데는 총탄이 아니면 안 된다. 그러나 '나는 용감한 사람인데 배를 어찌 사용하며, 총탄이 무슨 필요인가' 하는 자가 있다면 이는 용감한 자가 아니요, 어리석은 자라 할 것이다. 공자도 말하기를, "맨손으로 범을 잡으려 하고 맨몸으로 강을 건너려고 하여 죽어도 후회가 없는 자를 나는 함께 하지 않을 것이다"[16]라고 하였다. 무슨 일이든지 순서와 방법이 반드시 있을 것이니, 일에 임하거든 깊이 생각하고 멀리 고려하여 최선의 방법을 택해 성공하기를 반드시 기약하고, 성공하지 못하면 마치지 않는 사람을 진정한 용기 있는 자라고 한다.

제8과 군자의 경쟁

봄의 대운동회에 각 학교의 학생 수천 명이 모였는데, 그 중에서 잘 달리는 사람 삼십 명을 택하여 삼백 보 경주를 시켰다. 수동이가 가장 먼저 질풍과 같이 달려 나가고, 정동이는 그 다음에 달려 나갔는데, 두 사람의 사이는 겨우 삼척(三尺)[17]에 지나지 않았다. 구경하

16 『論語』「述而」: "子謂顔淵曰, 用之則行, 舍之則藏, 唯我與爾有是夫. 子路曰, 子行三軍, 則誰與. 子曰, 暴虎馮河, 死而無悔者, 吾不與也. 必也臨事而懼, 好謀而成者也."

17 1척은 30.3cm이니 3척은 약 90.9cm에 해당한다.

는 사람들은 누가 일등상을 탈까 하여 모든 눈이 주시하였다. "수동이, 수동이"라고 부르는 자도 있었고, "정동이, 정동이"라고 소리 지르는 자도 있었다. 두 사람은 전심전력으로 일등을 서로 다투었다.

이 사이에 정동이가 오른손을 내밀어 수동이의 머리채를 잡아당겨 뒤로 물러나게 하고, 수동이보다 앞섰다. 이것을 알지 못하는 자는 "정동이다. 정동이다" 하며 박수갈채를 하였다. 정동이는 일등상을 탈 줄로 알고 득의양양하였다.

그러나 심판관은 정동이의 비열한 행동을 미워하여 일등상은 수동이에게 주고, 정동이는 당일의 운동을 금지할 뿐 아니라 일주일간 학교에 늦게까지 남아있기를 명하였다.

운동과 학업과 기타 여러 가지 일에 경쟁하는 것은 공명정대하게 해야 한다. 공명정대하게 하면 경쟁은 가장 높이 받들 만한 것이다. 다만 자기의 승리를 얻기 위하여 다른 사람을 방해하는 것이 정동이와 같은 자는 사귀지 말아야 한다. 다른 사람을 방해하고 승리를 얻은 것은 진정으로 승리를 얻은 것이 아니니, 무엇이 마음에 즐겁겠는가. 다른 사람을 방해하지 말고 도리어 원조하여 그 능력껏 행하게 하고, 자기도 능력껏 행하여 서로 상쾌하게 경쟁하는 것을 군자의 경쟁이라고 한다.

운동회에서도 자기와 경쟁하는 자에 대하여 빨리 달리는 비법까지라도 가르쳐주고 경주함이 옳다. 이와 같이 한 후에 타는 일등상은 진정한 일등이다. 만일 이 일로 인하여 이등 혹은 삼등이 되었으면, 자기의 능력이 오히려 다른 사람에게 미치지 못한 것이니 더욱 열심히 할 따름이다. 학업도 또한 이와 다름이 없다.

제9과 관대

송(宋)나라 시대의 여몽정(呂蒙正)[18]은 매우 관대한 사람이었다. 그래서 다른 사람에게 무례함을 받더라도 조금도 개의치 않았다. 처음에 참지정사(參知政事)가 되어 조정의 조회에 들어갔을 때 발[簾] 안의 한 벼슬아치가 거만히 앉아서 여몽정을 가리키며, "이와 같은 풋내기도 또한 참지정사인가?" 하고 비웃었다.

여몽정은 못들은 척 하고 지나쳐갔다. 같은 열에 있던 여러 사람들이 그 벼슬아치의 무례함을 분하게 여겨 그 직위와 성명을 찾아서 따져 나무라고자 하니 여몽정이 만류하였다.

조정에서 물러난 후에도 같은 열에 있는 여러 사람들이 오히려 따져 나무라지 아니함을 후회하였다. 그러자 여몽정이 말하기를, "한 번 그 성명을 알면 종신토록 잊지 못할 것이니 차라리 처음부터 알지 못하는 사람만 같지 못하고, 또 그 성명을 찾아서 힐책한들 무엇에 유익하겠는가"라고 하니, 이 말을 사람들이 서로 전하여 그 관대함을 존경하고 따랐다.

옛 사람의 말에 있기를, "노하는 사람은 쉽게 더불어 할 수 있으나, 노하지 않는 사람은 두려워할만하다"라고 하였으니, 과연 그렇다. 도량이 관대하여 쉽게 노하지 않는 사람을 대하면 자연스럽게 외경할

18 여몽정(呂蒙正, 946~1011) : 송나라의 문인이자 관리로, 자는 성공(聖功)이다. 하남(河南) 사람으로, 시호는 문목(文穆)이다. 감승(監丞), 저작낭(著作郎), 좌습유(左拾遺), 한림학사(翰林學士), 참지정사(參知政事) 등을 역임하였고, 세 번 재상을 지냈으며 내국공(萊國公)으로 봉해졌다. 현명함으로 이름이 높았으며, 사람을 알아보는 눈이 뛰어났다고 전한다. – 『송사(宋史)』 권265 참조.

생각이 난다. 길에서 어깨와 팔이 서로 부딪힐지라도, 갑자기 노기가 온 얼굴에 드러나 사람에게 큰 소리로 질타하는 것은 못난 장부의 행위이니, 곧 군자가 매우 부끄러워하는 것이다.

사람이 혹시 자기를 대하여 무례한 말과 행동이 있을지라도 서서히 그 까닭을 궁구하면 일시적인 무망(无妄)의 과오에서 나옴이 많다.[19] 종들이 그 주인에게 복종하여 섬김에 있어 겁을 먹고 벌벌 떨면서 오히려 그것을 잃어버릴까 두려워하거늘, 자질구레한 일에도 노하여 질책하는 사람이 있다. 이것은 자기의 위엄을 손상시켜 다른 사람의 업신여김을 자초하는 것이다.

자공(子貢)[20]이 공자에게 묻기를, "한 마디 말로 가히 종신토록 행할 만한 것이 있습니까?"라고 하였다. 공자가 말하기를 "서(恕)이다"라고 하였으니, 능히 용서하면 노여워함이 적어진다.[21]

19 이 부분은 '무망지과(无妄之過)'의 의미가 명쾌하지 않다. 그런데 유사한 내용이 『주역(周易)』「무망괘(无妄卦)」의 육삼효(六三爻)에 나온다. "육삼은 무망의 재앙이니, 혹 소를 매어 놓았다 할지라도 행인이 얻는 것은 읍인의 재앙이다"는 것이다. 행인이 소를 얻는다는 것은 곧 읍인이 소를 잃는다는 것을 의미한다. 이런 내용을 미루어보건대, 『보통학교 학도용 수신서』의 '무망지과'는 얻고 잃는 것이 서로 얽혀 있는 관계를 의미하는 것으로 보인다. 『周易』「无妄卦」: "六三, '无妄之災', 或繫之牛, 行人之得, 邑人之災."

20 자공(子貢, BC 520?~BC 456?) : 위(衛)나라의 유학자로, 성은 단목(端木)이고 이름은 사(賜)이다. 공자의 제자 중 특히 뛰어났던 공문십철(孔門十哲)의 한 사람으로 재아(宰我)와 함께 언어에 뛰어났다. 노나라와 위나라에서 재상을 역임하였으며, 공문(孔門)에 경제적인 원조로 큰 역할을 했다고 전한다.

21 『論語』「衛靈公」: "子貢問曰, 有一言而可以終身行之者乎. 子曰, 其恕乎. 己所不欲, 勿施於人."

제10과 어리석은 사람의 미신 1

마음이 약하고 겁이 많은 사람이 있었는데, 어두운 밤에 깊숙하고 고요한 곳을 지나가고 있었다. 그 때 목이 길고 머리가 큰 한 요괴가 도로 옆 담 위에 웅크리고 앉아 흘겨보거늘, 매우 놀라서 겁을 내어 집고 있었던 짧은 막대기로 사납게 때리고 급히 달려서 돌아왔다. 다음 날에 친구를 대하여 자랑하기를, "나는 어제 밤에 길 가는 동안 요괴를 만나 막대기 하나로 때려 죽였다"라고 하였다. 그 친구가 이상하게 생각하고 그 사람과 함께 그 장소에 가서 보았더니, 담 위에 있던 박[匏]이 두 조각으로 깨여져 반은 땅 위에 떨어지고 반은 담 위에 걸려 있었다. 그 사람이 비로소 요괴가 아니요, 박인 줄 알고 얼굴 가득히 붉어졌다.

무릇 이 세상에 요괴나 마귀를 보았다고 하는 것은 다 그 사람과 같이 자기 마음의 미혹을 좇아서 생긴 것이다. 용기가 있고 올바르며 당당한 사람 중에는 요괴나 마귀를 보았다고 하는 자가 없으니, 이것은 요괴가 용기 있고 올바르며 당당한 사람을 두려워 피한 것이 아니다. 그런 괴물은 분명히 없는 것인데, 나약하고 겁이 많은 사람의 마음에는 무섭고 두려운 생각이 가득한 까닭에 박 어린 것도 오히려 요괴와 같이 보인 것이다.

또 실로 괴물과 같이 보이는 물건도 능히 그 근본을 살펴보면 조금도 두려워하고 겁낼 것이 아니다. 오래된 무덤이나 부서진 가옥에서 푸른빛이 보이는 것은 실상이 있는 것이다. 학문이 없는 사람은 이것을 도깨비불로 생각하고 두려워 겁내지만, 그러나 이것은 사람의 뼈나 기타 부패한 물건에서 나오는 '인(燐)'이라고 칭하는 것이다. 인은 능히 타는 것인데 성냥을 제조하는데 인을 쓰니, 무엇을 족히 두려워하여 겁내겠는가.

제11과 어리석은 사람의 미신 2

요괴나 마귀뿐 아니라, 별자리를 보고 길흉을 점하며, 손금을 보고 화복을 논하며, 기도로 병을 다스리고자 하며, 큰 가뭄에 기우제를 지내어 비를 얻는 줄로 믿는 것이 어리석은 사람들 중에 가장 많다.

세상을 어지럽히고 백성을 속이는 어떤 사람이 있었는데, 집의 구석에 신령에게 제사 모시는 신단(神壇)을 설치하고 거기 기도하면 영험이 신기하다 하고 말하였다. 근처의 어리석은 사람들이 바라는 일이 있어서 기도를 청하면, 그 기도자가 신단에 올라가 기도하고 잠시 동안 신령스러운 술을 담은 술병에 가늘고 짧은 나무 가지를 꽂아 놓고 말하기를, “이 나무 가지는 신을 접한 것이니 손을 대지 말고 스스로 움직이는 것을 보라”라고 하였다. 사람들이 여기에 놀라 의아하게 여기던 차에 마침 벽에 둘렀던 병풍이 넘어지며 술병이 가로로 넘어지니, 곧 그 속에 무수한 작은 물고기가 나타났다. 이에 모든 사람들이 나뭇가지의 흔들림은 작은 고기의 힘인 줄을 알고 크게 노하여 그 기도자의 사람 속임을 나무라며 마구 때렸다. 기도자는 고통을 견디기 어려워 이미 이전부터 각종 방법으로 사람을 속인 것을 자백하였다고 한다. 무당과 점쟁이 등이 사람을 미혹시키는 것은 대개 이와 같은 것이라 족히 믿지 못할 것이다.

어떠한 일을 막론하고 이치가 없는 일에 현혹되어 믿고 받드는 것을 미신(迷信)이라고 한다. 학문과 지식이 없는 사람은 미신에 빠지기 쉬운 것이다. 어떠한 나라에서든지 학문이 발달하지 못한 시대에는 미신에 빠진 사람이 많아서 오늘날에는 삼척동자라도 믿지 아니할 일을 믿었으나, 학문의 진보를 따라서 미신자가 점차 없어졌다.

“바르지 못한 것은 바른 것을 건드리지 못한다[邪不犯正]”[22]라고 하는 옛말이 있으니, 무릇 기괴한 일을 말하는 자가 있거든 가벼이 믿지 말고 그 이치의 바르고 바르지 않음을 구하여야 한다. 어리석은 사람은 사물의 이치를 헤아리지 않고 사람의 말을 가벼이 믿기 때문에 바른 이치에 합당하지 않은 일에도 미혹된다.

공자가 말하기를, “지혜로운 자는 미혹되지 않는다”[23]라고 하였다.

---

22 사불범정(邪不犯正) : ‘바르지 못하고 요사스러운 것이 바른 것을 건드리지 못한다’는 의미로, 사불벌정(邪不伐正)이라고도 쓴다. 용례는 다음과 같다.
『潛夫論』 : “夫妖不勝德, ‘邪不伐正’, 天之經也.”
『隋唐嘉話』 : “奕曰, 此邪法也, 臣聞‘邪不犯正’, 若使咒臣, 必不得行.”

제12과 자선

일본의 동북 지방에서 흉년을 당하여 오곡이 제대로 익지 않은 일이 있었다. 그 지방의 사람들이 겨울에 이르러 입을 것과 먹을 것을 구하지 못하여 헐벗고 굶주림을 면하지 못하였다.

그 시기에 영목(鈴木)이라고 하는 사람이 있었는데, 원래 자선가였다. 가세가 부유한 까닭에 재산을 써서 가난한 사람을 구조하였다. 영목의 처도 그 어질고 착한 사람의 자선하는 마음에 감동하여 자기의 의복 및 빗과 비녀 등을 모두 팔아서 가난한 사람을 구조하는 자금을 보충하였다. 영목이 딸 한 명을 두었는데, 나이가 겨우 십오 세였다. 하루는 눈이 쌓이고 바람이 찬데 한 소녀가 남루한 홑옷을 입고 전신을 떨며 문 밖에 우두커니 서서 밥을 빌었다. 영목의 딸은 이것을 보고 딱하고 가여운 정을 참지 못하고 자기가 입은 의복 한 벌을 벗어서 걸인에게 주고자 하였다. 그 부모는 딸의 자비심을 기특하게 여겼으나 시험하는 말로 묻기를, "네 의복도 이미 가난한 사람에게 다 주고 겨우 두 벌만이 남았는데, 이제 한 벌을 또 저 소녀에게 주면 너는 추운 겨울에 장차 어찌하려고 하느냐"라고 하였다. 딸이 대답하여 말하기를, "저 가련한 여자 아이의 추위로 인한 괴로움을 보고 홀로 따뜻한 옷을 입는 것은 사람의 정으로서는 차마 할

---

23 『論語』「子罕」: "子曰, 知者不惑, 仁者不憂, 勇者不懼."

수 없는 것이요, 또 지금은 겨울이 다 갔기에 불과 며칠이 지나면 기후가 따뜻해질 것입니다"라고 하고, 한 벌의 의복을 벗어 주었다. 저 걸인 아이는 영목의 딸의 은혜에 감격하여 울며 땅에 엎드려 무수히 감사하였다고 하니, 그 부모와 그 딸아이는 이 세상에 드물고 귀중하다고 사람마다 선함을 칭찬하였다.

스스로 부지런히 노력하지 않고, 한갓 다른 사람에게 입을 것과 먹을 것을 애걸할 필요는 없으나, 자연재해나 질병 등 불의의 재난을 당하여 곤궁에 빠진 사람을 구조하는 것은 우리의 의무이다. 무릇 빈곤한 자와 불쌍하고 가여운 자를 구조하는 것을 자선(慈善)이라고 한다. 자선이라고 하는 것은 금전이나 물품을 은혜로이 주는 것뿐만 아니라, 불쌍히 여겨 사랑하는 정으로 친절하게 대함을 다하는 것도 역시 자선이다.

제13과 절제

신체 건강은 모든 일의 근본이다. 신체가 건강하지 못하면 충신도 능히 충성을 다하지 못하고, 효자도 능히 효도를 다하지 못할 것이다. 신체의 건강을 보전하고자 한다면 음식을 절제함이 가장 필요하다. 입과 배의 욕심을 제어하고 음식을 조절하여 먹는 것을 절제(節制)라고 한다. 프랭클린은 열 두 개의 덕 중에 절제를 첫 번째로 여겼으니, 절제 다음으로 필요한 것은 운동이다.

옛날 네덜란드[和蘭國]에 한 부유한 사람이 있었는데 매일 아무 일도 하지 않고 진수성찬으로 욕심을 따라 포식하더니, 신체가 점점 살이

쪄서 뚱뚱해져 마침내 고통을 감당하지 못하게 되었다. 의사가 음식을 절제하고 운동을 하라고 충고하였으나 한 번도 듣지 않았다. 천리 먼 길에 뛰어난 의사가 있음을 듣고 편지를 보내어 치료를 청하였더니, 의사는 그 사람의 편지를 보고 운동과 절제의 부족함을 알고 즉시 답서를 하여 이르기를, “이는 배 안에 흉악한 곤충이 발생한 것이니, 스스로 와서 치료를 받으시오. 수레나 말을 타면 병의 기세가 점점 위중해지니, 반드시 도보로 오시오”라고 하였다.

그 사람이 의사의 말을 믿고 곧이들어 길을 떠났으나, 처음 날에는 겨우 이삼십 리를 가고서 여관에 투숙하였다. 그런데 일수가 더해가자 신체의 뚱뚱함이 점차 사라지고 정신이 상쾌해지더니, 의사의 집에 도달할 때는 병세가 거의 쾌차하였다. 의사가 이것을 보고 웃으며 말하기를, “당신의 배 안에 있는 흉악한 곤충은 여행 중에 절제와 운동을 통하여 다 죽었소”라고 하였다. 그 사람이 비로소 의사의 말을 깨달아 의사의 충고를 듣고 따라서 음식을 절제하고 매일 운동을 태만히 하지 않았더니, 신체가 지극히 건강하여 팔십 세까지 오래 살았다고 한다.

이 말을 듣는다면 절제와 운동이 얼마나 필요한지를 알 것이다. 다만 실내에서 일어났다 누웠다 하여 운동도 하지 않고 음식만 탐하는 사람은 자기의 신체가 소중한지를 알지 못하는 사람이다. 입과 배의 욕심을 억제하지 못하는 것은 매우 비천할 뿐 아니라, 이 일로 인해 신체의 건강을 해하여 사람으로서 신하, 자식, 동생, 부인의 본분을 능히 다하지 못하면 부덕의 죄를 면하지 못할 것이다.

— 보통학교 학도용 수신서 권3 끝

보통학교 학도용 수신서 권 4

학부 편찬 보통학교 학도용 수신서 권4

동경 삼성당(三省堂) 서점 인쇄

목차

제1과 독립자영

서양의 어떤 도시에 소년 두 사람이 있었는데, 한 사람은 부유한 가정에서 태어나 자랐고, 다른 한 사람은 가난한 가정에서 태어나 자랐다. 부유한 가정에서 태어나 자란 사람은 종과 같은 심부름꾼이 충분하여 무슨 일이던지 제 손으로 하지 않고 매우 안락하게 생활하였다. 반면 가난한 가정에서 태어나 자란 자는 어렸을 때로부터 부모의 생계를 돕기 위하여 여러 가지 어려움을 두루 겪었다. 그러한 까닭에 부유한 가정의 소년은 가난한 가정의 소년을 비천하게 여기고, 가난한 가정의 소년은 부유한 가정의 소년을 공경하고 부러워하였다. 그러다가 두 사람이 다 장성하여 각각 한 가정의 경제를 주관하기에 이르렀는데, 부유한 가정은 사치하며 방탕한 까닭에 집안 재산이 적어져 밭과 집, 여러 가지 물건을 점차 내놓아 팔고 끝내는 입에 풀칠하기가 매우 어려움에 이르렀다. 반면 가난한 가정은 근면하며 절제와 검소한 결과로 재물을 축적하여, 그 소년이 사십 세가 된 때에는 성 내의 두드러진 재산가가 되어 종과 같은 심부름꾼도 충분하였다.

무릇 사람은 각기 업무에 애쓰고 노력하여 독립자영 하는 방법을 강구하지 아니해서는 안 될 것이다. 아버지와 형이 남긴 사업이나 친구의 원조에 의지하고 하는 일 없이 놀면서 입고 먹는 것은 인간 세상의 가장 비천한 사람이다.

나이가 장성한 후에 독립자영 하는 사람이 되고자 한다면, 어렸을 때로부터 부지런히 일하는 습관을 기르는 것이 필요하다. 한갓 다른 사람을 믿고 의지하면 스스로 힘써 노력하는 기력을 잃고 행하기 쉬운 일도 행하지 못하는 지경에 이르니, 무슨 일이던지 스스로 행하는 사람은 기력이 점점 넓어져 충실하게 되어 행하기 어려운 일이라도 쉽게 행하게 된다.

부유하고 귀한 집안에 태어나 자란 사람은 여러 가지 일을 종에게 시키고 제 손으로 행할 필요가 없기 때문에, 무슨 일이든지 해보려고 움직이면 다른 사람에게 의지할 마음이 생겨서 장성한 후에 독립자영을 하지 못하니, 인생의 가장 불행한 것은 부유하고 귀한 가정에서 태어나 자라는 것이다.

빈한한 사람의 자손은 능히 다른 사람에게 의지하지 못하고 무슨 일이든지 스스로 행하기에 힘을 다하니, 어렸을 때에는 불행한 것 같으나 장성한 후에는 도리어 빈한한 사람의 자손이 행복을 누리는 자가 많다.

격언 : 하늘은 스스로 돕는 자를 돕는다.

제2과 직업

조상이 남긴 사업으로 입을 것과 먹을 것이 풍족하여 아무 일도 영위하지 않고 유유히 세월을 허비하는 자를 무뢰배(無賴輩)라고 부르니, 인간 세상에 가장 비천한 자이다. 사람은 각각 일정한 직업에 종사하는 것이 옳다.

직업의 종류는 매우 많다. 사람은 좋아하는 것과 잘하는 것을 따라서 직업을 택해야 한다. 직업에는 귀천(貴賤)과 존비(尊卑)의 차별이 없는 것이다.

세상에서는 상공업 등의 직업에 종사하여 스스로 노력하는 것을 천하게 여기는 자가 있으나, 이것은 매우 폐해가 많은 풍습이다. 어떠한 직업이든지 매우 노력하여 사회에 이익이 있고 국가에 이익이 있게 한다면, 그 사람은 존경할만한 사람이다. 부질없이 다른 사람의 직업을 공경하고 부러워하여 자기의 지혜의 힘을 헤아리지 못하고 억지로 행하려고 하는 것은 매우 위험한 것이다.

또 부모의 의견과 가족의 사정도 참고하는 것이 옳다. 자기의 재능에 적당한 직업이라도, 부모의 의견이나 가족의 사정에 부합하지 않으면 종사하지 못할 것이다.

신중하게 직업을 선정한 이상에는 가볍게 변경하지 말고 열심히 직무에 노력하는 것이 옳다. 사소한 차질로 인하여 본래 품었던 뜻을 변동하는 것은 용기 없는 사람이다.

제3과 공동

독립자영은 가장 존중하여 여길 것이다. 그러나 고립해서 혼자 행동하는 것으로 일을 이루고자 하여 추호도 다른 사람과 공동으로 아니 하려고 하는 것은 어리석은 사람이라고 할 것이다. 고립하여 혼자 행동하는 것으로는 도저히 일을 이루기 어려운 것이라도, 여러 사람이 공동으로 하면 쉽게 성공하는 것이 많다. 어떤 노인이 아이 4~5명을 불러 모으고 막대기 세 자루와 송판 한 매를 주며 말하기를, “이 막대기를 세

우고 그 위에 이 송판을 얹어 보아라"라고 하니, 아이들이 재미있게 여겨 각기 시험하였으나 성공한 사람이 없었다.

잠시 동안에 아이 한 명이 무엇을 터득한 것처럼 말하기를, "이렇게 하면 쉽게 세우겠다"라고 하며, 가는 노끈으로 세 자루 막대기의 가운데를 함께 묶고 막대기의 양끝을 벌린 다음 그 위에 송판을 얹었다.

다른 아이들이 처음에 시험한 것과 같이 막대기 한 개씩을 세우려고 하면 아무리 궁리하여도 효과가 없으나, 이와 같이 세 개를 함께 묶으면 능히 세우고 그 위에 송판을 얹을 수 있다.

우리들이 세상의 일을 영위하는 것이 다 이와 같은 것이다. 각각의 사람이 고립하여 혼자 행동하면 성공하기 어려운 일이라도, 함께 힘을 합하면 일은 반이 되고 효과는 배가 된다. 그러하기에 한 가족, 한 마을, 한 고을에 함께 사는 자는 언제나 일을 서로 합심하고 협력할 필요가 있다. 함께하는 힘으로 상부상조하는 것은 독립자영 하는 방법에 위배되지 아니할 뿐 아니라, 다른 사람의 도움을 받는 것보다 다른 사람을 많이 도와주면 도리어 자선의 일부분이 되는 것이다.

제4과 공중

인류는 친척과 친구를 사랑하고 보호할 뿐 아니라, 사회의 여러 사람들[公衆]을 위하여 이익을 도모하는 것에 주의를 기울여야 한다.

전각 · 사원 · 공원 등에서 수목이나 화초를 꺾거나, 도로에서 수레나 말 그리고 통행자에 방해가 되게 하는 등의 일은 모두 다른 사람들을 생각하지 않는데서 생기는 것이다.

음료수에 오물이나 먼지와 쓰레기를 버린다든지, 부패한 물건을 길 위에 버려둔다든지, 전염병이 든 자를 은폐한다든지, 혹은 소독 예방 등을 꺼려서 피하는 것이 모두 사람들에게 해를 끼치는 일이다.

공공물이나 정부 · 관청의 소유물에 대하여 손해를 더하는 것은 가장 해서는 안 되는 것이니, 비유하건대 전신주 · 우편함 · 철도와 선로 · 도로 · 교량 · 둑 등에 못된 장난을 하거나, 관아 · 학교 등 건축물을 지저분하고 더럽게 하는 것은 모두 사람들에게 해를 끼치는 것이니, 반드시 힘써 삼가야 한다.

집회의 시간을 어기고, 여러 사람이 빽빽이 앉은 가운데서 다른 사람을 밀치거나, 기차 또는 기선이 온 데에서 무례한 거동을 보이는 것은 모두 사람들에게 해를 끼치는 것이니, 삼가야 할 것이다.

많은 사람이 모인 한복판의 복잡한 때에 노약자와 불구자를 도와주고 위험한 것을 보고 구호하며, 기타 자기의 힘이 미치는 대로 사람들을 위하여 힘을 다하는 것이 인류의 의무라고 할 것이다.

제5과 위생

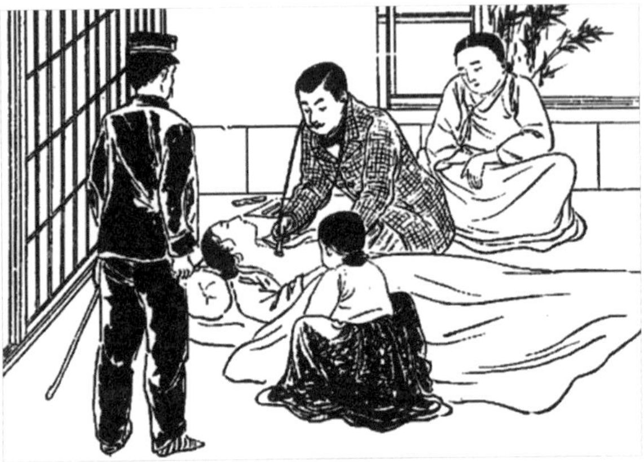

신체의 건강함을 위하여 위생이 가장 필요하다는 것은 우리들이 이미 아는 것이다. 위생은 한 몸을 위할 뿐 아니라, 또한 사람들을 위하여 주의하는 것이 옳다. 무심히 불결한 물건을 깨끗한 개천 가운데 버리면 하류의 사람들이 마시고 나쁜 병에 걸리는 일이 있다. 한 사람의 신중하지 못함으로 말미암아 나쁜 전염병에 걸려서 친척이나 이웃에게 전염되어 수일간에 다수의 인명을 잃게 하는 폐단이 없지 않다.

어떠한 촌락의 한 여자가 종일토록 야외에서 밭을 매다가 석양에 집에 돌아왔는데, 갑작스럽게 전신이 고통스러워 인사불성이 되었다. 가족과 이웃 사람들이 모여서 보호하였는데, 하루 사이에 여러 사람이 같은 병에 걸렸다. 가까운 마을의 사람들이 그 말을 듣고 문병하러 오는 자가 연속하여 끊이지 않았는데, 그 사람들에게도 역시 전염되어 수일 내에 사망하는 사람이 수십 명에 미쳤다.

경찰서에서 이 급보를 듣고 의사를 파견시켜 검사하여 알아보게 하니, 페스트[베스되]라고 칭하는 가장 악독한 전염병이었다. 의사는 환자를 격리소로 보내고 집과 여러 가지 물건을 모두 불로 태워버린 후에야 병독을 소멸시켰다고 하였다.

페스트 외에도 각종 전염병이 있으니, 콜레라[虎列剌]·온역(瘟疫)[24]·천연두[痘疫] 등이다. 전염병의 유행은 위생에 주의하지 않음으로 인하여 생기는 것이다. 때문에 각각의 사람들이 항상 위생을 중요하게 여겨 전염병에 걸리지 않도록 해야 할 것이다.

천연두는 종두(種痘)로써 예방할 수 있다. 문명국들에서는 사람마다 어렸을 때 반드시 종두를 시키기 때문에, 천연두로 인하여 목숨을 일찍 잃거나 얼굴 위에 마맛자국[痘痕][25]이 있는 자가 전혀 없다. 우리나라에서는 오히려 종두의 효과를 알지 못하는 자가 있어서 아동이 천연두로 사망하는 자가 많으니, 개탄할 바이다.

콜레라는 음식물로 인하여 생기는 병이다. 사람마다 각기 음식물에 주의하면 이 병을 예방하기 어렵지 않다. 평상시에 위생을 중요하게 여기고, 불행하게 전염병이 들면 즉시 경찰서[警務署]에 달려가 알려서 그 전염되는 것을 예방하게 하는 것이 옳다. 만일 이것을 은폐하였다가 여러 사람에게 전염되게 하면, 이는 칼로써 살인한 것과 다르지 않다.

제6과 황실

우리 황실은 태조 고황제 이래로 성군(聖君)의 자손들이 오백년을

---

24 온역(瘟疫): 급성 전염병의 하나로, 사철의 고르지 못한 기후 때문에 생긴다. 심하면 말을 못하게 되고 뺨에 작은 부스럼이 나며 입이 헐고 기침이 난다.

25 두흔(痘痕): 천연두를 앓고 난 후 딱지가 떨어진 자리에 생긴 얽은 자국이다.

계승하여 우리 대한제국을 통치하셨다. 성하고 쇠하고, 잘 다스려지고 어지러워짐은 일의 이치상[理數][26] 면하기 어려운 바인 까닭에 변화하는 것이 일정하지 않다. 그러나 역대 임금들이 모두 백성의 풍속을 두텁게 교화하고, 국가의 위엄을 선양함에 언제나[宵旰][27] 걱정하셨다. 임금의 덕업을 돕는 신하[輔弼之臣]가 직책을 다하지 못하여 관리[有司]가 사사로운 이익을 탐하고 백성의 어려움을 돌아보지 않는 일이 없지 않았으나, 이것은 역대 임금들의 성스러운 마음이 아니시다.

우리들의 조상과 우리들이 대대로 황실의 은택을 두텁게 입었다. 따라서 우리들은 황실을 존경하여 높이 받들어 넓고 큰 은혜의 만분의 일이라도 보답하는 것이 옳다.

황제와 황후 두 폐하는 신하와 백성의 부모이시니, 우리 신하와 백성된 자는 황제와 황후 두 폐하를 부모와 같이 의지하고 우러러야 한다.

효자가 부모를 섬기는 마음으로써 나라의 군주를 섬기면 충신이 될 것이다. 때문에 예로부터 "충신을 효자의 문에서 구하라"[28]라고 하였다. 부모는 그 자녀의 안녕과 행복을 희망함이 가장 간절하다. 그러나 안녕과 행복을 구하는 방법은 수신(修身)과 제가(齊家)가 핵심이 되니, 수신과 제가는 효도의 최대인 것이다. 신체를 기른 것은 더할 나위 없이 아름답고 훌륭하다 할지라도, 수신과 제가의 길을 행하지 못하여 부모에게 걱정을 끼치는 것이 있으면 불효의 죄를 면하기 어렵다.

황제 폐하께오서 낮과 밤으로 그 마음[宸襟]을 괴롭고 수고로이 하심

---

26 이수(理數) : 이치(道理), 사리(事理), 천리(天數) 등을 의미한다.

27 소간(宵旰) : 소의간식(宵衣旰食), 즉 '날이 새기 전에 일어나 옷을 입고, 해가 진후에 늦게 저녁을 먹는다'는 뜻으로, 천자가 정사에 부지런함을 이르는 말이다.

28 그 예를 살펴보면, 『十六國春秋』 卷42 : "古人有言, 求忠臣必出於孝子之門" 같은 것이 있다.

도 또한 이 신하와 백성의 안녕과 행복을 구하시는 것이다. 따라서 신하와 백성이 각기 자신과 집안을 닦고 가지런히 하며, 직업에 근면하여 스스로 안녕과 행복의 방법을 강구하는 것은 곧 황제 폐하의 성스러운 뜻을 우러러 살피는[仰體][29] 것이니, 임금에게 충성하고 나라를 사랑하는 방법은 이것 외에 없는 것이다. 한갓 입과 혀로는 지사(志士)·인인(仁人)이라고 칭하면서 부정한 행위가 있거나, 사방에 분주하여 한 가지 일도 실천하지 않고 백성의 고혈을 흡수하여 입을 것과 먹을 것을 사치하는 자는, 나라를 어지럽히는 신하이며 불충·불효한 인간이다.

그러하기에 우리들이 황실의 넓고 큰 은혜와 대덕을 받들어 답하고, 폐하의 충성스럽고 선한 신하와 백성이 되는 방법은 수신과 제가 외에는 다른 방법이 없다.

제7과 어진 관리

무릇 국가에 백관을 설치하여 여러 가지 정치를 나누어 담당하게 한 것은 국민의 안녕과 행복을 증진하고자 하는 것이다.

나라의 군주는 현명할지라도 밖으로 잘 드러나지 않는 궁궐 안에 계시기에, 간신이 군주의 곁에 나열하여 총명을 엄폐하면 사방 백성들의 사정을 통찰하지 못하는 것이다. 이러면 어찌 백성의 사정이 조정의 위에 도달할 수 있겠는가. 따라서 덕이 높고 지혜로운 임금은 백

29 앙체(仰體) : 윗사람의 뜻을 살피는 것을 의미한다.

관을 임명함에 있어 반드시 정직한 사람을 택하는 것이다.

관리는 억조 중에서 택하여 백성의 의표(儀表)를 삼는 것이다. 따라서 충성 · 공평 · 근검 · 청렴과 강직으로 핵심을 삼아서, 위로 군왕을 보좌하고 아래로 백성을 어루만져 사랑한 후에야 가히 어진 관리라 칭할 것이다. 만일 혹 지위가 높거나 나이가 많은 이에게 아첨하여 동료를 밀쳐내고 은총을 홀로 독차지하고자 하는 자는 불충한 간신이다. 친척과 오랜 친구를 위하여 법률을 부정하게 판결하거나, 뇌물을 주고 아첨을 바쳐 이로 인하여 사무를 좌우하는 자는 국가의 죄인이다.

권세를 과장하기 위하여 교만과 사치를 제멋대로 행하거나 관직을 남용하여 자기 이익을 탐하는 자는 백성의 원수이다. 이와 같은 자가 국가의 요직에 있으면 기강이 문란하여 정치상의 명령이 행해지지 못하고 백성이 도탄에 빠져서 국가도 마침내 쇠망할 것이니, 어찌 살펴 삼가지 아니하겠는가.

제8과 조세

정부 대신 아래에 여러 관리를 둔 것은 백성을 보호하여 태평하게 생활하게 하려고 하는 것이다.

관찰사 · 군수 등은 지방 백성의 사정을 중앙 정부에 보고하며, 중앙 정부의 명령을 좇아 행하여 백성의 편의를 힘써 꾀해야 한다. 중앙 정부는 관찰사 · 군수의 보고를 종합하여 백성의 사정을 깊이 관찰하고, 백성의 행복을 증진하고자 하여 여러 가지 시설에 힘을 쏟는다.

학교를 크게 지어 백성을 교육하고, 재판소를 몇 군데 나누어 두어서 생명과 재산을 보호하며, 경찰서가 있어서 불량한 무리를 징계하며, 도로를 개통하고 교량을 가설하여 교통을 편리하게 함이 모두 백성의 이익을 위하는 것이다.

이런 여러 사업에 소비되는 재정은 국가를 위하여 필요한 것이다. 이와 같은 경비를 분담하여 국민이 정부에 상납하는 금전을 조세(租稅)라고 칭하는 것이니, 우리들 백성은 지위와 재산에 맞추어 합당한 조세를 상납하지 아니해서는 안 된다. 조세를 면하려고 하여 관리를 속이거나, 납세하는 기한을 위반하는 것은 결단코 충성스럽고 선량한 백성이 행하지 아니할 바이다. 하물며 관리가 되어서 정부와 백성의 사이에서 개인의 주머니를 채워 살찌우면 불충이 가장 심한 것이다.

제9과 공과 사의 구별

당나라 시대에 장진국(張鎭國)이라고 하는 사람이 서주도독(舒州都督)이 되었는데, 서주는 그의 고향이었다. 부임한 후에 친척과 오랜 친구들을 초대하여 성대한 연회를 열고, 담소와 음주를 즐기기를 벼슬이 없던 선비[布衣] 시절과 같이 하였다. 연회 끝에 특별히 고하여 말하기를, "내가 오늘 옛 친구들과 음주를 즐길 수 있었던 것은 실로 기쁘나, 내일부터는 서주도독으로 여러분들을 대할 것이다"라고 하였다. 그 후에는 친척과 친구라도 법을 어기는 사람이 있으면 추호도 용서하지 않았다.

진(晉)나라 문공(文公)[30]이 그의 신하 구범(咎犯)에게 서하(西河)의 태수가 될 만한 사람을 물었는데, 구범이 우자고(虞子羔)를 천거하였다. 우자고는 구범의 원수인 까닭에 문공이 괴이하게 여겨 구범에게 도리어 물어 보기를, "우자고는 경의 원수가 아닌가?"라고 하였다. 구범이 대답하여 말하기를, "왕께서는 서하의 태수가 될 만한 자를 물어 보셨기에 그 적임자를 천거하였을 따름입니다. 신과 우자고의 일은 완전히 사적인 일입니다"라고 하였다.[31]

무릇 관직에 있는 자가 가장 살펴 삼가야 할 것은 공과 사의 구별을 분명하게 함에 있는 것이다. 사람의 정은 종종 친함과 친하지 아니함으로 인하여 후하게 함과 박하게 함이 고르지 못하고, 사랑하고 미워함으로 인하여 칭찬과 나무람이 공정하지 못하다. 지체가 높고 귀한 몸으로써 친척과 오랜 친구를 잊지 않음은 미덕이라 할 것이나, 친하고 사랑함을 위하여 공과 사의 구별을 문란하게 하지 않는 것은 장진

---

30 문공(文公, BC 697~BC 628) : 진(晉)나라의 제왕으로, 이름은 중이(重耳)이다. 제환공(齊桓公), 진목공(秦穆公), 송양공(宋襄公), 초장왕(楚莊王) 등과 함께 춘추 오패의 한 사람으로 꼽힌다. 재위에 오르기까지 많은 고생을 했지만 이후 많은 치적을 쌓았다. 재위 기간은 BC 636~BC 628년까지 약 8년이다.

31 이어지는 이야기는 다음과 같다. 우자고가 구범을 찾아가 고마움을 표하지만, 구범은 천거한 것은 공(公)이요 원수로 여기는 것은 사(私)이기에, 후자로 전자를 해칠 수 없었을 뿐이라고 답한다. 그리고 우자고에게 말하기를, 어서 떠나되 뒤를 돌아보면 활로 쏴버릴 것이라고 하였다. —『설원(說苑)』 권14 참조.

국과 같이 해야 할 것이다.

친함과 친하지 아니함으로 인하여 후하게 함과 박하게 함을 편향적으로 베풀지 않는 것은 관직에 있는 자가 준수해야 할 바이다. 비록 그러하나 국가를 위하여 원수라도 추천함을 구범과 같이 하는 것은 충성 관대한 군자이다.

제10과 박애

영국에 나이팅게일[나이딩겔][32]이라고 하는 부인이 있었다. 부유한 가정의 여성이었는데 어린 시절로부터 자애의 마음이 많아서, 가난한 자를 구조하고 병자를 간호하며 불행한 자를 위로하고 돌보아주는 것을 가장 즐거운 일로 삼았다.

당시 영국의 상류 사회의 여성은 의복을 화려하게 하여 사치하는 것을 서로 겨루는 풍속이 있었다. 그러나 나이팅게일은 조금도 그 풍속에 물들지 않고 한가한 틈이 있으면 병원과 감옥에 앞서 나아가 병이 든 사람과 죄수들을 위문하였다.

바로 그 때에 크림[그리미야] 전쟁[33]이라고 하는 극렬한 전쟁[兵燹]이

---

32 나이팅게일(F. Nightingale, 1820~1910) : 영국의 간호사이자 의료제도의 개혁자로, 크림 전쟁 때 종군 간호사로 활약했으며 이는 적십자 운동의 계기가 되었다. '광명의 천사'로 불렸으며, 간호 제도와 관련된 그녀의 저술은 각국어로 번역되어 간호사 양성의 기초가 되었다. 의사에게 '히포크라테스 선서'가 있다면 간호사에게는 '나이팅게일 선서'가 있어 지금도 그녀의 정신을 계승하고 있다.

33 크림(Krym) 전쟁 : 1853년 제정 러시아가 흑해로 진출하기 위하여 터키, 영국, 프랑스, 사르디니아 연합군과 벌인 전쟁이다. 1856년 러시아가 패배하여 남진 정책이 좌절되었으며, 나이팅게일의 간호 활동으로 잘 알려져 있다. 이 전쟁 이후 러시아는 근대화를 추진하게 되었다.

일어나서 영국과 프랑스 양국이 연합하여 러시아[露國]에 대항하였다. 마침 한더위를 당해서 콜레라가 매우 유행하여 죽는 사람과 병든 자의 수가 매우 많았는데, 본국이 멀리 떨어진 전쟁터에 의사도 없고 간호도 착실하지 못하여 병사의 고통 받음이 매우 심하였다.

나이팅게일이 이 말을 듣고 근심하고 불쌍히 여기는 정을 금하지 못하여 같은 뜻의 부인 34명을 규합하였다. 그래서 전쟁터에 나아가 병들고 다친 자들을 구호하기에 힘을 다하였다. 나이팅게일은 낮밤으로 자는 것과 먹는 것을 잊고 동분서주함으로 인하여 신체가 피로해져서 드디어 병이 들었다. 이에 사람마다 귀국하는 것을 권하였으나 듣지 않고 완전히 회복됨을 기다려 다시 간호에 종사하였다.

이 전쟁은 마침내 영국과 프랑스 양국이 승전하였으니, 나이팅게일도 본국으로 돌아왔다. 영국 여왕이 나이팅게일을 접견하고 그 공로를 칭찬하며 장려하였다. 그리고 일반 국민들도 그 박애의 마음에 깊이 감동하여 나이팅게일의 명성이 세계에 널리 퍼졌다.

우리들이 군신 · 부자 · 형제 · 부부 · 친구 간에 서로 친하고 사랑하는 것은 이미 말할 필요가 없고 사해동포를 널리 사랑하는 것이 옳다. 특히 가난한 자 · 병든 자 · 다친 자 · 불구자 등은 인간 세상의 가장 가련한 사람들이니, 이들을 구조하는 것은 우리들의 의무이다. 나이팅게일과 같은 사람은 능히 박애의 길을 알았다고 할 것이다.

제11과 동물 대우

나이팅게일의 박애의 마음은 짐승에게까지 미쳤다.

집 안에 한 나이든 종이 있었는데, 개 한 마리를 사랑하여 길렀다. 하루는 나쁜 아동들이 그 누렁이에게 돌을 던져서 다리 부분을 상하게 하였다. 나이든 종은 애견의 고통스러워하는 모양을 차마 눈뜨고 볼 수가 없어서[目不忍見] 차라리 교살하여 그 고통을 없게 하고자 하였다.

마침 나이팅게일이 이것을 보고 불쌍하고 가엾게 여기는 정을 능히 금하지 못하여, 즉시 따뜻한 탕으로 개의 다리 상처를 깨끗하게 씻고 붕대를 감았다. 그리고 "고통이 오죽하랴. 빨리 차도가 있을 것이니 인내하라"라고 하면서 위로하는 말이 사람을 대하는 것과 같았다. 수일을 지극한 정성으로 보호하였더니 누렁이의 상처가 깨끗이 나았다.

사오일 후에 그 누렁이가 나이팅게일을 보고 나는 듯이 달려와서 꼬리를 흔들고 다리를 펴며 그 은혜를 감사하는 것과 같이 하였다. 나이든 종이 그 거동을 보고 말하기를, "개가 만일 말을 할 줄 알면 얼마나 지극히 감사하겠습니까"라고 하였다.

동양의 옛 성인도 "은혜가 짐승에게까지 미쳤다"[34]라고 하였다. 무

34 『孟子』「梁惠王」: "今恩足以及禽獸, 而功不至於百姓者, 獨何與."

릇 하늘과 땅 사이에 생명을 받은 것은 모두 생명을 귀중하게 여기고 안락을 희망한다. 그러니 부질없이 짐승과 곤충, 물고기로 하여금 고통스럽게 해서는 안 된다.

사람의 음식으로 이바지하기 위하여 동물을 잡아 죽이는 것은 부득이한 일이요, 또 사람과 가축에 유해한 동물을 몰아내어 없애는 것은 필요하다. 그러나 필요가 없는데 동물을 살상하거나 고통을 겪게 하는 것은 경계해야 할 것이다. 소와 말에게 예사롭지 않은 무거운 짐을 싣고 가게하며 채찍으로 때리는 것을 자주 하는 것도 잔인하여 보고 지나칠 수 없다. 저 동물들은 아무 즐거움도 없이 종일 우리들을 위하여 괴롭고 힘들게 일을 하니 어찌 학대하겠는가.

제12과 적십자사

나이팅게일이 행한 바의 박애 사업은 세계의 인심을 크게 감동하게 하였다. 그 후 오스트리아[墺地利國]과 이탈리아[伊太理國] 사이에 전쟁이 일어났는데, 스위스[瑞士]라고 하는 나라에 뒤낭[쥬넌][35]이라는 부유한 사람이 있었다. 나이팅게일의 일을 본떠서 뜻을 함께 하는 자들과 같이 전쟁터에 나아가 대포 연기와 빗발치는 탄환을 무릅쓰고 병이든 자와 상처 입은 자를 구조하여, 양국 병사들로 하여금 크게 그 은혜에

35 뒤낭(J. H. Dunant, 1828~1910) : 스위스의 사회사업가이자 국제 적십자의 창설자로, 1859년에 이탈리아 통일 전쟁의 체험을 통하여 『솔페리노(Solferino)의 추억』을 짓고 중립적인 구호 조직의 필요성을 역설하였다. 1901년에 제1회 노벨 평화상을 받았으며, 그의 생일인 5월 8일은 적십자의 날로 기념되고 있다.

감동하여 울게 하였다.

전쟁이 마무리된 후에 뒤낭이 사방을 다니면서 여러 나라의 동의를 얻어 적십자사(赤十字社)를 창립하였다.

적십자사의 주요 취지는, "적군의 병사라도 모두 그 몸과 목숨을 국가에 바친 사람이니, 상처와 질병으로 인하여 능히 싸움에 맞서지 못함에 이르면 미워해야 할 적병이 아니요 공경해야 할 용사인 것이다. 이들을 구조하여 보호하는 것은 우리들의 의무이다"라고 한 것에 있다. 따라서 전시를 맞아서 적과 아군을 불문하고 상처 입은 자와 병이 든 자를 구호하는 것을 목적을 삼았다. 그 표시로 하얀 바탕에 적십자의 기호를 사용하는 까닭에 본사의 명칭을 (적십자사로) 지었다.

지금은 세계 여러 문명국들이 모두 적십자사 동맹에 참여하였다. 적십자의 표시를 몸에 달고 적십자사의 임무에 종사하는 자는 전쟁터에 있어서도 위해를 가함이 없기 때문에, 적십자 사원은 적과 아군의 진지를 불문하고 어떠한 장소에든지 들어가 구조하여 보호할 수 있다.

적십자사의 창립은 겨우 사십년에 불과하나, 박애의 은혜에 혜택을 입은 사람은 그 수가 몇 백만인지 알지 못하겠다.

제13과 친구

우리들은 이 학교에서 졸업할 기한이 많이 남지 않았다. 학교에서 공부하는 동안은 친애하는 선생님의 가르침과 이끎을 받았으나, 지금부터는 혼자 스스로 판단하며 스스로 수양해야 한다. 다만 서로 경계하고 서로 가르칠 자는 친구뿐이다.

"나무는 모가 있거나 둥근 도구를 따르고, 사람은 선하거나 악한 친구에 달렸다"라고 하니, 항상 선한 친구와 교유하면 알지 못하는 사이에 선한 사람이 되고, 악한 친구와 교유하면 어떤 때이든지 악한 사람이 된다. 그러니 친구를 선택함에 매우 주의를 해야 한다.

친구는 선한 일을 권면하고 악한 일을 경계할 뿐 아니요, 길흉화복과 희로애락을 서로 말하며 서로 기뻐하는 것이다. 어떤 사람이 말하기를, "기쁘고 즐거운 일이 있을 때에 이것을 말할 친구가 있으면 그 기쁨과 즐거움이 갑절이나 더 낫게 되고, 근심과 괴로움이 있을 때에 이것을 말할 친구가 있으면 그 근심과 괴로움이 반감된다"라고 하였다.

하루아침에 친구의 정을 깊이 맺은 후에는, 서로 신의를 지키며 이익을 꾀하여 교분이 더욱 가고 더욱 두터워지게 해야 할 것이다. 만약 혹시라도 친구가 과실이 있으면 충고로 선도할 것이요, 또 친구의 충고를 받으면 기쁜 마음으로 잘 듣고 좇는 것이 옳다.

시시하고 자질구레한 일의 실마리로 인하여 친구의 정을 상하고 서로 질시하는 것은 소인(小人)의 행위다. 아무리 친한 친구라도 오랜 세월의 사이에는 피차에 불미스러운 일도 있는 것이다. 이와 같은 때에도 결단코 노하지 말고 서로 용서하여 의견이 맞지 않는 바를 차분하고 침착하게 말하는 것이 옳다.

— 보통학교 학도용 수신서 권4 끝

부록

근대 수신 교과서 탐색을 통한 전통교육과 현대 도덕과(道德科) 교육의 연결*

김 민 재

Ⅰ. 들어가며

현재 대한민국의 교육을 구성하고 있는 여러 교과의 주체들은 당면한 내·외부적 위기들을 해결하기 위해 많은 노력을 기울이고 있다.

---

* 본 부록의 내용은 졸고, 「근대 수신 교과서를 통해 살펴본 도덕과 교육의 연속성」, 『한국문화연구』 제19집, 한국문화연구원, 2010; 졸고, 「근대 초등용 수신 교과서에 나타난 가치교육의 변화 연구」, 『초등도덕교육』 제36집, 한국초등도덕교육학회, 2011의 내용들을 수정, 보완한 것임을 밝힌다. 이 연구물들은 부록의 제목과도 같은 '근대 수신 교과서 탐색을 통한 전통교육과 현대 도덕과 교육의 연결'이라는 필자의 문제의식 아래 연속적으로 진행된 것이었다.

저 위기들은 한편으로는 '불안정적인 대한민국 교육계'라는 구조적이며 전반적인 상황과 연결되어 있으면서, 다른 한편으로는 '교과의 정체성 문제' 등과 같이 교과의 특수한 상황과도 연결되어 있다. 그리고 현재 대한민국의 공교육 체제에서 도덕교육의 대표적 형태인 '도덕과(道德科) 교육' 역시 저와 같은 위기들에서 자유로울 수 없다.

그러나 도덕과에 대한 외부적 비판과 내부적 성찰은 도덕과를 이루고 있는 주체들로 하여금 깊은 고민을 바탕으로 한 여러 대안들을 제시하게끔 하였다. 그래서 최근에는 도덕과의 교육 내용 및 교과 지식의 구성 방향에 대한 밀도 높은 논의가 진행 중에 있다. 그런 논의들 가운데 한 가지는 우리의 의식 속에 녹아 있는 전통과 현재의 도덕과 교육을 올바르게 접합시키는 것이며, 이러한 노력 역시 다양하게 진행 중이다.

예를 들어 신창호(2005:25~119)는 사서(四書)라는 유학의 기본 경전을 근거로 하여 수기(修己)의 문제를 교육철학과 연결시키고 있고, 강봉수(2006:13~288)는 성리학을 현대의 인격교육론 및 덕교육론과 연결시켜 고찰하고 있으며, 이종흔(2003:25~161)은 현대 서양 도덕교육론의 이원적 인식의 한계를 지적하면서 그 대안으로 유학적 도덕교육론의 가능성을 모색하고 있다. 한편 박병기(2009:87~208)는 기존의 유학 중심의 연구 경향을 탈피하여 우리 전통의 또 다른 맥인 불교의 도덕교육론적 가능성을 제시하고 있다.

그러나 이상과 같이 한국의 전통 사상과 도덕과 교육을 이론 및 실천적으로 접합하려는 여러 시도들이 모색되고 있는 상황에서 어딘가 불연속적인 부분이 엿보인다. 그 불연속성이 가장 뚜렷하게 드러나는 곳은 현재의 도덕과 교육과정 문서라고 할 수 있다. 중학교와 고등학교 교육과정 해설서에는 도덕과 교육과정의 변천을 설명하면서, 1945~1954년의 '교수요목기'부터를 하나의 단락으로 시작하고 있다. 그 이전의 내용을 다루고 있긴 하지만, 중학교와 고등학교 교육과정 해설서 모두 "근대적 의미의 도덕과 교육의 역사는 1894년 갑오개혁 때부터 시작되어 일제 강점기에는 수신(修身) 과목으로 지속해오다가, 1945년 광복 후 미군정 하에서 사회생활과를 설치하여 공민(公民) 분과를 통해서 주로 민주 도의 교육을 하였다"(교육과학기술부, 2008b:161; 2008a:171) 정도에서 그치고 있다. 초등학교 교육과정 해설서에는 조금 더 자세히 기술되어 있긴 하나, 마찬가지로 교수요목기부터를 하나의 단락으로 시작하고 있다(교육과학기술부, 2008c:211~212). 그러나 여기서 물음을 제시할 수 있다. 일제에 의한 강점기는 제외한다 하더라도, 교과목으로서의 도덕과 교육은 1894년 '학무아문(學務衙門)' 관제의 설치부터 1910년의 '한일병합조약(韓日併合條約)'으로 인한 국권 피탈 이전에는 없었던가?

이 물음은 도덕과 교육의 연속성 물음이라고 할 수 있을 텐데, 현재 상황에서 근대의 수신 교과에 대한 도덕 · 윤리교육사적 접근은 거의 이루어지고 있지 않은 상태이다. 그래서 본 부록에서는 당시의 수신 교과의 실제 및 수신 교과서를 고찰하여, 이 '잃어버린 시간'에 대한 의의를 제시하고자 한다. 이런 고찰은 자율적인 도덕과 교육이 실제 어디에서 출발하였는지 그 맥락을 짚어줄 수 있을 것이라고 생각된다.

이하 제II장에서는 우선 1910년 이전 학교 교육에서 행해진 수신 교과의 실제를 살펴보고자 하는데, 1906년 통감부(統監府) 설치를 기점으로 하여 두 시기로 나누어 분석을 시도할 것이다. 여기에서는 초·중등교육 및 교원양성기관이라는 층위에 따라 관·공립학교와 사립학교에서 이루어진 수신 교과의 실제를 살펴본다. 이어서 제Ⅲ장에서는 논의의 범위를 좁혀, 전통교육과 현대 도덕과 교육의 매개로서 '초등용' 수신 교과서는 어떠한 역할을 하였는지 구체적으로 고찰할 것이다. 그리고 제Ⅳ장에서는 그 매개로서 '중등용' 수신 교과서는 어떠한 역할을 하였는지 살펴볼 것이다.

Ⅱ. 1910년 이전의 학교 교육에서 '수신 교과'의 실제

외래 사상이 쏟아져 들어오고 쇄국의 폐단이 드러나자, 실학자들과 개화 지식인들은 교육의 중요성을 강조하면서 오랜 전통의 서당식 교육의 한계를 지적하고 교육 개혁을 강조하게 되었다. 마침내 1894년 조선은 학무아문 관제를 선포하고, 1895년에는 '교육입국조서(敎育立國詔書)'를 발표하였다. 고종은 이 조서에서 덕양(德養)·체양(體養)·지양(智養)을 강조하고 있다. 이어서 같은 해 학무아문은 '학부(學部)'로 명칭을 바꾸게 되며, 학부는 곧 '소학교령(小學校令)'을 공포함으로써 초등교육과 관련한 근대 교육의 제도적 기반을 마련하게 된다.

본장에서는 1894년에서 1910년의 근대 시기에서 수신 교과의 진행 상황을 다층적으로 살펴보려고 하는데, 1894년에서 1910년의 상황은 다시 두 시기로 구분하여 언급할 수 있다. 왜냐하면 1905년의 '을사조약(乙巳條約)'으로 이듬해 통감부가 설치되어 일제가 학부의 정책에 간섭함으로써 1906년에 새로운 교육령과 규칙들이 발표되기 때문이다. 따라서 여기에서는 1894년에서 1906년까지 학부에서 제시하는 관·공립학교 교육 과정으로서의 수신 교과 상황과 사립학교의 수신 교과 상황을 먼저 살펴볼 것이며, 이어서 1906년에서 1910년까지의 그 내용들을 살펴보고자 한다. 각 시기에서 언급할 것은 세 가지 측면에서 다루어지는데, 첫째는 초등교육기관의 수신 교과 상황이고, 둘째는 중등교육기관의 수신 교과 상황이며, 셋째는 교원양성기관의 수신 교과 상황이다.

1. 1894년에서 1906년까지 학부에서 제시하는 관·공립학교 교육 과정으로서의 수신 교과 상황과 사립학교의 수신 교과 상황

1) 초등교육기관의 수신 교과 상황

이 시기에 초등교육기관은 앞서 언급했던 '소학교령'에 의해 설치된 소학교이다. 만 7세에서 만 15세까지를 취학 연령으로 규정하는 이 소학교는 3년제의 심상과(尋常科)와 2년제의 고등과(高等科)로 나누어진다. 그리고 각 단계에서 배워야 하는 기본 과목들이 있는데, 수신 과목 역시 그와 같은 필수 교과 중 하나로 자리하고 있다. 1895년의 '소학교 교칙대강(小學校 敎則大綱)'은 수신 과목에 대한 전반적인 설명을 기술하고 있는데, 그 전문을 살펴보면 다음과 같다.

수신은 교육에 관한 조칙(詔勅)의 취지에 근본하고 아동의 양심을 계발하고 이끌어서 그 덕성을 함양하며, 인도(人道)를 실천하는 방법을 가르치는 것을 요지로 한다. 심상과에는 효제 · 우애 · 예경(禮敬) · 인자 · 신실 · 의용 · 공검 등 실천하는 방법을 가르치고, 별도로 존왕애국(尊王愛國)하는 선비의 기상을 기를 것을 힘쓰며, 또 신민으로써 국가에 대하는 책무의 대요를 가르치고, 겸하여 염치의 중요함을 알게 하고, 아동을 인도하고 도와주어 풍속과 품위의 순수하고 바름을 추구함을 주의함이 옳다. 고등과에는 전항의 취지를 확대하여 도야(陶冶)의 공을 튼튼하고 굳세게 함을 힘씀이 옳다. 여학생은 별도로 정숙한 미덕을 기르게 함이 옳다. 수신을 가르칠 때에는 가깝고 쉬운 말과 아름다운 말과 선행 등을 예로 증명하여 권면 훈계함을 보여주고, 교사가 몸소 아동의 모범이 되어 아동으로 하여금 몸에 배어 자연스럽게 익힐 수 있게 함을 필요로 한다.

이 내용은 현재의 시각으로 보자면 다소 부족한 점이 있으나, 당시의 상황을 감안할 때 수신 교과의 목적이나 가르쳐야 할 덕목들, 그리고 교수 방법 및 교사의 자세 등 여러 가지 항목이 기술되어 있다고 할 수 있다.

당시 심상과와 고등과에서의 수신 교과의 시수를 살펴보면 주당 3시간씩 책정되어 있었다(古川昭, 이성옥 역, 2006:51). 그리고 수신 교과용으로 편찬된 교과서에는 『숙혜기략(夙惠記略)』과 『소학독본(小學讀本)』이 있었다. 모두 1895년에 학부에서 발행된 것으로, 귀감이 될 만한 인물들의 행적을 소개하는 형식을 취하고 있다. 그러나 『숙혜기략』이 중국의 인물들을 중심으로 하기 때문에 민족과 나라의 주체성을 고양시키기 위한 수신 교과서라고 하기에는 부족한 점이 있는 반면, 『소학독본』은 입지(立志), 근성(勤誠), 무실(務實), 수덕(修德), 응세(應世)라는 다섯 개의 과로 이루어져 있고 이 제목에 부합하는 조선의 인물들이 소개되어 있어 수신 교과의 목적에 보다 부합한다고 할 수 있다(김정효 외, 2005:111~113).

그러나 근대교육체제로서 가장 먼저 정비되었던 관·공립 소학교에서의 수신 교과가 얼마나 실질적으로 운영되었는지 살펴볼 필요성이 있다. 학부에서는 1895년부터 1898년까지 한성사범학교 부속 소학교를 시작으로 하여 약 8개의 관립 소학교를 설치하고, 1903년까지 공립 소학교를 52개 설치하였다. 하지만 이런 관·공립 소학교에서 고등과가 설치된 예는 관립 한성사범학교 부속 소학교 및 지방의 덕원항 공립 소학교와 전주 공립 소학교 등을 제외하고는 없었으며, 기타 소학교에서는 심상과만 설치되어 운영되었다(김영우, 1997:55~57; 우용제 외, 1998:54). 뿐만 아니라 소학교의 교사(校舍) 건축 및 교원의 양성과 수도 부족하였고, 지방의 공립 소학교는 재정적 지원도 충분치 않아 열악한 환경 안에서 교육을 실시했던 것으로 보인다. 이와 같은 관·공립 소학교의 상황에서 수신 교과가 학제에는 뚜렷하게 자리매김하고 있었다 할지라도, 얼마만큼 제대로 실행되고 있었는가에 대해서는 회의적이지 않을 수 없다.

한편 이 시기에는 여러 사립 소학교들이 만들어져 관·공립 소학교로 흡수되기도 하였는데, 민족계 사립 소학교에서는 주로 언어교육을 실시하여 편제상 수신 교과를 찾아보기 힘드나, 기독교계 사립 소학교에서는 '창가'나 '성경' 등을 교육 내용에 포함시키고 있기에 종교교육으로서 수신 교과를 대체하고 있었음을 살펴볼 수 있다(김정효 외, 2005:99~105).

2) 중등교육기관의 수신 교과 상황

이어서 중등교육기관인 중학교에서는 수신 교과가 어떻게 자리매김 하고 있었는지 살펴보도록 하겠다. 수업연한이 총 7년으로 이루어졌던 중학교는 앞선 4년을 심상과를 분류하였고, 이어지는 3년을 고등과로 분류하였다. 1900년의 '중학교 규칙(中學校 規則)'에 명시되어 있는 각 단계에 따른 기본 과목을 살펴보면, 심상과에 '윤리'라는 명칭의 과목이 있었음을 알 수 있다. 그러나 이 과목은 심상과에만 있고, 고등과에서는 이 과목이 없을 뿐 아니라 수신 교과에 해당하는 내용 자체가 발견되지 않는다.

한편 '중학교 규칙'에는 "중학교를 나누어 관립 중학교, 공립 중학교, 사립 중학교 세 가지 종류로 정함이라. 관립 중학교는 정부의 설립이오, 공립 중학교는 관민이 경비를 공동하여 설립이오, 사립 중학교는 사인(私人)이 경비를 주관(支辦)하여 설립에 연결된 것을 칭함이라" 라고 하여 중학교의 종류를 세 가지로 하고 있으나, 실상 정부는 1900년 1월에 관립 중학교 1개교만을 한성에 설치하고 공립 중학교는 설치하지 않았다. 또 하나 밖에 없던 관립 중학교에도 끝내 고등과 과정이 설치되지 않았으며, 1906년까지 교사나 학생의 이탈이 매우 잦았던 것으로 보인다(김영우, 1997:124~128; 이종국, 1992:94~98; 古川昭, 이성옥 역, 2006:183~189). 이러한 상황을 미루어 볼 때 정부에서 설치한 중등교육기관으로서 관·공립 중학교는 그 교육 상황이 매우 열악하였으며, 수신 교과 역시 제대로 운영되지 못하였음을 짐작할 수 있다. 다만 학제로서 심상과에 '윤리' 과목이 자리매김 하고 있기에, 당시에도 하나의 교과로서는 인식되고 있었음을 확인할 수 있다.

김영우(1997:128~129)는 이 시기에 중등교육을 실시하던 사립학교로서 낙영학교, 홍화학교, 광흥학교, 시무학교, 송양의숙, 평양청년학원, 중경의숙, 보성중학교, 개성학교 등을 소개하고 그곳들에서 가르쳐지던 교과목을 밝히고 있는데, '경서'나 '윤리', '성경' 등의 과목을 통하여 수신 교과를 대체하고 있었음을 확인할 수 있다. 그러나 수신 교과 혹은 대체 교과가 설치되어 있지 않은 사례도 있고, 설치되어 있다 할지라도 그 활동이 어떻게 진행되고 있었는지는 확인하기 힘들다는 점에서 1894년에서 1906년까지의 중등교육기관에서의 수신 교과는 제대로 운영되지 못하였다고 할 수 있다.

3) 교원양성기관의 수신 교과 상황

다음으로 교원을 양성할 때에는 수신 교과가 어떻게 운영되고 있었는지 살펴보겠다. 1895년의 '한성사범학교 규칙(漢城師範學校 規則)'에 따르면 이 학교의 목적은 소학교 교원의 양성에 있다. 실제 1895년에서 1906년까지의 기간에 설치된 유일한 국가 교원양성기관인 이 한성사범학교는 편제가 본과(本科)와 속성과(速成科)의 두 가지로 나뉜다. 한성사범학교의 학생들이 배워야할 주요 교과목을 살펴보면 본과와 속성과 모두에서 수신 과목을 기본 교과로 설정하고 있다. 한편 '한성사범학교 규칙'에서는 수신 교과 내용의 테두리를 밝히고 있는데 모두 "인륜도덕의 요지와 그 교수법"으로 기술하고 있다. 하지만 수신

과목이 한성사범학교에서 실제적으로 잘 운영되었는가를 살펴보아야 한다. 한성사범학교는 시기상 소학교보다 먼저 설립되었기에 근대적인 학제에 따른 최초의 국가교육기관이자 공식적 교원양성기관이었음에도 불구하고, 그 전체적 운영에는 많은 어려움이 있었던 것으로 보이기 때문이다.

이 시기의 한성사범학교는 시설이 제대로 갖추어지지 못하였고, 무엇보다 모든 교과목을 가르칠 교사가 없어서 처음에는 주로 한문을 가르쳤다. 또한 사용할 교과서도 없어서 일본사범학교의 교과서를 참고하기 위해 주일공사관에 훈령을 보내 일본사범학교의 교과서를 구하여 보내도록 하였다. 그리고 규정상 가르치도록 되어 있는 교과목에 해당하는 교사 및 교과서가 없음에도 불구하고 규정에도 없는 영어를 가르치기도 하였다(김영우, 1987:37~43). 이런 상황이니 한성사범학교에서의 수신 과목이 교과서로는 무엇을 사용하였고, 또 시수는 어떠하였는지 등의 자료는 찾아보기 힘들다. 한편 사립학교에서 어떠한 형태로 교원양성을 하였는지, 그리고 그 사립 교원양성기관에서는 수신 교과를 어떠한 형태로 시행하였는지에 대한 자료 역시 제대로 남아있지 않은 실정이다.

지금까지 1894년에서 1906년까지의 초등학교, 중등학교, 사범학교에서 이루어지던 수신 교과 상황을 전반적으로 살펴보았다. 근대 학제가 처음 시행되는 단계였고 국가의 사정이 좋지 않았기에, 저 단계들에 해당하는 소학교, 중학교, 한성사범학교 및 사립학교에서의 교육은 제대로 이루어지고 있지 않은 상황이었다. 또한 이런 환경에서 수신 교과 역시 제대로 시행되고 있지 못하였음을 미루어 알 수 있다.

그러나 학제에 계속하여 필수 과목으로 자리하고 있었다는 점에서 수신 과목이 하나의 교과로서 그 위상을 차지하고 있었음은 확인할 수 있다.

2. 1906년에서 1910년까지 학부에서 제시하는 관공립학교 교육 과정으로서의 수신 교과 상황과 사립학교의 수신 교과 상황

1) 초등교육기관의 수신 교과 상황

1906년 '보통학교령(普通學校令)'이 공포되면서 초등교육기관의 명칭은 소학교에서 보통학교로 바뀌게 된다. 같은 해 반포된 '보통학교령 시행규칙(普通學校令 施行規則)'은 보통학교의 교육 목적을 밝히고 있는데, "도덕교육에 관한 사항은 어떤 교과목이던지 항상 유의하여 교수"하라고 하여 도덕을 교육의 전면에 내세우고 있다. 보통학교의 연한은 총 4년으로 역시 수신 과목이 기본 교과로 설정되어 있음을 알 수 있다.

'보통학교령 시행규칙' 제 9조에서는 각 교과목의 교수 요지를 밝히고 있는데, 수신은 "학도의 덕성을 함양하고 도덕의 실천을 지도함으로 요지를 함이라"고 기술되어 있다. 또한 시수는 보통학교의 연한인 총 4년 동안 매주 1시간을 배우게 되며, 그 교수의 요지는 "인도(人道) 실천의 방법"으로 기술되어 있다. 이런 기본적인 내용들은 1909년에 개정 반포된 '보통학교령 시행규칙'에서도 거의 바뀌지 않는다. 1906년에서 1910년이라는 시기에 관 · 공립 보통학교에서 사용된 수신 교과서는 『보통학교 학도용 수신서』인데, 1907년 2월 학부에서 직접 편찬한 것이다. 그러나 이 책의 편찬 목적이 개인중심의 수신, 사회생활의 준법정신을 강조하여 통감부의 통치 목적에 부응하는 인간관 양성에 있었기에 사립학교들에서는 환영받지 못하였다(한국학문헌연구소, 1977:해제).

그렇다면 이 시기에 사립 보통학교는 어떻게 운영되었으며 그 안에서 수신 교과는 어떻게 진행되었을까. 이 시기에는 적지 않은 수의 사립 보통학교가 있었는데, 이 학교들은 제도적인 면에서 '보통학교령' 및 '보통학교령 시행규칙'을 따르지 아니하고, 학교마다 상이한 편제와 교과목으로 초등교육을 실시하였다(김영우, 1997:105~108). 따라서 사립 보통학교에서 수신 교과가 진행되던 방식도 일괄적으로 규명할 수는 없다. 그런데 이 시기는 앞서 살펴본 1894년에서 1906년의 시기와 달리, 을사조약 이후 설치된 통감부가 사립학교를 직접적으로 통제하고자 하였다. 대표적인 예로 1908년에 반포된 '사립학교령(私立學校令)'에서는 "사립학교는 별도의 규정이 있는 것을 제외하고 모두 본령규정에 의함이 옳음"이라 하여 각급별 사립학교를 통제의 대상으로 하고 있다. 또한 "사립학교에서 사용하는 교과용 도서는 학부의 편찬한 것이나 또는 학부대신의 검정을 통과한 것 중에서 선택함이 옳음"이라 하여 사립학교의 교과용 도서 역시 통제 하에 두려한다. 그리고 이것이 제대로 지켜지지 않을 경우에는 학부대신이 그 사립학교의 규칙에 대해 변경 혹은 금지를 명할 수 있다고도 밝힌다.

1906년 이후 설립된 민족계 혹은 선교계의 사립 보통학교를 통한 초등교육은 신지식을 배워야 한다는 자강의 목적과 교육을 통해 일제의 간섭으로부터 나라를 지켜야 한다는 애국의 목적을 강하게 표현하고 있다(조연순 외, 2005:50). 따라서 저런 '사립학교령'과 충돌할 수밖에 없었으며, 수신 교과서 역시 이런 점을 잘 드러내고 있다. 예를 들어 중국의 오상(吳尙)이 저술하고 안종화(安鍾和)가 번역한 『초등 윤리학 교과서』(1907), 유근(柳瑾)의 『초등 소학 수신서』(1908), 노병선(盧炳善)이 저술한 『녀ᄌᆞ소학수신셔』(1909) 등이 대표적이다.

2) 중등교육기관의 수신 교과 상황

이어서 이 시기의 중등교육을 담당하던 교육기관에서는 수신 교과가 어떻게 운영되었는지 살펴보도록 하겠다. 1906년 '고등학교령(高等學校令)'이 반포된 이후 중등교육기관의 명칭은 중학교에서 고등학교로 바뀌게 되었다. 그리고 한 개 밖에 없던 관립 중학교를 관립 한성고등학교로 개편하였다. 입학 연령과 자격은 12세 이상의 보통학교 졸업자 혹은 동등한 학력을 갖는 남자로 규정으로 하고 있는데, 4년 기준의 본과(本科)의 기본 교과를 살펴보면 수신 과목이 기본 교과로 자리매김하고 있음을 확인할 수 있다.

또한 수신 교과는 매주 1시간씩 책정되었으며, 1906년의 '고등학교령 시행규칙(高等學校令 施行規則)'에서는 수신 과목의 목표를 "성실하고 온순한 품성을 기를 것을 기약하고 궁행실천을 위주로 하여, 말만 헛되이 숭상하는 치우친 습관이 없게 함을 필요로 한다"와 같이 정의하고, "도덕의 요령(要領)"을 내용의 핵심으로 하였다.[1] 수신 교과에 대한

---

1 여학생의 경우에는 1908년 '고등여학교령(高等女學校令)'을 시행하였는데, 이 '고등여학교

이와 같은 기본적인 내용들은 1909년에 개정 반포된 '고등학교령 시행규칙'에서도 거의 바뀌지 않는다. 그러나 이 당시 관립 한성고등학교와 관립 평양고등학교에서 수신 교과용 도서로 어떤 교재가 쓰였는지는 자료를 찾아보기 힘들다.

한편 이 시기에는 선교계와 민족계 사립 중등학교들의 설립과 활동이 보다 뚜렷해졌다. 배재학당, 이화학당, 경신학교, 정신여학교, 숭실학당, 숭의여학교 등의 선교계 사립학교들은 초등교육기관의 수준을 넘어 중등교육을 담당하기도 하였다. 그리고 이런 학교들은 '성경'이나 '도의' 등의 과목을 통하여 수신 교과를 대체하였다. 또한 통감부가 설치되자 국권상실의 위기를 감지하게 된 당시 민족의 지도자들과 선각자들은 교육구국운동을 펼치게 되고, 따라서 이 때 보성중학교와 대성학교, 오산학교, 휘문의숙을 포함하는 많은 민족계 사립 중등학교가 설치된다. 이런 사립 중등교육기관은 학부의 '고등학교령'을 따르지 아니하고 학교마다 편제와 교과서를 달리하였다(김영우, 1997:194~248). 따라서 이 시기에는 수신 교과 역시 다양한 방식으로 진행되었는데, 당시에 사용된 대표적인 수신 교과서로 신해영(申海永)의 『윤리학 교과서』(1906)와 휘문의숙(徽文義塾) 편집부의 『중등 수신 교과서』(1905) 및 『고등 소학 수신서』(1907)가 있다. 이와 같은 수신 교과서들에 실린 내용은 구체적이면서 호소력이 있을 뿐 아니라 그 구성

령'에 따르면 '관립 한성고등여학교'는 "여자에게 필요한 고등보통교육과 기예를 가르침을 목적"으로 한다. 고등여학교에서도 수신 과목은 기본 교과로 편성되어 있다. 또한 '고등여학교령 시행규칙(高等女學校令 施行規則)'은 여학생에 대한 수신 교과의 정의를 "착실 온건하여 여자에게 적당한 숙덕(淑德)을 기를 것을 기약하고 실천궁행을 종지로 함을 요함"이라고 명시하는데, 특히 '정숙' 등을 강조한 부분은 당시 통감부에 의해 주도된 중등교육기관에서의 남녀관을 엿볼 수 있는 자료가 된다.

도 상당히 체계적인데, 자세한 논의는 제 Ⅳ장에서 이어질 것이다.

3) 교원양성기관의 수신 교과 상황

이제 본장의 마지막으로 이 시기에 교원을 양성할 때는 수신 교과가 어떻게 운영되었는지 살펴보도록 하겠다. 한성사범학교는 1906년 '사범학교령(師範學校令)'에 의하여 관립 한성사범학교로 개칭되었다. 본과 이외에도 예과(豫科), 속성과, 강습과(講習科) 등을 설치할 수 있었던 관립 한성사범학교의 각 과에서 배워야할 기본 교과목을 살펴보면, 강습과를 제외한 나머지 과에서는 수신 과목을 기본 교과로 설정하고 있음을 확인할 수 있다. 모두 배당 시수는 매주 1시간이었는데, 그 요지는 "인륜도덕의 요령(要領)"을 가르치고자 하는 것이었다. 또한 '사범학교령 시행규칙(師範學校令 施行規則)'에 따르면 "궁행실천함으로 종지(宗旨)를 삼고 말만 헛되이 숭상하는 치우친 습관이 없게 함이라"이라 하여 수신에서 실천하는 자세를 강조하고 있다.

그런데 통감부의 교육에 대한 간섭이 더욱 심해짐에 따라, 1909년에 발표된 개정 '사범학교령 시행규칙'에서 타 교과들은 여러 가지 변화를 겪게 된다. 하지만 수신 과목은 여전히 기본 교과로 남아 있으며 종전의 시수를 확보하고 있다. 그 개정 '사범학교령 시행규칙'의 수신 교과에 대한 부분을 살펴보면 그 목표와 방법이 더 심화되고 있음을 알 수 있다.

> 수신은 도덕상의 사상 및 정조를 양성하며 실천궁행을 권장하며 사표되는

위의를 갖추게 하며, 또 보통학교의 수신 교수에 필요한 지식을 주고 그 교수하는 방법을 깨달아 알게 함으로써 요지로 함. 수신은 효제충신을 종지로 하고 처음의 차례는 배우는 자 일상의 행위를 인(因)하여 도덕의 요령을 가르쳐 보이고, 또 예법을 교수하되 나아가서 수신제가의 도를 가르치며 충군애국의 의를 바르게 하며, 아울러 공덕을 중히 하며 이용후생의 도를 숭상함이 옳음을 알게 하며 현행제도에 관한 필요로 알아야 할 사항의 대요를 교수함이 옳음.

또한 본과의 1, 2학년은 "실천궁행"을 수신교육의 요지로 하고 있으나, 3학년은 여기에 "현행제도의 대요(大要)"를 수업의 요지로 덧붙이고 있음도 살펴볼 수 있다. 그러나 이 관립 한성사범학교에서 수신 교과서로 무엇을 사용하였는지는 찾아보기 힘들다.

한편 이 시기의 전반적인 상황은 일본의 식민지 정책이 점점 더 확장되어가고 있는 상황이었다. 따라서 관립 한성사범학교에서도 일본 교사의 수가 늘었고 국어와 한문 및 역사 등의 시수는 줄었음에도 불구하고 일본어 시수는 늘어가는 상황이었다. 일본은 가급적 빠른 시일 내에 대한제국을 보다 완전한 식민지로 만들어가는 예비적 단계에 있어, 중요한 수단으로 관립 한성사범학교를 이용하였다(김영우, 1987:105). 따라서 수신 과목이 목표나 방법과 같은 이론적 측면에서 심화된 것은 사실이나, 실제 운영되는 측면에 있어서 통감부의 저의는 짐작하고도 남음이 있다. 그렇다면 이런 관립 한성사범학교가 아닌 사립 교원양성 기관에서의 수신 교과는 어떻게 이루어졌는가.

교원양성에 있어 학부의 입장은 '사범학교령'에 의하면 "사범학교는 관립 및 공립의 이종으로 함이라"라 하여 사립 사범학교를 허용하지 않고 있다. 그러나 이 시기에는 초등 및 중등교육기관으로서 사립학교가 매우 많았기에 사립 사범학교는 교원의 양성을 위해 필수적이었다. 따라서 1906년 이후에는 그전보다 사립 사범학교의 움직임이 뚜렷이 보인다. 안창호(安昌浩)의 대성학교 하기사범강습소, 이승훈(李昇薰)의 오산학교 사범과, 이동휘(李東輝)의 보창학교 사범야학교 속성과 등은 개인이 설립한 사립 사범학교였고, 배천군 사범강습소, 평양사범강습소 등은 지역유지나 전·현직 관리들이 세운 사립 사범학교였으며, 국민사범학교, 기호학교 사범과 등은 계몽단체가 설립한 사립 사범학교였다. 또한 앞서 언급했던 선교계 학교에서도 교사 양성과정을 두어 교사를 배출하였다. 사립학교 교원양성기관의 설립과 운영의 주체는 표면적으로는 다양하다 할지라도 공통적으로 표방하는 목표는 교육을 통한 국권회복·민족자강·애국계몽이었다(조연순 외, 2005:180~213). 사립 사범학교의 상황은 그 사범학교의 교원 충원이나 교원의 자질 문제 및 심각한 재정난 등 매우 열악하였음에도 불구하고 교사양성에 적지 않은 기여를 하였다. 사립 사범학교는 편제나 기본 교과의 구성이 자율적이었기에, 수신 교과에 대해서도 '윤리학' 혹은 '수신학'이라고 하여 기본 교과를 설정하는 경우도 있었고 '성경' 등과 같은 과목으로 대체하기도 하였다. 그러나 교과서로는 무엇을 사용하였고 그 시수는 어떠하였는지 등의 구체적인 상황은 밝혀내기가 어렵다.

지금까지 1906년에서 1910년까지의 초등학교, 중등학교, 사범학교에서 이루어지던 수신 교과 상황을 전반적으로 살펴보았다. 저 단계들에 해당하는 보통학교, 고등학교, 관립 한성사범학교 및 사립학교에서의 교육 상황은 1906년 이전보다 더욱 활발하면서도 구체적인 움직임을 보여주고 있다. 그리고 수신 교과는 관 · 공립학교의 경우에는 이론적인 측면에서 보다 구체적으로 자리매김을 하고 있었으며, 사립학교의 경우에는 민족적 수신 교과서가 집필되었고 수신 교과를 대체하는 과목도 시행하였음을 확인할 수 있었다.

본장의 논의 과정을 통하여 몇 가지 결론을 내릴 수 있다. 첫째, 수신 과목은 관 · 공립교육 체제 하에서 하나의 교과로서 위상을 지니고 있었다. 그러나 수신 교과의 실제적인 운영 면에서는 내 · 외부의 상황으로 인하여 자율적이지 못한 모습을 보여주고 있다. 또한 초기에 학부에서 편찬한 수신 교과서는 구성과 내용 등이 치밀하지 못하였으며, 뒤에 편찬한 교과서는 구성 · 내용 등은 발전하였으나 일본의 영향을 받아서 상당히 제한적인 모습을 보여준다.

둘째, 수신 교과의 실제적 운영 면에 있어서는 관 · 공립학교에서보다 사립학교에서 더 주체적으로 운영되고 있었다. 사립학교의 운영은 상당한 자율성을 띠고 있었으며, '사립학교령' 이후에도 지속적으로 활동을 계속하였다. 물론 재정 문제나 교사의 충원, 일본의 압박 등이 작용하였고, 교과의 편제나 운영이 자의적인 경우도 있었다. 그러나 민족적이고 자발적인 수신 교과서 편찬 및 한층 치밀해진 내용과 구성은 상당한 의의를 지닌다.

셋째, 따라서 1910년 이전에 이루어지던 수신 교과와 현재의 도덕과 교육의 연속성 문제를 살펴보기 위해서는 관 · 공립학교를 넘어서 사립학교에서 운영되던 수신 교과 상황에 대한 연구가 필요하다.

근대 시기에 수신 교과가 지닌 위상 및 실제에 대한 이상의 몇 가지 결론을 전제로 하여 이어지는 장들에서는 전통교육과 현대 도덕과 교육의 연결점으로서 각급별 수신 교과서가 어떠한 역할을 하였는지 구체적으로 살펴보도록 하겠다.

III. 전통교육과 현대 도덕과 교육의 연결점으로서 '초등용' 수신 교과서의 역할

1. 근대 초등용 수신 교과서의 제작 시기와 주체

본장에서는 전통교육과 현대 도덕과 교육의 연속성 논의에서 특히 초등용 수신 교과서의 역할을 살펴볼 것인데, 초등용 수신 교과서는 다음 장의 주제인 중등용 수신 교과서와 달리, 제작 시기와 주체의 범위가 다양하기에 우선 여기에 대해서 언급하는 것을 출발점으로 삼고자 한다.

근대의 초등용 수신 교과서의 제작 주체나 핵심 내용 역시 1906년 통감부 설치를 분기점으로 하여 달라지는데, 수신 교과서라는 것이 본래 '수신'이라는 교과목을 전제로 만들어진 것이기에 1906년에 앞서 한 번의 분기점을 더 살펴볼 수 있다. 그것은 바로 1895년부터 본격적으로 시작된 근대식 학제의 도입기이다. 따라서 본장에서는 저 두 시기에 따라 초등용 수신 교과서의 변화 양상을 살펴볼 것인데, 논의의 편의상 학무아문의 설치 · '교육입국조서'의 발표 등을 통하여 교과 개념이 도입된 1895~1906년의 시기를 '근대식 학제 도입기'로, '을사조약의 체결 · 통감부의 설치 등으로 일본이 대한제국 학정(學政)에 전면 등장하기 시작한 1906~1910년의 시기를 '통감부 학정 잠식기'로 명명하여 살펴볼 것이다(허재영, 2011:8).

이런 두 전환점은 자연스럽게 수신 교과의 목적과 성격에도 영향을 미쳤으며, 또한 수신 교과서의 제작과 전개에도 큰 변화를 가져왔다. 우선 근대식 교과 구분과 그에 따른 제도가 본격적으로 만들어지던 '근대식 학제 도입기'에는, 『소학(小學)』 및 '속(續)소학'으로 대표되는 전통적인 수신 교과서류와 학부에서 급히 편찬한 학교용 수신 교과서류가 공존하였다. 그리고 일본이 '보통학교령', '고등학교령', '사범학교령' 등의 학교령을 반포하면서 기존의 관제를 폐지해 버리고, 대한제국에 대한 압박을 높여가던 '통감부 학정 잠식기'에는, 학부 편찬 수신 교과서류와 민간에서 사립학교용으로 제작 발간한 수신 교과서류가 대립하였다.

〈표 1〉 근대 초등용 수신 교과서

<table>
<tr><th colspan="2">분류</th><th>시기</th><th>교과서명</th><th>편찬</th><th>서체</th></tr>
<tr><td rowspan="3">근대식
학제
도입기
1895~1906</td><td rowspan="2">전통적인
수신서류</td><td>계속
사용</td><td>『동몽선습』, 『계몽편』,
『명심보감』, 『소학』 등</td><td rowspan="2">관(官),
민간</td><td rowspan="2">한문</td></tr>
<tr><td>조선
후기</td><td>'속(續)소학'류</td></tr>
<tr><td rowspan="2">학부편찬
수신서류</td><td>1895</td><td>『숙혜기략』, 『소학독본』</td><td rowspan="2">학 부</td><td rowspan="2">국·한문</td></tr>
<tr><td rowspan="4">통감부
학정
잠식기
1906~1910</td><td>1907</td><td>『보통학교 학도용 수신서』</td></tr>
<tr><td rowspan="3">사립학교
수신서류</td><td>1907</td><td>『초등 윤리학 교과서』</td><td>안종화</td><td rowspan="3">국·한문</td></tr>
<tr><td>1908</td><td>『초등 소학 수신서』</td><td>유 근</td></tr>
<tr><td>1908</td><td>『초등 여학독본』</td><td>이원긍</td></tr>
</table>

		1909	『초등 수신서』	박정동	
		1909	『녀즈소학슈신서』	노병선	

이 근대 시기의 초등용 수신 교과서를 제작의 시기와 주체별로 분류해보면 위의 표와 같으나, 이 부록에서 표에 등장하는 모든 초등용 수신 교과서를 살펴볼 수는 없기에, 두 시기의 세 부류에 해당하는 수신 교과서들 중에서 대표성을 지닐 수 있는 교과서들을 각각 선정하고, 그 교과서들에 나타나는 내용과 방법을 살펴봄으로써, 전통교육과 현대 도덕과 교육의 연결점으로서 '초등용' 수신 교과서가 어떠한 역할을 하였는지 살펴보도록 하겠다.

2. 근대 초등용 수신 교과서의 구성 및 내용 특징

1) 전통적인 수신서류 : 『해동속소학』

『해동속소학(海東續小學)』의 등장 배경에는 조선의 『소학(小學)』 강조 분위기가 자리하고 있다. 조선이 성리학에 기초한 유교적 질서를 확립해 나가는데 있어 아동에 대한 교육은 그 핵심에 위치하였다. 따라서 어렸을 때부터 교육의 목적은 조선 사회가 지향하는 성리학적 가치의 습득에 있었으며, 이는 전통 수신 교과서에 잘 나타나고 있다. 대표적인 것으로 『소학』, 『동몽선습(童蒙先習)』, 『계몽편(啓蒙篇)』, 『명심보감(明心寶鑑)』 등이 있는데, 이런 수신서들은 아동들이 『천자문(千字文)』과 『유합(類合)』을 통해 글자를 익힌 이후, 본격적으로 성리학을 공부하는 출발점이 되었다.

이 중에서도 특히 『소학』은 조선 중기 이후 그 중요성이 매우 부각되었다. 왜냐하면 이 책은 성리학의 근본 원리와 이념을 평이한 문장과 풍부한 사례를 통하여 압축적으로 제시하였다고 평가되었기 때문이다(정호훈, 2008:115). 『소학』에 대한 강조는 그 가르침을 사회 전반의 실천윤리로 확산시키려는 김굉필(金宏弼), 남효온(南孝溫) 등에 의해 '소학계(小學契)'라는 형태로 드러나기도 하였고(윤진욱, 2010:113), 이이(李珥)의 『소학집주(小學集註)』와 영조(英祖)의 『소학훈의(小學訓義)』 등장 이후에는 더욱 논의가 활발해져 드디어 속편에 해당하는 '속(續)소학'류가 출현하였다.

이와 같은 '속소학'류의 대표적인 것으로는 유직기(兪直基)의 『대동가언선행(大東嘉言善行)』, 황덕길(黃德吉)의 『동현학칙(東賢學則)』, 조철영(趙撤永)의 『해동신편(海東新編)』, 박재형(朴在馨)의 『해동속소학』, 김노수(金魯洙)의 『소학속편(小學續編)』 등이 있는데(노관범, 2001:102~110), 이 책들은 『소학』의 형식을 빌려와 한반도의 명현(明賢)들로 그 내용을 채웠다.

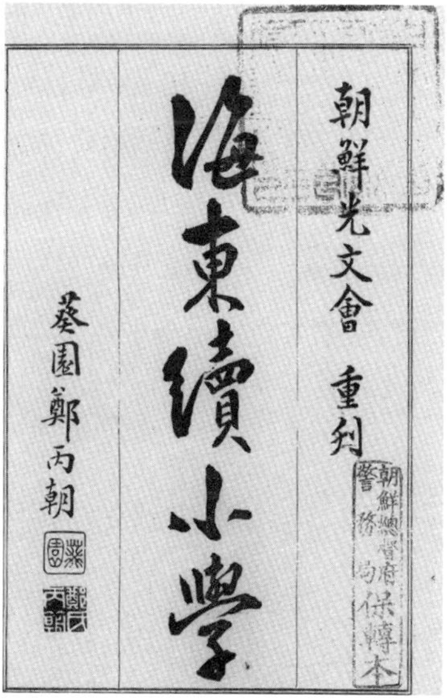

[1912년 조선 광문회 발간본]

본장에서는 근대 시기에 발행된 전통 수신서류 중 대표성을 지닐만한 수신 교과서를 선정하는 과정에서 이 '속소학'류에 주목하였는데, 특히 박재형의 『해동속소학』을 살펴보도록 하겠다. 그 까닭으로 우선 이 책은 고종 21

년(1884)에 완성되었기에 시기적으로는 근대식 학제 도입기와 매우 가까우면서도 이전 수신서류의 기본 특징을 잘 간직하고 있기 때문이다. 또한 이 책은 삼국과 고려, 조선이라는 한반도 역사를 배경으로 하고 있는데, 여러 전거 문헌을 참고하여 다양한 인물 사례들을 제시함으로써 '소학'류의 대중화에 기여했다고 평가되기 때문이다.

『해동속소학』은 『소학』의 편제와 마찬가지로 여섯 개의 큰 편으로 구성되어 있는데, 입교(立敎), 명륜(明倫), 경신(敬身), 계고(稽古), 가언(嘉言), 선행(善行)이 그것들이다. '입교'는 선현들이 사람을 가르치던 법을 확립한다는 것이고, '명륜'은 인간의 윤리를 밝힌다는 것이며, '경신'은 마음의 수양을 포함하여 그 몸가짐을 삼간다는 것이다. 그리고 '계고'는 신라와 고려의 인물을 위주로 하여 앞선 세 편을 고증하고 있는데, 이상의 네 편을 내편(內篇)이라고 한다. 또한 '가언'과 '선행'은 각각 입교와 명륜, 경신의 순서로 아름다운 말과 모범이 되는 행동을 조선의 인물 사례에서 추출 소개하고 있는데, 이 두 편을 외편(外篇)이라고 한다.

그렇다면 이 『해동속소학』에서 강조하고 있는 핵심적인 내용은 무엇인가. 실상 이 책은 아동으로 하여금 유가의 기본 가치를 습득하게끔 하는 것이 주요 목적이기에, 그 기본 가치들을 직접 제시하고 주입하는데 초점을 맞추고 있다. 또한 편자인 박재형이 발문(跋文)에서 제시하고 있는 것처럼 이 책이 『소학』의 가치들을 표방하고 있다는 점에서, 『해동속소학』이 강조하는 내용들은 『소학』의 '소학제사(小學題辭)'에 이미 잘 드러나고 있다.

원형이정(元亨利貞)은 천도(天道)의 항상함이요, 인의예지(仁義禮智)는 인성

(人性)의 핵심이다. 무릇 이 네 가지 인성의 핵심은 그 처음이 선하지 않음이 없기에, 활발하게 사단(四端)이 사물에 감동하는 바에 따라 나타난다. 부모를 사랑하고, 형을 공경하며, 임금에게 충성하고, 어른에게 공손히 하는, 바로 이것을 인간의 떳떳한 천성이라고 하니, 자연스러운 것이지 억지로 하는 것이 아니다.

그래서『해동속소학』내에서도 특히 '명륜' 편에서는 부모와 자식 사이의 친(親), 임금과 신하 사이의 의(義), 남편과 아내 사이의 별(別), 어른과 아이 사이의 서(序), 친구와 친구 사이의 사귐(交)이라는 오륜(五倫)을 책 전체를 관통하는 핵심 내용으로 밝히고 있으며, 각각에 해당하는 여러 사례들을 제시하고 있다. 또한 '명륜' 편의 마지막 통론(通論) 중에서는 다음과 같은 회재(晦齋) 이언적(李彦迪)의 말을 인용하여 그 가치 내용들의 본질적 성격을 제시하고, 이런 가치들의 실현이 바로 성인(聖人)이 되는 것임을 강조하고 있다.

하늘이 만물을 만들 때에는 그 이치가 이지러짐이 없으나, 사람이 사물을 대할 때에는 매양 그 이치를 다하지 못한다. 군신과 부자, 형제와 부부와 같은 관계는 모두 하늘이 준 본성에서 나와 각각 마땅한 법칙이 있으니, 털끝이라도 그 마음을 다하지 못하거나 이치에 합당하지 못함이 있으면, 이는 그 직분을 다하지 못한 것이다. 성인(聖人)이 인륜의 지극함이 되는 이유는 바로 그 직분을 다하기 때문인 것이다.

『해동속소학』의 서문을 지은 이유승(李裕承)은 "지금 이 책은 바로 우리나라 선배들의 언행들로서 익숙히 보고 들었던 것이니, 감발하여 흥기하는 것이 역참을 두고 명령을 전달하는 것보다 더욱 신속할 것이다"라고 하여, 『해동속소학』을 학습하는 것에 대한 효과를 기대하고 있다. 그렇다면 이 책에는 내용으로서의 핵심 가치들을 가르치는 어떤 효과적인 방법인 제시되어 있는 것인가.

그러나 아쉽게도 『해동속소학』에서는 내용을 가르치는 방법 측면에 있어 '도덕적인 모범(moral model)의 언행 제시' 방법만이 사용되고 있을 따름이다. 이 책은 입교 19장, 명륜 40장, 경신 35장, 계고 64장, 가언 73장, 선행 174장의 총 405장이라는 적지 않은 분량으로 구성되어 있으나, 저 방법을 넘어서는 것은 거의 없다. 다음의 예는 그 한 사례가 될 수 있다.

모재(慕齋) 김안국(金安國)이 일찍이 자제들을 가르치며 말하기를, "오직 겸손함과 공손함이야말로 군자의 훌륭한 덕이다. 너희들은 마땅히 종신토록 이 것을 마음속에 새겨야 할 것이다. 너희들은 일찍이 내가 오만함과 게으름으로써 다른 이를 대하거나 다른 이의 과실을 말하는 것을 보았느냐. 차라리 죽더라도 나의 자손 중에 이와 같은 행실이 있었다는 것을 듣기 원치 않는다"라고 하였다.

도부학(渡部學, 1992:196~199)은 『해동속소학』의 교육적 특질로 자각적 자주, 실천 중시, 현실주의, 생활의 원리 등을 제시하고 있으며, 노관범(2001:117-120)은 박재형이 『해동속소학』에 수록될 내용을 추리는 과정에서 야사와 야담을 적극 활용하였고 이것은 당대의 문화적 감수성의 변화를 보여준다고 강조한다. 물론 『해동속소학』의 여러 예시들로부터 이런 성격들이 추출될 수 있다는 것은 타당하다. 그러나 이 책이 일종의 교과서라는 점을 고려할 때, 핵심 내용으로 나타나는 것은 오륜에 머물러 있으며, 그 내용을 가르치는 방법은 도덕적 모범의 언행 제시에 한정되어 있다는 것은, 앞서 언급한 이유승의 기대가 과연 가능한 것인지 의문을 일으키게 한다. 그리고 이것은 근대식 학제가 도입되는 전후 과정에 존재하던 전통적 수신서류에는, 가치에 대한 자율적이고 비판적인 관점을 길러주는 것으로서의 수신교육보다는 가치를 직접적으로 제시, 주입하는 방식이 주로 나타나고 있었음을 의미한다.

2) 학부 편찬 수신서류 : 『소학독본』

그렇다면 1895년 학부에서 근대식 학제를 도입하고 '소학교령'을 반포한 이후의 '근대식 학제 도입기'에 등장한 공식적 수신 교과서에서는 내용 특징이나 교육 방법이 어떻게 전개되고 있는가. 앞서 언급한 것처럼 이 시기의 초등용 수신 교과서는 『숙혜기략』과 『소학독본』의 두 종류가 있다. 우선 두 책에 대한 개괄적 언급을 하고, 특히 『소학독본』에 나타난 가치교육의 내용과 방법을 살펴보겠다.

『숙혜기략』의 '숙혜(夙惠)'는 '일찍 깨닫는다'는 의미인데, 이 책은 어렸을 때부터 신통한 능력을 보여준 명현(名賢)들의 일화를 태어남에서부터 20세까지 분류하여 간략하게 소개하고 있는 책이다. 특이한 점은 이 책에 제시되어 있는 100여개가 넘는 사례들은 대부분 중국의 인물이라는 것이다. 조선의 인물이 언급되고 있긴 하나, 김시습(金時習), 김인후(金麟厚), 이이 세 사람에 불과하고, 그나마도 매우 소략하다. 또한 중국의 인물 중에서도 전설상의 인물이나 석가불(釋迦佛), 노자(老子), 왕수인(王守仁) 등은 언급되는데, 선진(先秦) 유가의 공자(孔子)와 맹자(孟子), 성리학의 주희(朱熹) 등은 직접적으로 언급되지 않는다는 점 역시 특이하다.

본장에서는 이 『숙혜기략』에 대해서는 다루지 않을 것인데, 왜냐하면 이 책은 수신 교과서라는 측면에서 볼 때 『해동속소학』보다도 그 수준이 떨어지기 때문이다. 이 책의 사례들은 오륜 정도의 내용을 강조하고 있던가, 그렇지 않으면 단지 해당 나이에 특출한 모습을 보여준 인물 사례를 제시하고 있을 따름이다. 또한 이 책은 교육의 방법적 측면에서도 그 활용도가 매우 낮은데, 인용되는 대부분의 인물 사례가 천부적 자질을 소유한 자들에 관한 것이어서 도덕적 모범으로서의 적합성이 떨어지고, 소학교 학생들의 언어 수준을 배려하지 않은 난자(難字)와 한시(漢詩) 등이 계속 등장한다. 한편 급변하던 개화기의 가치관들과 그것들에 대한 비판적 숙고 및 다가올 시대를 향한 미래 지향적 가치 등도 거의 제시되지 않기에, 전체적으로 이 책은 많이 부족한 수신 교과서라고 평가할 수 있다. 따라서 본 부록에서는 근대식 학제 도입기의 학부 편찬 수신 교과서들 중 대표성을 지닐 만한 것으

[1895년 학부편집국 발간본]

로 『소학독본』을 채택하였다.

『소학독본』은 『숙혜기략』과 비교할 때 매우 체계적인 모습을 보여준다. 이 책은 입지(立志), 근성(勤誠), 무실(務實), 수덕(修德), 응세(應世)라는 다섯 가지 큰 주제로 구성되어 있고, 거기에 맞추어 내용이 진행된다. 또한 『소학독본』에서도 주제별로 인물 사례들이 제시되고 있지만, 『숙혜기략』과 달리 고려와 조선의 명현들이 주를 이룬다. 율곡과 같이 자주 언급되는 인물을 인용 횟수와 상관없이 1명으로 계산할 경우 제시된 인물의 숫자는 34명 정도밖에 되지 않으나, 주제에 따른 인물 사례의 적합성이 명확하고 이해를 돕기 위한 여러 장치들이 제공된다는 점에서 눈여겨볼 만한 수신 교과서이다.

이 두 종의 학부 편찬 수신서는 앞서 살펴본 『해동속소학』과 분량면에서도 확연한 차이를 보여준다. 『해동속소학』이 6권 2책으로 구성되고 405개의 사례를 제시하고 있다면, 『숙혜기략』과 『소학독본』은 모두 단권으로 구성되어 있고 인물 사례의 숫자도 그리 많지 않다. 이것은 전통 교육의 근본적 목표로 강조되던 수신과 수양이 근대식 학제 도입 이후 '수신'이라는 하나의 교과 목표로 축소 전환되는 과정에서 발생한 것이라고 하겠다.

이 『소학독본』에서 포함되어 있는 내용적 특징을 살펴보자면, 이 수신 교과서 역시 기본적으로는 유가적 가치를 제시하고 주입하는 것에 가깝다고 볼 수 있다. '소학'이라는 제목에서도 드러나듯이 유가적 색채를 지니고 있으며, 이 책을 구성하고 있는 34명의 인물은 모두 당대의 뛰어난 유학자였다. 또한 '뜻을 세운다'는 입지, '부지런하고 정성스럽게 한다'는 근성, '실제에 힘쓴다'는 무실, '덕을 닦는다'는 수덕,

'세상에 응한다'는 응세 중에서 수덕과 응세가 특히 큰 비중을 차지하는 점 역시 이 책이 오륜을 포함한 유가적 가치를 강조하는 수신 교과서임을 알 수 있게 한다. 그러나 『소학독본』은 단지 그 가치 관련 내용들을 강조하는 측면에서 그치지 않는다는데 주목해야 한다. '무실' 편에 나오는 예시를 살펴보자.

다른 나라 사람들은 모두 자기 집안의 여러 가지 일들을 자기 집안의 요량(料量)으로 행하여 이룬다. 그런데 우리나라 사람들은 중심이 되는 마음이 없어서, 다른 나라의 사물과 색을 보든지 다른 나라의 말을 들으면 자신의 마음을 스스로 지키기 못한다. 그래서 후일에 대한 요량은 없이 새롭게 듣고 새롭게 본 것만 숭상하다가 끝에 가서는 성취하는 자가 드무니, 어찌 분하고 한스럽지 아니하겠는가.

이와 같이, 『소학독본』에는 그 시대의 유행하는 가치관에 대한 비판적 관점이 함께 제시되어 있다. 물론 이런 사례가 그리 많지 않으며 분석적이지도 않다. 하지만 『소학독본』은 약 10년 전에 발간된 『해동속소학』이 매우 적은 수의 가치에 입각하여 여러 인물들의 언행을 나열하는 정도에 그친 것에서 분명 변화된 모습을 보여준다.

또한 수신교육의 방법 측면에서도 이 책은 상당한 체계성을 구축하고 있다. 『소학독본』은 학습자로 하여금 다섯 가지 대주제의 의미를 바르게 깨우치게 하기 위하여 그 주제의 핵심을 설명하는 것에서부터 시작한다. 그리고 주제에 적합한 인물 사례를 제시할 때에도, 기술(記述) 수준에서 그치는 것이 아니라 비유를 통해 학습자가 한 번 더 생각해 보게끔 요약하며, 사서(四書)와 같은 경전으로 보충까지 하고 있다. '입지' 편의 다음과 같은 사례가 한 예시가 된다.

신당(新堂) 정붕(鄭鵬) 선생이 열 살 전에 여러 아이들과 함께 배울 때였다. 마을 안의 글방에서 배우는 아이들이 모두 살림이 가난하여 양식을 가져오지 못하니, 신당 선생이 부모에게 굳게 청하여 수십 명의 아이들에게 모두 음식을 보내어 배고픔과 배부름을 같이하였다. 그리고 말하기를, "사람의 학문하는 것이 본디 나라를 위하고 민중을 구제하는 것이라 하는데, 장차 학문을 향함에 어찌 같은 친구의 굶주리고 추움을 구제하지 아니하겠는가"라고 하였다. 어렸을 때라도 일을 처리하는 것과 마음의 덕이 나이든 자가 경외할 바이다.

비유하건대 재목이 어렸을 때 곧게 길러져야 큰 후에 기둥과 들보가 될 것이요, 샘물이 근원을 맑게 뚫어야 도달한 후에 장강과 한수가 될 것이니, 사람도 어린 아이를 가르치는 일이 바르게 되어야 자란 후에 대인이 되는 것이다.

이 때문에 공자가 말하기를, "어렸을 때 바름으로써 기르는 것이 성인(聖人)이 되는 공부이다"라고 하였다.

그러나 당시의 대부분 교과서가 그러하듯이, 『소학독본』 역시 초등용 교과서가 지녀야 할 형식적인 부분에서 한계를 보여준다. 예를 들어 국·한문 혼용체라 할지라도 한자의 비중과 난이도가 높고 문장의 호흡도 길어 초등용 수신서로써 그 활용도가 의심스럽다는 것이다. 그럼에도 불구하고 지금까지의 논의를 통하여 『소학독본』은 전통 수신서류와 학부 편찬 수신서류가 혼재해 있던 '근대식 학제 도입기'에, 수신교육의 내용과 방법 측면에 있어 발전적 모습을 보여준 교과서라고 평가할 수 있다.

3) 사립학교용 수신서류 : 『초등 소학 수신서』

1906년 이후의 '통감부 학정 잠식기'에는 학부 편찬 수신 교과서가 1종 간행되었고, 민간 제작 사립학교용 수신 교과서는 여러 종 간행되었다. 본절에서는 전자에 속하는 『보통학교 학도용 수신서』는 선택의 범주에서 제외하고,[2] 후자에 속하는 사립학교용 수신 교과서들 중 특히 대표성을 지닐 만한 『초등 소학 수신서』에 대해 살펴보도록 하겠다.

'을사조약'과 통감부의 설치 등으로 1906년 이후 대한제국에 대한 일본의 의도가 더욱 명확해진 시기에, 기존의 사립학교들은 열악한 상황 속에서도 더욱 활발히 활동하였으며, 신설 사립학교의 수도 늘어났다. 따라서 사립 보통학교와 고등학교라는 급에 맞추어 초등용, 중등용 수신 교과서가 다양하게 제작되었다. 그러나 이런 움직임에 반하여 1906년에서 1910년이라는 시기에 일본의 사립학교에 대한 규제는 더욱 강화되었다. 제 II장에서 잠시 언급했던 것처럼, 1908년의

2 『보통학교 학도용 수신서』는 교과서로서의 활용도라는 외(外)적 측면에 있어서는 상당히 발전된 모습을 보여준다. 가령 권1에서 권4까지의 네 권으로 구성되어 보통학교 4년 연한에 맞게 편찬되었고, 시수에 적당하게 분량도 조절되었으며, 언어의 수준도 초등용으로 낮아졌다. 그러나 이 책은 교과서의 구성 원리라는 내(內)적 측면에 있어 근본적인 한계들을 지닌다. 가령 충군이나 애국 혹은 국내외적인 격동기에 국가가 나아갈 방향 등에 대한 설명은 매우 소략하다. 또한 모범 사례의 제시로 한반도 인물은 고려의 서필(徐弼) 한 명만이 있고, 삽화와 기술(記述) 등을 통해 대한제국의 모습에 대해 왜곡되게 표현하거나 비하하는 발언이 많다. 실제 1906년 이후의 '통감부 학정 잠식기'에는 수신 교과의 목적과 성격에서 '존왕애국(尊王愛國)'이 빠지는데 이 『보통학교 학도용 수신서』는 그런 점을 그대로 반영하고 있기에, 조사 범주에서 제외하였다.

'사립학교령'에서는 사립학교들을 통제의 대상으로 설정하고, "사립학교에서 사용하는 교과용 도서는 학부의 편찬한 것이나 또는 학부대신의 검정을 통과한 것 중에서 선택하는 것이 옳음"이라는 규정을 두었다. 또한 1909년에는 '출판법(出版法)'을 공포하고, 같은 해 12월 31일까지 각급별 학교의 교과서들을 몰수하여 발매를 금지하였는데, 대표적인 것이 총 39종이며 그 중 수신 교과서로 분류될 수 있는 것은 6종이다(강윤호, 1985:66~67, 179~187; 송인자, 2007:126; 한국교과서연구단, 2001:12; 이종국, 1992:138). 이것은 이 6종의 책이 '통감부의 학정 잠식기'에 특히 주목할 만한 수신 교과서임을 의미한다.[3]

이 6종에서 초등용 수신 교과서로 분류될 수 있는 것은 3종이 있는데, 안종화의 『초등 윤리학 교과서』와 유근의 『초등 소학 수신서』, 노병선의 『녀ᄌ소학슈신셔』가 그것들이다. 이 중 『초등 윤리학 교과서』는 역사학자이자 교육자로서 『국조인물지(國朝人物志)』, 『초등본국역사(初等本國歷史)』 등의 저서를 남긴 안종화가 중국 오상(吳尚)의 책을 번역하여 일부 수정한 것이기에 본고에서는 제외하였다. 이 책은 일본의 검열을 받은 뒤 '국가의 부강함'이나 '병역의 의무' 관련 내용들을 삭제하여 『초등 수신 교과서』(1910)라는 명칭으로 재간행되었다(허재영, 2011:38~45). 한편 『녀ᄌ소학슈신셔』의 경우는 그 내용이 부분적으로는 사회 국가적 성원으로서의 여성에 대한 인식이 포함되어 있으나, 결국 남성중심 사회에서 아내와 어머니로서의 여성이 갖추어야 할 부덕

---

3 당시 검열을 통과한 수신 교과서의 하나로 박정동(朴晶東)의 『초등 수신서(初等 修身書)』가 있는데, 이 책에는 국가나 민족에 대한 시대적 요구가 전혀 드러나지 않는다. 이와 비교할 때 이 6종의 수신 교과서가 지니는 시대적 의의란, 학습자에게 격동기를 능동적으로 대처하는 가치관을 기르려고 하였다는 것이다.

(婦德)을 강조하고 있다(송인자, 2007:133~134). 따라서 본고에서는 고찰의 대상에서 제외하였다.

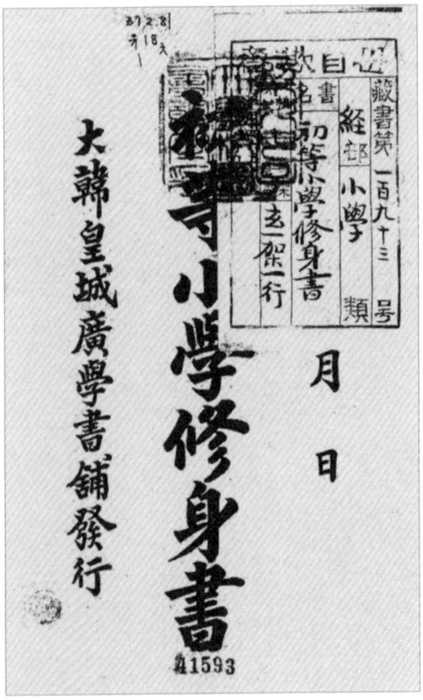

[1908년 광학서포 발간본]

그렇다면 당시 민간에서 제작된 사립학교용 초등 수신 교과서 중에서 대표성을 지닐만하다고 여겨지는 『초등 소학 수신서』는 어떤 책이며, 이 책에 나타나는 수신교육의 내용과 방법적 측면은 어떻게 드러나고 있는가. 『초등 소학 수신서』는 개화기의 언론인이자 애국계몽 운동가였으며 황성신문(皇城新聞)의 주필이었던 유근의 저작으로, '시일야방성대곡(是日也放聲大哭)'으로 잘 알려진 장지연(張志淵)이 교열하였다. 총 60개의 짧은 과(課)들로 구성되어 있는 이 책은 각 과마다 삽화가 제공되고, 각 과의 끝에 학습자들로 하여금 본문의 내용을 여러 각도에서 생각해보게 하는 질문을 제공한다는 점에서, 이전과 동시대의 다른 수신 교과서들과 비교해 볼 때 매우 발전된 모습을 보여준다.

우선 수신교육의 내용 측면에서 유의해야 할 점은 이 『초등 소학 수신서』에는 근대 사상적 요소가 엿보인다는 것이다. 가령 제 18과에는 '자유'라는 제목으로 다음의 글이 수록되어 있다.

> 새들이 밭에서 먹을 것을 찾아 돌아다니는 것을 보고 망을 놓아 그 중 한 마리를 잡아 새장 속에 넣어두었는데, 먹을 것을 먹지 않고 죽어버렸다. 새는 본래 하늘을 날아다니며 높이 솟았다가 내려오는 일을 자유롭게 하였는데, 사람

에게 잡혀 자유롭지 못하게 되니 차라리 죽는 것만 못했을 것이다.

이외에도 자주권(제25과), 공익(제37과), 공덕심(제38과) 등의 근대적 가치 개념이 엿보인다. 물론 효도, 우애, 우정, 자비와 같은 전통적인 수신 윤리의 내용도 함께 들어있는데, 그런 점으로 미루어볼 때 이 『초등 소학 수신서』는 전통과 근대라는 두 가치관의 조화를 꾀하고 있는 것이다.

그런데 『초등 소학 수신서』는 다른 수신 교과서들과 비교하여 실천적인 가치관을 내용 요소로 매우 중요하게 여긴다는 점에 보다 주목해야 한다(박병기, 2011:89).[4] 이 책은 개인과 국가가 굴욕을 당하지 않기 위해서는 힘과 지혜를 길러야 한다는 점을 반복적이면서도 강하게 표현하고 있다. 또한 우월함(제13과), 지혜로움(제15과), 경쟁심(제41과) 등을 강조하여, 강하고 지혜로운 것이 그렇지 못한 것을 이기는 것을 매우 당연하게 제시하고 있다. 그리고 이런 맥락은 아이들의 군대놀이(제14과), 학생들의 군인이 되어야 할 의무(제21과), 나라 사랑(제22과) 등으로 연결되어 초등 학습자들의 애국심과 의무감을 강조한다. 이것은 당시 대한제국이 처한 상황에서 국민이 지녀야 할 국가적 가치관을 기른다는 점으로 볼 때, 분명 시대적 요구에 부합하는 부분이 있다. 그러나

---

4 『초등 소학 수신서』에서 이 부분은 특히 중요하다. 왜냐하면 이 점이 『초등 소학 수신서』의 고유한 특징이기도 하기 때문이다. 본고에서는 고찰의 대상으로 주의하지 않았지만, 앞서 언급한 『초등 윤리학 교과서』에서도 자유, 타인, 공익, 공덕, 권리, 책임 등과 같은 근대적 가치들이 강조되고 있다. 즉 『초등 윤리학 교과서』 역시 『초등 소학 수신서』와 마찬가지로 전통적 수신의 내용을 기본으로 하면서도 새로운 민주적 가치들을 가르쳐 두 가치관의 조화를 꾀하였다는 것이다. 그러나 『초등 윤리학 교과서』는 가치교육의 방법 측면에 있어서는 내용의 체계성 이외에는 그리 내세울 게 없으며, '실천적 가치관'을 강조하는 면이 부족한데, 『초등 소학 수신서』는 이러한 부분을 극복하고 있다.

약한 개인 혹은 국가로 비유되는 동물과 곤충이, 힘이 없고 어리석다는 이유로 굴욕당해도 괜찮다는 방식의 내용은 이 수신 교과서의 한계가 되기도 한다.

그렇다면『초등 소학 수신서』에 나타나는 수신교육의 방법으로는 어떠한 것이 있을까. 이 책에 나타나는 여러 가지 장치들은 앞서 살펴본 수신서들과 연속되면서도 매우 발전된 모습을 보여준다. 그 첫째로 제시할 수 있는 것은, 풍부한 비유와 의인화 및 각 과마다 제시되어 있는 상세한 삽화이다. 그런 비유와 의인화는 특정 동물에 대한 우리의 전통 인식과도 연결되어 있어, 어린 학습자들로 하여금 본문의 내용을 한층 쉽게 이해할 수 있도록 도와준다. 제50과의 '나라와 민족을 사랑함'의 내용을 예로 들 수 있겠다.

> 꿀벌들이 집을 만들고 회의를 해서 만일 우리 집을 허물거나 우리 꿀벌들을 해치는 자가 있으면 모두 달려들어 침을 쏘자고 결의했다고 한다. 사람에게 나라가 있다는 것이 꿀벌에게 집이 있다는 것과 같으니, 너희 학생들은 마땅히 나라를 사랑하고 동족을 사랑해야 한다.

또한 총 60과로 구성되어 있는 이 책에는 과와 동일한 수의 60개의 삽화가 제공되는데, 이런 구성을 취하고 있는 수신 교과서는 중등용까지 포함해서도 전혀 발견되지 않는다. 그리고 기존의 삽화들과는 달리 배경을 상세히 표현하고, 등장인물의 행동 역시 역동적으로 그리고 있다는 점에서도 차별성을 지닌다.

두 번째, 학습자로 하여금 각 과의 내용을 다시 생각해보게끔 하는 질문이 각 과마다 있다는 점도 주의할 만하다. 이런 질문들 가운데는 "친구와 어머니 중에서 누가 더 가까운가? 그 아이는 어떤 이유로 우정이 멀어지는 것을 감수하려 했을까?"(제6과 '효성스러운 아이')와 같은 딜레마(dilemma) 성격의 것들도 있고, 본문의 내용을 뒤집어 생각해보아야 하는 것들도 있으며, 실천 지향적인 것들도 있다. 물론 모든 질문들이 수준 높은 것도 아니며, 질문지뿐 아니라 본문의 내용까지도 어색한 것이 적지 않다. 그러나 수신교육의 내용과 방법적 측면에서 『초등 소학 수신서』가 지니는 발전적 모습은 분명 다른 수신 교과서들을 뛰어넘는다.

3. 전통교육과 현대 도덕교육의 연결점으로서 '초등용' 수신 교과서의 역할

지금까지 근대 시기에 발행된 여러 초등용 수신 교과서들 중 대표성을 지닐 만한 3종을 선택하여, 이 3종에 나타난 수신교육의 내용과 방법에 대해서 살펴보았다. 본절에서는 그 수신교육의 내용과 방법의 변화 양상에 대해 전체적으로 조명하고, 그 양상이 지니는 도덕교육사(史)적 의의를 살펴보도록 하겠다. 그 의의가 곧 전통교육과 현대 도덕과 교육의 연결점으로서 '초등용' 수신 교과서의 역할이라고 할 수 있다.

본장에서 살펴본 초등용 수신 교과서의 첫 번째는, '근대식 학제 도입기'의 바로 직전인 1884년에 간행된 박재형의 『해동속소학』이다. 조선의 대표적인 초등용 수신 교과서였던 『소학』의 형식을 빌려와,

한반도의 명현들로 내용을 채운 이 책은 분명 자율적인 시각에서 편찬된 책이라고 할 수 있다. 그러나 『해동속소학』은 수신교육의 내용으로는 유교적 가치인 오륜만을 내세우고 있으며, 방법으로는 도덕적 모범의 언행 제시라는 매우 한정된 방법에 의존하고 있다. 즉 『해동속소학』은 성리학적 가치를 제시하고 주입하는 것을 목적으로 만들어진 수신 교과서라는 것이다.

두 번째로 살펴본 초등용 수신 교과서는 본격적인 '근대식 학제 도입기'이자, 『해동속소학』이 간행되고 약 10년 뒤인 1895년에 학부가 편찬을 주도한 『소학독본』이다. 실상 이 시기에 와서야 교과의 개념이 도입되므로, 수신이라는 과목을 전제로 한 교과서의 발간은 이 때부터라고 하겠다. 『소학독본』은 동시기에 발간된 『숙혜기략』 보다 높은 안정성과 체계성을 확보하고 있으며, 수신교육의 측면에서도 『해동속소학』보다 발전된 모습을 보여주고 있다. 왜냐하면 내용적인 측면에 있어서는 당대에 유행하는 가치관을 직 · 간접적으로 비판하는 부분들이 엿보이며, 방법적인 측면에 있어서는 도덕적 모범의 언행 제시에 이어 적절한 비유와 도덕적 권위자의 추가적인 보완 설명까지 덧붙였기 때문이다. 그러나 『소학독본』 역시 입지 · 근성 · 무실 · 수덕 · 응세라는 철저한 유교적 주제들에 맞추어 내용이 구성되어 있고, 학습자들을 배려하지 않은 난자와 한시 등이 많아서 초등용 교과서로는 적합하지 않다는 한계를 보여준다.

세 번째로 살펴본 초등용 수신 교과서는 '통감부의 학정 잠식기'이자, 『소학독본』으로부터 다시 약 10년 뒤인 1908년에 사립학교용으로 제작된 유근의 『초등 소학 수신서』이다. 이 시기에는 통감부의 학정 개입으로 수신 교과의 목적과 성격이 변질되었기에, 학부에서 공식 편찬하였던 『보통학교 학도용 수신서』는 조사 범주에서 제외되었다. 한편 동시기의 사립학교용으로 제작된 안종화의 『초등 윤리학 교과서』는 주목할 만한 점이 많았으나, 이 책이 번역본이며 또한 활용할 수 있는 방법적 측면에서도 『초등 소학 수신서』를 넘어서지 못하기에 역시 제외되었다.

그런데 『초등 소학 수신서』는 여러 가지 측면에서 기존의 초등용 수신 교과서들을 넘어서고 있다. 내용적인 측면에서는 전통적인 가치들을 기본으로 하면서도 근대 민주적인 가치들을 함께 강조하고 있으며, 국가와 관련된 실천적인 가치관들도 부각시키고 있다. 또한 방법적인 측면에서도 적절한 의인화와 각 과의 내용에 맞춘 개별 삽화, 생각할 문제의 제시 등으로 매우 발전된 모습을 보여준다.

이와 같이 근대 시기에는 1895년 이후의 '근대식 학제 도입기'와 1906년 이후의 '통감부 학정 잠식기'라는 두 번의 교육적 전환기가 있었고, 격변하는 상황 속에서도 초등 수신교육의 내용과 방법적 측면은 지속적으로 발전하는 양상을 보여주고 있다. 이런 양상이 제시하는 도덕교육사적 의의, 좀 더 구체적으로 말해 도덕과(道德科) 교육의 사(史)적 의의는 바로 '도덕과 교육의 연속성'에 있다.

본 부록의 서두에서 언급한 것처럼, 현재 도덕과 교육과 관련한 여러 연구들 중 한 축을 차지하고 있는 것은 유가와 불교로 대표되는 우리의 전통을 지금의 도덕과 교육과 의미적으로 연결시키려는 것이고, 많은 노력들이 있었기에 이제는 상당한 결과가 축적되었다. 그러나 여기에는 전통과 현대 사이의 공백기라는 불연속적인 부분이 엿보인다. 그리고 이런 점은 도덕과 교육과정 문서에 이미 잘 드러나고 있다. 초 · 중 · 고등학교의 교육과정 해설서에는 도덕과 교육과정의 변천사를 제시할 때, 도덕과가 전통 사유와 문화를 이어받고 있음을 강조하고 있으면서도, 실제 어떠한 과정을 거쳐 저 요소들이 도덕 교과 내부로 들어올 수 있었고, 다시 그 위에 근대적이고 민주적인 가치 내용들이 포함되었는지에 대한 설명은 거의 없다. 그런데 일제 35년의 강점기는 논외로 한다 할지라도,[5] 1880년에서 1910년까지의 근대 시기에는 전통교육과 현대의 도덕과 교육을 연결시킬 수 있는 고리가 존재하며, 이것은 초등용 수신 교과서의 변화 양상에서 잘 드러나고 있다.

첫째로는 '근대식 학제 도입기'에 전통적인 수신 교과서의 내용이 학부 편찬 수신 교과서 안으로 요약, 유입되는 과정이 잘 드러나고 있다. 그리고 둘째로는 '통감부 학정 잠식기'에 변질되어버린 학부 편찬 수신 교과서를 대신하여, 민간 제작의 사립학교용 수신 교과서 안으로 근대적이고 민주적이며 실천적인 가치 내용들이 유입되는 과정이 잘 드러나고 있다.

실제 이런 과정들은 주체적이면서도 자율적으로 이루어진 것인데, 일제 강점기에는 이와 같은 흐름이 단절되었다. 그러나 광복 이후 그 흐름은 다시 이어졌으니, 예를 들어 광복 이후의 도덕과 교육에서 지속적으로 시행한 노력 중 하나는 학습자에게 '민족적이고 전통적인 가치'와 '민주적이고 근대적인 가치'의 조화를 구현하는 것이었다(박용

5 서강식(200:227~259)은 1922년의 제 2차 조선교육령에 의해 만들어진 『초등학교 수신 교과서』를 세밀하게 분석하고 있는데, 학년이 올라갈수록 황국신민화와 일본인화가 더욱 뚜렷해지고 있음을 밝히고, 일제 강점기 이전의 수신 교과만이 오늘날의 도덕 교과와 전통적으로 맥을 같이한다는 점을 제시한다.

헌, 2004:223~287). 또한 학습자로 하여금 이와 같이 대비되는 두 가지 가치군(群)이 상황에 따라 충돌하기도 하고 공존하기도 한다는 점을 깨닫게 함으로써 올바른 가치관을 형성하게 하는 것도 도덕과 교육이 해 온 지속적인 노력이었다. 그런데 이런 노력의 거칠지만 생동적인 측면이 근대 시기의 초등 수신 교과서에 엿보인다. 초등용 수신 교과서의 흐름에서 마지막으로 살펴보았던 유근의 『초등 소학 수신서』에 나타나는 수신교육의 내용적 측면을 정리하면, 첫째가 전통적인 가치와 근대적이고 민주적인 가치의 적절한 조화였으며, 둘째가 국가와 관련된 실천적인 측면의 강조였다. 이런 부분들은 다듬어지지 않아서 거칠지만, 학습자로 하여금 하루가 다르게 급변하던 당시의 상황을 주체적으로 헤쳐 나갈 수 있게 하기 위한 노력이 반영되어 있었고, 일제 강점기를 지나 광복 이후에 이루어진 도덕과 교육의 지속적인 노력과도 맥을 같이 하는 것이다.

IV. 전통교육과 현대 도덕과 교육의 연결점으로서 '중등용' 수신 교과서의 역할

1. 근대 중등용 수신 교과서의 제작 시기와 주체

그렇다면 이 근대라는 기간에 발행된 중등용 수신 교과서의 제작 시기는 언제이며 주체는 누구일까. 실상 중등용 수신 교과서의 발행 시기는 1906년 이후로 볼 수 있다. 왜냐하면 1895년에서 1906년 사이의 '근대식 학제 도입기'에는 관·공립학교용이든 사립학교용이든 발행된 중등용 수신 교과서를 찾아볼 수 없기 때문이다. 그렇다면 1906년에서 1910년 사이의 '통감부 학정 잠식기'에 발행된 중등용 수신 교과서에는 어떠한 것들이 있는가.

통감부는 1906년 '학부 관제'를 개정하고 여러 학교령을 제정 공포하였으며, 이듬해 '학부 편찬 교과용 도서 발매 규정'을 제정하였다. 그리고 1909년에는 '출판법'을 공포하여 이후 여러 차례 교과용 도서를 불인가하는데, 가령 1910년 5월까지 검정 출원본은 117종이었으나 이 중 55종만 인가되고, 18종은 불인가 조치되었으며, 44종은 조사 중이라는 명목으로 폐기되었다. 이 중 수신 교과서의 검정 출판 부수는 12종이었는데, 3종만이 인가되었고, 5종은 불인가, 4종은 조사 중으로 분류되었다(이종국, 2008:73~77). 이런 배경 아래 앞서 '통감부 학정 잠식기'에 간행된 초등용 수신 교과서를 논의할 때, '출판법' 이후 일본이 각급별 학교의 교과서들을 몰수하여 발매를 금지하였는데, 대표적인 것이 총 39종이며 그 중 수신 교과서로 분류될 수 있는 것은 6종이라고 언급하였다. 그리고 이 6종 중 언급한 것은 안종화의 『초등 윤리학 교과서』와 유근의 『초등 소학 수신서』, 노병선의 『녀ᄌᆞ소학슈신서』의 3종이었다. 바로 이 3종을 제외한 나머지 3종이 근대 시기의 대표적인 중등용 수신 교과서에 해당한다.

요약하자면, 중등용 수신 교과서는 시기적으로는 1906년 이후의 '통감부 학정 잠식기'에 등장하였으며, 제작의 주체와 목적은 민간의 지식인들이 사립학교용으로 저술한 것이라고 할 수 있겠다.

〈표2〉 근대 중등용 수신 교과서

출판년도	교과서명	편저자	서체
1905	『중등 수신 교과서』	휘문의숙	국·한문
1907	『고등 소학 수신서』		
1906	『윤리학 교과서』	신해영	

본장에서는 이 세 종의 수신 교과서 중 특히 신해영의 『윤리학 교과서』와 휘문의숙 편집부에서 편찬한 『고등 소학 수신서』의 내용 특징을 구체적으로 살펴보면서 논의를 이어나갈 것이다. 유의할 점은 중등용 수신 교과서는 초등용 수신 교과서와 비교할 때, 내용의 분량도 많아지고 수준 역시 매우 높아지므로 보다 구체적인 분석이 요구된다는 것이다.

2. 근대 중등용 수신 교과서의 구성 및 내용 특징

1) 『윤리학 교과서』

『윤리학 교과서』는 그 기본 강령이 고종이 선포한 '교육입국조서'와 이어지고 있다. 고종은 그 조칙에서 교육의 3대 기강이 덕양(德養)·체양(體養)·지양(智養)에 있다는 것을 명시하고 있는데, 『윤리학 교과서』 역시 권 1의 총론(總論)에서 "신체의 건강과 지적 능력의 연마숙달 및 덕성의 함양은 자신을 닦는 방법에 있어서 항상 병행하고 어그러지지 않게 하여서 잠시라도 편중되거나 폐하지 않아야 할 것이니, 교육의 이른바 체육(体育) · 지육(智育) · 덕육(德育)이 곧 이것들이 다"라고 밝히고 있다.

『윤리학 교과서』는 총 4권 2책으로 구성되어 있는데, 각 권은 모두 그 시작에 총론이 있어 그 권에서 다루고자하는 영역을 정의 및 제시하며, 왜 그 영역이 도덕적으로 중요한지를 언급하고 있다. 각 권의 영역별 내용 구성을 간단히 살펴보면 다음과 같다.

〈표3〉『윤리학 교과서』의 영역별 내용 구성

	영 역	내용 구성
권1	자신	1. 총론, 2. 체육, 3. 친구, 습관, 그리고 근면, 4. 자제, 5. 용감, 6. 학문을 닦음, 7. 덕을 닦음
권2	가족	1. 총론, 2. 부모에 대한 의무, 3. 부모의 의무, 4. 부부의 의무, 5. 형제자매의 의무, 6. 가족에 대한 의무, 7. 친척 및 주인과 종
	친지	1. 친구의 의무, 2. 스승과 제자의 의무
권3	사회	1. 총론, 2. 사회의 공정한 도리, 3. 사회의 공적인 덕
권4	국가	1. 총론, 2. 국민의 의무, 3. 애국심, 4. 황실에 대한 의무, 5. 국제 관계의 의무, 6. 결론

개화기에 편찬되고 발행된 교과서는 그 이념적인 지주(支柱)로 말하자면, 대부분 열강의 쇄도에 따른 자극으로부터 영향을 받아 국력을 배양해야 한다는 데 기본적인 편찬 취지를 두고 있었다(이종국, 2008:57). 『윤리학 교과서』 역시 이런 편찬 취지에서 크게 어긋나지 않으며, 따라서 1909년에 학부 불인가 교과용 도서가 되어 사용이 금지되었다. 이런 점으로 미루어 볼 수 있는 『윤리학 교과서』의 내용들, 예를 들면 애국심의 고취나 황실에 대한 의무를 강조하는 내용들은 위의 표에서도 확인할 수 있기에 상세히 언급할 필요성은 없을 것으로 보인다. 여기에서는 『윤리학 교과서』의 전반적인 내용 특징을 살펴보고자 한다.

첫째, 『윤리학 교과서』는 권 1의 '총론'에서 도덕 및 윤리학이라는 개념에 대하여 일반적인 정의(定義)를 내리고 있는데, 그 정의에 대하여 단지 선언하는 것이 아니라 구체적인 근거를 밝히고자 하고 있다.

> 사람이 이 세상에 태어나서는 마땅히 행해야 할 의무가 있으니 이것을 도덕(道德)이라 말하는 것이다. 그러나 도덕은 우연히 몸으로 행동하다가 마음으로 얻어지는 바가 아니요 반드시 느끼고 깨달으며 이해하는 방법으로 말미암는 것이니, 윤리학(倫理學)은 곧 이런 방법을 사람들에게 가르치고 깨우쳐주는 학문이다.

도덕 및 윤리학에 대한 위의 정의는 권4의 결론에 이르기까지 계속되고 있으며, 이와 같은 의무윤리학적 성격의 근거를 최종적으로 인간의 행복과 국가에서 찾는다. 도덕의 원리란 "선한 행위를 장려하고 악한 일을 경계함에 있는 것"인데, 이 문제는 인생의 목적 즉 "쾌락과 도덕적 의무의 융화 일치"되는 원만한 행복에 있다고 밝힌다. 그러나 도덕의 원리가 근본적인 것이라 할지라도 그것을 실행하는 방법은 국가마다 다르다는 점을 지적하면서, "충성과 신의 및 효도와 우애는 우리나라 인륜의 기초요 공동 애국은 국민의 도덕적 의무의 표준"이 된다고 말한다. 요컨대 "황실은 국권의 존재하는 곳이요 통치의 본원"이기에 대한제국의 황제와 황실을 받드는 것은 도덕의 기본

[1908년 보성관 발간본]

이 되는 것이다.

도덕과 윤리학의 근거를 결국은 국가에 대한 충의에서 찾는다는 것은 곧 시대 상황적인 한계를 보여주는 것이다. 그러나『윤리학 교과서』내에서 그 논리가 전개되는 과정의 평형적 감각, 예를 들어 도덕 및 윤리의 보편성과 국가별 상대성에 대한 논의나, 양지(良知)·양능(良能)의 만족과 육체적인 쾌락의 조화에 대한 논의 등은 상당한 수준이다. 이런 논리적인 구체성과 호소력은 현재의 도덕·윤리 교과서들에 뒤지지 않는다.

둘째,『윤리학 교과서』에서 강조하는 평형적 감각은 격언을 인용하거나 설명을 위하여 특정 인물을 거론할 때도 잘 드러난다. 많은 부분에서『논어』와『대학』및『중용』등의 내용을 인용하고 있으며, 중국의 공자·맹모(孟母)·주희[朱文公] 등과 한반도의 삼국 혹은 조선 시대의 인물들을 거론하고 있지만, 서양의 격언이나 위인들의 소개도 놓치지 않는다. 예를 들어 소크라테스[邵久羅斗蘇]·브루노[富婁老]·갈릴레오[葛里禮五]·예수[基督]·워싱턴[華盛頓] 등이 거론되며, 그들의 행위에서 본받아야할 점 역시 강조되고 있다. 특히 유학과 기독교의 대표적 인물인 공자와 예수의 격언을 함께 논의하는 부분이 있는데, 말미에 "이 두 가지는 그 하나를 치우쳐 폐하지 아니하고 두 가지를 모두 병행한 후에야 비로소 사회에 대하여 완전한 의무를 행할 수 있는 것이다"라고 밝히고 있다. 이런 논의의 과정은 교수자는 물론이고 당시 학습자로 하여금 대한제국이 처한 상황을 보다 평형적인 감각으로 바라보게끔 하는데 도움이 되었을 것이라고 생각된다.

또한 서양인들의 나이와 지위 고하를 막론하고 일에 대한 열정을 가지고 있다는 점과 공공의 재산을 아낀다는 점 등을 언급하면서 서양의 미풍을 강조하고 있다. 한반도 전통의 미풍을 지켜야 한다는 것은 『윤리학 교과서』 전체를 관통하는 내용이나, 이와 병행해야만 하는 것이 올바른 서양의 미풍을 채택하여 본받는 것이라는 점을 강조하는 것이다. 그리고 이런 관점은 "독립과 평등의 지위를 각각 보유하여 그 권리를 서로 존중하는 것은 국가 상호간의 의무"라는 국제 관계에서의 국가관과도 이어지고 있다.

셋째, 『윤리학 교과서』는 학제적(學際的, interdisciplinary) 성격이 강한 책이라고 할 수 있다. 본래 도덕 및 윤리라는 용어가 함축하고 있는 바는 보편적 성격이 강하지만, 그 내용들을 실천으로 옮기는 경우에는 주체가 처한 상황이 매우 큰 역할을 하고 있다. 따라서 도덕 및 윤리라는 용어가 상대적인 성격을 가지고 있다는 것도 중요한 사실이다. 이런 이유로 현대의 도덕 · 윤리 교과서들 역시 상당한 학제적 성격을 지니고 있다. 그러나 『윤리학 교과서』는 순수한 도덕 · 윤리 교과서라고 보기도 어렵거니와, 당시에는 여러 교과목들이 체계적으로 개설된 것도 아니기에 현재라면 다른 교과목에서 배워야할 많은 내용들이 함께 『윤리학 교과서』 안으로 들어와 있다. 예를 들어 다른 사람의 재산에 관한 실제적 의무를 설명하는 경우에는 대차(貸借) · 재산의 의탁 · 매매 등과 관련된 내용이 언급되고 있으며, 국가 체제와 정치 체제의 구별을 설명하는 경우에는 헌법의 종류 및 황제를 보좌하는 입법 · 행정 · 사법 기관과 관련하여 구체적인 설명들이 다루어지고 있다. 이외에도 굳이 도덕 및 윤리를 다루는 교과에서 설명하지 않아도 될 내용들이 많이 있다. 그러나 이것은 『윤리학 교과서』가 그 설명의 출발점을 개인으로부터 하여 가족과 친지 및 사회와 국가에 이르기까지 전반적인 상황에서의 도덕 · 윤리를 두루 설명하려하다 보니 빚어진 일이다. 또한 학제적인 내용들이 실제 상황의 내용을 구체적으로 다루고 있어 학습자들의 교양을 향상시키는데 있어서도 긍정적인 역할을 수행하였을 것으로 보인다.

넷째, 『윤리학 교과서』에는 국가 사회적 덕목이 제시되어 있다. 국가 사회적 덕목은 전통시대 수신서에서는 거의 나타나지 않던 내용이다. 충군(忠君)에 대한 덕목은 강조되었으나 국가 개념과 단체나 지역에 대한 개념 및 사회와 공익 등과 관련된 덕목이 강조되는 것은 개화기에 나타나는 새로운 부분이라 할 수 있다(송인자, 2007:144). 그런데 이런 점과 관련하여 뚜렷한 내용들을 지니는 것도 『윤리학 교과서』의 내용 특징이라고 제시할 수 있다. 권3과 권4에서는 각각 사회와 국가에 대한 세부적인 개념들과 내용들을 다루고 있다. 생명 · 재산 · 명예에 관한 사회의 공정한 도리와, 박애 · 공익 및 예양(禮讓) · 예문(禮文)과 같은 사회의 공적인 덕을 구체적으로 다루고 있다. 또한 일정한 국토와 국민 그리고 주권으로 성립되는 국가의 개념을 설명하는 것 이외에도 "자국의 관념은 다른 국가들을 대해야 비로소 생기는 것"임을 확실하게 지적하고 있다는 것은, 기존의 폐쇄적인 입장을 탈피하여 국제 관계 속에서의 국가와 사회 개념을 뚜렷이 인식하고 있었음을 드러내는 것이다.

2) 『고등 소학 수신서』

『고등 소학 수신서』는 중등학교 고학년용 수신서로서 단권으로 되어 있으며, 총론격에 해당하는 제 1과에서 제 11과까지를 포함하여 모두 9단원 총 120과로 구성되어 있다. 각 단원의 과 구성을 간단히 살펴보면 아래의 표와 같다.

〈표4〉『고등 소학 수신서』의 단원별 내용 구성

	단원명	내용 구성
1단원	·	1-2. 태조 고황제, 3-4. 세종대왕, 5. 기개, 6. 창지(創智), 7. 병공(秉公), 8-9. 충의, 10. 대지(大志), 11. 모략
2단원	가정의 주의(注意)	12. 가정, 13. 가족, 14-15. 효행, 16-17. 화순, 18. 우애, 19-20. 조선(祖先), 21-22. 친족, 23-24. 주인과 비복(婢僕)
3단원	학교에 대한 의무(本務)	25-26. 학교, 27-28. 가정교육, 29-30. 경사(敬師), 31. 준사교(遵師教), 32-34. 학문
4단원	사람에 대한 주의	35. 경장(敬長), 36. 붕우, 37. 사회, 38-39. 공익, 40-43. 타인의 자유 · 명예 · 신체 · 재산, 44. 애인(愛人), 45. 자선, 46. 공중(公衆)
5단원	자기에 대한 주의	47-48. 신체, 49. 정결, 50. 절음식(節飮食), 51. 검약, 52. 도량, 53. 정직, 54. 공평, 55. 공정, 56-57. 청렴, 58, 겸손, 59. 침정(沉靜), 60-61. 온화, 62. 용기, 63. 지식
6단원	덕성에 대한 주의	64. 자기, 65-67. 입지(立志), 68. 반성, 69. 자경(自警), 70. 인내, 71-73. 언어
7단원	인격에 대한 의무	74. 품위, 75-76. 직업, 77. 입신(立信), 78. 자립자영, 79. 고상, 80. 약속, 81. 경쟁, 82. 사은, 83-84. 궁리(窮理), 85. 쟁선(爭先), 86. 학리(學理)
8단원	수양에 대한 의무	87. 재지(才智), 88-89. 수덕(修德), 90. 시간, 91. 규율, 92. 습관, 93. 근로, 94. 나타(懶惰), 95. 쾌락, 96. 온공(溫恭), 97. 허탄, 98. 개과, 99. 자제, 100. 결단과 용감, 101. 의문, 102. 예의, 103. 침수(寢睡), 104. 운동, 105. 계주(戒酒)
9단원	국민에 대한 주의	106. 국가에 대한 의무, 107. 황실에 대한 의무, 108. 국토, 109-110. 애국심, 111. 애국의 실(實), 112. 국치(國耻), 113. 국광(國光), 114. 국민의 충의, 115. 단결, 116-117. 독립, 118. 전쟁, 119. 진취, 120. 총론

『윤리학 교과서』와 마찬가지로 『고등 소학 수신서』 역시 교육을 통한 국력의 배양과 민족 자강이라는 편찬 취지에서 크게 어긋나지 않는다. 따라서 이 책 역시 학부 불인가 교과용 도서가 되어 사용이 금지되었다. 이런 『고등 소학 수신서』의 내용 특징을 살펴보면 다음과 같다.

첫째, 『윤리학 교과서』가 시작에서 도덕과 윤리의 개념을 제시하고 있는 것과 달리 『고등 소학 수신서』는 가장 마지막 120과의 '총론'에서 도덕을 다음과 같이 정의하면서, 수신에 있어서의 도덕의 중요성을 강조한다.

> 사람이 이 세상에 태어나서 마땅히 행동할 의무가 있으니 즉 도덕이 이것이다. 그러나 이것을 수양하는 일이 없으면 체득하여 행동할 수 없기 때문에 느끼고 지각하며 깨우쳐 풀어주는 방법을 편술하여 이로써 배우는 자의 교과에 갖추게 하니, 이 어찌 나의 의견을 망령되이 고집한 것이겠는가. 오직 동양과 서양 국가의 앞선 성현의 아름다운 말과 선행을 골라서 쓴 것이다. 무릇 사물은 근본과 말단이 있고 일은 시작과 끝이 있으니, 사람의 마땅히 행해야 할 방법도 역시 선후의 구별이 없을 수 없는 것이다. 따라서 도덕의 가르침으로서 수신의 시작 과정을 삼노라.

이 총론에는 『고등 소학 수신서』의 집필 방향과 요지가 그대로 반영되어 있는데, 실제적인 존재자로서 자기 자신이 갖추어야 할 자세 및 그런 존재자들이 함께 만들어 가는 가정 · 사회 · 국가에서 갖추어야 할 자세의 근본으로서 도덕의 중요성을 강조하고 있다.

둘째, 『고등 소학 수신서』는 덕목들을 중심으로 논의를 펼쳐가고 있다. 각 단원에 해당하는 덕목들이 세밀하게 제시되어 있는데, 그것이 왜 덕목이 되는가와 관련된 설명과 함께 적절한 실례들이 인용되어 있음을 확인할 수 있다. 가령 제 7단원 88과에서는 '덕을 닦음(修德)'에 대해서 다음과 같이 설명하고 있다.

[1907년 휘문관 발간본]

사람이 금수와 다른 점은 덕성을 수양하는 것에 있음이니, 한 몸의 건강과 지능이 모두 덕성을 실행함에 필요한 요건이 되는 것이다. 그러하기 때문에 이 덕성을 따름이 없을 때는 비유컨대 좋은 군사들이 있으되 이를 거느릴 좋은 장수가 없음과 같아서, 건강은 단지 모질고 사나움의 기초가 되고 지능은 단지 간사하고 사악함의 매개가 될 것이다. 덕성의 본령은 자기 의무를 복종함에 있으니 우리의 양심은 의무의 표준이다. 일과 사물을 모두 양심의 명령하는 바로 따르게 하여, 그 사이에 싹트는 사심과 사욕을 제거할 수 있으면 그 행위는 대부분 과실이 없어서 유덕한 사람이 될 것이다. …… 미국인 프랭클린[富蘭士克]이 절제, 침묵, 질서, 결심, 검약, 근면, 성실, 정의, 중화, 청결, 침착, 정조, 겸손의 13덕을 정하여 덕을 닦음의 공부를 쌓았으니, 이와 같은 사람은 가히 우리의 모범이 될 것이다.

그 실례로 제시되는 인물들은 미국의 워싱턴과 프랭클린, 중국의 공자 등을 제외하면 대부분 한반도 역사의 인물인데, 임금인 태조와 세종대왕 이외에 무관이었던 김유신 · 귀산(貴山) · 이순신 · 곽재우 등과, 문관이었던 안유 · 최석(崔碩) · 정몽주 · 이이 · 송시열 등 많은 이들의 언행을 각 과의 내용에 맞게 인용하고 있다. 내용에 맞는 예시를 사용하는 것은 전통적인 교육의 방법이기는 하나, 『고등 소학 수신서』에서는 가상의 예가 아닌 실제적 사례를 통하여 효과를 더욱 높였을 뿐 아니라, 아울러 자국의 역사에 대한 인식도 뚜렷이 심어줄 수 있었을 것으로 보인다.

셋째, 『고등 소학 수신서』 역시 『윤리학 교과서』와 마찬가지로 국가 개념과 단체나 지역에 대한 개념 및 사회와 공익 등과 관련된 내용이 뚜렷하다. 물론 전통적인 유가의 가르침인 수신에서 평천하라는 범위의 확장에도 지역과 사회 관련 내용은 녹아있다. 그러나 그 사회 및 이와 관련된 제반 개념이 뚜렷하게 드러나 있지는 않은데, 개화기에는 인식의 확장과 함께 이런 내용들이 강조되기 시작하였다. 그리고 이것은 『고등 소학 수신서』에도 잘 반영되어 있는데, 특히 제3단원 '사람에 대한 주의'와 제 8단원 '국민에 대한 주의'를 통하여 강조되고 있다. 가령 제3단원 37과 '사회'에는 다음과 같은 내용이 기술되어 있다.

> 사람은 가족의 단체로부터 일반 사람들의 사회가 있기에 각종 편익을 받는 것이니, 이 사회에 생활하는 자의 가장 주의할 일은 공동의 힘(共同力)이다. 이 공동의 힘은 각기 자기의 행복을 전하여 줄 뿐 아니라 실제로 일반 사회의 번영을 서로 도와줌이니, 사람이 세상에 태어나 사회에 공동의 힘을 잃어버리고서야 어찌 사람에 수에 채워 확충할 수 있겠는가. 사회에 각종 직업이 있는

것은 사람의 신체에 귀 · 눈 · 입 · 코 · 손과 발이 있음과 같아서 그 각 부분을 정비한 연후에 그 완전한 단체를 완성할 것이니 사람은 항상 자기의 의무를 먼저 닦고 사회의 공동을 힘써 노력해야 한다.

이런 사회에 대한 설명과 함께 제38 · 39과의 '공익(公益)', 제46과의 '공중(公衆)' 등도 눈여겨 볼 수 있는 내용이다. 또한 제106과 '국가에 대한 의무'는 『윤리학 교과서』 권4의 제1장 총론과 그 내용이 거의 일치하는데, 국토와 국민, 독립 주권이라는 구성 요소로써 국가를 정의내리고 있다. 한편 제113과 '국광(國光)'은 다음과 같이 국가의 초석은 결국 청년의 공부에 있음을 확실히 명시하고 있다.

국광이라 함은 국가가 문명에 나아가서 그 빛남이 사방에 미침을 말하는 것이다. 그러한즉 문명은 어떻게 말미암아 도달하는가. 이것은 국민이 모두 학문을 갈고 닦아서 속세의 사람을 교화하는 공로와 개물성무(開物成務)가 능히 그 국가로 하여금 높은 등급의 지위와 명호를 얻을 수 있게 하는 까닭에 그 문명한 광선이 세계에 휘황하여, 바라보기를 해와 달의 높이 떠서 비춤과 같이 하리니 이 어찌 국가의 영광(國光)이 아니겠는가. 지금 우리 대한제국은 국광이 점점 사라지고 은미하여 긴 밤과 비바람에 붉은 초(紅燭)가 곧 꺼지려 하고 하늘을 가득 채운 구름과 안개에 밝은 햇살이 두터이 가리워짐과 같은데, 어둡고 깊은 한가운데에서 국민이 어두움을 등지고 밝음을 향하는 자가 거의 드무니 국광이 어디에서 말미암아 발생하겠는가. 아! 우리 청년 제군은 국광의 원소요, 정신이다. 한 사람의 하루 공부가 일분의 빛을 드러내고 십 일의 공부가 십분의 빛을 드러내어서 일·이년의 쌓인 공로가 십년을 넘지 않아서 가히 전국의 빛을 발휘할 것이니 힘쓸지어다. 청년이여.

결국 국가의 영광은 청년 학생들의 교육에 그 출발점이 있는 것이며, 이런 교육의 근본은 곧 수신 교과에 있음을 말하고 있다.

지금까지 신해영의 『윤리학 교과서』 및 휘문의숙 편집부의 『고등소학 수신서』와 관련하여 그 구성과 내용 특징에 대해 개략적으로 살펴보았다. 『윤리학 교과서』는 윤리와 도덕이라는 개념을 먼저 제시하고 그 범위를 자신, 가족 및 친지, 사회, 국가로 범위를 확장하였다가 다시 국가적 도덕으로 내용을 마무리 짓고 있는 반면, 『고등 소학 수신서』는 각 영역에 해당하는 덕목들의 개념을 밝히고 그 실례를 풍부히 제시하면서 마지막 과에서 그 내용들을 포괄하는 것으로써의 도덕의 개념을 언급하고 있다. 『윤리학 교과서』와 『고등 소학 수신서』가 그 내용을 풀어가는 방식은 다르다 할지라도, 이상의 고찰을 통하여 두 종의 교과서 모두 상당히 치밀하고 구체적인 내용을 포함하고 있으면서 그 형식도 짜임새가 있음을 살펴볼 수 있었다. 또한 그 기본 취지가 교육을 통한 민족자강과 국권회복에 있음도 알 수 있었다. 그렇다면 이와 같은 개화기의 중등용 수신 교과서는 전통교육과 현대 도덕교육의 연결점으로서 어떠한 역할을 하는가.

3. 전통교육과 현대 도덕교육의 연결점으로서 '중등용' 수신 교과서의 역할

실상 중등용 수신 교과서는 초등용 수신 교과서에 비교해 볼 때, 전통교육과 현대 도덕과 교육의 연결점으로서의 의의는 다소 떨어진다고 볼 수 있다. 왜냐하면 중등용 수신 교과서가 간행된 시기는 1906년 이후이며, 제작의 주체와 목적 역시 민간에서 사립학교용으로 제작한 것들이기 때문이다. 달리 말하면 1895년에서 1906년의 '근대식 학제 도입기'에는 중등용 수신 교과서 자체가 발견되지 않으며, 학부에서 관·공립학교용으로 공식 제작한 중등용 수신 교과서는 전 기간을 통틀어 없다는 것이다. 그러나 이런 한계에도 불구하고 중등용 수신 교과서는 앞서 살펴본 것처럼 내용이 매우 구체적이고 그 수준 역시 상당하기에, 교과 내용 구성의 원리·성격·지향점 측면에서 현대의 도덕과 교육과 그 연속성을 세밀하게 논의할 수 있다.

개화기의 수신 교과가 현재의 도덕과 교육과 연속성을 지닌다는 말의 의미는 그 시기의 수신 교과가 1945년 이후, 보다 정확히는 제 3차 교육과정기(1974~1981) 이후의 도덕과 교육과 원리·실제적인 면에서 내밀하게 연계된다는 것이다. 주된 공부가 경전의 내용 습득 및 암송[講]을 통하여 이루어지던 전통교육에서는 공부의 의미가 곧 수신·수양이었다고 해도 과언이 아니다. 그러나 근대적인 교육 체제로 변환되면서 여러 교과가 형성되고 수신 교과 역시 하나의 교과목으로 자리 잡게 되었다. 과연 개화기의 수신 교과는 어떤 측면에서 현재 도덕과 교육과 연속성을 지니는가.

1) 교과 내용 구성의 원리 : 생활 영역 확대법과 가치관계 확장법

도덕과에서는 교사가 무엇을 가르치고 학생들은 어떤 것을 배워야 할 것인가와 관련하여 '2007 개정 도덕과 교육과정' 이후에는 '가치관계 확장법'을 적용하고 있다. 이 가치관계 확장법이란 도덕적 주체인 '나'를 중심으로 하여 가치관계가 확장되는 방법이다. 따라서 현재 도덕과의 내용은 ① 도덕적 주체로서의 나, ② 우리 · 타인 · 사회와의 관계, ③ 국가 · 민족 · 지구 공동체와의 관계, ④ 자연 · 초월적인 존재와의 관계를 주 영역으로 한다.

그러나 '2007 개정 도덕과 교육과정' 이전의 도덕과에서는 '생활 영역 확대법'을 사용하였다. 실제로 도덕과 교육과정의 내용 조직은 도덕과가 정규 교과로 자리 잡은 제 3차 교육과정 이래로 이 '생활 영역 확대법'의 틀을 유지하고 있었는데, 이것은 ① 개인 생활, ② 가정 · 이웃 · 학교 생활, ③ 사회 생활, ④ 국가 · 민족 생활이라는 도덕적 생활의 장이 점차 공간적으로 확대되는 틀을 중심으로 대영역을 설정하고, 그 영역에 해당하는 가치와 규범들을 다루는 방식으로 내용을 조직하는 것이다(한국교육과정평가원, 2009:66~84).

요컨대 도덕과 교육과정은 압축해서 표현하자면 제3차 교육과정 이후부터 제7차 교육과정까지는 '생활 영역 확대법'이, 그리고 '2007 개정 도덕과 교육과정' 이후부터는 '가치관계 확장법'이 도덕과의 기본 원리로 채택 적용되었다는 것이다. 그리고 바로 이 맥락에 근대 수신 교과와 현대의 도덕과 교육이 연결되는 첫 번째 접점이 있다. 즉 근대의 수신 교과서에는 '생활 영역 확대'에 따른 도덕적 영역 구성 및 내용 선정의 초기 형태가 드러난다.

『윤리학 교과서』는 권1의 자신에서부터 권2의 가족과 친지, 권3의 사회, 권4의 국가로 가르침과 배움의 영역을 설정한 뒤, 각 영역에 해당하는 가치와 덕목들을 제시하고 있다. 『고등 소학 수신서』는 『윤리학 교과서』처럼 단계적이지는 못하나 제4 · 5 · 6 · 7단원은 자신과 관련되어 있고, 제2 · 3단원은 가정과 학교 및 사회와 관련이 있으며, 제8단원은 국가와 관련이 있다. 『고등 소학 수신서』의 경우 생활 영역 확대의 순서에는 차이가 있다할지라도 그 영역 구분에 따라서 내용이 구성되어 있으며, 각 단원에 들어있는 덕목들 중 타 영역과 연계되는 것들이 있어서 영역들을 서로 관련시키고 있음을 확인할 수 있다. 또한 『윤리학 교과서』와 『고등 소학 수신서』 모두 사회 및 제반 관련 개념을 규정하고 중요하게 부각시키고 있다는 것은 이미 앞에서 확인하였다.

그런데 저 근대 수신 교과서들은 '2007 개정 도덕과 교육과정' 이후에 적용되는 '가치관계 확장법'에도 일정한 시사점을 제공한다. '2007 개정 도덕과 교육과정'에는 다음과 같은 내용이 있다(교육과학기술부, 2008:22).

> 한편, 도덕과의 목적은 학생들의 발달 상황을 고려하여 학교급별로 그 강조점이 달라질 수 있다. 즉 초등학교 도덕과는 도덕적 덕목의 내면화에 중점을 두고 있으며, 중학교 도덕과는 도덕적 사고력의 함양에 중점을 두고 있다. 이에 비해 고등학교 도덕과는 자율적인 도덕적 판단 능력을 함양하여 현대 사회의 다양한 도덕 문제에 대한 올바른 판단과 실천을 지향하도록 하는 데 중점을 두고 있다.

물론 근대 수신 교과서를 통해서 살펴볼 수 있는 것은 '가치관계 확장법'이라기보다는 '생활 영역 확대법'이 더 뚜렷하다. 그런데 저 인용문에서 "초등학교 도덕과는 도덕적 덕목의 내면화에 중점"을 두고 있다고 하였다. 따라서 현재 '국민공통 교육과정'이 적용되는 초등학교 3학년부터 고등학교 1학년까지의 〈도덕〉 과목에서, 특히 초등학교 3학년부터 6학년까지는 '정직'부터 '사랑'에 이르는 18가지 내용을 도덕적 덕목으로 정하고 있다(교육과학기술부, 2008c:242). 그러나 이와 같은 덕목들의 개념 및 그 덕목들이 왜 중요한가는 암묵적 합의에 기대고 있을 뿐 뚜렷하게 제시하고 있지 않다. 그런데 『윤리학 교과서』에는 각 장들을 구성하는 수많은 단락들에서 저와 같은 덕목들의 개념을 제시하고 있다. 그리고 『고등 소학 수신서』는 더 나아가 역사적 실례들까지도 제시하고 있다. 따라서 이런 개념과 실례들은 도덕적 덕목 선정의 근거가 명확하지 않은 현재에 일정한 의의를 제공한다고 할 수 있다.

현대의 도덕과 교육에서 반영하고 있는 '생활 영역 확대법'이나 '가치관계 확장법'은 단순해 보일지라도 그것을 지탱하고 있는 여러 윤리학적, 도덕 심리학적 근거들이 있다. 그리고 실상 근대 수신 교과서들을 통해 살펴볼 수 있는 내용 구성 원리는 저런 근거들이 반영되어 있지는 않다. 하지만 이상의 내용에서 알 수 있는 것처럼 그 시기의 중등용 수신 교과서에는 거칠게 표현되어 있다 할지라도, 현대의 도덕과 교육에 적용되는 원리들의 단초가 엿보인다. 또한 여러 가지 시사점을 줄만한 내용들도 함께 가지고 있음을 확인할 수 있다.

2) 교과 내용 구성의 성격 : 학제적 성격

근대 수신 교과와 현대의 도덕과 교육의 연속성을 논의할 두 번째 접점은 학제적 성격에 있다. 도덕과에서는 그 성격을 '학제적'이라고 규정하고 있는데, 여기서 학제적이란 말은 무엇을 의미하는가. 그것은 '둘 이상의 학문 분야가 학적 목적을 달성하기 위하여 제휴하는 것'을 의미한다. 도덕과와 관련된 학제적 성격은 다양하게 풀이할 수 있는데, 가령 정세구는 도덕과가 정착되는 과정 중 교사 양성을 위한 교육과정 및 기본 이수과목의 편성을 살펴봄으로써 도덕과에 여러 학문이 접목된 상황을 밝히고 있다(정세구, 2004:113~129).

그러나 교과 내용 구성에 있어 도덕과의 학제적 성격이 보다 올바른 방향으로 나아가기 위해서는, 관련된 다양한 학문들을 도덕과의 내용 영역으로 끌어들일 수 있는 중심 학문에 대한 논의가 필수적이다. 최근에 들어와서 도덕과 교육의 학문적 배경은 윤리학이어야 한다는 것으로 합의가 이루어지고 있고, 여기에 맞춘 내용 구성이 이루어지고 있는 추세이다. 그러나 이런 합의가 이루어지지 않았던 시기에는 도덕과와 관련된 여러 학문들이 짜깁기 되어 교육과정 문서에 다음과 같이 제시되고 있었다(교육부, 1997:93).

> '도덕'은 새 교육 과정 개정의 기본 방향으로 가장 강조되고 있는 인성 교육과 민주 시민 교육, 그리고 국가적인 차원에서 중시되고 있는 통일 대비 교육과 국가 안보 교육을 핵심 영역으로 다루고 있는 핵심 교과이다. '도덕'은 바람직한 삶을 위한 도덕규범과 가치 문제를 다루는 규범 과학적 관점과, 사회 질

서 유지 및 국가 · 민족의 발전을 위한 국민 의식 형성 문제를 탐구하는 사회 과학적 관점을 중심으로 학제적인 접근을 시도한다.

위와 같은 설정은 그 연결고리가 되는 중심 학문에 대한 설명이 없기 때문에, 도덕과의 학문적 배경이 무엇인지 상당히 혼란스럽게 만든다. 그러나 모학문을 설정하려는 노력이 현재의 교육과정 문서에는 많이 반영되어 있다. 즉 도덕과 관련된 다양한 학문 영역과 학제적 접근을 시도하면서도, 그 연결점을 '인간이 어떻게 살아야만 하는가'와 관련된 윤리학으로 잡고 있는 것이다. 다음과 같은 인용문이 그 사례가 된다(교육과학기술부, 2009:54).

〈생활과 윤리〉 과목에서는 현대 생활의 여러 영역의 윤리적 쟁점들이 주제로 다루어지기 때문에 다른 과목보다 더욱 다양한 접근 방법들이 활용될 수 있다. 생명, 과학, 생태, 정보, 사회 정의, 경제, 문화, 사회, 정치 등을 바라보는 다양한 시각과 접근 방법이 적용 가능하다. 특히 이 과목에서는 실생활에서 발생하는 윤리적 문제들을 전통과 현대의 시각에서 그리고 개인 윤리와 사회 윤리의 시각에서 균형을 취하면서 학생들이 스스로 학제적인 접근으로 조사, 분석하게 하고 공동의 도덕적 탐구 방식으로 토론하고 논술하는데 중점을 둘 수 있다.

도덕은 인간이 생활하는 다양한 영역에서 어떻게 살아야 할 것인가와 관련된 내용을 위주로 하는 과목이기에 그 내용은 학제적 접근이 될 수밖에 없다. 그런데 학제적 접근을 보다 이론적으로 치밀하게 다

듣는 작업은 지금에 와서야 이루어지고 있는 것이다.

요컨대 도덕과 교육과정에서 그 성격을 학제적으로 보는 것은 오래전부터 합의되고 있던 것이나, 제 7차 교육과정 시기까지만 해도 그 의미 규정은 제대로 이루어지고 있지 않았으며, 최근에 와서야 중심이 되는 배경 학문에 대한 깊은 논의와 함께 보다 뚜렷한 의미 파악이 이루어지고 있는 것이다. 그런데 여기에 근대 수신 교과와 도덕과 교육이 연결되는 두 번째 접점이 있다. 즉 근대의 수신 교과서에는 학제적 접근과 관련된 내용 구성 및 덕목 선정의 초기 형태가 드러난다.

과거 전통교육에서 수신 · 수양은 곧 공부의 핵심이었으며, 이런 때에는 도덕 · 윤리란 것이 별도의 과목이 아니었다. 그런데 개화기 이후 여러 교과목이 세분화되고 신설되는 상황에서 전통에서 강조하던 내용을 이어받는 것이 다름 아닌 수신 교과였다. 그러나 수신 교과가 언제나 필수 교과의 위치에 있었다 할지라도 그 시수는 매우 적었을 뿐만 아니라, 가르쳐야 할 내용도 아직 체계적으로 정립되지 않았다. 그래서 근대 수신 교과서에는 생활 영역을 나누고, 그 영역에 다양한 내용들이 들어와 있다. 앞서 살펴보았던 것처럼 『윤리학 교과서』에는 대차(貸借) · 재산의 의탁 · 매매 등과 관련된 경제 내용들이 언급되고 있으며, 헌법의 종류 및 황제를 보좌하는 입법 · 행정 · 사법 기관과 관련된 구체적 설명들도 다루어지고 있다. 또 『고등 소학 수신서』는 수많은 위인과 역사적 사실 등을 강조하고 있다.

물론 이 시기의 수신 교과서가 지니는 학제적 성격이란 최근의 도덕 교과가 보여주는 것과 같은 이론적 · 체계적인 성격은 물론이거니와, 얼마 전까지의 애매모호한 학제적 성격도 제대로 보여주고 있지는 못하다. 그러나 전통식 교육 방법에서 교과로서의 도덕 과목으로 넘어오는 과도기적인 시점에서 드러나는 거친 학제적 성격은 도덕과 교육과 관련하여 근대 수신 교과의 연속성을 말할 수 있게 하는 근거가 된다. 만일 이 시기에 수신 교과가 외국과 같은 종교 교육의 형태로 자리매김하였다면 학제적 성격은 그 논의의 대상조차 되지 않았을 것이라는 점에서 더욱 그러하다.

3) 교과 내용 구성의 지향점 : 인지・정의・행동적 영역에 대한 인식과 통합

도덕과가 학제적 성격을 가지고 있다는 것은 학제적 내용들을 다루기 위한 통합적 접근을 취해야 한다는 당위성을 뒷받침한다(한국교육과정평가원, 2009:68). 그리고 이런 통합적 접근은 내용에 대한 외연적・형식적 통합을 말하는 것이 아니라, 긴밀한 연계성을 통한 실질적 통합을 의미하는 것이다. 이와 같은 견해는 현대의 도덕과 교육론에서 합의되고 있는 사항인데, 통합적 논의과 관련된 여러 예들이 있으나 본 절에서는 근대 수신 교과와 관련하여 인지・정의・행동적 영역의 통합에 대해서만 살펴보도록 하겠다.

도덕성과 도덕교육에 대한 단순하고 편협한 견해에 기초한 도덕교육은 건전하고 균형 잡힌 전인적 도덕성의 형성에 역기능을 초래할 수 있기 때문에, 인지적 영역과 정의적 ・행동적 영역이 균형 있게 갖추어질 수 있도록 시도해야 한다. 그런데 현대의 도덕교육론에 큰 영향력을 행사하였던 서양 도덕심리학의 1980년대까지의 경향을 살펴보면, 인지발달 접근은 인지를, 동일시-내면화 접근은 정서를, 사회학습 접근은 행동을 강조해왔다. 이렇게 다른 강조점은 인지 · 정의 · 행동이라는 인위적인 삼분법의 형성에 큰 영향을 미쳤고, 그것들이 상호 연관되어 있다는 점을 간과하게 하였다(정창우, 2007:31, 78~79).

이런 흐름은 우리의 도덕과 교육에도 영향을 미쳐, 다양한 부작용을 야기하였다. 각 영역 중 어느 한쪽으로 편중된 도덕교육론은 각각의 영역을 부각시킴으로써 어느 정도의 장점을 가졌지만, 결국은 타 영역들을 소홀히 하여 실제 도덕교육 현장에서 효과를 발휘하지 못한 것이다. 일례로 콜버그(L. Kohlberg)의 인지 중심 도덕발달 이론이 도덕과 교육에 큰 영향력을 행사하던 시절에는 교수 학습 목표나 방법 등이 대부분 인지 중심으로만 진행되었다. 따라서 인지 · 정의 · 행동의 통합적 접근은 어느 한쪽에 편중되지 않은 도덕적 사고와 도덕적 감정, 도덕적 행동 모두에 강조점을 두고 있다는 점에서 도덕교육의 시대적 과제라고 할 수 있다(박병기 · 추병완, 2007:184~188). 그리고 이런 점은 현대의 도덕과 교육과정 문서에 잘 드러나 있다(교육인적자원부, 2007:3).

> 자신과 타인 · 사회, 국가 · 민족 및 자연과의 관계에 대한 올바른 이해를 바탕으로, 인간의 삶에 필요한 도덕규범과 예절을 익히며, 생활 속에서 제기되는 여러 가지 도덕 문제를 합리적으로 해결해 나갈 수 있는 도덕적 사고력과 판단력, 실천 동기 및 능력을 함양하여 자율적이고 통합적인 인격을 형성한다.

요컨대 도덕과 교육은 한때 미국의 도덕 심리학 흐름에 편승하여 인지 중심으로 진행되기도 하였으나, 현재는 인지 · 정의 · 행동이라는 세 영역의 통합에 대하여 활발히 논의 중이다. 그렇다면 이런 점과 관련하여 근대의 수신 교과는 현대의 도덕과 교육과 어떠한 연속성을 지니는가.

수신 교과서를 살펴보면 인지와 정의, 행동적 영역에 대한 통합적 인식이 엿보인다. 그런데 여기에 관련된 내용은 『윤리학 교과서』를 중심으로 살펴보도록 하겠다. 왜냐하면 『고등 소학 수신서』의 경우 제33 · 34과 '학문', 제63과 '지식', 제83 · 84과 '궁리(窮理)', 제86과 '학리(學理)' 등을 통하여 앎에 대한 내용을 강조하고 있기는 하나, 여기서 앎이라고 하는 것은 도덕적 인지 차원을 의미하는 것이 아니라 문명과 관련된 전반적인 지식을 말하는 것이기 때문이다. 또 제60 · 61과 '온화', 제79과 '고상(高尙)', 제96과 '온공(溫恭)' 등을 통하여 정의적 측면을 언급하고 있기는 하나, 전반적으로 그 내용이 일상적 감정의 수준을 넘어서지 못하고 있다. 하지만 『윤리학 교과서』는 이와 달리 인지 · 정의 · 행동적 측면을 구분하면서도 그 연계성에 대하여 상당히 균형 잡힌 시각을 보여주고 있다. 예를 들어 권1 제6장의 시작에서 다음과 같이 밝힘으로써 도덕에 있어 무엇이 선하고 그른지 인지하는 것에 대한 내용을 강조한다.

> 또 지식은 도덕에서 빼놓지 못할 것이니, 도덕이란 것은 선을 행함을 이르는 것이다. 그러나 만일 선과 불선을 인식하고 구별하는 지식이 없으면 어찌 이로써 선을 체득하여 행하겠는가. 선을 행함이 옳음을 알고 이것을 행하며, 악을 행함이 옳지 않음을 알고 이것을 하지 않음이 진정한 도덕인 것이다. 세상의 충성과 효도를 하지 않고 신뢰를 이지러뜨리며 의를 실추하고 욕망을 자행하여 몸을 스스로 망치는 자도 그 사람의 사람됨이 반드시 악독하고 이치에

어긋난 것은 아니요, 항상 지식이 부족하여 선악의 차별을 능히 구별하지 못하는 까닭인 것이다.

또한 권1 제4장에서 "감정과 욕망은 반드시 천하고 열등한 것으로 여길 것이 아닐 뿐만 아니라 높은 지조와 유익한 일은 언제나 여기에서 근원하는 것이다"라고 하여, 정의적 측면에 대해서도 도덕적 동기와 관련해서 공정한 평가가 이루어져야 함을 강조하고 있다. 그러나 이런 감정과 욕망은 준마(駿馬)와 같이 잘 달리는 힘은 있으나 마땅히 달려야 할 장소를 알지 못하는 경우가 있다고 말하면서, "우리는 명확한 인성과 천리 및 견강한 의지와 기개에 기인한 자제의 힘으로써 항상 정욕이 함부로 날뛰음을 견제하여 이로써 중정의 도를 유지함이 옳은 것이다"라고 하여 앞서 언급했던 도덕적 지식과의 연계를 강조한다. 그리고 도덕적 행동이 결국 수신 교과의 목표임을 권1의 '총론'에서 다음과 같이 밝히고 있다.

그러나 충성 · 신의 · 효도 · 우애와 박애 · 충의 · 용기와 기타 공적인 것과 개인적인 것 일체의 의무에 관하여 이것을 행할 수 있는 기초는 모두 자신에게 있으니, 어떠한 미덕과 어떠한 고상한 의리라도 다만 이것을 알기만 할 뿐이고 몸소 실천하지 아니하면 그 처음으로부터 알지 못함만 같지 못한 것이다. 그러하기에 이것을 행동하고자 하면 자신에게 평소에 길러 미리 갖추어야 하니, 따라서 도덕의 가르침이 자신의 수양함을 우선으로 삼는 까닭이 여기에 있다.

물론 앞서 언급하였던 것들과 마찬가지로 이 시기의 중등용 수신 교과서에서 살펴볼 수 있는 인지 · 정의 · 행동적 측면에 대한 인식 및 통합 관련 내용들은 현대의 논의에서와 같이 심층적이지 못하다. 또한 이 시기에는 수신 교과를 저와 같은 분석의 틀로 고려하지도 않았다. 그러나 전통교육에서는 흔히 천리(天理) · 도심(道心)과 대비되는 인욕(人欲) · 인심(人心)이라 하여 무시되어졌을 정의적 내용들이 새롭게 조명되고 있을 뿐 아니라, 그것이 도덕적 인지 및 실천의 측면과 연계되고 있다는 점에서 거칠지만 당시의 인지 · 정의 · 행동적 영역에 대한 인식과 통합적 논의를 살펴볼 수 있는 단서를 제공하고 있다. 그리고 이런 점이 근대의 수신 교과와 현대의 도덕과 교육의 연속성을 생각해볼 수 있는 접점이 되는 것이다.

지금까지 본장에서는 생활 영역 확대법과 가치관계 확장법, 학제적 성격, 인지 · 정의 · 행동적 영역에 대한 인식과 통합이라는 세 가지 측면을 중심으로, 근대의 중등용 수신 교과서가 전통교육과 현대 도덕과 교육을 연결시키는 매개 역할을 하였음을 살펴보았다.

Ⅴ. 나오며

우리의 전통 사유와 현재의 도덕과 교육을 이론적 · 실천적으로 접합하려는 여러 시도들이 모색되고 있는 상황에서 어딘가 불연속적인 부분이 엿보이며, 그 불연속성이 가장 뚜렷하게 드러나는 곳은 다름 아닌 현재 도덕과의 교육과정 문서임을 앞서 지적하였다. 물론 도덕과의 교육과정 문서를 작성할 때 대한민국 건국 시점 이후를 고려한다든가, 1910~1945년에는 일제에 의한 황국 신민화 교육이 수신 교과의 핵심이었다는 점 등은 중요한 고려 사항이었다고 할 수 있겠다. 그러나 이런 내용들을 감안한다 할지라도, 1894~1910년의 근대 시기에 행해졌던 수신 교과의 의의가 현재와 같이 짧은 언급 정도로 그치고 마는 것은, 그 해설서를 주로 참고하는 예비 혹은 현직 교사에게 도덕과 교육은 1945년 이후에야 비로소 시작되었다는 인식을 심어줄 우려가 있다. 그리고 교사가 그러한 인식을 갖는다면, 그 교사로부터 배우는 학생들의 인식은 다시 언급할 필요성이 없을 것이다.

하지만 근대 시기의 수신 교과는 관 · 공립교육 체제 하에서 하나의 교과로서 충분한 위상을 지니고 있었다. 물론 실제적인 운영 면에서는 여러 제한이 있었지만, 그 위상을 쉽게 무시할 수는 없다. 그리고 이런 실제적 운영 면에 있어서는 관 · 공립학교보다 사립학교가 더 민족적이고 주체적이었다. 물론 사립학교에서도 재정 문제나 교사의 충원, 일본의 압박 등 내 · 외부적 문제들이 많았고, 교과의 편제나 운영이 자의적인 경우가 대부분이어서 관 · 공립교육 체제에 비해 일관성은 부족하였다. 그러나 사립학교에서는 자발적인 수신 교과서 편찬 및 수신 교과를 대체하는 과목들을 시행하였다.

본 부록에서는 이와 같이 당시 수신 교과의 실제를 우선 살펴본 뒤, 이어서 전통교육과 현대 도덕과 교육의 연결점으로서의 근대 수신교육을 논의하기 위해 그 창으로써 초등용 및 중등용 수신 교과서를 선택하였다. 그리고 그 수신 교과서들 중 대표적인 것들을 선정하고, 내용 특징을 세밀하게 분석하였다. 우선 초등용 수신 교과서를 살펴보았는데, 1895~1906년의 '근대식 학제 도입기'와 1906~1910년의 '통감부 학정 잠식기'에 수신 교과를 지탱하였던 '전통적인 수신 교과서류', '학부 편찬 수신 교과서류', '민간 제작 사립학교용 수신 교과서류' 중 대표성을 지닐만한 것으로 1종씩을 선정하였다. 순서대로 언급하면, 1884년에 간행된 박재형의 『해동속소학』, 1895년에 간행된 학부 편찬의 『소학독본』, 1908년에 간행된 유근의 『초등 소학 수신서』가 그것들이다. 전체적으로 볼 때, 이 3종의 수신 교과서는 약 10여년씩의 간격을 두고 발간되었으며, 그 제목에 모두 '소학'이라는 이름이 포함되는 것으로 미루어 형식과 내용은 차이가 있을지라도 넓은 의미에서 '소학'류라고 할 수 있겠다.

저 3종의 초등용 수신 교과서를 내용과 방법 측면에서 분석한 결과, 첫 번째로 수신과 수양이 곧 교육의 목적이었던 우리의 전통교육이 '수신'이라는 교과의 하나로 자리 잡으면서 발생한 내용적인 측면에서의 축소화를 발견할 수 있었다. 그러나 핵심적인 전통 가치들은 그대로 유입되었다. 그리고 두 번째로 근대적이고 민주적이며 실천적인 가치들이 수신 교과서 안으로 유입됨으로써 전통적인 가치와 조화를 모색하려 했던 모습도 발견할 수 있었다. 이것은 근대 초등용 수신 교과서에 나타나는 내용과 방법의 변화 양상이, 근대 수신 교과가 전통교육과 현대 도덕과 교육의 연속성을 논의하는데 있어 가교 역할을 수행하였다는 점을 증명하는 것이다.

이어 중등용 수신 교과서를 살펴보았는데, 사립학교의 수신 교과서들 중 신해영의 『윤리학 교과서』와 휘문의숙 편집부의 『고등 소학 수신서』 두 종을 선택하고, 그 내용 특징에 대한 연구를 통하여 당시 수신 교과가 상당한 수준으로 내용을 정립하고 있었음을 살펴보았다. 그리고 근대 수신 교과가 1945년 이후, 보다 정확히는 제 3차 교육과정기 이후의 도덕과 교육과 원리 및 실제적인 면에서 연속성을 지닌다는 것을, 생활 영역 확대법과 가치관계 확장법, 학제적 성격, 인지 · 정의 · 행동적 영역에 대한 인식과 통합이라는 세 가지 측면에서 살펴보았다.

『대학(大學)』에는 격물(格物)에서 평천하(平天下)까지의 단계를 설명하면서, 수신에 대하여 "천자로부터 서민에 이르기까지 일체 모두 수신으로써 근본을 삼는다. 그 본(本)이 어지러운데 말(末)이 다스려지는 자는 없으며, 그 후(厚)하게 할 것에 박(薄)하게 하고서 그 박하게 할 것에 후하게 하는 자는 있지 않다"[6]라고 밝히고 있다. 그만큼 수신을 강조하고 있는 것이다. 하지만 이 수신의 개념이 단지 유가에서만 사용되던 것이 아니었음을 우리는 알고 있다. 그것은 전통교육의 근본 개념이었던 것이다. 그런데 그 수신의 의미가 일제 치하의 수신 교과와 맞물리면서, 우리에게 근대의 수신 교과에 대해서마저 의식 단절을 야기하였다. 그러나 도덕 교과와 관련된 여러 쟁점들이 제기되고, 도덕 교과의 주체들이 이런 쟁점들을 그 어느 때보다 고민하는 지금, 전통교육과 현대 도덕과 교육의 연결점으로서의 근대 수신 교과에 대한 논의 역시 더 이상 미루어 놓을 수 없는 과제일 것이다.

6 『大學』: "自天子以至於庶人, 壹是皆以修身爲本. 其本亂而末治者否矣, 其所厚者薄而其所薄者厚, 未之有也"

:: 참고 문헌

1. 원서류

『論語』, 『大學』, 『中庸』, 『孟子』
『詩經』, 『書經』, 『周易』, 『孝經』
『小學』, 『御定小學集註』
『史記』, 『漢書』, 『後漢書』, 『三國志』
『晉書』, 『梁書』, 『魏書』, 『北齊書』
『周書』, 『隋書』, 『舊唐書』, 『新唐書』
『宋史』, 『金史』, 『元史』, 『明史』
『唐詩紀事』, 『唐詩選』, 『全唐詩』
『詩話總龜』, 『宋詩紀事』, 『宋詩選』
『東都事略』, 『漁隱叢話』, 『古文眞寶』
『淮南子』, 『說苑』, 『世說新語』
『洛陽伽藍記』, 『蒙求』, 『唐才子傳』
『名儒學案』, 『古文觀止』, 『畿輔通志』, 『二程集』
『新增東國輿地勝覽』, 『正祖實錄』, 『海東續小學』
朴健會 編, 『懸吐註解 擊蒙要訣(附 夙惠記略)』, 新舊書林, 1919.
『小學讀本』, 한국학문헌연구소 편, 『한국 개화기 교과서 총서』 1, 아세아 문화사, 1977.
『夙惠記略』·『高等 小學 修身書』·『普通學校 學徒用 修身書』, 한국학문헌연구소 편, 『한국 개화기 교과서 총서』 9, 아세아 문화사, 1977.
『倫理學 敎科書』, 한국학문헌연구소 편, 『한국 개화기 교과서 총서』 10, 아세아 문화사, 1977.
이화여대 한국문화연구원 편역, 『근대 수신 교과서』 1~3, 소명출판, 2011.

2. 기사류

「小學校令」, 『관보(官報)』 제119호, 1895.7.22.
「漢城師範學校 規則」, 『관보(官報)』 제121호, 1895.7.24.

「小學校 教則大綱」,『관보(官報)』 제138호, 1895.8.15.
「中學校 官制」,『관보(官報)』 제1228호, 1899.4.6.
「中學校 規則」,『관보(官報)』 제1673호, 1900.9.7.
「師範學校令」,『관보(官報)』 제3546호, 1906.8.31.
「師範學校領 施行規則」,『관보(官報)』 제3547호, 1906.9.1.
「高等學校令 施行規則」,『관보(官報)』 제3548호, 1906.9.3.
「普通學校令 施行規則」,『관보(官報)』 제3549호, 1906.9.4.
「高等女學校令」,『관보(官報)』 제4039호, 1908.4.4.
「高等女學校令 施行規則」,『관보(官報)』 제4044호, 1908.4.10.
「私立學校令」,『관보(官報)』 제4176호, 1908.9.14.
「高等學校令 施行規則」,「普通學校令 施行規則」,「師範學校領 施行規則」,『관보(官報)』 제4424호, 1909.7.9.

3. 논문 및 저서류

강봉수,『한국 전통 도덕교육론』, 한국학술정보, 2006.
강윤호,『개화기의 교과용 도서』, 교육출판사, 1985.
교육부,『초 · 중등학교 교육 과정 별책 1. 국민공통 기본 교육과정』, 1997.
교육과학기술부,『고등학교 교육과정 해설 3. 도덕』, 한국보훈복지의료공단 신생인쇄조합, 2008a.
__________,『중학교 교육과정 해설 (II) 국어, 도덕, 사회』, 교육과학기술부, 2008b.
__________,『초등학교 교육과정 해설 (III) 국어, 도덕, 사회』, 교육과학기술부, 2008c.
__________,『고등학교 교육과정 해설~도덕』, 교육과학기술부, 2009.
교육인적자원부,『도덕과 교육과정』, 대한교과서 주식회사, 2007.
김민재,「근대 수신 교과서를 통해 살펴본 '도덕과 교육'의 연속성」,『한국문화연구』 제19집, 이화여대 한국문화연구원, 2010.
_____,「개화기 '學部 편찬 修身書'가 지니는 教科用 圖書로서의 의의와 한계」,『이화사학연구』 제42집, 이화사학연구소, 2011.
_____,「근대 초등용 수신 교과서에 나타난 가치교육의 변화 연구」,『초등도덕교육』 제36집, 한국초등도덕교육학회, 2011.
_____,「『윤리학 교과서』 해제」, 이화여대 한국문화연구원 편역,『근대 수신 교과서』 3, 소명출판, 2011.
김영우,『한국근대교원교육사』 I, 정민사, 1987.

______, 『한국 개화기의 교육』, 교육과학사, 1997.
김정효 외, 『한국 근대 초등교육의 성립』, 교육과학사, 2005.
노관범, 「19세기 후반 淸道 지역 南人學者의 학문과 『小學』의 대중화」, 『한국학보』 제27집, 일지사, 2001.
도부학, 「海東續小學에 對하여」, 『한국학논집』 제7집, 계명대 한국학연구원, 1992.
박병기, 『동양 도덕교육론의 현대적 해석』, 인간사랑, 2009.
______, 「『초등 소학 수신서』 해제」, 이화여대 한국문화연구원 편역, 『근대 수신 교과서』 1, 소명출판, 2011.
______ · 추병완, 『윤리학과 도덕교육』 I(개정증보판), 인간사랑, 2007.
박용헌, 『가치교육의 변천과 가치의식』, 서울대 출판부, 2004.
서강식, 「1923-24년을 중심으로 한 일제강점기 하의 초등학교 수신 교과서 내용 분석 연구」, 『초등도덕교육』 제29집, 한국초등도덕교육학회, 2009.
송인자, 「개화기 남녀 수신 교과서의 지향점 분석」, 『한국문화연구』 제13집, 이화여대 한국문화연구원, 2007.
신창호, 『수기(修己), 유가 교육철학의 핵심』, 원미사, 2005.
우용제 외, 『근대한국초등교육연구』, 교육과학사, 1998.
윤진욱, 「조선전기 '소학계' 연구」, 『경주사학』 제32집, 경주사학회, 2010.
이종국, 『한국의 교과서』, 대한교과서, 1992.
______, 『한국의 교과서 변천사』, 대한교과서, 2008.
______, 『한국의 교과서 출판 변천 연구』, 일진사, 2002.
이종흔, 『뉴밀레니엄 시대의 윤리와 도덕교육』, 인간사랑, 2003.
이해명, 「개화기 교육목표와 교과서 내용과의 차이점 연구－國語 · 修身 · 倫理 교과서를 중심으로」, 『단국대학교 논문집』 제22집, 1988.
정세구, 「도덕, 윤리과 교육의 학제적 접근의 정착 과정」, 『사대논총』 제68집, 서울대 사범대학, 2004.
정은진, 「영남대 소장본 『숙혜기략』 고찰」, 『민족문화논총』 제 48집, 영남대 민족문화연구소, 2011.
정창우, 『도덕과 교수·학습방법 및 평가』, 인간사랑, 2007.
정호훈, 「조선 후기 『小學』 간행의 추이와 그 성격」, 『한국사학보』 제31호, 고려사학회, 2008.
조연순 외, 『한국 근대 초등교육의 발전』, 교육과학사, 2005.
한국교과서연구재단, 『한말 및 일제 강점기의 교과서 목록 수집 조사』, 한국교과서연구재단, 2001.
한국교육과정평가원, 『도덕과 교육 내용 개선 방안 연구』, 2009.

허재영, 「근대 계몽기 교과서 해제」, 「『초등 윤리학 교과서』 해제」, 이화여대 한국문화연구원 편역, 『근대 수신 교과서』 1, 소명출판, 2011.
古川昭, 이성옥 역, 『구한말 근대학교의 형성』, 경인문화사, 2006.

:: 찾아보기

1. 인명

2. 서명, 편명 및 기타

영인

숙혜기략

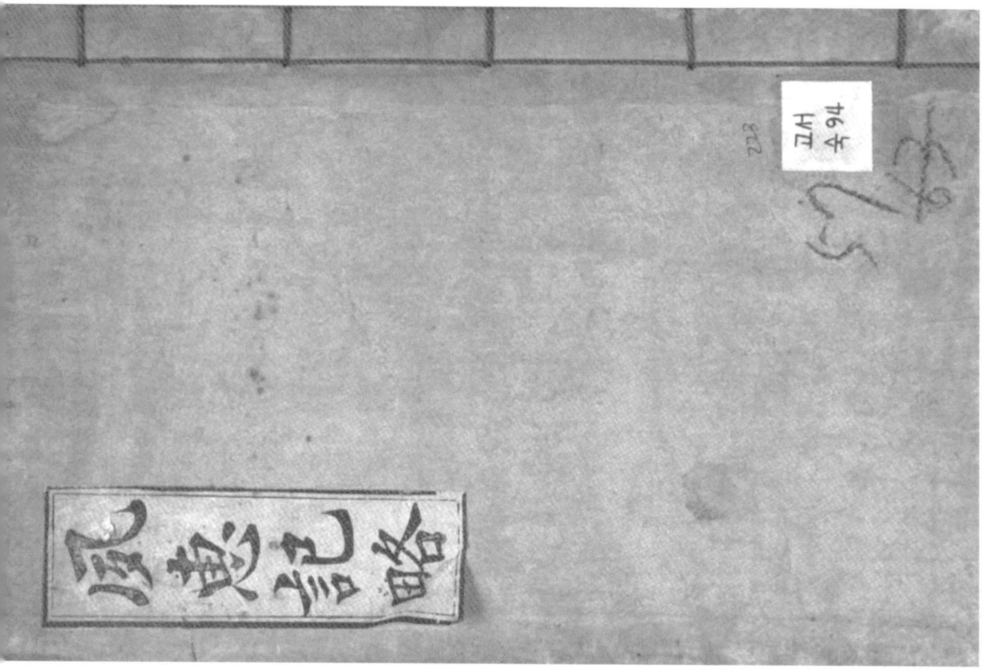

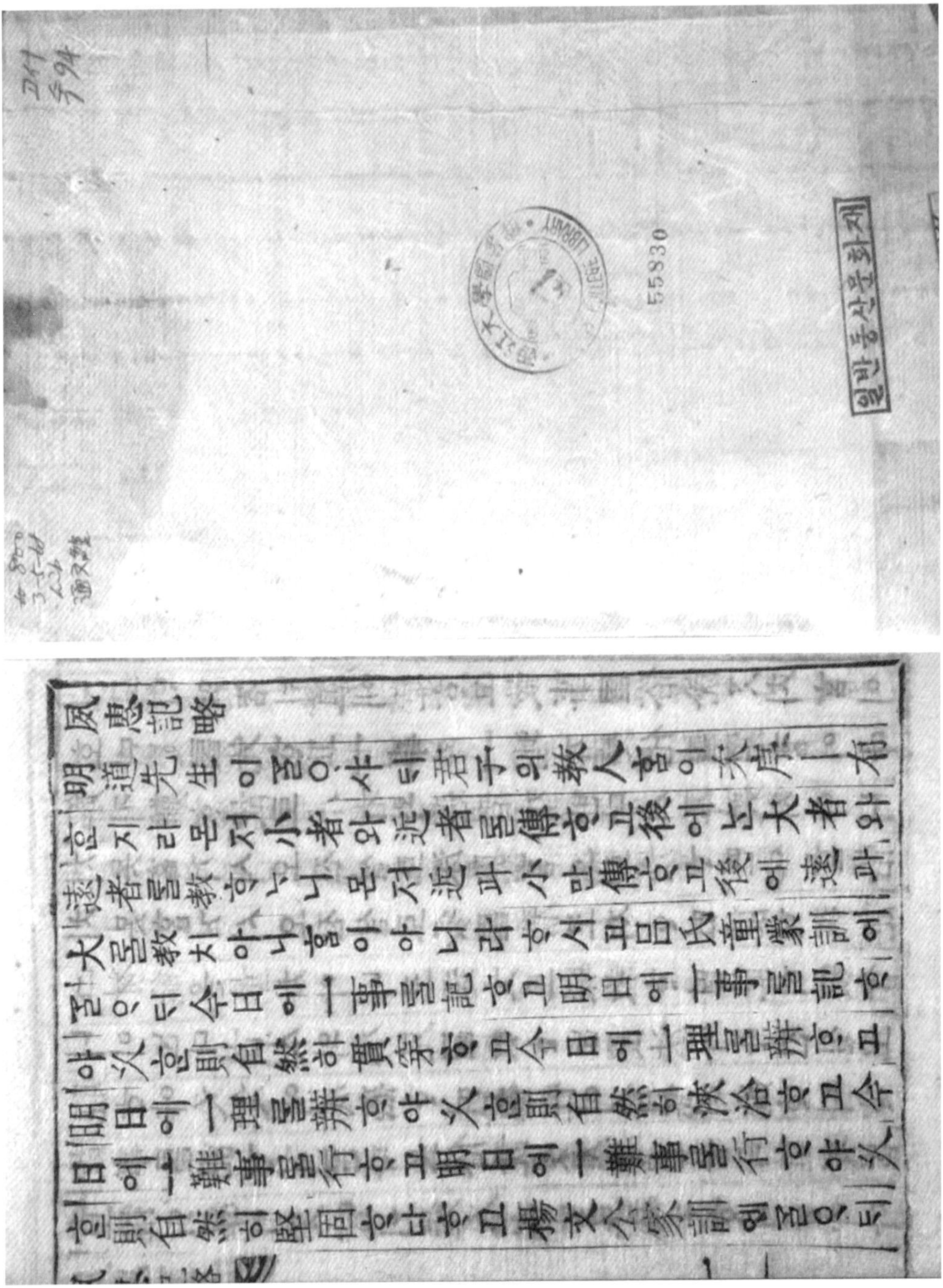

夙惠記略

明道先生이ᄀᆞᆯᄋᆞ샤ᄃᆡ君子의教人ᄒᆞᆷ이序ㅣ有
ᄒᆞᆫ지라小者와近者를傳ᄒᆞ고後에ᄂᆞᆫ大者와
遠者를教ᄒᆞᄂᆞ니是저小와近을傳ᄒᆞ고後에遠과
大로教치아니ᄒᆞᆷ이아니라ᄒᆞ시고呂氏童蒙訓에
ᄀᆞᆯᄋᆞᄃᆡ今日에一事를記ᄒᆞ고明日에一事를記ᄒᆞ
야久ᄒᆞ면則自然히貫穿ᄒᆞ고今日에一理를辨ᄒᆞ고
明日에一理를辨ᄒᆞ야久ᄒᆞ면則自然히浹洽ᄒᆞ고今
日에一難事를行ᄒᆞ고明日에一難事를行ᄒᆞ야久
ᄒᆞ면則自然히堅固ᄒᆞᄂᆞ니라ᄒᆞ고楊文公家訓에ᄀᆞᆯᄋᆞᄃᆡ

童稚의學이못당이先入ᄒᆞᆫ말로爲主ᄒᆞᄂᆞ니날마다
故事를記ᄒᆞ기를다못俗說갓치ᄒᆞ면문득道理를
曉ᄒᆞ야久久에成熟ᄒᆞ면德性이自然히進ᄒᆞᄂᆞ다ᄒᆞ
ᄂᆞ니이ᄂᆞᆫ다古人의小兒를教ᄒᆞᄂᆞᆫ要法이라진실로
그才能을量치아니코遠大로驟教ᄒᆞ면能히領會
치못ᄒᆞᆯ거시오진실로多를務코져ᄒᆞ면能히强記
치못ᄒᆞᆯ거시오진실로深奥ᄒᆞᆷ으로以ᄒᆞ면또ᄒᆞᆫ悟
解키難ᄒᆞᆫ故로小者와近者가반다시專義치아니
ᄒᆞ되是를先ᄒᆞ고一事와一理가變化를窮ᄒᆞᆷ이아
니로ᄃᆡ맛ᄎᆞᆷ니道에造ᄒᆞ고故事를俗說ᄀᆞᆺ치ᄒᆞᆷ이

비록本文이아니나約을納ᄒᆞᆷ이牖가有ᄒᆞ니小兒
教ᄒᆞᆯ者ㅣ맛당히是를以ᄒᆞ야法ᄒᆞᆯ지아니ᄒᆞ랴이
에國漢文을用ᄒᆞ야小兒의夙惠ᄒᆞᆷ을輯ᄒᆞ야初學
의矜式을ᄒᆞ니覽者ㅣ또ᄒᆞᆫ可히뻐本ᄒᆞᆫ바를知ᄒᆞᆯ
지니라

始生

神農氏ᄂᆞᆫ生ᄒᆞ믹能히言ᄒᆞ고五日에能히行ᄒᆞ고
七朝에齒가具ᄒᆞ니라

帝嚳高辛氏ᄂᆞᆫ生ᄒᆞ믹神靈ᄒᆞ야스ᄉᆞ로其名을言
ᄒᆞ니라

蒼頡의一名은史皇이니生ᄒᆞ믹글시쓰니라

釋迦佛은生ᄒᆞ믹能히言ᄒᆞ니라

老子ᄂᆞᆫ名은耳오又名은聃이오字ᄂᆞᆫ伯陽이니生
ᄒᆞ믹李樹를指ᄒᆞ야골오ᄃᆡ此ᄂᆞᆫ吾의姓이라ᄒᆞ니
라

七月

唐나라白居易는生ᄒᆞᆫ지七月에嬭一之無兩字를
指ᄒᆞ얏더니비록百數로試ᄒᆞ야도不差ᄒᆞ고九歲
에聲律을諳識ᄒᆞ니라

八月

本朝梅月堂金時習은生ᄒᆞᆫ지八月에能히知書ᄒᆞ
고三歲에能히綴詩ᄒᆞ고五歲에中庸과大學을通
ᄒᆞ니人이神童이라稱ᄒᆞ니라

周歲

宋나라程明道先生이ᄃᆞᆯ못ᄒᆞᆫ時에叔母ㅣ抱ᄒᆞ고
遊戲ᄒᆞ다가釵墜ᄒᆞᆷ을아지못ᄒᆞ얏더니數日에ᄎᆞ
ᄌᆞᆺ고ᄎᆞ져不獲ᄒᆞ니公이手로指ᄒᆞ거ᄂᆞᆯ叔母ㅣ抱
ᄒᆞ고指ᄒᆞ는바를隨往ᄒᆞ야釵를獲ᄒᆞ니라
宋나라曹彬이生ᄒᆞᆫ지周歲에父母ㅣ百玩으로ᄡᅥ
取ᄒᆞ는바를觀ᄒᆞᆯᄉᆡ彬이左手에干戈를提ᄒᆞ고右
手에俎豆를取ᄒᆞ며須臾에ᄒᆞᆫ印을取ᄒᆞ얏더니後
에樞密使가되니라

三歲

漢나라東方朔의字는曼倩이니生ᄒᆞᆫ지三日에母
田氏가歿ᄒᆞ니鄰母ㅣ拾ᄒᆞ야養ᄒᆞ얏더니三歲에

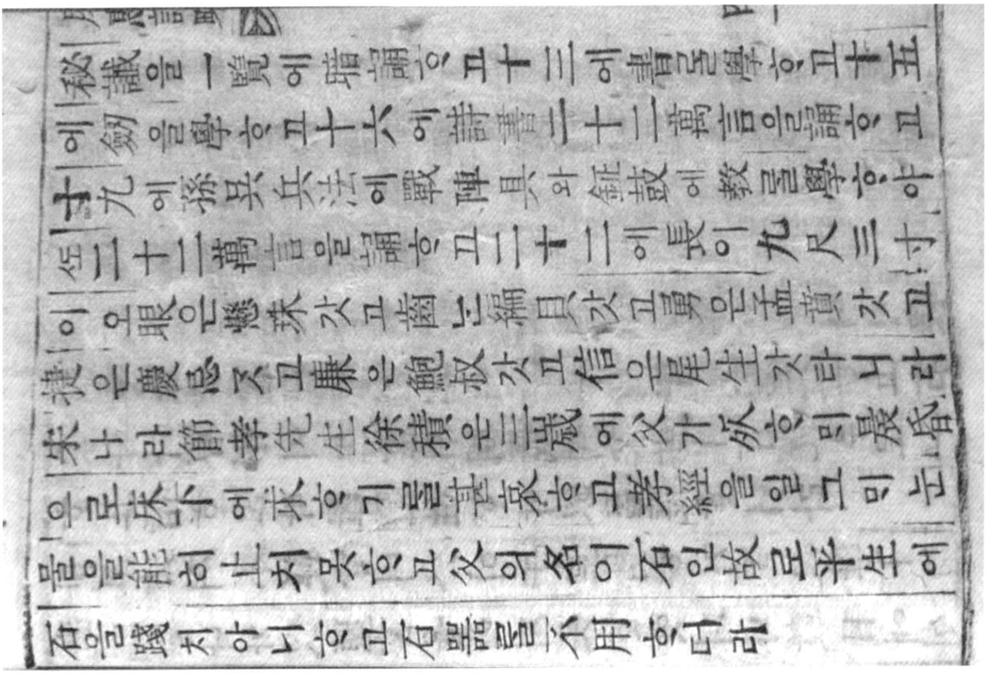

秘識을 一覽에 暗誦ᄒᆞ고 十三에 書를 學ᄒᆞ고 十五
에 劍을 學ᄒᆞ고 十六에 詩書 二十二萬言을 誦ᄒᆞ고
十九에 孫吳 兵法에 戰陣具와 鉦鼓에 敎를 學ᄒᆞ야
또 二十二萬言을 誦ᄒᆞ고 二十二에 長이 九尺三寸
이오 眼은 懸珠갓고 齒는 編貝갓고 勇은 孟賁갓고
捷은 慶忌갓고 廉은 鮑叔갓고 信은 尾生갓다니라
宋나라 節孝先生 徐積은 三歲에 父가 歿ᄒᆞ미 晨昏
으로 床下에 求ᄒᆞ기를 甚哀ᄒᆞ고 孝經을 읽그미 눈
물을 能히 止치 못ᄒᆞ고 父의 名이 石인 故로 平生에
石을 踐치 아니ᄒᆞ고 石器를 不用ᄒᆞ더라

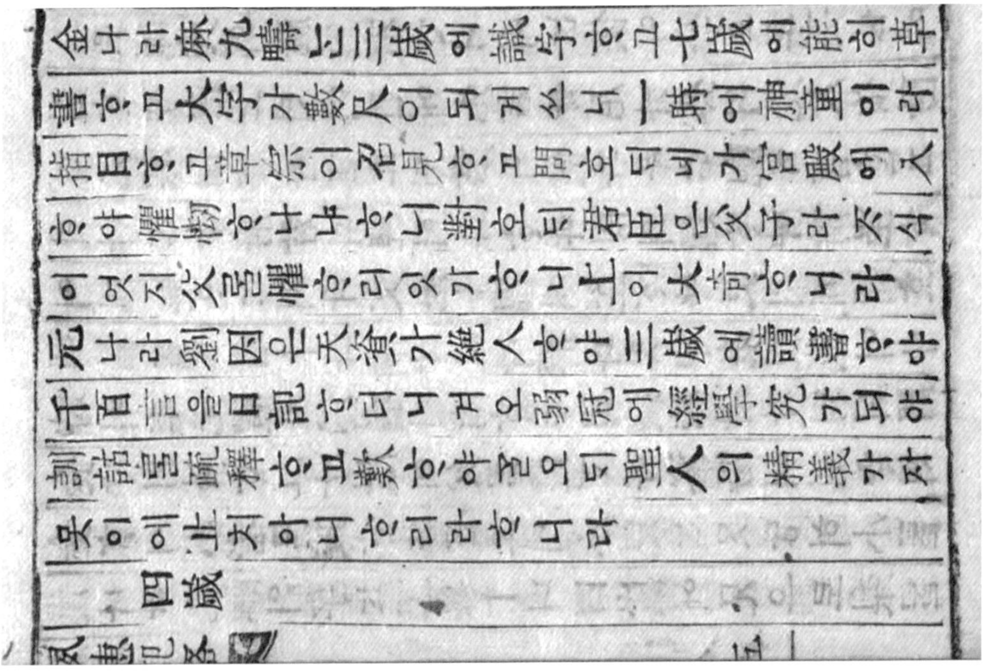

金나라 廉允壽는 三歲에 識字ᄒᆞ고 七歲에 能히 草
書ᄒᆞ고 大字가 數尺이 되게 쓰니 一時에 神童이라
指目ᄒᆞ고 章宗이 召見ᄒᆞ고 問ᄒᆞ되 네가 宮殿에 入
ᄒᆞ야 懼慴ᄒᆞ나냐 ᄒᆞ니 對ᄒᆞ되 君臣은 父子라 子식
이 엇지 父를 懼ᄒᆞ리잇가 ᄒᆞ니 上이 大奇ᄒᆞ니라
元나라 劉因은 天資가 絶人ᄒᆞ야 三歲에 讀書ᄒᆞ야
千百言을 日記ᄒᆞ더니 커오 弱冠에 經學究가 되야
訓詁를 疏釋ᄒᆞ고 歎ᄒᆞ야 ᄀᆞᆯ오되 聖人의 精義가 자
못 이에 止치 아니ᄒᆞ리라 ᄒᆞ니라

四歲

五

漢나라孔融의字는文擧ㅣ니四歲에兄으로梨를
食홀시小者를取ᄒᆞ야ᄀᆞᆯ오ᄃᆡ小兒는못당히小를
食ᄒᆞ리라ᄒᆞ고十歲에父를隨ᄒᆞ야洛陽에到ᄒᆞᆫ미
時에李元禮가盛名이有ᄒᆞ야司隷校尉가되니門
에詣ᄒᆞ는者ㅣ다儁才에淸稱과및中表親戚이야
이에通ᄒᆞ는지라文擧ㅣ門에至ᄒᆞ야吏의게謂호
ᄃᆡ나는李府君의親이라ᄒᆞ야임의通ᄒᆞ야前坐ᄒᆞᆫ
ᄃᆡ元禮問ᄒᆞ야ᄀᆞᆯ오ᄃᆡ君이僕과무ᄉᆞᆷ親이有ᄒᆞᆫ고
對ᄒᆞ야ᄀᆞᆯ오ᄃᆡ이젼에先君仲尼가公의先人伯陽
으로師資의親이有ᄒᆞ니이는僕이公으로奕世에

通好ᄒᆞ얏다ᄒᆞ니元禮와賓客이奇히녀이지아니
리업더니太中大夫陳韙가後에至ᄒᆞᆫ미人이그말
노이른ᄃᆡ韙ᄀᆞᆯ오ᄃᆡ小時에了了ᄒᆞ면大ᄒᆞ야반다
시佳치못ᄒᆞ다ᄒᆞ니文擧ᄀᆞᆯ오ᄃᆡ싱각건ᄃᆡ君이小
時에반다시了了ᄒᆞ얏깃다ᄒᆞ니韙가大단히踧踖
ᄒᆞ니라

唐나라蕭頴士는四歲에屬文ᄒᆞ고觀書ᄒᆞ야一覽
에即誦ᄒᆞ고일즉이李華와陸據로龍門에遊홀시
홈ᄭᅴ路傍에石碑를讀ᄒᆞ미頴士는一閱에即誦ᄒᆞ
고華는再閱에能誦ᄒᆞ고據는三閱에能記ᄒᆞ니議

者ㅣ三人의才格의高下가또ᄒᆞᆫ如此ᄒᆞ다ᄒᆞ더라

宋나라劉公恕의字ᄂᆞᆫ道原이니四歲에坐客이孔子의兄弟가無타言ᄒᆞᄂᆞᆫ이잇거ᄂᆞᆯ道原이應聲ᄒᆞ야ᄀᆞᆯᄋᆞᄃᆡ以其兄之子로妻之라ᄒᆞ니一坐가驚異ᄒᆞ더라

明나라解縉이四歲에出ᄒᆞ야市에遊ᄒᆞ다가偶跌ᄒᆞ니衆이笑ᄒᆞᄂᆞᆫ지라곳吟ᄒᆞ야ᄀᆞᆯᄋᆞᄃᆡ細雨落綢繆ᄒᆞ니磚街滑似油ㅣ라鳳凰跌在地ᄒᆞ니笑殺一羣牛ㅣ라ᄒᆞ고九歲에그父ㅣ携ᄒᆞ고江에가沐浴ᄒᆞᆯ시衣로老樹上에覆ᄒᆞ고對를命ᄒᆞ야ᄀᆞᆯᄋᆞᄃᆡ千年老樹爲衣架라ᄒᆞ니縉이곳對ᄒᆞ야ᄀᆞᆯᄋᆞᄃᆡ萬里長河作沐盤이라ᄒᆞ니라

五歲 附數歲

漢나라賈逵ᄂᆞᆫ五歲에神明이過人ᄒᆞ더니其姊韓瑤의婦ㅣ隣生의讀書홈을聞ᄒᆞ고逵를抱ᄒᆞ고隔籬ᄒᆞ야聽ᄒᆞ얏더니十歲에六經을暗誦ᄒᆞ니姊ㅣ逵의게謂ᄒᆞ야ᄀᆞᆯᄋᆞᄃᆡ吾家ㅣ窮困ᄒᆞ야일즉이學이門에入지아니ᄒᆞ니네가엇지天下에三墳五典을知ᄒᆞ고誦ᄒᆞ기를遺句가無ᄒᆞᆫ고ᄒᆞ니逵ㅣᄀᆞᆯᄋᆞᄃᆡ姊ㅣ逵를抱ᄒᆞ고籬下에隣家讀書를聽ᄒᆞ얏더

니 이제 萬不失一ᄒᆞᆫ다 ᄒᆞ니라
漢나라 孔文擧의 二子가 有ᄒᆞ니 大者ᄂᆞᆫ 六歲오 小
者ᄂᆞᆫ 五歲러니 晝日에 父가 眠ᄒᆞᆯᄉᆡ 小者ㅣ 床頭에
셔 酒ᄅᆞᆯ 盜ᄒᆞ니 大兒ㅣ 謂ᄒᆞ야 ᄀᆞᆯ오ᄃᆡ 엇지 不拜ᄒᆞ
ᄂᆞ뇨 답ᄒᆞ되 偸에 엇지 禮ᄅᆞᆯ 行ᄒᆞ리오 ᄒᆞ니라
唐나라 蘇頲의 字ᄂᆞᆫ 廷碩이니 幼ᄒᆞ야 敏悟ᄒᆞ고 一
覽ᄒᆞ믜 千言에 至ᄒᆞ고 믄득 復誦ᄒᆞ니 吏部侍郞 馬
載ᄀᆞᆯ오ᄃᆡ 昔에 一日千里ᄅᆞᆯ 稱ᄒᆞ더니 蘇生이 이라
ᄒᆞ고 五歲에 裴談이 其父瓌의게 過ᄒᆞᆯᄉᆡ 試ᄒᆞ야 庚
信枯樹賦ᄅᆞᆯ 誦케 ᄒᆞ니 終篇에 及ᄒᆞ야 談字ᄅᆞᆯ 避ᄒᆞ

야 因ᄒᆞ야 그 韻을 易ᄒᆞ야 ᄀᆞᆯ오ᄃᆡ 昔年楊柳ㅣ 依依
漢陰이라 今看搖落ᄒᆞ니 悽愴江潯이라 樹猶如此
ᄒᆞ니 人何以任이리오 ᄒᆞ니 談이 嗟歎ᄒᆞ기ᄅᆞᆯ 오리
ᄒᆞ고 中宗이 神童으로 召見ᄒᆞ고 ᄀᆞᆯ오ᄃᆡ 네 通ᄒᆞᆫ 바
로 奏ᄒᆞ라 ᄒᆞ니 頲이 應聲ᄒᆞ야 ᄀᆞᆯ오ᄃᆡ 木從繩則正
ᄒᆞ고 后從諫則聖이라 ᄒᆞ고 八歲에 京兆尹이 尹字
ᄅᆞᆯ 詠ᄒᆞ라 ᄒᆞ니 ᄀᆞᆯ오ᄃᆡ 丑雖有足이나 甲不全身이
오 見君無口ᄒᆞ니 知伊少人이라 ᄒᆞ고 十七에 太學
에 遊ᄒᆞ야 對策ᄒᆞ야 甲科ᄒᆞ고 元宗이 內難을 平ᄒᆞ
미 書詔ᄅᆞᆯ 塡委ᄒᆞ니 홀노 頲이 舍人이 되야 太極殿

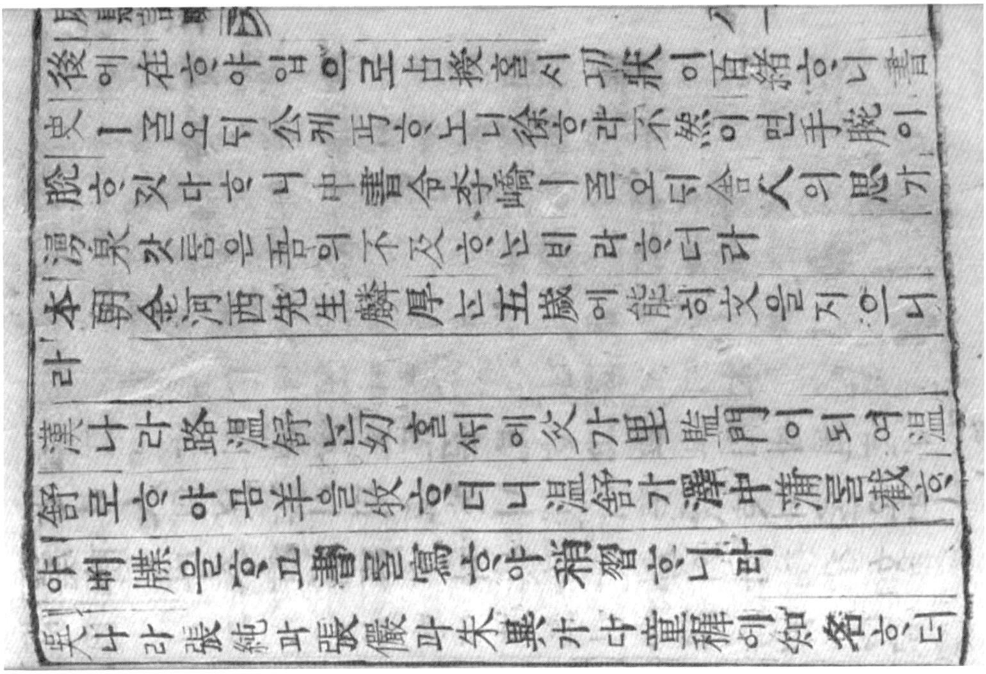
後에 在ᄒᆞ야 입으로 占擬ᄒᆞ신 判狀이 百緖ᄒᆞ니 書
史ㅣ ᄀᆞᆯ오ᄃᆡ 公게 丐ᄒᆞ노니 徐ᄒᆞ라 不然이면 手腕이
脫ᄒᆞᆯ 짓다ᄒᆞ니 中書令李嶠ㅣ ᄀᆞᆯ오ᄃᆡ 舍人의 思가
湧泉갓흠은 吾의 不及ᄒᆞᄂᆞᆫ 비라ᄒᆞ더라
本朝金河西先生麟厚ᄂᆞᆫ 五歲에 能히 文을 지으니
라
漢나라 路溫舒ᄂᆞᆫ 幼ᄒᆞᆯ 時에 父가 里監門이 되여 溫
舒로 ᄒᆞ야 羊을 牧ᄒᆞ더니 溫舒가 澤中蒲를 截ᄒᆞ
야 牒을 ᄒᆞ고 書를 寫ᄒᆞ야 稍習ᄒᆞ니라
吳나라 張純과 張儼과 朱異가 다 童稚에 知名ᄒᆞ더

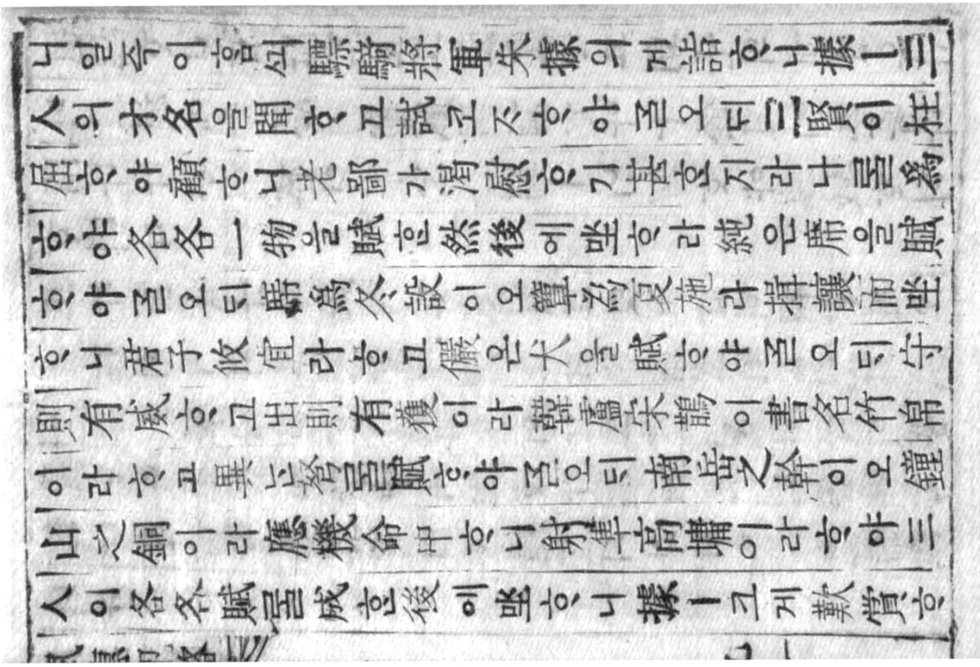
니 일ᄌᆞᆨ이 ᄒᆞᆷᄭᅴ 驃騎將軍朱據의게 詣ᄒᆞ니 據ㅣ 三
人의 才名을 聞ᄒᆞ고 試코ᄌᆞ ᄒᆞ야 ᄀᆞᆯ오ᄃᆡ 賢貝이 枉
屈ᄒᆞ야 顧ᄒᆞ니 老鄙가 渴感ᄒᆞ기 甚ᄒᆞᆫ지라 나를 爲
ᄒᆞ야 各各 一物을 賦ᄒᆞᆫ 然後에 坐ᄒᆞ라 純은 席을 賦
ᄒᆞ야 ᄀᆞᆯ오ᄃᆡ 席爲冬設이오 簟爲夏施라 揖讓而坐
ᄒᆞ니 君子攸宜라 ᄒᆞ고 儼은 犬을 賦ᄒᆞ야 ᄀᆞᆯ오ᄃᆡ 守
則有威ᄒᆞ고 出則有獲이라 韓盧宋鵲이 書名竹帛
이라 ᄒᆞ고 異ᄂᆞᆫ 弩를 賦ᄒᆞ야 ᄀᆞᆯ오ᄃᆡ 南岳之幹이오 鍾
山之銅이라 應機命中ᄒᆞ니 射隼高墉이라 ᄒᆞ야 三
人이 各各 賦를 成ᄒᆞᆫ 後에 坐ᄒᆞ니 據ㅣ 크게 歎賞ᄒᆞ

더라

魏나라念賢은容質이秀麗ᄒᆞᆫ지라자못經史를涉獵ᄒᆞ며兒時에學中에在ᄒᆞ야讀書ᄒᆞ더니善相ᄒᆞᄂᆞᆫ者ㅣ學에過ᄒᆞ니諸生이닷토아詣ᄒᆞ되賢이홀로往치아니코笑ᄒᆞ야諸生의게謂호ᄃᆡ男兒의然生과富貴가다天에在ᄒᆞ거ᄂᆞᆯ엇지급히相ᄒᆞ리오ᄒᆞ더라

隋나라李德林의字ᄂᆞᆫ公輔ㅣ니幼ᄒᆞ야聰敏ᄒᆞ더니數歲에左思蜀都賦를誦ᄒᆞ야十餘日에문득다通理ᄒᆞ니高隆之보고嗟嘆ᄒᆞ고朝士의게일으ᄃᆡ그年을假ᄒᆞ면반다시天下에偉器가되리라ᄒᆞ더라

唐나라裴休의字ᄂᆞᆫ公美니兒時에經을誦ᄒᆞ고書를著ᄒᆞ야經年에出戶치아니ᄒᆞ더니鹿을饋ᄒᆞᄂᆞᆫ者ㅣ有ᄒᆞ거ᄂᆞᆯ諸生이ᄒᆞᆷᄭᅴ薦ᄒᆞᆫᄃᆡ休ㅣ골오ᄃᆡ이제ᄒᆞᆫ번肉을啖ᄒᆞ면後에엇지繼ᄒᆞ리오ᄒᆞ더라

唐나라崔鉉이兒時에父元略을隨ᄒᆞ야韓滉을訪ᄒᆞ니滉이架上鷹을指ᄒᆞ고詠ᄒᆞ라ᄒᆞ니곳吟ᄒᆞ야골오ᄃᆡ天邊心膽架頭身이欲擬飛騰來有因이라萬里碧霄終一去ᄒᆞ니不知誰是解縧人고ᄒᆞ니滉

이 ᄀᆞᆯ오ᄃᆡ 此兒ᄂᆞᆫ 可謂 前程萬里라 ᄒᆞ더니 實慶三
年에 登第ᄒᆞ야 아홉번 廊廟에 居ᄒᆞ고 세번 節旄ᄅᆞᆯ
擁ᄒᆞ고 魏國公을 封ᄒᆞ니라
唐 韋懷太子賢의 字ᄂᆞᆫ 明允이니 數歲에 讀書ᄒᆞ야
一覽에 不忘ᄒᆞ고 論語에 賢賢易色에 至ᄒᆞ야 誦ᄒᆞ
기ᄅᆞᆯ 三復ᄒᆞ니 帝ㅣ 其故ᄅᆞᆯ 問ᄒᆞᆫᄃᆡ 對ᄒᆞ야 ᄀᆞᆯ오ᄃᆡ
性이 實로 此ᄅᆞᆯ 愛ᄒᆞᆫ다 ᄒᆞ니 帝ㅣ 李世勣의게 語ᄒᆞ
고 夙敏ᄒᆞ다 稱ᄒᆞ니라
唐나라 李德裕ᄂᆞᆫ 幼ᄒᆞᆯ 時에 父吉甫ㅣ 그 敏速을 誇
ᄒᆞ더니 武相元衡이 召見ᄒᆞ고 問ᄒᆞ되 吾子ㅣ 家에

在ᄒᆞ야 무슴 書ᄅᆞᆯ 嗜ᄒᆞᄂᆞᆫ고 德裕ㅣ 應치 아니ᄒᆞᆫ지
라 翌日에 元衡이 吉甫의게 告ᄒᆞ니 吉甫ㅣ 責ᄒᆞᆫᄃᆡ
德裕ㅣ ᄀᆞᆯ오ᄃᆡ 武公이 몸소 宰相이 되야 國을 理ᄒᆞ
고 陰陽을 調ᄒᆞᆷ을 問치 아니ᄒᆞ고 嗜ᄒᆞᄂᆞᆫ 書ᄅᆞᆯ 問ᄒᆞ
니 그 言이 當치 아니ᄒᆞᆫ지라 ᄇᆡ 對答지 아니ᄒᆞᆫ 비라
ᄒᆞ더라
唐나라 房玄齡은 幼ᄒᆞ야 警敏ᄒᆞ고 屬文을 善히 ᄒᆞ
고 草隷에 工ᄒᆞ더니 父彦謙이 隋에 仕ᄒᆞ니 玄齡이
가만이 白ᄒᆞ야 ᄀᆞᆯ오ᄃᆡ 上의 功德이 無ᄒᆞ고 神器ᄅᆞᆯ
擁ᄒᆞ야 長久ᄒᆞᆯ 計ᄅᆞᆯ ᄒᆞ지 아니ᄒᆞ고 嫡庶ᄅᆞᆯ 混置ᄒᆞ

니마ᄎᆞᆷᄂᆡ 셔로 屠戮ᄒᆞ야 그 亡ᄒᆞᆷ을 可히 待ᄒᆞ리라ᄒᆞ
니 蔣謙이 大驚ᄒᆞ야 ᄀᆞᆯ오ᄃᆡ 妄言을 勿ᄒᆞ라ᄒᆞ고 드
듸여 官을 去ᄒᆞ고 終南山에 隱居ᄒᆞ니라

唐나라 狄仁傑이 幼ᄒᆞᆯ 셰에 門人이 害을 被ᄒᆞᆫ 者ㅣ
有ᄒᆞ야 吏ㅣ가 詰ᄒᆞ고 衆이 爭辨ᄒᆞ거ᄂᆞᆯ 仁傑이 顧치
아니ᄒᆞᆫᄃᆡ 吏ㅣ가 責ᄒᆞ니 仁傑이 ᄀᆞᆯ오ᄃᆡ 黃卷中에 바
야흐로 聖人으로 더브러 對ᄒᆞ니 何暇에 俗吏로 偶
ᄒᆞ야 語ᄒᆞ리오ᄒᆞ더라

宋나라 文彦博의 字ᄂᆞᆫ 寬夫ㅣ니 幼ᄒᆞ야 群兒로 毬
ᄅᆞᆯ 擊ᄒᆞ더니 毬가 柱穴中에 入ᄒᆞᄆᆡ 能히 取ᄒᆞ리 업
거ᄂᆞᆯ 彦博이 水로써 灌ᄒᆞᆫᄃᆡ 毬가 浮ᄒᆞ야 出ᄒᆞ니 大
槩 그 智識이 如此ᄒᆞ더라

明나라 劉基ᄂᆞᆫ 幼ᄒᆞ야 敏悟가 絶倫ᄒᆞ야 讀書ᄒᆞᄆᆡ
過目ᄒᆞ면 문득 그 要ᄅᆞᆯ 記臆ᄒᆞ더니 일즉이 書肆에
셔 天文書 一帙을 借閱ᄒᆞ고 翌日에 諳誦을 如流ᄒᆞ
ᄃᆡ니 其人이 大驚ᄒᆞ야 써 基의게 授ᄒᆞ랴ᄒᆞᆫᄃᆡ 基가
弗受ᄒᆞ야 ᄀᆞᆯ오ᄃᆡ 이믜 得ᄒᆞ엿다ᄒᆞ더라

六歲

漢나라 陸績의 年이 六歲에 袁術의게 見ᄒᆞ니 術이
橘을 出ᄒᆞ거ᄂᆞᆯ 績이 三枚ᄅᆞᆯ 懷ᄒᆞ고 拜辭ᄒᆞ다가 墜

地ᄒᆞ니 術이 ᄀᆞᆯ오ᄃᆡ 陸郞이 엇지 賓客으로 橘을 懷
ᄒᆞᄂᆞ뇨 ᄒᆞᆫᄃᆡ 績이 答ᄒᆞ오ᄃᆡ 장ᄎᆞᆺ 母의게 遺ᄒᆞ랴 ᄒᆞ노
라 術이 甚히 奇異히 너기더라
晉나라 江淹의 字ᄂᆞᆫ 文通이니 六歲에 能히 屬詩ᄒᆞ
고 筆에 花가 生ᄒᆞᆷ을 夢ᄒᆞ고 文思ㅣ 日進ᄒᆞ더라
晉나라 愍懷太子ㅣ 自幼로 聰慧ᄒᆞᆫ지라 武帝ㅣ 甚
히 ᄉᆞ랑ᄒᆞ더니 六七歲 ᄯᅢ에 宮中에 失火ᄒᆞ니 武帝
ㅣ 登樓ᄒᆞ야 望ᄒᆞᆯᄉᆡ 太子ㅣ 上의 衣裾를 牽ᄒᆞ야 闇
中에 入ᄒᆞ니 上이 其故를 問ᄒᆞᆫᄃᆡ 對ᄒᆞ야 ᄀᆞᆯ오ᄃᆡ 졈
은 밤 倉卒에 ᄆᆞᆺ당이 非常ᄒᆞᆷ을 防備ᄒᆞᆯ 거시오 火光

이 親近ᄒᆞ야 ᄒᆞ야곰 人主를 照見케 아니ᄒᆞ리라 ᄒᆞ
더라
唐나라 王勃의 字ᄂᆞᆫ 子安이니 六歲에 屬文을 善ᄒᆞ
더니 九歲에 顔師古의 注ᄒᆞᆫ 漢書를 讀ᄒᆞ다가 指瑕를 作
ᄒᆞ야 失을 擿ᄒᆞ고 十三에 其父를 江西에 省ᄒᆞᆯᄉᆡ 마
침 府督이 滕王閣에 宴ᄒᆞᆯᄉᆡ 勃이 序를 作ᄒᆞ니라

七歲

項橐은 七歲에 孔子의 師ㅣ 되니라
漢나라 黃琬의 字ᄂᆞᆫ 子琰이오 江夏人이니 少ᄒᆞ야
父를 失ᄒᆞ고 일ᄌᆞᆨ이 辨慧ᄒᆞ더라 그 祖 瓊이 魏郡太

守되얏더니建和元年正月에日食이京師에見치
아니혼지라瓊이狀聞ᄒᆞ니太后ㅣ詔書ᄒᆞ야所食
의多少를問ᄒᆞᆫ듸瓊이그對홀바를知치못ᄒᆞ거놀
琬의年이七歲라傍에在ᄒᆞ얏다가ᄀᆞᆯ오듸日食의
餘가月에初갓다아니ᄒᆞᄂᆞ瓊이그말로應詔ᄒᆞ
고司空盛允의疾이有ᄒᆞ거놀祖瓊이琬을遣ᄒᆞ야
候問ᄒᆞ더니마ᄎᆞᆷ江夏에서蠻賊의事를上ᄒᆞ니允
이書를發ᄒᆞ야視홈을畢ᄒᆞᆫ믜琬을戲ᄒᆞ야ᄀᆞᆯ오듸
江夏大邦에蠻이多ᄒᆞ고土가少ᄒᆞ다ᄒᆞ니琬이手
를奉ᄒᆞ고對ᄒᆞ야ᄀᆞᆯ오듸蠻夷滑夏ᄂᆞᆫ責이司空의

게在ᄒᆞ다ᄒᆞ니允이甚이奇히녀이더라
漢나라陳元方은大丘長寔의長子ㅣ라七歲ᄯᅢ에
大丘가友로行홈을日中으로期ᄒᆞ야日中이過ᄒᆞ
야도至치아니ᄒᆞ니大丘ㅣ舍ᄒᆞ고去ᄒᆞ얏더니去
ᄒᆞᆫ後에客이至ᄒᆞᄂᆞᆫ지라元方이門外에出見ᄒᆞ니
客이問호듸尊君이在ᄒᆞ시냐答호듸家君이待ᄒᆞ
다가至치아니ᄒᆞ미이믜去ᄒᆞ얏노라客이문득怒
ᄒᆞ야ᄀᆞᆯ오듸人이아니라人으로行을期ᄒᆞ얏다가
委ᄒᆞ고去ᄒᆞ얏다ᄒᆞ니元方이ᄀᆞᆯ오듸君이家君으
로日中을期ᄒᆞ고至치아니ᄒᆞ니이ᄂᆞᆫ信이無홈이

오子를對ᄒᆞ야父를屬ᄒᆞ니이ᄂᆞᆫ禮가無ᄒᆞᆷ이라ᄒᆞ
니客人이ᄇᆞᆺ그러ᄒᆞ야下車ᄒᆞ야引ᄒᆞ니元方이顧
치아니ᄒᆞ고門에入ᄒᆞ니라
晉나라孫放의字ᄂᆞᆫ齊莊이니盛의子ㅣ라幼ᄒᆞ야
聰慧ᄒᆞ더니七八歲에父로ᄒᆞᆷ께庾亮을從ᄒᆞ야獵
ᄒᆞᆯᄉᆡ亮이謂ᄒᆞ야ᄀᆞᆯ오ᄃᆡ君도ᄯᅩᄒᆞᆫ來ᄒᆞ얏ᄂᆞ냐放
이應聲ᄒᆞ야ᄃᆡ답ᄒᆞ되無小無大히從公于邁ㅣ라
ᄒᆞ니亮이ᄯᅩ問ᄒᆞ되무슴莊과齊ᄒᆞ랴ᄂᆞ냐ᄀᆞᆯ오ᄃᆡ
莊周에齊ᄒᆞ랴ᄒᆞᄂᆞ니다ᄀᆞᆯ오ᄃᆡ엇지仲尼를慕
치아니ᄒᆞᄂᆞ뇨ᄀᆞᆯ오ᄃᆡ聖人은生知라希企에及ᄒᆞᆯ

바아니라ᄒᆞ니亮이大喜ᄒᆞ야ᄀᆞᆯ오ᄃᆡ王輔嗣ㅣ過
치못ᄒᆞ리라ᄒᆞ더라庾翼의子爰客이일즉이盛의
게候ᄒᆞᆯᄉᆡ放을見ᄒᆞ고安國이何在오ᄒᆞ니安國은
盛의字ㅣ라放이ᄃᆡ답ᄒᆞ되庾稚恭의家에在ᄒᆞ다
ᄒᆞ니稚恭은翼의字ㅣ라爰客이大笑ᄒᆞ고ᄀᆞᆯ오ᄃᆡ
諸孫의太盛ᄒᆞᆷ이이갓다ᄒᆞ니放이ᄯᅩᄀᆞᆯ오ᄃᆡ諸庾
의翼翼ᄒᆞᆷ만갓지못ᄒᆞ다ᄒᆞ고人의게語ᄒᆞ되내가
졍짓叔父의名을重ᄡᅵᄒᆞ얏다ᄒᆞ더라
晉나라謝安은奕의弟라奕이剡令되얏슬ᄯᅢ에老
翁이法을犯ᄒᆞᆫ者ㅣ有ᄒᆞ거ᄂᆞᆯ奕이醇酒로罰ᄒᆞ야

過醉에至ᄒᆞ더니安의年이七歲라靑綈로著ᄒᆞ고兒의膝邊에坐ᄒᆞ다가諫ᄒᆞ야ᄀᆞᆯ오ᄃᆡ阿兄아老翁을可히愈ᄒᆞ라ᄒᆞ니奕이改容ᄒᆞ야ᄀᆞᆯ오ᄃᆡ放去코쟈ᄒᆞᄂᆞ냐ᄒᆞ고드ᄃᆡ여遣ᄒᆞ니라

唐나라宋璟이七歲에能히屬文ᄒᆞ더니八九歲에夢에大鳥ㅣ書를銜ᄒᆞ야口中으로吐ᄒᆞ거ᄂᆞᆯ呑ᄒᆞ고도ᄃᆡ여乘ᄒᆞ고直上ᄒᆞ다가倏忽이驚寤ᄒᆞ야오히려胸間에在ᄒᆞᆷ갓더니自後로藻思가날노進ᄒᆞ고靈襟이더爽ᄒᆞ니라

唐나라楊收의字ᄂᆞᆫ藏之니七歲에孤ᄒᆞ야居喪ᄒᆞ

기를成人ᄆᆞᆺ치ᄒᆞ고母長孫夫人이書를知ᄒᆞ야親히敎授ᄒᆞ더니十三에諸經義를通ᄒᆞ고文詠을善ᄒᆞ니里人이神童이라呼ᄒᆞ더라그詩賦ᄒᆞᆷ을觀ᄒᆞ라造ᄒᆞᄂᆞᆫ者ㅣ藩籬를壓敗ᄒᆞ니收ㅣ嘲ᄒᆞ야ᄀᆞᆯ오ᄃᆡ비가羸角이아니니엇지내藩을觸ᄒᆞᄂᆞᆫ고ᄒᆞ며兄發이戲ᄒᆞ야蛙를詠ᄒᆞ라ᄒᆞ니곳ᄀᆞᆯ오ᄃᆡ免邊에分玉樹요龍底에躍銅儀라會當同鼓吹ᄒᆞ니不復問官私ㅣ라ᄒᆞ며佐筆을詠ᄒᆞ라ᄒᆞ고鑽字를賦ᄒᆞ라ᄒᆞ니곳ᄀᆞᆯ오ᄃᆡ雖非囊中物이나何堅不可鑽가一朝에操政事ᄒᆞ면定使冠三端이라ᄒᆞ더라

唐나라李泌이七歲에爲文홈을知ᄒᆞ더라帝ㅣ召ᄒᆞ니泌이至ᄒᆞᄆᆡ帝ㅣ張說로奕을觀ᄒᆞ다가因ᄒᆞ야說로ᄀᆞ能을試ᄒᆞ라ᄒᆞ니說이方圓動靜을賦ᄒᆞ라ᄒᆞᆫᄃᆡ泌이逡巡ᄒᆞ야ᄀᆞᆯ오ᄃᆡ其略聞ᄒᆞ기ᄅᆞᆯ願ᄒᆞ니說이因ᄒᆞ야ᄀᆞᆯ오ᄃᆡ方은棋局ᄀᆞᆺ고圓은棋子ᄀᆞᆺ고動은棊生ᄀᆞᆺ고靜은棊死ᄀᆞᆺ다ᄒᆞ니泌이즉시ᄃᆡ답ᄒᆞ야ᄀᆞᆯ오ᄃᆡ方若行義ᄒᆞ고圓若用智ᄒᆞ고動若騁材ᄒᆞ고靜若得意라ᄒᆞ니說이因ᄒᆞ야帝의奇童을得홈을賀ᄒᆞ니帝ㅣ大悅ᄒᆞ야ᄀᆞᆯ오ᄃᆡ是子의精神이身보다大ᄒᆞ다ᄒᆞ고束帛을ᄌᆞ고其家에敎ᄒᆞ야善視ᄒᆞ라ᄒᆞ다

唐나라高定은郢의子ㅣ라七歲에尙書ᄅᆞᆯ讀ᄒᆞ더니湯誓에至ᄒᆞ야跪ᄒᆞ고父의게問ᄒᆞᆫᄃᆡ엇지臣으로君을伐ᄒᆞ니잇가郢이答호ᄃᆡ天을應ᄒᆞ고人을順히홈이니엇지伐이라ᄒᆞ리오對ᄒᆞ야ᄀᆞᆯ오ᄃᆡ用命을안賞于祖ᄒᆞ고不用命을안戮于社ㅣ라ᄒᆞ니이거시人을順히홈이잇가ᄒᆞ니郢이答지못ᄒᆞ고異常히너기니라

唐나라駱賓王은七歲에能히詩ᄅᆞᆯ賦ᄒᆞ더니鵝ᄅᆞᆯ咏ᄒᆞ야ᄀᆞᆯ오ᄃᆡ白毛ᄂᆞᆫ浮綠水ᄒᆞ고紅掌은撥靑波

ㅣ라ᄒᆞ고後에徐敬業을爲ᄒᆞ야武后檄을지으니
武后가보고골오ᄃᆡ이갓ᄒᆞᆫ才가有ᄒᆞᄃᆡ淪落ᄒᆞᆷ은
宰相의過ㅣ라ᄒᆞ더라
唐나라張九齡은七歲에屬文ᄒᆞ더니玄宗千秋節
에前世興廢ᄅᆞᆯ述ᄒᆞ야千秋金鑑錄을上ᄒᆞ고丰儀
가義ᄒᆞ니帝가미양用人ᄒᆞ미골오ᄃᆡ丰度ㅣ九齡
갓타냐ᄒᆞ더라
宋나라司馬溫公이幼ᄒᆞᆯᄯᅢ에미양記誦이人만ᄀᆞᆺ
지못ᄒᆞᆷ을患ᄒᆞ야ᄒᆞᆯ노帷ᄅᆞᆯ下ᄒᆞ고編이絶토록講
誦ᄒᆞ더니七歲에春秋의大義ᄅᆞᆯ通ᄒᆞ니라일즉羣

兒로戱ᄒᆞ더니一兒가甕中水에沒ᄒᆞ미衆이驚走
ᄒᆞᄂᆞᆫ지라公이石으로甕을破ᄒᆞ야兒가得活ᄒᆞ니
京洛이畵ᄒᆞ야傳ᄒᆞ고일홈을小兒擊甕圖ㅣ라ᄒᆞ
니라
宋나라晏殊ᄂᆞᆫ七歲에能히屬文ᄒᆞ니安撫張知白
이神童으로薦擧ᄒᆞᆫᄃᆡ帝ㅣ殊ᄅᆞᆯ召ᄒᆞ야進士千餘
人으로並試ᄒᆞ미殊의神氣가懾지아니ᄒᆞ고筆을
援ᄒᆞ야立成ᄒᆞ니帝ㅣ嘉賞ᄒᆞ야進士出身을賜ᄒᆞ
니宰相寇準이골오ᄃᆡ殊ᄂᆞᆫ江外ㅅ사ᄅᆞᆷ이라ᄒᆞᆫᄃᆡ帝
ㅣ골오ᄃᆡ張九齡은江外ㅅ사ᄅᆞᆷ이아니냐ᄒᆞ고後에

詩賦와論을試ᄒᆞ니帝ㅣᄀᆞᆯ오ᄃᆡ臣이일즉이ᄅᆞᆯ作ᄒᆞ얏다ᄒᆞ고他題ᄅᆞᆯ請ᄒᆞ야成ᄒᆞ미帝ㅣ稱善ᄒᆞ고秘書正字ᄅᆞᆯ擢ᄒᆞ니라

宋나라蔡觀은七歲에蘇東坡ㅣ見ᄒᆞ고ᄀᆞᆯ오ᄃᆡ蕭子ㅣ무엇ᄉᆞᆯ習ᄒᆞᄂᆞ뇨ᄒᆞ니ᄃᆡ답ᄒᆞ되屬對ᄒᆞ기ᄅᆞᆯ學ᄒᆞ다ᄒᆞ니東坡ㅣᄀᆞᆯ오ᄃᆡ衛門稚子璠璵器라ᄒᆞ니觀이應ᄒᆞ야ᄀᆞᆯ오ᄃᆡ翰林謫仙錦繡腸이라ᄒᆞ고석에天이微雨ᄒᆞᆯᄉᆡ東坡ㅣ紺衣에金帶ᄒᆞ얏더니ᄯᅩ對ᄅᆞᆯ命ᄒᆞ되雨濕紅袍蘇木氣라ᄒᆞ니觀이應ᄒᆞ야ᄀᆞᆯ오ᄃᆡ風吹金帶荔枝香이라ᄒᆞ니라

宋나라王禹偁의字ᄂᆞᆫ元之ㅣ니七歲에能히文ᄒᆞ더니畢文簡公이郡에從事가되야그才ᄅᆞᆯ愛ᄒᆞ더니그집이磨麪ᄒᆞ기로生ᄒᆞᆷ을聞ᄒᆞ고因ᄒᆞ야磨詩ᄅᆞᆯ作ᄒᆞ라ᄒᆞ니元之가思치아니ᄒᆞ고對ᄒᆞ야ᄀᆞᆯ오ᄃᆡ但存心裏正이니何愁眼下遲오得人輕著力ᄒᆞ야便是轉身時라ᄒᆞ고文簡이太守廳上에在ᄒᆞ야詩句ᄅᆞᆯ出ᄒᆞ되鸚鵡能言難似鳳이라ᄒᆞ니坐客이다對치못ᄒᆞ더니元之가그下에쓰되蜘蛛雖巧不如蠶이라ᄒᆞ니公이歎息ᄒᆞ고드ᄃᆡ여衣冠으로加ᄒᆞ고小友ㅣ라呼ᄒᆞ니라

來니라楊億은나면셔毛가體에有ᄒᆞ야長이尺餘ㅣ
러니經月에落ᄒᆞ고數歲도록말을아니ᄒᆞ더니一
日은父가抱ᄒᆞ고園中에至ᄒᆞ야詠ᄒᆞ야ᄀᆞᆯ오ᄃᆡ小
園에梨棗가雜ᄒᆞ니鵲雀이知不知아ᄒᆞ니億이忽然
이應聲ᄒᆞ야ᄀᆞᆯ오ᄃᆡ不是鳳凰樹ㅣ면便是鷦鷯枝
라ᄒᆞ더라七歲에屬文ᄒᆞ더라十一에太宗이其名
을聞ᄒᆞ고召對ᄒᆞ야三日에詩賦五篇을試ᄒᆞ니下
筆ᄒᆞ야立成ᄒᆞᄃᆡ辭氣雄健ᄒᆞ고殷渡日中潮ㅣ
라職秉忠貞節ᄒᆞ야終身立聖朝ㅣ라ᄒᆞ니太宗이
긔히賞歎ᄒᆞ시고內侍都知王仁睿를命ᄒᆞ야中

書에送ᄒᆞ야作詩一章을賦ᄒᆞ니宰相이그俊異ᄒᆞᆷ
을驚ᄒᆞ야章으로賀ᄒᆞ고便殿에召對ᄒᆞ미秘書省
正字를授ᄒᆞ고謂ᄒᆞ야ᄀᆞᆯ오ᄃᆡ오리鄉里에離ᄒᆞ니
시러곰父母의念이無ᄒᆞ냐對ᄒᆞ야ᄀᆞᆯ오ᄃᆡ臣이陛
下케見ᄒᆞᆷ이臣의父母봄ᄀᆞᆺ다ᄒᆞ니上이歎賞ᄒᆞ기
를久ᄒᆞ더라
元나라許衡은幼ᄒᆞ야異質이有ᄒᆞ더니七歲에入
學ᄒᆞ야章句를受ᄒᆞ더니그師의게問호ᄃᆡ書를讀
ᄒᆞᆷ은엇지ᄒᆞ랴ᄒᆞᆷ이니잇고師ㅣᄀᆞᆯ오ᄃᆡ科第를取
ᄒᆞᆯ거시니라ᄀᆞᆯ오ᄃᆡ이ᄲᅮᆫ이니잇고師ㅣ大奇ᄒᆞ

야그父母의게謂ᄒᆞ야ᄀᆞᆯ오ᄃᆡ兒ㅣ穎悟홈이不凡ᄒᆞ니他日에반다시크게人에過ᄒᆞ리니너가그스승이아니라ᄒᆞ고드듸여辭去ᄒᆞ니라

本朝栗谷先生李珥ᄂᆞᆫ七歲에文을作ᄒᆞ니라

二十

八歲

蕭衣子ᄂᆞᆫ八歲에舜의스승이되니라

晋나라謝尚의字ᄂᆞᆫ仁祖ㅣ니八歲에神悟ᄒᆞ야夙成ᄒᆞ더니父琨이携ᄒᆞ고客을送ᄒᆞᆯ시或이ᄀᆞᆯ오ᄃᆡ此兒ᄂᆞᆫ一座에顔淵이라ᄒᆞ니尚이應聲ᄒᆞ야ᄀᆞᆯ오ᄃᆡ此座에仲尼가無ᄒᆞ거ᄂᆞᆯ엇지顔淵을分别ᄒᆞ리오ᄒᆞ니賓이感歎치아니리업더라

晋나라管輅ᄂᆞᆫ八九歲에星辰을仰觀ᄒᆞ야ᄀᆞᆯ오ᄃᆡ家雞와野鶩도오히려時ᄅᆞᆯ知커든허믈며人이랴ᄒᆞ고鄰兒로戱ᄒᆞ미문득地ᄅᆞᆯ劃ᄒᆞ야天文의日月星辰을作ᄒᆞ더라

南宋나라徐之才ᄂᆞᆫ年이八歲에周舍의造ᄒᆞ야老子ᄅᆞᆯ講ᄒᆞᆯ시舍ㅣ爲ᄒᆞ야設食ᄒᆞ고戱ᄒᆞ야ᄀᆞᆯ오ᄃᆡ徐郎이用心ᄒᆞ야義ᄅᆞᆯ思아니ᄒᆞ고다만食을事ᄒᆞᄂᆞ냐ᄒᆞ니之才ㅣ디답호ᄃᆡ聖人이그心은虛ᄒᆞ게ᄒᆞ고그腹은實ᄒᆞ게ᄒᆞᆫ다ᄒᆞ더라

二十一

唐나라嚴武ᄂᆞᆫ挺之의子ㅣ라挺之가妻ᄅᆞᆯ薄히ᄒᆞ나武의年이八歲라그母의게詢ᄒᆞ야ᄀᆞᆯᄋᆞ되大人이ᄒᆞᆼ상元英(挺之의妻이라)을厚히ᄒᆞ고일즉이母의게慰치아니ᄒᆞ기ᄂᆞᆫ엇지此에至ᄒᆞᄂᆞ고ᄒᆞᆫ되母ㅣᄀᆞᆯᄋᆞ되汝父ㅣ吾의寢陋ᄒᆞᆷ을嫌ᄒᆞ야枕席數宵에汝ᄅᆞᆯ懷ᄒᆞ고自後로서로棄ᄒᆞ다ᄒᆞ며語ᄅᆞᆯ罷ᄒᆞ미悽咽ᄒᆞ거ᄂᆞᆯ武ㅣ또ᄒᆞᆫ憤惋ᄒᆞ더라父가出ᄒᆞ고元英이方睡ᄒᆞᆷ을候ᄒᆞ야小鐵鎚로그首ᄅᆞᆯ擊碎ᄒᆞ얏더니挺之ㅣ歸ᄒᆞ야驚愕ᄒᆞ니左右ㅣ言호되小郎君이戲ᄒᆞ야鎚ᄅᆞᆯ運ᄒᆞ다가此에致ᄒᆞ다ᄒᆞ거ᄂᆞᆯ挺之ㅣ武ᄅᆞᆯ呼ᄒᆞ야ᄀᆞᆯᄋᆞ되汝ㅣ엇지戲ᄒᆞ기ᄅᆞᆯ甚이ᄒᆞᆫ고武ㅣᄀᆞᆯᄋᆞ되엇지天朝의士人이그侍妾에厚히ᄒᆞ고兒의母ᄅᆞᆯ困辱ᄒᆞᆷ이有ᄒᆞ리오故로모로미擊殺ᄒᆞᆷ이오戲가아니라ᄒᆞᆫ되父ㅣᄀᆞᆯᄋᆞ되참嚴挺之의兒ㅣ라ᄒᆞ니라

宋나라彭思永은八九歲에將次學舍에就ᄒᆞᆯ시金釵ᄅᆞᆯ門外에엇고그곳에서默坐ᄒᆞ야訪ᄒᆞᄂᆞᆫ者ᄅᆞᆯ俟ᄒᆞ더니ᄒᆞᆫ吏가來ᄒᆞ야徘徊ᄒᆞ거ᄂᆞᆯ그狀을驗ᄒᆞ야出付ᄒᆞ니吏가數百金으로謝ᄒᆞᆫ되思永이笑ᄒᆞ고受치아니ᄒᆞ니라

宋나라寇準의字ᄂᆞᆫ平仲이니八歲에華山을吟ᄒᆞ야ᄀᆞᆯ오ᄃᆡ只有天在上이오更無山與齊라擧頭紅日近이오回首白雲低ㅣ라ᄒᆞ니그師ㅣ準의父의게謂ᄒᆞ야ᄀᆞᆯ오ᄃᆡ賢郞이엇지宰相이되지아니리오ᄒᆞ니라

宋나라黃庭堅의字ᄂᆞᆫ魯直이니少ᄒᆞ야警悟ᄒᆞ더니八歲에能히詩를作ᄒᆞ야人을送ᄒᆞ야赴擧ᄒᆞᆯ시일오ᄃᆡ送君歸去明主前ᄒᆞ니若問舊時黃庭堅이면謫在人間이今八年이라ᄒᆞ고牧童詩를賦ᄒᆞ야ᄀᆞᆯ오ᄃᆡ騎牛遠遠過前村ᄒᆞ니短笛風吹隔隴聞이라多少長安名利客이機關弄盡不如君이라ᄒᆞ니라

元나라岳柱의字ᄂᆞᆫ止所오一字ᄂᆞᆫ兼山이니年이八歲에畫師何澄의陶母剪髮圖를觀ᄒᆞ고陶母手中에金釧를指ᄒᆞ고詰ᄒᆞ야ᄀᆞᆯ오ᄃᆡ金釧으로可히酒를易ᄒᆞ리니엇지ᄒᆞ야髮을剪ᄒᆞᄂᆞ뇨ᄒᆞ니何ㅣ奇異히녀기더라

九歲

漢나라楊寶ᄂᆞᆫ九歲에黃雀이鴟鴞의搏ᄒᆞᆫ비되얏더니地下에墜ᄒᆞ야螻蟻의困ᄒᆞᆫ비되니寶ㅣ憐히

녀여取ᄒᆞ야巾箱中에置ᄒᆞ고黃花로養ᄒᆞ야毛가成ᄒᆞ미飛云ᄒᆞ더니夜에黃衣童子ㅣ有ᄒᆞ야白環四枚로寶의게쥬어ᄀᆞᆯ오ᄃᆡ君의子孫으로潔白ᄒᆞ고位가三公에登ᄒᆞᆷ을못당히이수와갓치ᄒᆞ리라ᄒᆞ더라

漢나라徐孺子의年이九歲에月下에戲ᄒᆞ더니或이ᄀᆞᆯ오ᄃᆡ만일月中에物이無ᄒᆞ면못당히極히ᄇᆞᆰ그리라ᄒᆞ니孺子ㅣᄀᆞᆯ오ᄃᆡ然치안타譬컨ᄃᆡ사ᄅᆞᆷ눈에瞳子갓ᄒᆞ야이거시업스면반다시ᄇᆞᆰ지못ᄒᆞ리라ᄒᆞ더라

漢나라黃香은九歲에母가卒ᄒᆞ미哀號ᄒᆞ기를甚히간절ᄒᆞ고父를事ᄒᆞ미暑ᄒᆞᆫ즉枕席에扇ᄒᆞ고冬인즉身으로被를溫ᄒᆞ니京師ㅣ語ᄒᆞ야ᄀᆞᆯ오ᄃᆡ天下에無雙江夏黃香이라ᄒᆞ더라

魏나라鄧王冲의字ᄂᆞᆫ蒼舒ㅣ니見時에智慧가成人갓더니九歲ᄯᅢ에孫權이大象을操의게致ᄒᆞ니操ㅣ그輕重을秤코져호ᄃᆡ可히得지못ᄒᆞ니羣臣이對치못ᄒᆞᄂᆞᆫ지라冲이ᄀᆞᆯ오ᄃᆡ象을舟에載ᄒᆞ야그水痕에至ᄒᆞᆫ바를刻ᄒᆞ고他物을秤ᄒᆞ야較ᄒᆞ면곳그輕重을知ᄒᆞ리라ᄒᆞ니操ㅣ大奇히너기더라

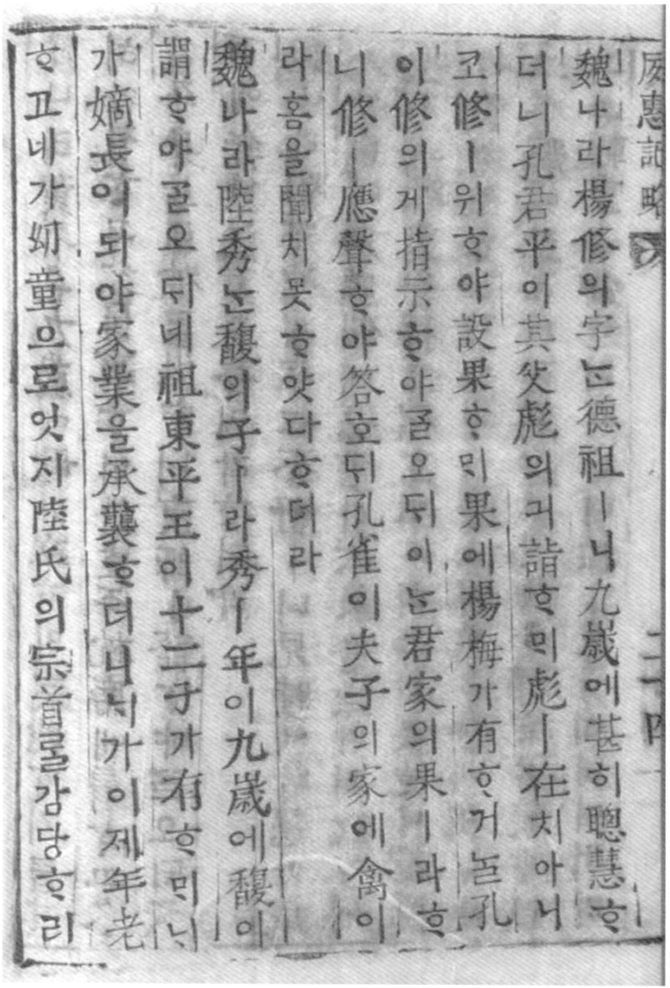
厲惠說略

魏나라楊修의字ᄂᆞᆫ德祖ㅣ니九歲에甚히聰慧ᄒᆞ
더니孔君平이其父彪의게詣ᄒᆞ미彪ㅣ在치아니
ᄒᆞ고修ㅣ위ᄒᆞ야設果ᄒᆞ미果에楊梅가有ᄒᆞ거ᄂᆞᆯ孔
이修의게指示ᄒᆞ야ᄀᆞᆯ오ᄃᆡ이ᄂᆞᆫ君家의果ㅣ라ᄒᆞ
니修ㅣ應聲ᄒᆞ야答호ᄃᆡ孔雀이夫子의家에禽이
라홈을聞치못ᄒᆞ얏다ᄒᆞ더라
魏나라陸秀ᄂᆞᆫ馥의子ㅣ라秀ㅣ年이九歲에馥이
謂ᄒᆞ야ᄀᆞᆯ오ᄃᆡ네祖東平王이十二子가有ᄒᆞ미니
가嫡長이되야家業을承襲ᄒᆞ더니네가이제年老
ᄒᆞ고네가幼童으로엇지陸氏의宗首를감당ᄒᆞ리

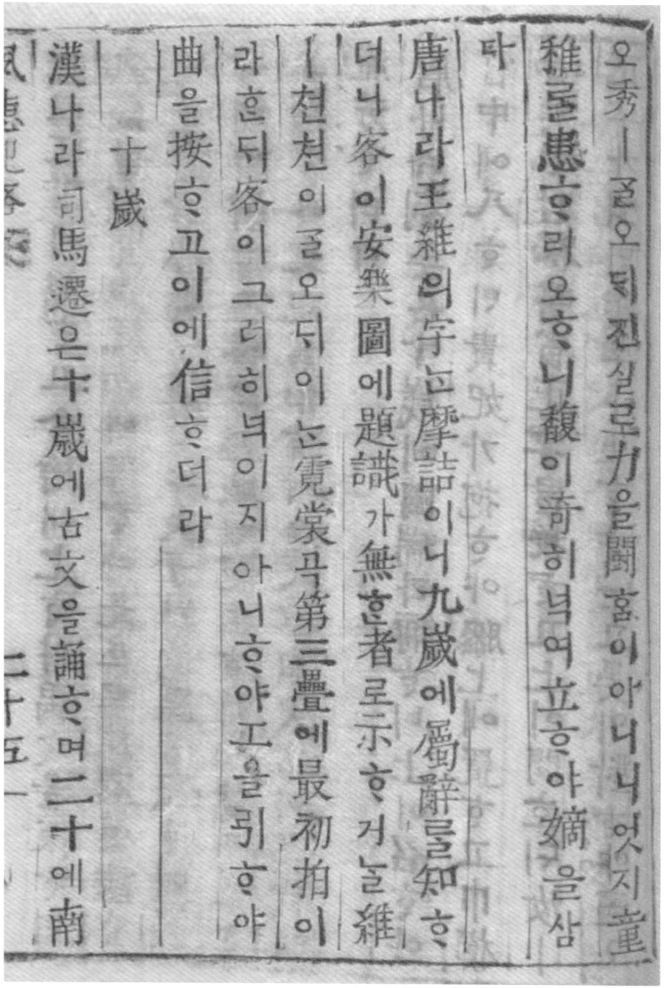
오秀ㅣᄀᆞᆯ오ᄃᆡ진실로力을鬪홈이아니니엇지童
稚로患ᄒᆞ리오ᄒᆞ니馥이奇히녁여立ᄒᆞ야嫡을삼
다
唐나라王維의字ᄂᆞᆫ摩詰이니九歲에屬辭를知ᄒᆞ
더니客이安樂圖에題識가無ᄒᆞᆫ者로示ᄒᆞ거ᄂᆞᆯ維
ㅣ쳔쳔이ᄀᆞᆯ오ᄃᆡ이ᄂᆞᆫ霓裳곡第三疊에最初拍이
라ᄒᆞᆫᄃᆡ客이그러히녁이지아니ᄒᆞ야工을引ᄒᆞ야
曲을按ᄒᆞ고이에信ᄒᆞ더라
十歲
漢나라司馬遷은十歲에古文을誦ᄒᆞ며二十에南

으로江淮에遊ᄒᆞ고會稽에上ᄒᆞ야禹穴을探ᄒᆞ며
九嶷을窺ᄒᆞ고沅湘에浮ᄒᆞ야北으로汶泗를涉ᄒᆞ
며業을齊魯都에講ᄒᆞ야夫子의遺風을觀ᄒᆞ며鄒
嶧에鄉射ᄒᆞ고鄱薛彭城에阨困ᄒᆞ며梁楚에過ᄒᆞ
고歸ᄒᆞ야史記를作ᄒᆞ니그文章의大名이萬代에
流芳ᄒᆞ더라

唐나라劉晏은十歲에國瑞라稱ᄒᆞ니上이召ᄒᆞ야
宮中에入ᄒᆞ매貴妃가抱ᄒᆞ야膝上에置ᄒᆞ고巾櫛
을粧ᄒᆞ며秘書省正字를拜ᄒᆞ고上이問ᄒᆞ오ᄃᆡ汝ㅣ
正字가되매幾字나正ᄒᆞ얏ᄂᆞ고晏이對ᄒᆞ야ᄀᆞᆯ오
ᄃᆡ餘字ᄂᆞᆫ다正ᄒᆞ얏ᄉᆞ되朋字ᄅᆞᆯ正치못ᄒᆞ얏다ᄒᆞ
니上이크게奇히넉이더라

十一歲

漢나라陳元方의年이十一에袁公의게候ᄒᆞ니袁
公이問ᄒᆞ야ᄀᆞᆯ오ᄃᆡ賢家君이太邱에在ᄒᆞ매遠近
이稱ᄒᆞ니무ᄉᆞᆷ바를履行ᄒᆞᆫ고元方이ᄀᆞᆯ오ᄃᆡ家君
이太邱에在ᄒᆞ야强ᄒᆞᆫ者를德으로ᄡᅥ綏ᄒᆞ게ᄒᆞ고
弱ᄒᆞᆫ者를仁으로ᄡᅥ安ᄒᆞ게ᄒᆞ야父도로디온敬ᄒᆞᆷ
이라ᄒᆞ니袁公이ᄀᆞᆯ오ᄃᆡ孤도往者에鄴令이되야
正히此事를行ᄒᆞ니아지못게라卿의家君이孤를

法ᄒᆞᆫ가孤가卿父를法ᄒᆞ얏ᄂᆞᆫ가元乃이ᄀᆞᆯ오ᄃᆡ周
公과孔子ᄂᆞᆫ世를異ᄒᆞ야出호ᄃᆡ周旋과動靜을萬
里에如一ᄒᆞ니周公이孔子를師홈이오孔子ㅣ周
公을師ᄒᆞ지아니홈이라ᄒᆞ니라
漢나라邴原의年이十一에早孤ᄒᆞ고집이가난ᄒᆞ
더니隣에書舍가有ᄒᆞ거ᄂᆞᆯ原이過ᄒᆞ다가泣ᄒᆞ니
師ㅣ問ᄒᆞ야ᄀᆞᆯ오ᄃᆡ엇지泣ᄒᆞᄂᆞ뇨原이ᄀᆞᆯ오ᄃᆡ讀
書ᄒᆞᄂᆞᆫ者ㅣ다父兄이有ᄒᆞ니ᄒᆞᄂᆞ힌즉그不孤홈
을美홈이오ᄒᆞᄂᆞ힌즉學을得홈을美ᄒᆞᆫ다ᄒᆞ니師
ㅣ惻然ᄒᆞ야ᄀᆞᆯ오ᄃᆡ진실로學ᄒᆞ고져ᄒᆞ면資를須

치아니ᄒᆞ리라ᄒᆞ니原이드ᄃᆡ여學에就ᄒᆞ니라
宋나라劉少逸은蘇州사ᄅᆞᆷ이니年이十一에그師
潘閬이携ᄒᆞ고長洲宰王元之와吳縣宰羅思純의
게見ᄒᆞᆯ새少逸이所作으로二公의게贄ᄒᆞ니二公
이그贄ᄒᆞᆫ바手를假ᄒᆞᆫ가疑ᄒᆞ고信치아니ᄒᆞ야少
逸로더브러聯句ᄒᆞᆯ새思純이ᄀᆞᆯ오ᄃᆡ無風烟欲直
이라ᄒᆞ니少逸이ᄀᆞᆯ오ᄃᆡ有月竹陰寒이라ᄒᆞ고思
純이ᄀᆞᆯ오ᄃᆡ日移花影侵棊局이라ᄒᆞ니少逸이ᄀᆞᆯ
오ᄃᆡ風遞花香入酒樽이라ᄒᆞ고元之ㅣᄀᆞᆯ오ᄃᆡ風雨
江城暮ㅣ라ᄒᆞ니少逸이ᄀᆞᆯ오ᄃᆡ波濤海樹秋ㅣ라

ᄒᆞ고元之ᄅᆞᆯ오ᄃᆡ一回酒渴思呑海ㅣ라ᄒᆞ니少逸
이ᄀᆞᆯ오ᄃᆡ幾度詩狂欲上天이라ᄒᆞ니二公이驚異
ᄒᆞ야朝에聞ᄒᆞ고進士及第ᄅᆞᆯ賜ᄒᆞ니라、
明나라王守仁은十一에金山寺ᄅᆞᆯ지어ᄀᆞᆯ오ᄃᆡ金
山一點이大如拳ᄒᆞ니打破維揚水底天이라醉倚
高妙臺上月ᄒᆞ야玉簫吹徹洞龍眠이라ᄒᆞ니라

十二歲

秦나라甘羅ᄂᆞᆫ十二歲에少庶子ㅣ되얏더니文信
侯ㅣ張唐으로燕에相ᄒᆞ니唐이行ᄒᆞ기ᄅᆞᆯ肯치아
니ᄒᆞ거ᄂᆞᆯ羅ㅣ行ᄒᆞ기ᄅᆞᆯ請ᄒᆞᆫᄃᆡ文信侯ㅣ叱去ᄒᆞ
니羅ㅣᄀᆞᆯ오ᄃᆡ項橐은七歲에孔子의師ㅣ되얏스
니이제臣은난지十二年이라君이臣을試ᄒᆞᆯ거시
어ᄂᆞᆯ엇지遽叱ᄒᆞᄂᆞ뇨文信侯ㅣ이에許ᄒᆞᆫᄃᆡ羅ㅣ
唐을見ᄒᆞ고ᄀᆞᆯ오ᄃᆡ특별히來ᄒᆞ야君을弔ᄒᆞ노라
녯적에武安君이應侯ᄅᆞᆯ聽치아니ᄒᆞ야杜郵에死
ᄒᆞ얏더니이제君이文信侯ᄅᆞᆯ聽치아니ᄒᆞ니이ᄂᆞᆫ
武安君의應侯ᄅᆞᆯ聽치아니홈이라唐이悚然ᄒᆞ야
行ᄒᆞ기ᄅᆞᆯ許ᄒᆞᄂᆞᆫ지라羅ㅣ還ᄒᆞ야報ᄒᆞᆫᄃᆡ文信侯
ㅣ이에羅ᄅᆞᆯ封ᄒᆞ야上卿을삼으니라
漢나라吳祐ᄂᆞᆫ年이十二에父恢가南陽太守가되

니稱ㅣ隨ᄒᆞ야 官에 到ᄒᆞ얏더니 恢가 靑簡을 殺ᄒᆞ
야 經書를 寫ᄒᆞ고저 ᄒᆞ거ᄂᆞᆯ 祐ㅣ 諫ᄒᆞ야 ᄀᆞᆯ오ᄃᆡ 이
졔 大人이 五嶺을 踰ᄒᆞ야 海濱에 在ᄒᆞ미 그 俗이 진
실로 陋ᄒᆞ며 佐珍怪가 多ᄒᆞ야 上으로 國家에 疑ᄒᆞ
ᄂᆞᆫ ᄇᆡ오 下로 權戚의 望ᄒᆞᄂᆞᆫ ᄇᆡ니 此書가 만일 成ᄒᆞᆫ
즉 此兩歲를 兼ᄒᆞᆯ지라 젼에 馬援은 苡薏로 謗을 興
ᄒᆞ고 王陽은 衣囊으로 名을 徼ᄒᆞ니 嫌疑에 ᄉᆞᄒᆞᄂᆞᆫ
진실로 先賢의 愼ᄒᆞᄂᆞᆫ ᄇᆡ라 ᄒᆞᆫᄃᆡ 恢가 그 旨를 嘉ᄒᆞ
고 ᄀᆞᆯ오ᄃᆡ 吳氏가 代代로 季子가 업지 아니타 ᄒᆞ더
라

蜀漢나라 秦宓의 字ᄂᆞᆫ 子勅이니 年이 十二에 吳나
라 張溫이 來聘ᄒᆞᆯᄉᆡ 宓이 諸葛亮의 坐에 在ᄒᆞ더니
溫이 宓의게 問ᄒᆞ야 ᄀᆞᆯ오ᄃᆡ 天이 頭가 有ᄒᆞ냐 ᄒᆞ니
宓이 ᄀᆞᆯ오ᄃᆡ 有ᄒᆞ니라 溫이 ᄀᆞᆯ오ᄃᆡ 何方에 在ᄒᆞ냐
ᄒᆞ니 宓이 ᄀᆞᆯ오ᄃᆡ 詩에 일으되 乃眷西顧ㅣ라 ᄒᆞ니
頭가 西方에 在ᄒᆞ니라 溫이 ᄀᆞᆯ오ᄃᆡ 天이 耳가 有ᄒᆞ
냐 ᄒᆞ니 宓이 ᄀᆞᆯ오ᄃᆡ 詩에 ᄀᆞᆯ오ᄃᆡ 鶴鳴于九皐聲聞
于天이라 ᄒᆞ니 耳가 無ᄒᆞ면 엇지 聞ᄒᆞ리오 溫이 ᄀᆞᆯ
오ᄃᆡ 天이 足이 有ᄒᆞ냐 ᄒᆞ니 宓이 ᄀᆞᆯ오ᄃᆡ 詩에 일오
ᄃᆡ 天步艱難이라 ᄒᆞ니 만일 足이 無ᄒᆞ면 엇지 步ᄒᆞ

리오溫이ᄀᆞᆯ오ᄃᆡ天이姓이有ᄒᆞ냐ᄒᆞ니宓이ᄀᆞᆯ오
宓姓이劉ㅣ니라溫이ᄀᆞᆯ오ᄃᆡ엇지아ᄂᆞ뇨宓이ᄀᆞᆯ
오ᄃᆡ天子의姓이劉ㅣ라이로ᄡᅥ아ᄂᆞᆫ다ᄒᆞ니라
魏나라鍾毓鍾會가少ᄒᆞ야令譽ㅣ有ᄒᆞ더니年이
十二三에魏文帝가聞ᄒᆞ고其父繇의게詔ᄒᆞ야勅
見ᄒᆞᆯ시毓은面에汗이有ᄒᆞ니帝가問ᄒᆞ오ᄃᆡ엇지ᄡᅥ
汗ᄒᆞᄂᆞ뇨毓ㅣ對ᄒᆞ야ᄀᆞᆯ오ᄃᆡ戰戰惶惶ᄒᆞ야汗의
出ᄒᆞᆷ이漿ᄀᆞᆺ다ᄒᆞ니다시會의게問ᄒᆞ오ᄃᆡ엇지汗이
不出ᄒᆞᄂᆞ뇨對ᄒᆞ야ᄀᆞᆯ오ᄃᆡ戰戰慄慄ᄒᆞ야汗이敢
히出치못ᄒᆞᆫ다ᄒᆞ니帝가稱히賞歎ᄒᆞ더라

北魏나라祖瑩의字ᄂᆞᆫ元珍이니范陽人이라十二
에中書學生이되야耽書ᄒᆞ니母가成疾ᄒᆞᆯ가恐ᄒᆞ
야禁ᄒᆞ니瑩이가만이火를燃ᄒᆞ고讀書ᄒᆞ되家人
이覺ᄒᆞᆯ가恐ᄒᆞ야衣被로窓戶를塞ᄒᆞ더라博士張
天龍이生徒를集ᄒᆞ고尙書를講ᄒᆞᆯ시瑩이밤에讀
書ᄒᆞ다가勞倦ᄒᆞ야天曉ᄒᆞᆷ을覺지못ᄒᆞ얏다가그
릇同房生의曲禮卷을持ᄒᆞ고座에上ᄒᆞ야尙書三
篇을背誦ᄒᆞ되一字를遺치아니ᄒᆞ니聲譽가甚히盛
ᄒᆞ니內外親戚이聖童이라呼ᄒᆞ더라
梁나라柳惲의字ᄂᆞᆫ彦遊ㅣ니惲의子ㅣ라年이十

二에引見홀ᄉᆡ詔問호ᄃᆡ何書를讀ᄒᆞ얏ᄂᆞ냐ᄒᆞᆫᄃᆡ
ᄃᆡ답ᄒᆞ야ᄀᆞᆯ오ᄃᆡ尚書ㅣ라ᄒᆞ니ᄯᅩ問호ᄃᆡ엇더ᄒᆞᆫ
美句가有ᄒᆞ더냐ᄒᆞᆫᄃᆡᄃᆡ답ᄒᆞ야ᄀᆞᆯ오ᄃᆡ德惟善政
이오政在養民이니이다ᄒᆞ니高祖ㅣ善을稱ᄒᆞ고
詔ᄒᆞ야公主로尚ᄒᆞ니라

十三歲

晋나라褚陶의字ᄂᆞᆫ季雅ㅣ니錢塘人이라墳典으
로自娛ᄒᆞ더니일즉이ᄀᆞᆯ오ᄃᆡ聖賢이ᄌᆞ초黃卷中
에在ᄒᆞ니此를捨ᄒᆞ고무엇슬求ᄒᆞ리오ᄒᆞ고年이
十三에鷗鳥와水礒二賦를作ᄒᆞ니見ᄒᆞᄂᆞᆫ者ㅣ奇
히녁이더라

北魏나라荀子文은潁川人이니年이十三에聽辨
ᄒᆞ더라正光初의潘崇和가服氏春秋를講ᄒᆞ니子
文이北面ᄒᆞ야道를受ᄒᆞ더니ᄯᅢ에趙郡李孚가荀
의住處를問ᄒᆞᆫᄃᆡ對ᄒᆞ야ᄀᆞᆯ오ᄃᆡ僕은中甘里에住
ᄒᆞᆫ다ᄒᆞ니孚ㅣᄀᆞᆯ오ᄃᆡ엇지ᄒᆞ야城南에住ᄒᆞᆫ고ᄒᆞ
니大槩거리四夷館이有ᄒᆞᆫ지라意에이로ᄡᅥ譏ᄒᆞ
니荀이ᄀᆞᆯ오ᄃᆡ國陽勝地를卿이엇지怪히녁이ᄂᆞ
뇨만일川澗을言ᄒᆞ면伊洛이崢嶸ᄒᆞ고그舊를語
ᄒᆞ면靈臺와石逕이오招提의美ᄂᆞᆫ報德과景明이

오當世의富貴ᄂᆞᆫ高陰과廣平이오四方의風俗을
評ᄒᆞ면萬國千城이오人物을論ᄒᆞ면吾가有ᄒᆞ고
鄭은無ᄒᆞ다ᄒᆞ니弓갸뻐對ᄒᆞ미無ᄒᆞᆫ지라浦이ᄀᆞᆯ
오ᄃᆡ波頼의士ᄂᆞᆫ利ᄒᆞ기가如錐ᄒᆞ고燕趙의士ᄂᆞᆫ
鈍ᄒᆞ기가無錐ㅣ라ᄒᆞᆷ이진실로虛言이아니라ᄒᆞ
더라

宋나라張伊平의字ᄂᆞᆫ受道ㅣ니十三에應天府學
에入ᄒᆞ야졍이가난ᄒᆞ믜書가無ᄒᆞ야일즉이人의
게就ᄒᆞ야三史ᄅᆞᆯ借ᄒᆞ야旬日에ᄆᆞᆺ듬還ᄒᆞ야ᄀᆞᆯ오
ᄃᆡ이믜그詳을得ᄒᆞ얏다ᄒᆞ며凡書ᄅᆞᆯ믜양ㅣ閱ᄒᆞ
고두번讀지아니ᄒᆞ며文을屬ᄒᆞ믜草ᄅᆞᆯ起치아니
ᄒᆞ더라

明나라鄭智ᄂᆞᆫ四川人이니生ᄒᆞ믜穎悟ᄒᆞᆫ지라年
이十三에能히文章ᄒᆞ고龍泉菴에居ᄒᆞᆯ시樹葉을
掃ᄒᆞ야燕ᄒᆞ고讀書ᄒᆞ더니後에鄕試第一을領ᄒᆞ
믜郡人이集ᄒᆞ야觀ᄒᆞ니라智가馬上에서口占ᄒᆞ
야ᄀᆞᆯ오ᄃᆡ龍泉菴上苦書生이偶爾三巴第一名이
라世上許多難了事ᄅᆞᆯ郡人何用太相驚가ᄒᆞ더라

十四歲

吳나라諸葛靚이吳에在ᄒᆞᆯ시年이十四ㅣ라니朝

堂大會에孫晧ㅣ問ᄒᆞ되卿이字ᄅᆞᆯ仲思ㅣ라ᄒᆞ니
무ᄉᆞᆷ바ᄅᆞᆯ思ᄒᆞᄂᆞᆫ고對ᄒᆞ야ᄀᆞᆯ오ᄃᆡ家에在ᄒᆞ야孝
ᄅᆞᆯ思ᄒᆞ고君을事ᄒᆞ미忠을思ᄒᆞ고朋友에信을思
ᄒᆞ야如斯ᄒᆞᆯ다ᄅᆞᆷ이라ᄒᆞ니라

唐나라岑文本의年이十四에父之象이隋에仕ᄒᆞ
다가人의訟ᄒᆞᆷ이되니文本이司隸에詣ᄒᆞ야寃을
理ᄒᆞ믈辨對ᄒᆞᆷ이哀暢ᄒᆞ야詘ᄒᆞᄂᆞᆫ비업거ᄂᆞᆯ衆이
屬目ᄒᆞ더라命ᄒᆞ야蓮花賦ᄅᆞᆯ作ᄒᆞ라ᄒᆞ야文이成
ᄒᆞ미合臺가嗟賞ᄒᆞ니라드ᄃᆡ여直을得ᄒᆞ다李靖
이薦ᄒᆞ야中書舍人을擢ᄒᆞ미或策과令이叢遽ᄒᆞ
면吏六七人을勅ᄒᆞ야泚筆ᄒᆞ고待ᄒᆞᆯ시口占ᄒᆞ야
授ᄒᆞ되成ᄒᆞ미遺意가無ᄒᆞ더라

十五歲

漢나라陳蕃의字ᄂᆞᆫ仲擧ㅣ니年이十五에일즉이
ᄒᆞᆫ집에閑處ᄒᆞ고庭宇가蕪穢ᄒᆞ니薛勤이蕃의게
謂ᄒᆞ야ᄀᆞᆯ오ᄃᆡ孺子ᄂᆞᆫ엇지灑掃ᄒᆞ야賓客을待치
아니ᄒᆞᄂᆞ냐ᄒᆞ니蕃이ᄀᆞᆯ오ᄃᆡ大丈夫ㅣ못당이天
下ᄅᆞᆯ掃除ᄒᆞ리니엇지一室을事ᄒᆞ리오ᄒᆞ더라

梁나라吉翂의字ᄂᆞᆫ彦霄ㅣ니年이十五에父가原鄕
令이되얏더니吏의誣가되야死ᄅᆞᆯ當ᄒᆞ니翂이登

聞鼓를撾ᄒᆞ고父에命을代ᄒᆞ기를乞ᄒᆞ니武帝가
人이敎ᄒᆞᆫ가疑ᄒᆞ야廷尉에下ᄒᆞ고盛히拷具를陳
호ᄃᆡ變치아니ᄒᆞ니이에모도宥ᄒᆞ니라

以下總角

魯나라汪錡ᄂᆞᆫ童子時에齊나라이侵鹵ᄒᆞᄆᆡ錡가
敵에奔ᄒᆞ야死ᄒᆞ니魯人이殤을아니코져ᄒᆞ야孔
子ᄭᅴ問ᄒᆞᆫᄃᆡ孔子ㅣ 갈ᄋᆞᄉᆞᄃᆡ能히干戈를執ᄒᆞ야
社稷을衛ᄒᆞ니可히殤ᄒᆞᆷ이無ᄒᆞ리라ᄒᆞ시니라

晋나라王允之ᄂᆞᆫ敦의從子ㅣ라允之總角ᄯᅢ에敦
이그聰慧를愛ᄒᆞ야ᄒᆞᆼ상ᄡᅥ自隨케ᄒᆞ더니敦이일
즉이夜飮ᄒᆞᆯ시醉를辭ᄒᆞ고몬져臥ᄒᆞ야錢鳳으로
더브러逆ᄒᆞ기를謀ᄒᆞ거ᄂᆞᆯ允之지ᄂᆞ다가그말을
듯고곳臥處에大吐ᄒᆞ야衣面을아올나汚ᄒᆞ얏더
니鳳이出ᄒᆞᄆᆡ敦이火를擧ᄒᆞ야允之가吐中에臥
ᄒᆞᆷ을照視ᄒᆞ고다시疑치아니ᄒᆞ더라마ᄎᆞᆷ그父舒
가廷尉를拜ᄒᆞ니允之가歸省ᄒᆞ기를求ᄒᆞ야그謀
를舒의게白ᄒᆞ니舒가王導로더브러ᄒᆞᆷᄭᅴ帝의게
啓ᄒᆞ고가만이備禦ᄒᆞ니라

晋나라謝朗은奕의子ㅣ오玄의弟ㅣ라博涉ᄒᆞ고
逸才ㅣ有ᄒᆞ야總角時에林道人으로玄理를談ᄒᆞ

니叔父安의器重ᄒᆞᄂᆞᆫ비되더라

晋나라戴逵의字ᄂᆞᆫ安道ㅣ니總角時에雞卵汁에白瓦屑을溲ᄒᆞ야鄭玄의碑ᄅᆞᆯᄒᆞ니ᄀᆞᆯ온雞碑오ᄯᅩ文을ᄒᆞ야ᄉᆞᄉᆞ로鐫ᄒᆞ미詞가麗ᄒᆞ고器가妙ᄒᆞ니時人이驚異치아니리업더라

晋나라楊喬와楊髦ᄂᆞᆫ冀州刺史楊准의二子ㅣ라喬와髦가다總角에成器가되니准가裴頠와樂廣으로友善ᄒᆞ더니二子ᄅᆞᆯ頠廣의게遣ᄒᆞ야見ᄒᆞᆫ디頠의性은弘方ᄒᆞᆫ지라喬의高韻을愛ᄒᆞ야准의게謂ᄒᆞ되喬가못당이卿에及ᄒᆞ고髦ㅣ小減ᄒᆞ다ᄒᆞ고廣의性은淸純ᄒᆞᆫ지라髦의神檢을愛ᄒᆞ야准의게謂ᄒᆞ되喬가ᄉᆞᄉᆞ로卿에及ᄒᆞ나髦가더욱精出ᄒᆞ다ᄒᆞ니准ㅣ笑ᄒᆞ야ᄀᆞᆯ오되二兒의優劣은이에裴樂의優劣이라ᄒᆞ더라

以下十餘歲

唐나라柳渾은早孤ᄒᆞ야十餘歲에巫ㅣᄀᆞᆯ오되兒의相이夭ᄒᆞ고ᄯᅩ賤ᄒᆞ니浮屠가되면可히死ᄅᆞᆯ緩ᄒᆞ리라ᄒᆞ니諸父ㅣ從ᄒᆞ고저ᄒᆞᆫ디渾이ᄀᆞᆯ오되聖敎ᄅᆞᆯ去ᄒᆞ고異術을ᄒᆞᆷ은速死만ᄀᆞᆺ지못ᄒᆞ다ᄒᆞ고學을더욱篤히ᄒᆞ고與ᄒᆞ야遊ᄒᆞᆷ이다名士ㅣ더라

周나라蘇世長은十餘歲에武帝의게上書ᄒᆞ니帝
가그幼홈을異히너어何書를讀홈을問ᄒᆞᆫ대對ᄒᆞ
야ᄀᆞᆯ오ᄃᆡ孝經과論語를治ᄒᆞ니이다帝ㅣᄀᆞᆯᄋᆞᄉᆞ
ᄃᆡ무슴말을可히읽근고ᄃᆡ답호ᄃᆡ爲國者ㅣ不敢
侮於鰥寡와爲政以德이라ᄒᆞ니帝ㅣᄀᆞᆯ오ᄃᆡ善타
ᄒᆞ고ᄒᆞ야곰學을虎門舘에卒케ᄒᆞ니라

十六歲

宋나라狄青의年이十六에그兄素가里人鐵羅漢
이라號ᄒᆞᄂᆞᆫ者로水濱에서鬪ᄒᆞ다가鐵漢이溺ᄒᆞ
야死ᄒᆞ니保伍가바야흐로素를縛ᄒᆞ더니맛츰青

이田에餉ᄒᆞ다가見ᄒᆞ고ᄀᆞᆯ오ᄃᆡ羅漢을殺ᄒᆞᆫ者ᄂᆞᆫ
나라ᄒᆞ니人이다素를釋ᄒᆞ고青을縛ᄒᆞᄂᆞᆫ지라青
이ᄀᆞᆯ오ᄃᆡ내가死에逃치아니ᄒᆞᆯ거시니내가羅漢
을救ᄒᆞ기를待ᄒᆞ라만일死ᄒᆞ면나를縛홈이晩치
아니ᄒᆞ다ᄒᆞ니衆이從ᄒᆞᄂᆞᆫ지라青이默祝ᄒᆞ야ᄀᆞᆯ
오ᄃᆡ내가만일貴ᄒᆞᆯ터이면羅漢이맛당이蘇ᄒᆞ리
라ᄒᆞ고이에尸를擧ᄒᆞ야水數斗를出ᄒᆞ고活ᄒᆞ니
人이異히녀이더라
北魏나라何妥ᄂᆞᆫ年이十七에伎巧로湘東王을事
ᄒᆞ더니後에그聰明을知ᄒᆞ고召ᄒᆞ야左右에서書

로誦ᄒᆞ게ᄒᆞ니ᄯᅢ에蘭陵蕭沓이ᄯᅩᄒᆞᆫ雋才로靑楊巷에住ᄒᆞ고妥ᄂᆞᆫ白楊頭에住ᄒᆞ니時人이語ᄒᆞ되世上에兩儁이有ᄒᆞ니白楊何妥오靑楊蕭沓이라ᄒᆞ야그見美홈이이갓더라

十八歲

宋나라張橫渠先生載ᄂᆞᆫ年이十八에書로范仲淹의게謁ᄒᆞ니仲淹이責ᄒᆞ야ᄀᆞᆯ오ᄃᆡ儒者ㅣ스ᄉᆞ로名敎에可히學홈이有ᄒᆞ거ᄂᆞᆯ엇지兵을事ᄒᆞ리오ᄒᆞ니先生이그責言을感悟ᄒᆞ야晝夜로六經을窮究ᄒᆞ며釋老書ᄭᆞ지讀지아니홈이無ᄒᆞ더라

十九歲

吳나라張奮은昭의姪이라年이十九에攻城火攻車를作ᄒᆞ니步騭이薦ᄒᆞᆫᄃᆡ昭가奮의게謂ᄒᆞ야ᄀᆞᆯ오ᄃᆡ네年이오히려少ᄒᆞ다ᄒᆞᆫᄃᆡ對ᄒᆞ야ᄀᆞᆯ오ᄃᆡ汪錡ᄂᆞᆫ難에死ᄒᆞ고子奇ᄂᆞᆫ阿를治ᄒᆞᆫ지라奮이비록不才ᄒᆞ나年이少치아니ᄒᆞ다ᄒᆞ더라

二十歲

唐나라李邕이年이二十에特進李嶠를見ᄒᆞ고스ᄉᆞ로言ᄒᆞ되讀書를編치못ᄒᆞ니ᄒᆞᆫ번秘書를見ᄒᆞ기를願이라ᄒᆞ니李嶠ㅣᄀᆞᆯ오ᄃᆡ秘閣萬卷을엇지

時日에能히習ᄒᆞ랴ᄒᆞ믄이固請ᄒᆞ거ᄂᆞᆯ嶠ㅣ이에遣
을秘書에假直ᄒᆞ얏더니未幾에辭ᄒᆞ고去ᄒᆞ니嶠ㅣ
가驚ᄒᆞ야試驗으로써嘗補隱帳을問ᄒᆞ되了辨ᄒᆞ기
를鄕書又치ᄒᆞᄂᆞᆫ지라嶠가歎ᄒᆞ야ᄀᆞᆯ오되予ᄂᆞᆫ仕名
家라ᄒᆞ더라
以下必年
齊나라陸倕ᄂᆞᆫ少ᄒᆞ야學을勤ᄒᆞ고屬文을善히ᄒᆞ야
야집안에두茅屋을起ᄒᆞ고往來를杜絕ᄒᆞ고晝夜
로讀書ᄒᆞ야如此ᄒᆞᆫ지數歲에讀ᄒᆞᆫ바ᄅᆞᆯ一遍에발
다시마에補ᄒᆞ고일즉이人의漢書를借ᄒᆞ야다가
五行志四門叢을失ᄒᆞ고이에賠寫ᄒᆞ야還ᄒᆞ되대강
도遺脫ᄒᆞᆷ이無ᄒᆞ더라
唐나라杜如晦ᄂᆞᆫ少ᄒᆞ야英爽ᄒᆞ고書를喜ᄒᆞ야風
流自在ᄒᆞ되內로大節을負ᄒᆞ고機를臨ᄒᆞ야문득
決斷ᄒᆞ더라

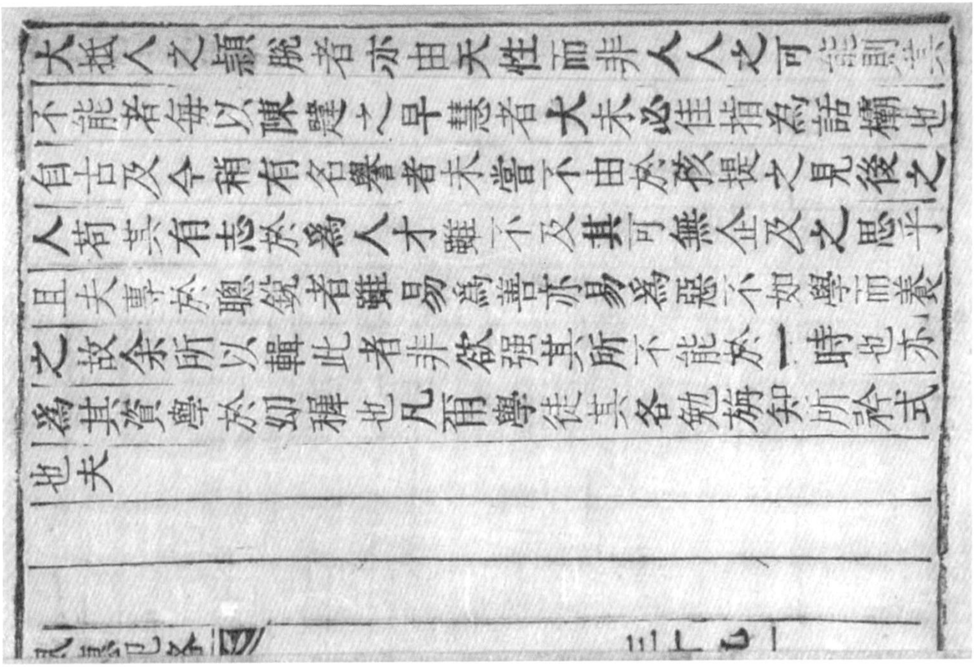

大抵人之穎脫者亦由天性而非人人之可能則其
不能者每以陳韙之早慧者大未必佳指為詬病也
自古及今稍有名譽者未嘗不由於教提之見後之
人苟其有志於為人才雖不及其可兼企及之思乎
且夫專於聰敏者難易為善亦易為惡不如學而養
之故余所以輯此者非欲強其所不能於一時也亦
為其資學於幼穉也凡爾學徒其各勉勵知所矜式
也夫

夙惠記略 終

영인

소학독본

小學讀本

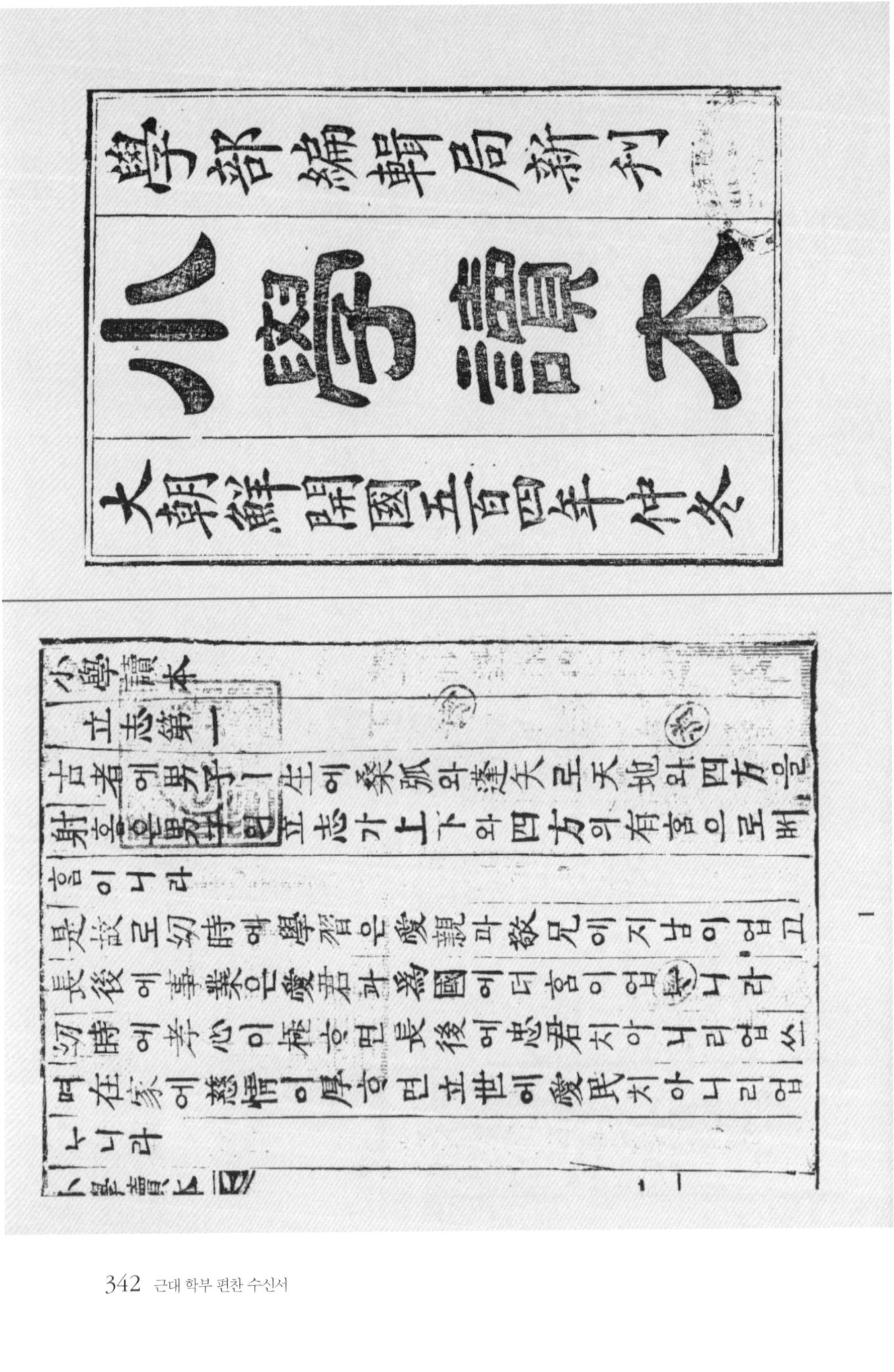

學部編輯局新刊

小學讀本

大朝鮮開國五百四年仲冬

小學讀本

立志第一

古者에男子ㅣ生에桑弧와蓬矢로天地와四方을射ᄒᆞᄂᆞᆫ男子ㅣ立志가上下와四方의有ᄒᆞᆷ으로ᄡᅥᄒᆞᆷ이니라

是故로幼時에學習은愛親과敬兄에지남이업고長後에事業은愛君과爲國에디ᄂᆞᆷ이업ᄂᆞ니라幼時에孝心이極ᄒᆞ면長後에忠君치아니리업ᄉᆞ며在家에慈情이厚ᄒᆞ면立世에愛民치아니리업ᄂᆞ니라

小學讀本 一

是故로古聖이曰孝란者ᄂᆞᆫ써親을事ᄒᆞᄂᆞᆫ비오悌란者ᄂᆞᆫ써長을事ᄒᆞᄂᆞᆫ비오慈란者ᄂᆞᆫ써衆을使ᄒᆞᄂᆞᆫ비라ᄒᆞ시니라

大凡幼時에學홈은長後에行ᄒᆞ기ᄅᆞᆯ爲홈이라歲月이流ᄒᆞᄂᆞᆫ듯ᄒᆞ야長ᄒᆞ고老ᄒᆞᆯ日이遠치안니ᄒᆞ니一生이幼ᄒᆞᆯ줄알지말고勉强ᄒᆞ야學을勤히ᄒᆞᆯ지어다

孟文貞公(世宗朝左相名思誠)이八歲에入學ᄒᆞ야禹貢을學ᄒᆞ다가啓呱呱而泣ᄒᆞ고不子ᄒᆞ句에至ᄒᆞ야問曰禹ᄂᆞᆫ何如ᄒᆞᆫ人也잇고答曰古에聖君이시니라公이曰

聖君갓ᄒᆞ시면天下事ㅣ卽몸의일이어ᄂᆞᆯ不子ᄒᆞᆫ三字에德色이有ᄒᆞᆫ것갓ᄒᆞ니禹ᄅᆞᆯ爲ᄒᆞ야取치안니ᄒᆞ노라ᄒᆞ여쓰니公이비록禹의本意와書經大義ᄅᆞᆯ詳解치못ᄒᆞ여쓰나八歲兒의志趣가ᄯᅩᄒᆞᆫ奇偉치안니ᄒᆞ냐

男子ㅣ天下에生ᄒᆞ야天下로써自任치못ᄒᆞ면엇지男子라稱ᄒᆞ리오

尤菴宋先生이(孝宗朝左相名時烈謚文正)門人을戒ᄒᆞ여曰丈夫ㅣ能히當世로써留念치못ᄒᆞ면엇지足히더부러學을議ᄒᆞ리오ᄒᆞ니大凡人의學홈이君國을爲

흠인즉此에可히볼씨로다

月川趙先生이(名穆)退溪李先生씌(名滉 諡文純)後學敎ᄒᆞᄂᆞᆫ法을問ᄒᆞᆫ뒤退溪答曰그德을先養ᄒᆞᄂᆞ니라月川이曰何謂也오退溪曰不養德이면立地不厚ᄒᆞ고立地不厚ᄒᆞ면萬物을不可成이라ᄒᆞ니大抵蒙學時로부터德義를養ᄒᆞ여야爲民成物ᄒᆞᄂᆞᆫ根基가되ᄂᆞ니라

是故로方長ᄒᆞᄂᆞᆫ木을折치아니ᄒᆞ며啓蟄ᄒᆞᄂᆞᆫ蟲을殺치아니ᄒᆞᄂᆞᆫ거시다幼孩時에仁德을養홈이니라

德이란者ᄂᆞᆫ盛福ᄒᆞᄂᆞᆫ器具ㅣ오聚民ᄒᆞᄂᆞᆫ基地니可히培養치아니ᄒᆞ랴

愼獨齋金先生이(名集 諡文敬)幼時에殺生홈을보지못ᄒᆞ야衣服에蟣蝨을잡아도外地에버리고주기지아니ᄒᆞ니라

人의心志가이러ᄒᆞ여사可히君上을佐ᄒᆞ며百姓을濟홀지니라

新堂鄭先生이(名鵬 號淵源)十歲前에羣兒와同學홀세村內書童들이다貧寒ᄒᆞ야齋糧을못ᄒᆞ거ᄂᆞᆯ先生이父母씌固請ᄒᆞ야數十董을다饋餉ᄒᆞ야飢餓를

갓치ᄒᆞ여日人의學홈이本是爲國濟衆ᄒᆞ욤이라
ᄂᆡ將次學을向ᄒᆞᄂᆞ니엇지同類의飢寒을救濟치아
니리오ᄒᆞ니幼孩時라도處事와心德이老成의畏
ᄒᆞᆯ비로나

比컨ᄃᆡ材木이幼時에곳게길너야大ᄒᆞᆫ後棟樑이
될새시오水泉이根源을말게ᄯᅮᆯ어야達ᄒᆞᆫ後江漢
이되나니사ᄅᆞᆷ도蒙養이正ᄒᆞ야야長ᄒᆞᆫ後大人이
되ᄂᆞ니라

是以로孔子ㅣ曰蒙이正으로ᄡᅥ養홈이聖功이라
ᄒᆞ시니라

沙溪金先生이(諡文元 名長生)幼로부터性行이純篤ᄒᆞ야
華麗홈을思慕치아니ᄒᆞ고實心으로學을求ᄒᆞ야
맛참ᄂᆡ國內에儒宗이되니라일즉定山縣監이되
야쓸ᄯᅢ에倭人이入寇ᄒᆞ거ᄂᆞᆯ先生이百姓을撫綏
ᄒᆞ야各各便宜홈을엇게ᄒᆞ며近境士大夫의집이
마니避亂ᄒᆞ야오거ᄂᆞᆯ先生이ᄯᅩᄒᆞᆫ盡心周恤ᄒᆞ니
百姓이다亂離의苦ᄅᆞᆯ忘ᄒᆞ고從歸ᄒᆞᄂᆞᆫ者ㅣ市人
갓타스니幼學時에立志가篤實치못ᄒᆞ여쓰면功
效가엇지이러ᄒᆞ리오

後進幼學들아우리

大君主陛下계옵셔峻德을克明ᄒᆞ샤詔飭이屢降ᄒᆞ시니詩에이론바周雖舊邦이나其命維新ᄒᆞᆯ씨라우리도 聖意ᄅᆞᆯ效慕ᄒᆞ야學習을힘쓰며忠孝ᄅᆞᆯ일삼아 國家와ᄒᆞᆫ가지萬歲太平ᄒᆞ기拜祝ᄒᆞ노라

勤誠第二

勤誠二字가쉽고도어려우니初學ᄒᆞᄂᆞᆫ사람들은勉之勉之ᄒᆞᆯ지어다

寒岡鄭先生이(名逑 諡文穆)七歲에入學ᄒᆞ미山房에獨上ᄒᆞ야四十日을不寢ᄒᆞ고勤勤이求學ᄒᆞ야一年

8

에文章이成ᄒᆞ엿스니사람이誠勤ᄒᆞ면天下에難事ㅣ업ᄂᆞ니라

是故로子思子ㅣ曰人이ᄒᆞᆫ번에能ᄒᆞ거든我ᄂᆞᆫ百番을ᄒᆞ고人이열번에能ᄒᆞ거든我ᄂᆞᆫ千番을ᄒᆞᆯ씨니진실노能히이러ᄒᆞ면비록愚ᄒᆞ나반다시明ᄒᆞ며비록柔ᄒᆞ나반다시剛ᄒᆞᄂᆞ니라

天命이別노잇스미아니라人의誠에잇스며運數가別노잇스미아니라人의勤에잇ᄂᆞ니라

孔子ㅣ曰天이物을生ᄒᆞ미반다시그材ᄅᆞᆯ因ᄒᆞ야篤ᄒᆞᄂᆞᆫ지라是故로栽ᄒᆞᄂᆞᆫ者ᄂᆞᆫ培ᄒᆞ고傾ᄒᆞᄂᆞᆫ者

9

ᄂᆞᆫ覆ᄒᆞᄂᆞ니라

福祿을天이降ᄒᆞ심이아니라卽人이造ᄒᆞᄂᆞᆫ거시니라

是故로孟子ㅣ曰命을知ᄒᆞᄂᆞᆫ者ᄂᆞᆫ巖墻下의立지아니ᄒᆞᆫ다ᄒᆞ니死生이비록命이나不立홈은人事ㅣ니라

栗谷李先生이(諡文成 名珥)曰人이心을盡ᄒᆞᄂᆞᆫ處에自然이前識ᄒᆞᄂᆞᆫ明見이잇다ᄒᆞ니무릇誠이란者ᄂᆞᆫ心鏡을修ᄒᆞᄂᆞᆫ비라心鏡이一修ᄒᆞ면百事에難ᄒᆞᆷ이업슬ᄶᅡ니만일事ᄅᆞᆯ做코져ᄒᆞᆯ진ᄃᆡ반다시誠으

로ᄡᅥᄒᆞᆯᄶᅵ니라

遂菴權先生이(諡文純 名尙夏)曰世人의事ᄅᆞᆯ做ᄒᆞᄂᆞᆫ者ㅣ多ᄒᆞ나一技라도能ᄒᆞᆫ者ᄂᆞᆫ少ᄒᆞ니그병이誠치못ᄒᆞᆫ中에出ᄒᆞ다ᄒᆞ니

하말ᄆᆡ今世에萬國이相交ᄒᆞ야男子의事業이百倍나더ᄒᆞ니무릇天下와國家ᄅᆞᆯ爲ᄒᆞᄂᆞᆫ君子들은맛당이萬分着念ᄒᆞᆯ지니라

孔子ㅣ曰文武의政이方策에布在ᄒᆞ니其人이存ᄒᆞ면其政이擧ᄒᆞ고其人이亡ᄒᆞ면其政이息이라ᄒᆞ시니其人이란者ᄂᆞᆫ可用ᄒᆞᆯ人을이르미시니라

是故로人이天下事를做홀제티 반다시可用人을
지을씨니라
工夫做ᄒᆞᄂᆞᆫ時에誠을ᄒᆞ지아니ᄒᆞ면한갓工夫가
不成홀ᄲᅮᆫ아니라自家人品이半途의落下ᄒᆞᄂᆞ니
是故로君子ᄂᆞᆫ誠을貴히너기ᄂᆞ니라
誠이란者ᄂᆞᆫ事爲를當ᄒᆞᆫ後에用ᄒᆞᄂᆞᆫ바ㅣ나그러나
本源인則工心에잇ᄉᆞ니是故로君子ᄂᆞᆫ그心을篤
實이ᄒᆞᄂᆞ니라

務實第三

天下에事와物이虛實이잇ᄉᆞ니虛ᄒᆞᆫ거ᄉᆞᆫ廢ᄒᆞ고

實ᄒᆞᆫ것만務ᄒᆞ미이른바務實이니라
是故로古昔聖賢의行홈은實치아니미업더니中
古에科擧法이行홈으로부터士習이漸漸乖亂ᄒᆞ
야請囑이浪籍ᄒᆞ고賄賂가盛行ᄒᆞᄂᆞᆫ지라後生少
年들이實地를務치아니ᄒᆞ고或優遊로日을度ᄒᆞ
고雜技로月을送ᄒᆞ다가不幾에老且衰ᄒᆞ면窮途
의悲歎ᄒᆞ니또ᄒᆞᆫ可憐치아니ᄒᆞ냐
寒暄堂金先生이名宏弼 諡文敬幼時로부터戱言이업더
니일즉言牌를지여後人을戒ᄒᆞ여曰言이實ᄒᆞ면
朋友ㅣ스ᄉᆞ로이르고行이實ᄒᆞ면福祿이ᄉᆞᄉᆞ로

이른다ᄒᆞ니라
禽獸와蜫蟲도다實事로做ᄒᆞ야爲身謀生ᄒᆞᄂᆞ니
蜂이그房을護ᄒᆞ고蟯이그糟를轉ᄒᆞᆷ은다그自養
ᄒᆞᆷ을爲ᄒᆞ미오雞가그距로써鬪ᄒᆞ고鷲가그翮으
로뻐搏ᄒᆞᆷ은다그自防ᄒᆞᆷ을爲ᄒᆞ미라ᄒᆞ말며사람
으로物만갓지못ᄒᆞ랴
是故로人의當務ㅣ다利用을爲ᄒᆞ미라書를務ᄒᆞ
기ᄂᆞᆫ往迹알기를爲ᄒᆞᆷ이오農을務ᄒᆞ기ᄂᆞᆫ飢餒免
키를爲ᄒᆞᆷ이오織을務ᄒᆞ미衣裳을裁ᄒᆞ며匠을務
ᄒᆞ미宮室을成ᄒᆞ며商으로뻐財貨를通ᄒᆞ며工으

14

로써器用을備ᄒᆞ야幷萬件事爲가다쓰기를爲ᄒᆞ
미니만일無故이優遊ᄒᆞ야博奕을일사무며諧謔
을조히너겨幼少時好光陰을하욤업시다보ᄂᆡ면
爲先은편커니와末稍百事가不成後에父母兄弟
妻子들이飢寒中에困苦ᄒᆞ면엇지後悔치아니ᄒᆞ
랴
宋肅靖公이(中宗朝相名軼)首幼少로부터芬華를尙치아
니ᄒᆞ고少時에擧業을務ᄒᆞ다가一朝에翻然이棄
擲曰비록잘ᄒᆞ여도國家에有助ᄒᆞᆷ이업슬工夫ㅣ
라엇지조흔光陰을虛地에送ᄒᆞ리오ᄒᆞ고綱目과

15

史記를閱覽ᄒᆞ야古今에治亂과得失을살피며當世에經濟ᄒᆞᆯ道理를思諒ᄒᆞ야 中宗靖社ᄒᆞ신後에匡濟ᄒᆞᆫ事業이多ᄒᆞᆫ지라因ᄒᆞ야靖國功臣을封ᄒᆞ고官이首相에至ᄒᆞ니라七十後에東城外에別業을築ᄒᆞ고世事를相關치아니ᄒᆞ나君을愛ᄒᆞ고國을憂ᄒᆞᄂᆞᆫ싸에ᄂᆞᆫ오히려衰치아니ᄒᆞ야屢次疏劄를上ᄒᆞ니라

是故로孔子ㅣ曰大德ᄒᆞᆫ者ᄂᆞᆫ그位를必得ᄒᆞ며그祿을必得ᄒᆞ며그名을必得ᄒᆞ며그壽를必得ᄒᆞᆫ다ᄒᆞ시니라

百不庵崔先生이(正宗朝叅奉不仕名) 大邱扶仁洞에室을築ᄒᆞ고弟子를모와學을講ᄒᆞ며洞裏百姓을勸ᄒᆞ야각각業을修게호ᄃᆡ士農工商에所長ᄃᆡ로習ᄒᆞ야一民도遊食ᄒᆞᄂᆞᆫ사람이업게ᄒᆞ니居ᄒᆞᆫ지十餘年에百姓이다化ᄒᆞ야百里境內에道에拾遺치아니ᄒᆞ고山行野宿에盜賊을不識ᄒᆞᄂᆞᆫ지라自 上으로畵師를送ᄒᆞ사扶仁洞을繪面에보시고벼슬을除ᄒᆞ신ᄃᆡ時에公이年過七旬이라上疏辭遞ᄒᆞ니惜乎ㅣ라際遇가느즈미여

由是로觀ᄒᆞ건ᄃᆡᄒᆞᆫ갓一洞ᄲᅮᆫ은니라天下와國家

라도百姓으로ᄒᆞ여곰각각그才를因ᄒᆞ여業을修
게ᄒᆞ면어느ᄯᅡ이扶仁洞이아니리오
是故로君子ㅣ心을君國에두ᄂᆞᆫ者ᄂᆞᆫ반다시實을
務行ᄒᆞ고虛僞를削去ᄒᆞᄂᆞ니라
孔子ㅣ曰精義가入神ᄒᆞ기ᄂᆞᆫ致用으로以홈이라
ᄒᆞ시니大抵精義가極盡ᄒᆞ여ᄉᆞ可히事를造ᄒᆞ야
世에用홈이잇스리라
精이란者ᄂᆞᆫ自己上에잇ᄂᆞᆫ거시오義란者ᄂᆞᆫ事物
上에잇ᄂᆞᆫ거시니自己의精을極盡이ᄒᆞ면行치못
ᄒᆞᆯ事爲가업슬거시오事物의義를正齊하ᄒᆞ면信

치아니ᄒᆞᆯ사람이업슬거시니自然이天下事爲가
擔着될거시오自然이天下人物이均平ᄒᆞ리라
牛溪成先生이(名渾 諡文簡)精義上에用工을깁히ᄒᆞ사
平生에責人이업더니一日에門生이怨人ᄒᆞᄂᆞᆫ者
ㅣ잇거ᄂᆞᆯ先生이曰我ㅣ果然洪爐와大冶가될
진ᄃᆡ엇지頑金鈍鐵의鏞鎔치아니홈을患ᄒᆞ며我
ㅣ果然巨海와長江이될진ᄃᆡ엇지細流汚瀆의容
納지못홈을患ᄒᆞ리오君子의道ᄂᆞᆫ다만ᄂᆡ몸의反
求ᄒᆞᄂᆞ니라
是故로孔子ㅣ曰射ㅣ君子와似홈이잇스니正鵠

에失ᄒᆞ고ᄂᆞᆫ곳그身에及求ᄒᆞᆫ다ᄒᆞ시니라

同春宋先生이(名浚吉 諡文正)曰人休憂樂因ᄒᆞ라得失이摠由吾ㅣ라ᄒᆞ니大抵得ᄒᆞᆷ도自取오失ᄒᆞᆷ도自取니라

他國人은다自家의事務로自家의料量으로行ᄒᆞ야成業이되거ᄂᆞᆯ我國人은主心이업셔他國物色을보던지他國言辭로드르면我心을自守치못ᄒᆞ야後日料量은업시新聞新見만崇尙ᄒᆞ다가畢竟은成就ᄒᆞᄂᆞᆫ者ㅣ드무니엇지憤恨치아니ᄒᆞ리오是故로孟子ㅣ曰一家一國天下ㅣ皆曰可用可殺

이라도니가察ᄒᆞ야可用함과可殺함을본然後에行ᄒᆞ라ᄒᆞ시니무릇自主ᄒᆞᆫ見得을貴히너기시미니라

梧里李先生이(名元翼 諡文忠)曰記聞ᄒᆞᆫ學은事理가通曉치못ᄒᆞᄂᆞ니今世에精明ᄒᆞᆫ見得이趙穆(月川)갓ᄒᆞᆫ者ㅣ드물다ᄒᆞ니大凡士의學은透理ᄒᆞ야自得ᄒᆞᆷ이貴ᄒᆞ니라

鶴峰金先生이(名誠一 壬辰勳臣)子를戒ᄒᆞ여曰남의父ㅣ되여望子ᄒᆞᄂᆞᆫ情이엇지大치아니ᄒᆞ리오마ᄂᆞᆫ不幸이汝輩의才禀이卑下ᄒᆞ야大事業은希望치못

홀지라다만所望이事物을當ᄒᆞ거든客氣를除去ᄒᆞ고本心으로商確ᄒᆞ야吉凶과利害를揀擇ᄒᆞ야吉을取ᄒᆞ고凶을避ᄒᆞ며利를取ᄒᆞ고害를避ᄒᆞ면父된者ㅣ또ᄒᆞᆫ거의寬心ᄒᆞ리라

世人이뉘가禍를樂ᄒᆞ고凶을取ᄒᆞ리오마ᄂᆞᆫ後生이愚蒙ᄒᆞ야目下慾心과當頭愛情으로種種凶禍에陷溺ᄒᆞ니엇지可惜지아니ᄒᆞ랴

修德第四

道義로性을涵養ᄒᆞ야仁愛가心에洽足ᄒᆞ면德氣가自然이現外ᄒᆞᄂᆞ니德이能히現ᄒᆞ면上으로君

을事ᄒᆞ며下로民을治홈이自然이敎化ㅣ成ᄒᆞᄂᆞ니라

萬一德을修치못ᄒᆞ고巧僞로事를濟ᄒᆞ면化치못홀뿐아니라弊가百端으로生ᄒᆞ야반다시顚覆에至ᄒᆞᄂᆞ니라

靜菴趙先生이(諡文正 名光祖)曰點不忍한心端이是ㅣ生民生物ᄒᆞᄂᆞᆫ根本이오一種無吝한氣槩가是ㅣ撑天撑地ᄒᆞᄂᆞᆫ柱石이라ᄒᆞ니故로君子ㅣ一蟲과一蟻라도忍ᄒᆞ야傷殘치아니ᄒᆞ며千金과萬財라도吝ᄒᆞ야愛惜지아니ᄒᆞᄂᆞ니然後에야可히民物을

爲ᄒᆞ야命을立ᄒᆞ며天地를爲ᄒᆞ야功을立ᄒᆞᄂᆞ니
라
業을成ᄒᆞ고功을建ᄒᆞᆯ진ᄃᆡ事事이實地를從ᄒᆞ야
脚을着ᄒᆞᆯ지니萬一半點이라도名譽를慕ᄒᆞ면문
듯僞科에歸ᄒᆞᆯ거시오道를講ᄒᆞ고德을修ᄒᆞᆯ진ᄃᆡ
念念이虛處를從ᄒᆞ야心을置ᄒᆞᆯ지니萬一一分이
라도功效를計ᄒᆞ면문듯塵情에落ᄒᆞ리라
象村申先生이(名欽 謚文貞)曰人이그德을厚히ᄒᆞᆯ진ᄃᆡ
차라리黙ᄒᆞᆯ지언정躁ᄒᆞ지말며차라리拙ᄒᆞᆯ지언
정巧ᄒᆞ지말나ᄒᆞ니라

十謀에九中ᄒᆞᆷ이반다시奇라稱ᄒᆞᆯ거시아니라一
謀가中치못ᄒᆞᆫ則愆尤가集ᄒᆞ고十謀에九成ᄒᆞᆷ이
반다시功에歸ᄒᆞᆯ거시아니라一謀가成치못ᄒᆞ면
訾議가興ᄒᆞᄂᆞ니라
大凡天地도氣候가暖ᄒᆞᆫ則物이生ᄒᆞ고寒ᄒᆞᆫ則物
이殺ᄒᆞᄂᆞ니그런故로氣味가淸冷ᄒᆞᆫ者ᄂᆞᆫ受享ᄒᆞ
ᄂᆞᆫ비ᄯᅩᄒᆞᆫ凉薄ᄒᆞ고氣가和ᄒᆞ며心이暖ᄒᆞᆫ者ㅣ야
오직그福이厚ᄒᆞ고그澤이長ᄒᆞᄂᆞ니라
人이萬一一念이貪ᄒᆞ고私ᄒᆞ면문듯剛을銷ᄒᆞ야
柔가되며智를塞ᄒᆞ야昏이되며恩을變ᄒᆞ야慘가

되며潔을染ᄒᆞ야汚가되야一生人品이壞了ᄒᆞᄂᆞ
니古人이云호ᄃᆡ不貪二字로可히一世를度越ᄒᆞᆫ
다ᄒᆞ니라

眞箇廉ᄒᆞᆫ者ᄂᆞᆫ廉ᄒᆞᆫ名이업ᄂᆞ니名을立ᄒᆞᄂᆞᆫ者ᄂᆞᆫ
正히이른바貪夫ㅣ오크게巧ᄒᆞᆫ者ᄂᆞᆫ巧ᄒᆞᆫ術이업
ᄂᆞ니術을用ᄒᆞᄂᆞᆫ者ᄂᆞᆫ正히이른바拙工이니라

栗谷先生이曰學ᄒᆞᄂᆞᆫ者ㅣ다만兢業ᄒᆞᄂᆞᆫ心思가
잇ᄉᆞ며蕭灑ᄒᆞᆫ趣味가업ᄉᆞ면美ᄒᆞᆫ則美ᄒᆞ나一樣
으로斂束ᄒᆞ야淸高ᄒᆞᆷ만求ᄒᆞ면是ᄂᆞᆫ秋殺만잇고
春生이업ᄉᆞ미니엇지理氣에合다ᄒᆞ리오

惡을爲호ᄃᆡ人이知ᄒᆞᆯ가畏ᄒᆞᄂᆞᆫ者ᄂᆞᆫ惡ᄒᆞᆫ中에오
히려一條善路가잇고善을爲호ᄃᆡ人이知ᄒᆞᆷ을希
ᄒᆞᄂᆞᆫ者ᄂᆞᆫ善ᄒᆞᆫ處에一種惡根이伏ᄒᆞᆷ이니라

心地가淸淨ᄒᆞᆫ後에야可히書를讀ᄒᆞ며古를學ᄒᆞᆯ
지니그럿치못ᄒᆞ고一善을行ᄒᆞ야私를濟ᄒᆞ려ᄒᆞ
며一善을言ᄒᆞ야短을覆ᄒᆞ라ᄒᆞ면是ᄂᆞᆫ寇兵을藉
ᄒᆞ며盜糧을齎ᄒᆞᆷ이니라

道德을苦守ᄒᆞᄂᆞᆫ者ᄂᆞᆫ一時에寂寞ᄒᆞ고權勢를依
阿ᄒᆞᄂᆞᆫ者ᄂᆞᆫ萬古에凄凉ᄒᆞᄂᆞ니達人은物外에物
을觀ᄒᆞ며身後에身을思ᄒᆞ야차라리一時에寂寞

ᄒᆞᆷ을受ᄒᆞᆯ지언뎡萬古에寂寞ᄒᆞᆷ은受치안ᄂᆞ니라

是故로君子의心事ᄂᆞᆫ天이淸ᄒᆞ고日이白ᄒᆞᆷ갓치ᄒᆞ야人으로ᄒᆞ여금아니알지못ᄒᆞᆯ거시오君子의才華ᄂᆞᆫ玉을韞ᄒᆞ고珠ᄅᆞᆯ藏ᄒᆞᆷ갓치ᄒᆞ야人으로ᄒᆞ여금쉬이알지못ᄒᆞᆯ지니라

鬪ᄅᆞᆯ解ᄒᆞ되威로써助ᄒᆞᆫ則怒ᄒᆞᆫ氣가自然이平ᄒᆞᆯ거시오貪을懲ᄒᆞ되財로써濟ᄒᆞᆫ則利ᄒᆞᆯ心이自然이濟ᄒᆞᄂᆞ니이ᄅᆞᆫ바그勢ᄅᆞᆯ因ᄒᆞ야利케導ᄒᆞᄂᆞᆫ거시오ᄯᅩ이變을應ᄒᆞᄂᆞᆫ權宜니라

貧士로셔肯히濟人ᄒᆞᆷ이바야흐로性天中에惠澤

이오貧家의셔能히學道ᄒᆞᆷ이바야흐로心地上에工夫ㅣ니라

作人을다만一味로眞率ᄒᆞ면踪迹이비록隱ᄒᆞ나도로顯ᄒᆞᆯ거시오存心을만일半毫나未淨ᄒᆞ면事爲가비록公이나ᄯᅩᄒᆞᆫ私ㅣ니라

無事ᄒᆞᆫ時에문듯閑雜ᄒᆞᆫ念想이有ᄒᆞᆫ가思ᄒᆞ며有事ᄒᆞᆫ時에문듯麤浮ᄒᆞᆫ意想이有ᄒᆞᆫ가思ᄒᆞ며得意ᄒᆞᆫ時에문듯驕矜ᄒᆞᆫ辭色이有ᄒᆞᆫ가思ᄒᆞ며失意ᄒᆞᆫ時에문듯怨尤ᄒᆞᆫ情懷가有ᄒᆞᆫ가思ᄒᆞ야時時로撿閱ᄒᆞ야漸漸多로從ᄒᆞ야少에入ᄒᆞ며有로從ᄒᆞ야

無에入ᄒᆞ기에到得ᄒᆞ여ᄉᆞ진실노이學問의眞消息이니라

惡은陰ᄒᆞᆷ을忌ᄒᆞ고善은陽ᄒᆞᆷ을忌ᄒᆞᄂᆞ니故로惡의顯ᄒᆞᆫ者ᄂᆞᆫ禍ㅣ淺ᄒᆞ고隱ᄒᆞᆫ者ᄂᆞᆫ禍ㅣ深ᄒᆞ며善의顯ᄒᆞᆫ者ᄂᆞᆫ功이小ᄒᆞ고善의隱ᄒᆞᆫ者ᄂᆞᆫ功이大ᄒᆞ니라

花潭徐先生이(名敬德 諡文康)曰德은才의主ㅣ오才ᄂᆞᆫ德의奴ㅣ라萬一有才ᄒᆞ고無德ᄒᆞ면無主空家에奴輩가用事ᄒᆞᆷ갓ᄒᆞ니엇지倫常과綱紀로正釐ᄒᆞ리오ᄒᆞ니라

我心을常히圓滿이持ᄒᆞ면天下에반다시鈌陷ᄒᆞᆫ地方이업슬거시오我心을常히寬平이持ᄒᆞ면天下에반다시險側ᄒᆞᆫ人情이업스리라

老年의疾病이다壯時에招得ᄒᆞᆫ비오晩境의罪業이다盛年에作孽ᄒᆞᆫ비라故로盈을持ᄒᆞ고滿을履ᄒᆞᄂᆞᆫ君子ᄂᆞᆫ合當이더욱兢兢ᄒᆞᆯ지니라

人의小過를責치말며人의陰私를發치말며人의舊惡을念치말면可히써德을養ᄒᆞᆯ거시오또ᄒᆞᆫ可히害를遠히ᄒᆞ리라

口에爽ᄒᆞᆫ味가다腸을爛ᄒᆞ고骨을腐ᄒᆞᄂᆞᆫ毒藥이

니斟酌ᄒᆞ야五分만ᄒᆞ면문듯快이無ᄒᆞᆯ거시오心에快ᄒᆞᆫ事가다身을敗ᄒᆞ고德을散ᄒᆞᄂᆞᆫ惡媒니斟酌ᄒᆞ야五分만ᄒᆞ면문듯悔ㅣ無ᄒᆞ리라

私恩을市ᄒᆞᆷ이公議를扶ᄒᆞᆷ만갓지못ᄒᆞ며新知를結ᄒᆞᆷ이舊好를敦ᄒᆞᆷ만갓지못ᄒᆞ며榮名을立ᄒᆞᆷ이陰德을種ᄒᆞᆷ만갓지못ᄒᆞ며奇節을尙ᄒᆞᆷ이庸行을謹ᄒᆞᆷ만갓지못ᄒᆞ니라

家人骨肉間에有變ᄒᆞ면맛당이從容히ᄒᆞᆯ지니激厲치못ᄒᆞᆯ거시오朋友交遊際에有失ᄒᆞ면맛당이剴切히ᄒᆞᆯ지니娟順치못ᄒᆞᆯ지니라

32

公平ᄒᆞᆫ正論은可히犯手치못ᄒᆞᆯ지니一番犯手ᄒᆞᆫ則萬世에羞를貽ᄒᆞᆯ거시오權門에私竇ᄂᆞᆫ可히着脚지못ᄒᆞᆯ지니一番着脚ᄒᆞᆫ則終身에玷汚가되ᄂᆞ니라

偏信ᄒᆞ야奸의欺ᄒᆞᄂᆞᆫ비되지말며自任ᄒᆞ야氣의使ᄒᆞᄂᆞᆫ비되지말며己의長으로人의短을形치말며己의拙로人의能을忌치말지니라

人의短處ᄂᆞᆫ隱ᄒᆞ야彌縫ᄒᆞ기를要ᄒᆞᆯ지니萬一暴揚ᄒᆞ면是ᄂᆞᆫ短으로써短을攻ᄒᆞᆷ이오人의頑行은誘ᄒᆞ야悔化ᄒᆞ기를要ᄒᆞᆯ지니萬一忿激ᄒᆞ면是ᄂᆞᆫ

33

頑으로써頑을濟홈이니라
節을直히ᄒᆞ야人의怒를밧을지언졍意를曲히ᄒᆞ야人의喜를밧지아니홀거시오罪가업시人의毁를밧을지언졍實이업시人의譽를밧지아니홀지니라
小處에도滲漏치아니ᄒᆞ며暗室에도欺隱치아니ᄒᆞ며末路에도怠荒치아니ᄒᆞ여ᄉᆞ이른바眞正ᄒᆞᆫ英雄이니라
閒中에放過치아니ᄒᆞ면忙中의受用홈이잇슬거시오靜中에落空치아니ᄒᆞ면動中에受用홈이잇

슬거시오暗中에欺隱치아니ᄒᆞ면明中에受用홈이잇스리라
清호ᄃᆡ能히容홈이잇고仁호ᄃᆡ能히斷을善ᄒᆞ고明호ᄃᆡ察에傷치아니ᄒᆞ고直호ᄃᆡ矯에過치아니홈이이른바蜜餞이甜치아니ᄒᆞ고海錯이醎치아니홈이니라
眞士ᄂᆞᆫ邀福ᄒᆞ기에無心ᄒᆞ여도天이곳其心上에就ᄒᆞ야其衷을開ᄒᆞ고險人은避禍ᄒᆞ기를着意ᄒᆞ여도天이곳其意中에就ᄒᆞ야其魄을奪ᄒᆞᄂᆞ니天의機權이最神홈을可히볼지라人의智巧가무엇

有差ᄒᆞ리오

平民이라도種德과施惠ᄅᆞᆯ肯ᄒᆞ면문듯位업ᄂᆞᆫ卿相이오士大夫라도貪權과市寵이甚ᄒᆞ면맛참ᄂᆡ位잇ᄂᆞᆫ乞人이니라

一翳라도眼에在ᄒᆞ면空花가亂히起ᄒᆞ고纖塵이라도體에着ᄒᆞ면雜念이紛히飛ᄒᆞᄂᆞ니翳ᄅᆞᆯ了ᄒᆞ며ᄉᆡ花가落ᄒᆞᆯ거시오塵을銷ᄒᆞ며ᄉᆡ念이絶ᄒᆞ리라

榮寵ᄒᆞᆫ頭邊에ᄂᆞᆫ辱이等待ᄒᆞᄂᆞ니반ᄃᆞ시揚揚치말거시오困窮ᄒᆞᆫ背後에ᄂᆞᆫ福이跟隨ᄒᆞᄂᆞ니ᄯᅩᄒᆞᆫ

무엇慼慼ᄒᆞ리

古人閑適ᄒᆞᆫ處에今人은문듯一生을忙過ᄒᆞ고古人實受ᄒᆞᆫ處에今人은문듯一世ᄅᆞᆯ虛度ᄒᆞᄂᆞ니病因이空을耽ᄒᆞ고妄을逐ᄒᆞ야實眼을開치못ᄒᆞᆫ緣故ㅣ니種種人은察ᄒᆞᆯ지어다

少壯ᄒᆞᆫ者ᄂᆞᆫ事事이意ᄅᆞᆯ着ᄒᆞᆯ지어ᄂᆞᆯ意가도로輕ᄒᆞ야泛泛히水中鳧ᄅᆞᆯ作ᄒᆞᄂᆞ니엇지써雲霄의翮을振ᄒᆞ며衰老ᄒᆞᆫ者ᄂᆞᆫ事事이情을忘ᄒᆞᆯ지어ᄂᆞᆯ情이도로重ᄒᆞ야碌碌히轅下駒ᄅᆞᆯ做ᄒᆞᄂᆞ니엇지써轡鎻ᄒᆞᆫ身을脫ᄒᆞ리오

貨財積홀心으로써學問을積ᄒᆞ며功名求홀念으로써道德을求ᄒᆞ며妻子愛ᄒᆞᄂᆞᆫ心으로써父母를愛ᄒᆞ며爵位保ᄒᆞᄂᆞᆫ策으로써國家를保홀지니此에出ᄒᆞ야彼에入홈이다만毫末이差ᄒᆞ나凡에超ᄒᆞ야聖에入ᄒᆞᆫ人品이星淵에判ᄒᆞᄂᆞ니人이엇지猛然이轉念치아니ᄒᆞ리오

性情上偏私를融得홈이便是一大學問이오家庭內嫌隙을消得홈이便是一大經綸이니라

工夫를難處로부터做去홈은風을逆ᄒᆞ야棹를鼓홈갓치홈이便是一段眞消息이오學問을苦中으

로부터得來홈은沙를披ᄒᆞ야金을獲홈갓치홈이即是一箇眞精神이니라

才智가英敏ᄒᆞᆫ者ᄂᆞᆫ못당이學問으로써그躁홈을攝홀거시오氣節이激昂ᄒᆞᆫ者ᄂᆞᆫ못당이德性으로써그偏을融홀지니라

人慾이初起處를從ᄒᆞ야剪除ᄒᆞ면문듯新芽를遽斬홈과갓타니그工夫가極히쉽고天理가乍明時로부터保養ᄒᆞ면문듯塵鏡을復磨홈과갓ᄒᆞ며그光彩가다시新ᄒᆞᄂᆞ니라

人言을因ᄒᆞ여事理를悟ᄒᆞᆫ者ᄂᆞᆫ悟홈이잇셔도다

시遂ᄒᆞᆯ지니大凡自悟ᄒᆞ야了了ᄒᆞᆷ만갓지못ᄒᆞ며外境으로從ᄒᆞ야意味를得ᄒᆞᆫ者ᄂᆞᆫ得ᄒᆞᆷ이잇서도다시失ᄒᆞᆯ지니自得ᄒᆞ야休休ᄒᆞᆷ만갓지못ᄒᆞᆯ지니라

應世第五

士君子ㅣ世를涉ᄒᆞ되人의게喜怒를輕히ᄒᆞ지못ᄒᆞᆯ지니喜怒가輕ᄒᆞᆫ則心腹과肝膽이다人의窺ᄒᆞᄂᆞᆫ비될거시오物의게愛憎을重히하지못ᄒᆞᆯ지니愛憎이重ᄒᆞᆫ則意氣와精神이다物의制ᄒᆞᄂᆞᆫ비될지니라

二十一

40

秋江南先生이(諡文貞 名孝溫)曰蒼蠅이驥에附ᄒᆞ면捷ᄒᆞᆫ則捷ᄒᆞ되處後ᄒᆞᄂᆞᆫ羞ᄂᆞᆫ免키어렵고蔦蘿가松에依ᄒᆞ면高ᄒᆞᆫ則高ᄒᆞ되仰攀ᄒᆞᄂᆞᆫ耻ᄂᆞᆫ辭치못ᄒᆞᆯ지니君子ㅣ차라리身에風霜을積ᄒᆞᆯ지언뎡엇지남의鷹犬이되리오ᄒᆞ니大丈夫ㅣ處世를鄙陋이ᄒᆞ면엇지名節을成ᄒᆞ리오

栗谷先生이曰士君子ㅣ人을濟ᄒᆞ고物을利게ᄒᆞᆯ진되맛당이그實에居ᄒᆞᆯ거시오그名에居치못ᄒᆞᆯ지니名에居ᄒᆞᆫ則德이損ᄒᆞ고卿大夫ㅣ國을憂ᄒᆞ고民을爲ᄒᆞᆯ진되맛당이그心을둘거시오그言을

二十二

41

두지못홀지니言을둔則毁가來ᄒᆞᄂᆞ니라
是故로古昔에賢人과君子ᄂᆞᆫ立世ᄒᆞ야處事홈이名實이異치아니ᄒᆞ고言行이違치아니ᄒᆞᄂᆞ니라
圃隱鄭先生이(麗朝忠臣名夢周諡文忠)曰平居홀ᄯᅢ에ᄂᆞᆫ欲을息ᄒᆞ고身을惜ᄒᆞ다가도大節을臨ᄒᆞ면可히性命을委홀거시오治家홀ᄯᅢ에ᄂᆞᆫ入을量ᄒᆞ야出을ᄒᆞ다가도大義ᄅᆞᆯ當ᄒᆞ면可히千金을棄홀지니라
是故로大事ᄅᆞᆯ遇ᄒᆞ야矜持ᄒᆞᄂᆞᆫ者ᄂᆞᆫ小事에반다시縱弛ᄒᆞ고明庭에處ᄒᆞ야撿飭ᄒᆞᄂᆞᆫ者ᄂᆞᆫ暗室에반다시放逸ᄒᆞᄂᆞ니故로君子의心行은小事ᄅᆞᆯ臨

42

ᄒᆞ여도大敵을對홈갓고密室에坐ᄒᆞ여도通衢에行홈ᄀᆞᆺ타니라
於于柳先生이(光海朝節義名夢寅)曰己의情欲은可히縱치못홀지라맛당이逆ᄒᆞᄂᆞᆫ法으로ᄡᅥ制홀거시니그道가一忍字에잇고人의情欲은可히拂치못홀지라맛당이順ᄒᆞᄂᆞᆫ法으로ᄡᅥ調할거시니그道가一恕字에잇ᄂᆞ니라
今人은다恕로ᄡᅥ己ᄅᆞᆯ適ᄒᆞ고忍으로ᄡᅥ人을制ᄒᆞ니ᄯᅩᄒᆞᆫ不可홈이업ᄂᆞ냐
細察이明이아니라能히察홀거ᄉᆞᆯ能히察치아니

43

홈이可히明이라謂홀거시오必勝이勇이아니라
能히勝홀거슬能히勝치아니홈이可히勇이라謂
ᄒᆞᄂᆞ니라

白沙李先生이(諡文忠名恒福鰲城府院君)每稱曰明甫(卽漢陰字[illegible])
갓ᄒᆞᆫ者ᄂᆞᆫ可히命世ᄒᆞᆫ器로다時를隨ᄒᆞᄂᆞᆫ內에能
히時를救홈이和風이酷熱을消ᄒᆞᆫ듯ᄒᆞ며俗에混
ᄒᆞᄂᆞᆫ內에能히俗을脫홈이淡月이輕雲에映ᄒᆞᆫ듯
ᄒᆞ도다

澹庵白先生이(諡文簡名文甫)處世ᄒᆞᄂᆞᆫ道로그子弟를訓
ᄒᆞ여曰朋友로더부러交ᄒᆞᄂᆞᆫ者ㅣ그終에易疎ᄒᆞ

44

기론차라리그始에難親홀거시오事物을當ᄒᆞ야
御ᄒᆞᄂᆞᆫ者ㅣ그後에巧持ᄒᆞ기론차라리그前에拙
守홀지니라

是故로酷烈ᄒᆞᆫ禍가만니玩弄ᄒᆞᄂᆞᆫ人에起ᄒᆞ고盛
滿ᄒᆞᆫ功이常히細微ᄒᆞᆫ事에敗ᄒᆞᄂᆞ니라

是故로人人이다好타ᄒᆞ여도一人의怨을愼防ᄒᆞ
며事事이다功이잇셔도一事의終을愼縫홀지니
라

讎怨의弩ᄂᆞᆫ避ᄒᆞ기易ᄒᆞ나恩人의戈ᄂᆞᆫ防ᄒᆞ기難
ᄒᆞ고苦時에坎은免ᄒᆞ기易ᄒᆞ나樂處의阱은脫ᄒᆞ

45

기難ᄒᆞ니라

是故로泥에汚ᄒᆞ고涸에沾ᄒᆞᄂᆞᆫ景ᄂᆞᆫ病根이戀一字에잇고方을隨ᄒᆞ고圓을逐ᄒᆞᄂᆞᆫ法은便宜가耐一字에잇ᄂᆞ니라

落落ᄒᆞᆫ者ᄂᆞᆫ合기가難ᄒᆞ나또ᄒᆞᆫ分키도難ᄒᆞ고欣欣ᄒᆞᆫ者ᄂᆞᆫ親키가易ᄒᆞ나또ᄒᆞᆫ疎키도易ᄒᆞ니라

梧陰尹先生이(諡文靖 名斗壽)曰丈夫의意氣가天下로더부러相期ᄒᆞᄂᆞᆫ거시春風이庶物을鼓暢ᄒᆞᆷ과갓흘지니맛당이半點隔閡ᄒᆞᆫ形을存치못ᄒᆞᆯ거시오丈夫의肝膽이天下로더부러相照ᄒᆞᄂᆞᆫ거시秋月이

羣物을洞徹ᄒᆞᆷ과갓흘지니맛당이一毫隱匿ᄒᆞᆫ狀을作지못ᄒᆞᆯ지니라

士君子ㅣ持心處世에天下로一室노視ᄒᆞᆯ지니君王을事ᄒᆞᆷ은父兄갓치ᄒᆞ며百姓을使ᄒᆞᆷ은子弟갓치ᄒᆞ며政事를務ᄒᆞᆷ은治産ᄀᆞᆺ치ᄒᆞ여야天下의大事業을期待ᄒᆞ리라

無事ᄒᆞᆫ時라도恒常有事ᄒᆞᆷᄀᆞᆺ치隄防ᄒᆞ여ᄉᆞ可히意外에變을彌ᄒᆞᆯ거시오有事ᄒᆞᆫ時라도恒常無事ᄒᆞᆷᄀᆞᆺ치鎭定ᄒᆞ여ᄉᆞ可히局中에危를消ᄒᆞᆯ지니라

齒ᄂᆞᆫ亡ᄒᆞ나舌은久存ᄒᆞᄂᆞ니强剛이柔順ᄒᆞᆷ만못

ᄒᆞᆫ거시오戶ᄂᆞᆫ朽ᄒᆞ나樞ᄂᆞᆫ不蠹ᄒᆞᄂᆞ니偏執이圓融만못ᄒᆞ니라

持身ᄒᆞ기를泰山과九鼎ᄀᆞᆺ치ᄒᆞ야凝然히不動ᄒᆞ면愆尤가自然이少ᄒᆞᆯ거시오應事ᄒᆞ기를流水에落花ᄀᆞᆺ치悠然이任去ᄒᆞ면趣味가自然이多ᄒᆞ니라

鄭文翼公이(名光弼) 平生에國事를自任ᄒᆞ야造次도妄卒ᄒᆞᆷ이업더니嘗曰事를遇ᄒᆞ미終始에安靜從容ᄒᆞ면비록紊ᄒᆞᆷ이亂絲와如ᄒᆞ야도畢竟은就緖ᄒᆞᆯ거시오人을接ᄒᆞ미終始에忠信謹厚ᄒᆞ면비록狡ᄒᆞᆷ이山鬼와如ᄒᆞ야도末梢ᄂᆞᆫ歸順ᄒᆞᄂᆞ니라

芝草가種이업고醴泉이源이업스니志士ᄂᆞᆫ맛당이勇奮ᄒᆞ야自期를高히ᄒᆞᆯ거시오彩雲은散이易ᄒᆞ고琉璃ᄂᆞᆫ脆가易ᄒᆞ니達人은맛당이回頭ᄒᆞ야韜晦를早히ᄒᆞᆯ지니라

橫逆과困窮이비록暫時에苦緣이나진실노豪傑을鍛鍊ᄒᆞᄂᆞᆫ一部爐鎚ㅣ니能히그鍛鍊을受ᄒᆞᄂᆞᆫ者ᄂᆞᆫ身心이化ᄒᆞ야精金이되고受치못ᄒᆞᆫ者ᄂᆞᆫ鈍鐵이變치못ᄒᆞ야終來에價를售치못ᄒᆞᄂᆞ니라

芝峰李先生이(名睟光) 二訓으로世人을戒ᄒᆞ야曰害人ᄒᆞᆯ心은可히잇지못ᄒᆞᆯ거시오防人ᄒᆞᆯ心은可히업

지못홀거시라ᄒᆞ니此ᄂᆞᆫ疎에傷ᄒᆞᆫ者ᄅᆞᆯ戒ᄒᆞᆷ이오차라리人의欺ᄅᆞᆯ受홀지언졍人의詐ᄅᆞᆯ逆치말나ᄒᆞ니此ᄂᆞᆫ察에傷ᄒᆞᆫ者ᄅᆞᆯ戒ᄒᆞᆷ이라二訓을並存ᄒᆞ여사精明ᄒᆞ고또渾厚ᄒᆞ리라

羣疑ᄅᆞᆯ因ᄒᆞ야獨見을廢치못홀거시오己意ᄅᆞᆯ主ᄒᆞ야人言을阻치못홀거시오小惠ᄅᆞᆯ私ᄒᆞ야大體ᄅᆞᆯ害게못홀거시오公論을藉ᄒᆞ야私情을快게못홀지니라

節義가靑雲에過ᄒᆞ며文章이白雪에高ᄒᆞ여도德性으로鎔鑄치못ᄒᆞ면ᄆᆞᆺᄎᆞᆷ내血氣의私와技能의

末이되ᄂᆞ니라

栗谷李先生이曰事ᄅᆞᆯ謝호ᄃᆡ盛滿ᄒᆞᆫ時에홀거시오身을居호ᄃᆡ獨後홀地에홀거시오德을謹호ᄃᆡ至微ᄒᆞᆫ事에홀거시오恩을施호ᄃᆡ不報홀人의게홀지니라

德이란者ᄂᆞᆫ事業의基地니基地가固치못ᄒᆞ고棟宇가堅久홀者ㅣ업스며心이란者ᄂᆞᆫ治平의根委니根委가植지못ᄒᆞ고枝葉이茂홀者업ᄂᆞ니라

道ᄅᆞᆯ學ᄒᆞᄂᆞᆫ人이비록心을有ᄒᆞ여도恒常定에有ᄒᆞ야猿馬의不寧과同치말며心을無ᄒᆞ여도恒常

慧에寓ᄒᆞ야木石의不動과同케말지니라
河西金先生이(名麟厚諡文正)曰勤이란者ᄂᆞᆫ德義ᄅᆞᆯ敏코
저홈이어ᄂᆞᆯ世人이勤을借ᄒᆞ야ᄡᅥ그貪을濟ᄒᆞ며
儉이란者ᄂᆞᆫ貨利에澹코저홈이어ᄂᆞᆯ小人이儉을
假ᄒᆞ야ᄡᅥ그吝을飾ᄒᆞᄂᆞ니此勤儉二字가君子의持
身ᄒᆞᄂᆞᆫ符契어ᄂᆞᆯ도로여小人의營私ᄒᆞᄂᆞᆫ具ㅣ되니
엇지愛惜지아니리오

恩을施호ᄃᆡ못당이澹으로부터漸漸濃히ᄒᆞᆯ지니
濃을先ᄒᆞ고澹을後ᄒᆞ면人이그惠ᄅᆞᆯ忘ᄒᆞᆯ거시오
威ᄅᆞᆯ施호ᄃᆡ못당이嚴으로부터次次寬히ᄒᆞᆯ지니

寬을先ᄒᆞ고嚴을後ᄒᆞ면人이酷을怨ᄒᆞᄂᆞ니라

士君子ㅣ或權門과勢路에處ᄒᆞ미操履ᄂᆞᆫ嚴明이
ᄒᆞ고心氣ᄂᆞᆫ和易히ᄒᆞ야暫時라도腥羶의黨을隨
ᄒᆞ야近히말거시오暫時라도蜂蠆의毒을激ᄒᆞ야
犯치말지니라

陰謀와怪術과異行과奇能이다涉世ᄒᆞᄂᆞᆫ禍胎니
다만一箇庸德과庸行이야可히ᄡᅥ始終에一ᄒᆞ며
和平을招ᄒᆞᄂᆞ니라

我의心을昧치말며人의情을拂치말며物과財ᄅᆞᆯ
竭치말지니三件을體行ᄒᆞ면足히ᄡᅥ天地ᄅᆞᆯ爲ᄒᆞ

치말ᄂᆞᄒᆞ니라
是故로易傳에曰龍蛇의蟄ᄒᆞᆷ은存ᄒᆞᆷ에利ᄒᆞᆷ이오
尺蠖의屈ᄒᆞᆷ은信ᄒᆞᆷ에利ᄒᆞᆷ이라ᄒᆞ니라
孔子ㅣ曰天의道ᄂᆞᆫ盈을虧ᄒᆞ고謙을益ᄒᆞ며地의
道ᄂᆞᆫ盈을變ᄒᆞ야謙에益ᄒᆞ며人의道ᄂᆞᆫ盈을惡ᄒᆞ
고謙을好ᄒᆞ며鬼神은盈을害ᄒᆞ고謙을福ᄒᆞᆫ다ᄒᆞ
니라
是故로人의道ᄂᆞᆫ溫良恭儉ᄒᆞᆫ中에萬事를做ᄒᆞ며
百福을招ᄒᆞᄂᆞ니라
大人은可히畏치아니치못ᄒᆞᆯ지니大人을畏ᄒᆞᆫ則

55

치말ᄂᆞᄒᆞ니라
是故로易傳에曰龍蛇의蟄ᄒᆞᆷ은存ᄒᆞᆷ에利ᄒᆞᆷ이오
尺蠖의屈ᄒᆞᆷ은信ᄒᆞᆷ에利ᄒᆞᆷ이라ᄒᆞ니라
孔子ㅣ曰天의道ᄂᆞᆫ盈을虧ᄒᆞ고謙을益ᄒᆞ며地의
道ᄂᆞᆫ盈을變ᄒᆞ야謙에益ᄒᆞ며人의道ᄂᆞᆫ盈을惡ᄒᆞ
고謙을好ᄒᆞ며鬼神은盈을害ᄒᆞ고謙을福ᄒᆞᆫ다ᄒᆞ
니라
是故로人의道ᄂᆞᆫ溫良恭儉ᄒᆞᆫ中에萬事를做ᄒᆞ며
百福을招ᄒᆞᄂᆞ니라
大人은可히畏치아니치못ᄒᆞᆯ지니大人을畏ᄒᆞᆫ則

55

放逸ᄒᆞᆫ心이無ᄒᆞ니라小民을侮ᄒᆞᄂᆞᆫ畏치아니치못
ᄒᆞᆯ거시니小民을畏ᄒᆞᆫ則豪橫ᄒᆞᆫ念이無ᄒᆞ니라

士君子ㅣ貧ᄒᆞ야能히物을濟치못ᄒᆞᄂᆞᆫ者ᄂᆞᆫ人의
疑迷ᄒᆞᆫ事를遇ᄒᆞ거든一言을出ᄒᆞ야提醒ᄒᆞ며人
의急難ᄒᆞᆫ事를當ᄒᆞ거든一言을出ᄒᆞ야救解ᄒᆞ면
이도亦ᄒᆞᆫ無量ᄒᆞᆫ功德이니라

人生이幻景과眞景이잇ᄉᆞ니幻으로본진ᄃᆡ功名
富貴로부터吾의肢體ᄭᆞ지無非外物이오眞으로
본진ᄃᆡ父母兄弟로부터天下萬物ᄭᆞ지無非一體
니人이能히幻眞二景을大眼으로看破ᄒᆞ며사可

56

히天下擔負를任ᄒᆞᆯ거시오可히世間韁鎖를
脫ᄒᆞᆯ지니라

富貴와名譽가道德으로從來ᄒᆞᆫ者ᄂᆞᆫ山林中花갓
타ᄉᆞᄉᆞ로舒徐繁衍ᄒᆞ고功業으로從來ᄒᆞᆫ者ᄂᆞᆫ盆
檻中花와갓타문득遷徙廢興ᄒᆞᄂᆞᆫ態가잇고만일權
勢로得ᄒᆞᆫ者ᄂᆞᆫ그根이植지못ᄒᆞ야그凋萎홈을可
히立待ᄒᆞ리라

旣敗ᄒᆞᆫ事를救ᄒᆞᄂᆞᆫ者ᄂᆞᆫ臨崖ᄒᆞᆫ馬를御홈과如ᄒᆞᆫ
니一鞭이라도輕히말거시오垂成ᄒᆞᆫ功을圖ᄒᆞᄂᆞᆫ
者ᄂᆞᆫ上灘ᄒᆞᄂᆞᆫ舟를挽홈과如ᄒᆞ니一棹라도停치

57

못홀지니라
恩을市홈이報德ᄒᆞᄂᆞᆫ厚意만갓지못ᄒᆞ고忿을雪홈이忍耻ᄒᆞᄂᆞᆫ高趣맛갓지못ᄒᆞ니라
土亭李先生이(韓山人名之菡)妙年에花潭徐先生긔周易을受홀셰比隣商賈의집에寓居ᄒᆞ더니主婦가姿色이絶倫호되先生이往來에留眼치아니ᄒᆞ더니一日은厥婦ㅣ其夫의商行을促ᄒᆞ거ᄂᆞᆯ其夫ㅣ疑ᄒᆞ야佯出ᄒᆞ야瞰窺ᄒᆞ더니日이昏ᄒᆞ믹土亭이明燈ᄒᆞ고讀書ᄒᆞ거ᄂᆞᆯ厥婦ㅣ燈邊의坐ᄒᆞ야挑戲가甚호되土亭이不應ᄒᆞ고擧理ᄒᆞ야大責ᄒᆞᆫ되厥婦

ㅣ愧泣ᄒᆞ더니其夫ㅣ在外窺視ᄒᆞ야當場景色을다알고夜間에花潭宅으로直走ᄒᆞ야門을叩ᄒᆞ고入曰先生의門下에學文ᄒᆞᄂᆞᆫ士ㅣ眞箇聖人이라ᄒᆞ고그緣由를다陳說ᄒᆞᆫ되花潭이警聽ᄒᆞ고土亭寓에即往ᄒᆞ야謝曰公이敬德(花潭의號)의師ㅣ오敬德의友ㅣ아니라ᄒᆞ말며業을受홀가보냐ᄒᆞ니學者의實心踐履가合當이이러홀지니라
學者의習ᄒᆞᆫ비融會ᄒᆞ고心柱가堅히立ᄒᆞ여사後日의君을事ᄒᆞ며民을臨ᄒᆞ믹奸人의誤ᄒᆞᄂᆞᆫ비되지아니ᄒᆞᄂᆞ니라

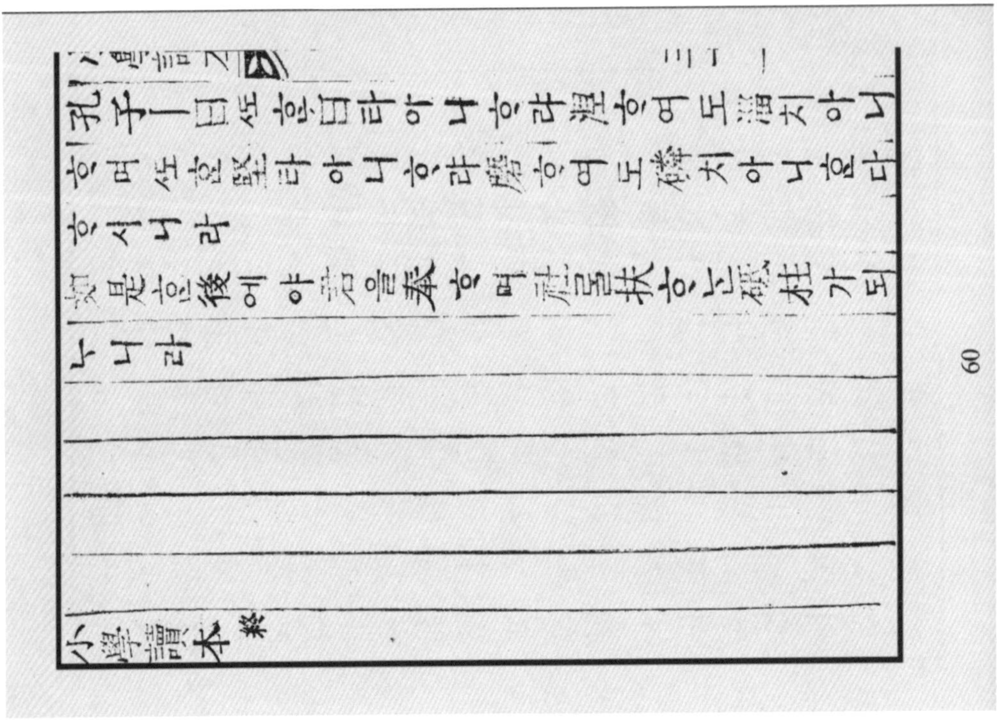

三十一

孔子ㅣ曰 샹ᄒᆞᆫ白이라 아니ᄒᆞ랴 涅ᄒᆞ여도 緇치 아니
ᄒᆞ며 샹ᄒᆞᆫ堅이라 아니ᄒᆞ랴 磨ᄒᆞ여도 磷치 아니ᄒᆞᆫ다
ᄒᆞ시니라
如是ᄒᆞᆫ後에야 言을 奉ᄒᆞ며 行을 扶ᄒᆞᄂᆞᆫ 砥柱가 되
ᄂᆞ니라

小學讀本 終

60

영인

보통학교 학도용 수신서 권1

學部編纂

普通學校 學徒用

修身書 卷一

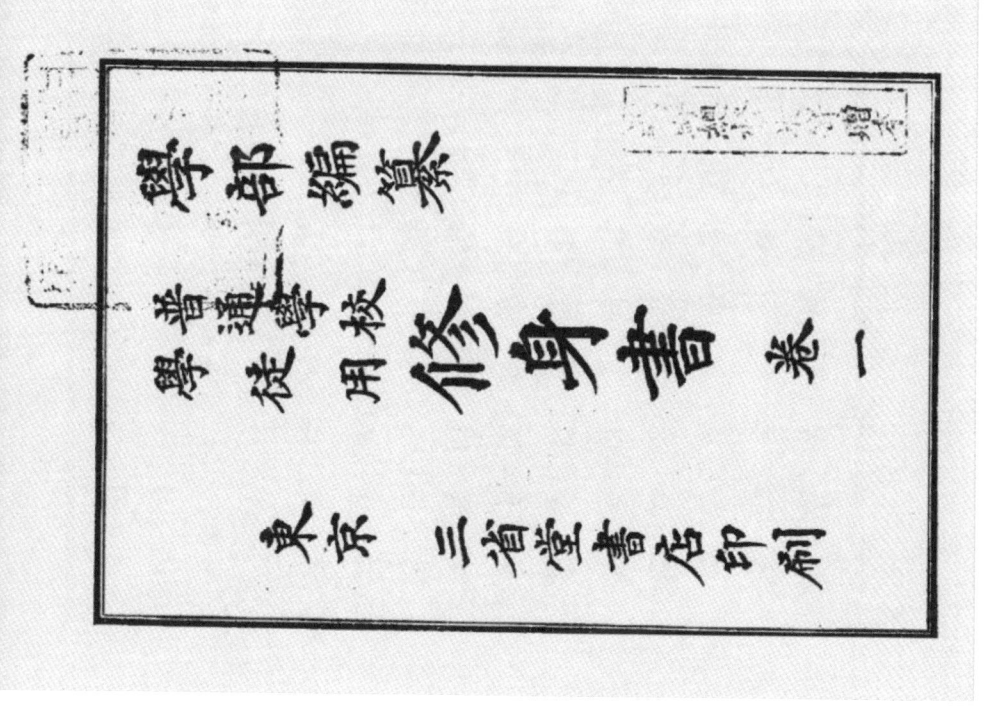

東京 三省堂書店印刷

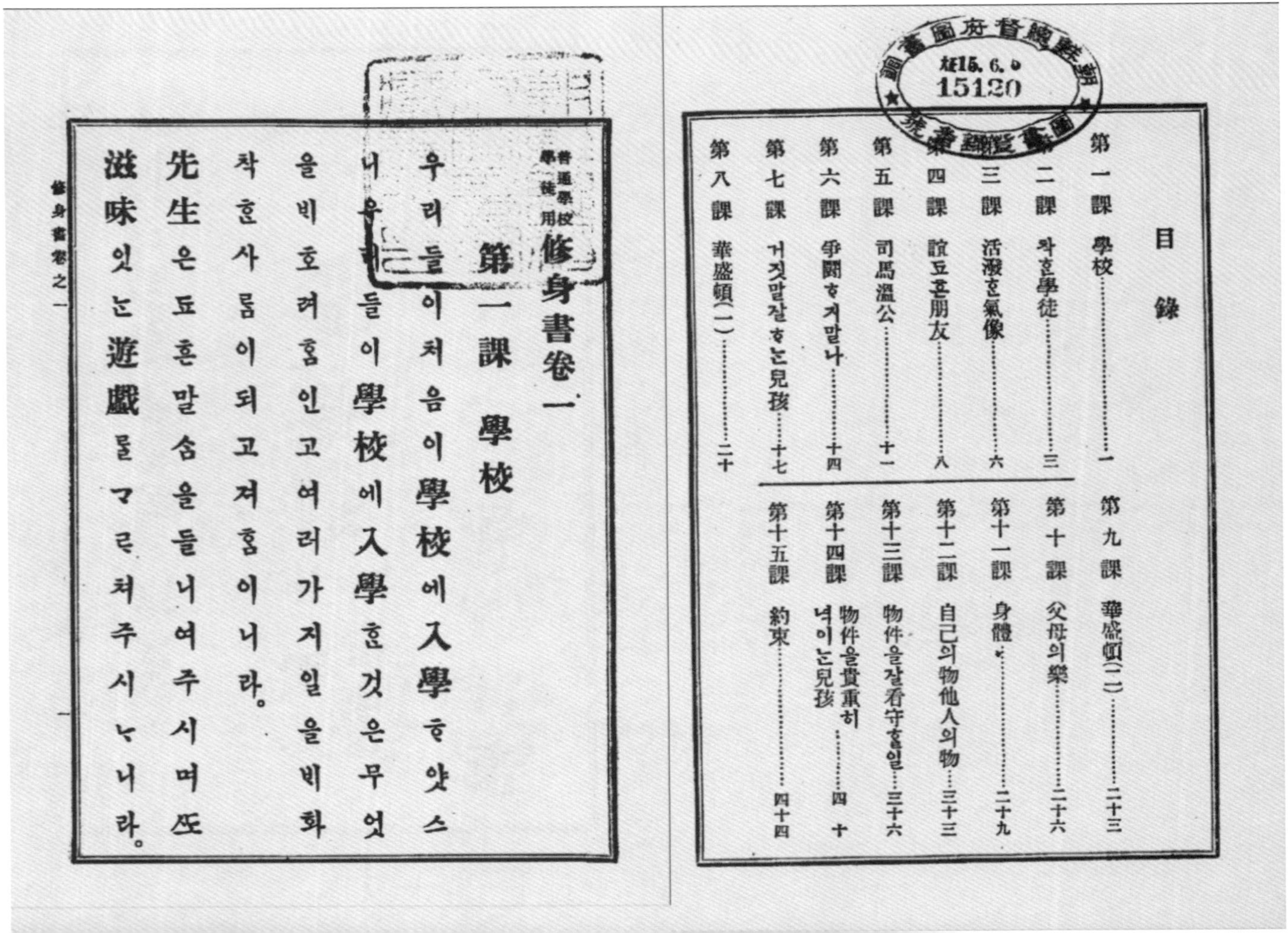

目錄

普通學校學徒用 修身書卷一

第一課 學校

우리들이처음이學校에入學ᄒᆞ얏스니우리들이學校에入學ᄒᆞᆫ것은무엇을비호려ᄒᆞᆷ인고여러가지일을비화착ᄒᆞᆫ사ᄅᆞᆷ이되고져ᄒᆞᆷ이니라。

先生은됴ᄒᆞᆫ말ᄉᆞᆷ을들니여주시며또滋味잇ᄂᆞᆫ遊戲ᄅᆞᆯᄆᆞᄅᆞ처주시ᄂᆞ니라。

여러兒孩와흠씌비
호며흠씌노는것은
미우즐거운일이니
라。
우리들은每日일즉
나러나셔學校에가
는것이올흐니라。
비홀두려워ᄒᆞ야學

校에가지아니ᄒᆞ는者는懶惰ᄒᆞᆫ사ᄅᆞᆷ
이니進就의期望이업는者ㅣ니라。

第二課　착ᄒᆞᆫ學徒

이그림을볼지어다이곳은學校의教
室이니라。
이곳에活潑히손을들고잇는學徒가
잇도다。
이學徒는이제先生이무르시는디로

對答ᄒᆞᄂᆞᆫ者ㅣ니
라。
여러學徒ᄂᆞᆫ先生
을보고誠心으로
先生의말ᄉᆞᆷ을듯
ᄂᆞᆫ도다。
이學徒들은先生
의무르시ᄂᆞᆫᄃᆡ로

對答을잘ᄒᆞᄂᆞᆫ도다。
ᄯᅩ이學徒들은端正히거러안졋스며
誠心으로先生의ᄀᆞᄅᆞ치ᄂᆞᆫ말ᄉᆞᆷ을드
르며先生의무르시ᄂᆞᆫᄃᆡ로잘對答ᄒᆞ
니이學徒ᄂᆞᆫ참착ᄒᆞᆫ學徒ㅣ니라。
이中에뒤를도라보ᄂᆞᆫ學徒도잇고窓
밧갓을보ᄂᆞᆫ學徒도잇스며冊床에기
ᄃᆡ안진學徒도잇도다。

이러ᄒᆞᆫ學徒들은모다착ᄒᆞᆫ學徒가아
니니라。

第三課　活潑ᄒᆞᆫ氣像

兒孩ᄂᆞᆫ活潑ᄒᆞᆫ氣像이잇ᄂᆞᆫ것을됴라
ᄒᆞᄂᆞ니活潑ᄒᆞᆫ氣像이업ᄂᆞᆫ兒孩ᄂᆞᆫ進
就에不足ᄒᆞᆫ사ᄅᆞᆷ이니라。

이곳은運動塲이니여러學徒가活潑
ᄒᆞ게노ᄂᆞ니라。

二三學徒ᄂᆞᆫ運動塲
모퉁이에섯스며二
三學徒ᄂᆞᆫ돌우에거
러안졋도다。

뎌學徒들은모다活
潑ᄒᆞᆫ氣像이업ᄂᆞᆫ學
徒ㅣ니라。

氣像이活潑ᄒᆞᆫ學徒

는教場에셔도跼蹙ᄒᆞᆷ이업ᄂᆞ니라。
先生의무르심을잘對答ᄒᆞ고또모로
는것은先生에게무를지니라。
남이우슴가怯내여잘對答ᄒᆞ지못ᄒᆞ
는學徒는活潑ᄒᆞᆫ氣像이업는學徒ㅣ
니라。

第四課 誼됴ᄒᆞᆫ朋友

ᄒᆞᆫ兒孩가너머지매두兒孩가근심ᄒᆞ

니이세兒孩는誼가
됴ᄒᆞᆫ동모라每日學
校에가기로셔로勸
勉ᄒᆞ야세兒孩가ᄒᆞᆷ
ᄭᅴᄒᆞᆫ번도缺席ᄒᆞ거
나晩到ᄒᆞ는일이업
더라。
이제세兒孩가ᄒᆞᆷᄭᅴ

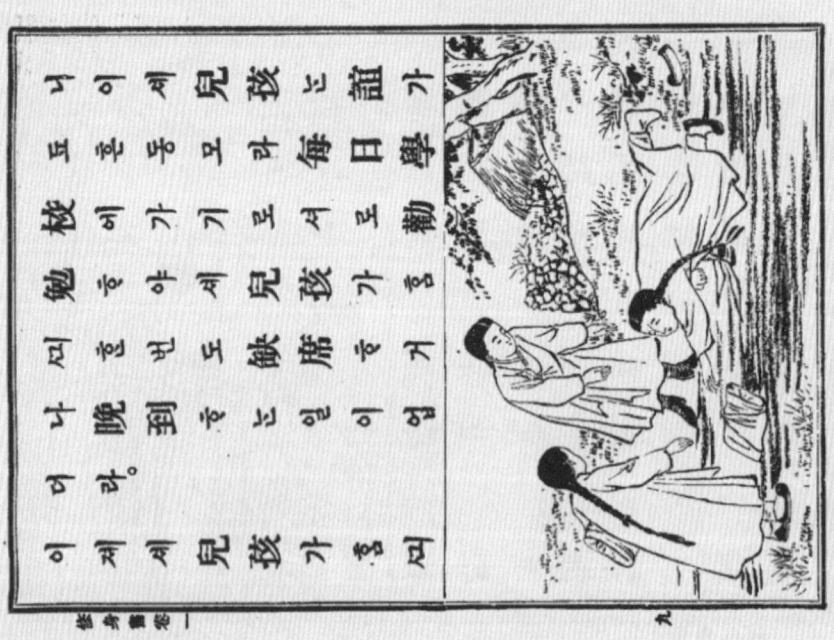

學校에가다가路上에셔ᄒᆞᆫ兒孩가업드러지거ᄂᆞᆯ두兒孩가ᄂᆞᆯ나ᄶᅩ으러니ᄅᆞ키고ᄒᆞᆫ兒孩ᄂᆞᆫ衣服의흙을ᄯᅥᆯ며ᄒᆞᆫ兒孩ᄂᆞᆫᄒᆞ터진工夫ᄒᆞᄂᆞᆫ諸具ᄅᆞᆯ거두어주니라。

업드러진兒孩ᄂᆞᆫ두동모의親切ᄒᆞᆷ을感謝히녁이더라。

萬一두동모가무ᄉᆞᆷ事故가잇스면懇切히周旋ᄒᆞᄂᆞᆫ것이올ᄒᆞ니라。

무릇朋友ᄂᆞᆫ誼ᄅᆞᆯ둣터히ᄒᆞ야서로親切ᄒᆞᆷ을極盡히ᄒᆞᄂᆞᆫ것이올ᄒᆞ니라。

自己의慾心ᄃᆡ로만ᄒᆞ고朋友의事情을도라보지아니ᄒᆞᆷ은義理가업ᄂᆞᆫ者ㅣ니라。

第五課　司馬溫公

녯적宋나라에司馬溫公이라ᄒᆞᄂᆞᆫ賢

人이잇스니어릴때에동모로더브러
놀다가ᄒᆞᆫ兒孩가잘못ᄒᆞ야물이ᄀᆞ득
ᄒᆞᆫ큰독속에ᄲᆞ진지라모든兒孩들이
크게놀나소래지르나큰물독인故로
엇지ᄒᆞᆯ수업더라。
溫公이急히가서큰돌을가져온지라。
溫公은이큰돌로ᄡᅥ엇더케ᄒᆞ겟다ᄉᆡᆼ
각ᄒᆞ겟ᄂᆞ뇨。

溫公이이큰돌로ᄡᅥ독을ᄭᅢ터리매물
이忽然히솟어져나오니그兒孩가비
로소나오니라。
그兒孩ᄂᆞᆫ生命을保全ᄒᆞᆷ으로感謝ᄒᆞᆷ
을이긔지못ᄒᆞ야눈물을흘니고溫公
의게謝禮ᄒᆞ더라。모든동모ᄂᆞᆫ그兒孩
의生命保全ᄒᆞᆷ을깃거ᄒᆞ나물독ᄭᅢ여
짐을可惜히녁이거ᄂᆞᆯ溫公은泰然히

말ᄒᆞᆫ대ᄒᆞᆫ독은輕ᄒᆞ고生命은重ᄒᆞ다ᄒᆞ더라。

第六課 爭鬪ᄒᆞ지말나

이두兒孩ᄂᆞᆫ洞里에ᄀᆞ장性惡ᄒᆞᆫ兒孩라두兒孩가常居에ᄂᆞᆫ親密히相從ᄒᆞ나往往自己의慾心ᄃᆡ로ᄒᆞᄂᆞᆫ일이잇ᄂᆞᆫ故로爭鬪ᄒᆞᄂᆞᆫᄯᆡ가만터라

오ᄂᆞᆯ도두兒孩가돌을ᄊᆞ호면서노ᄂᆞᆫ

대ᄒᆞᆫ兒孩가돌을문허써렷다고서로爭鬪ᄒᆞ니學校의先生이듯고달녀와서두兒孩ᄅᆞᆯ警戒ᄒᆞ더라。

爭鬪ᄒᆞᆷ은不美ᄒᆞᆫ일이니남이無理ᄒᆞᆫ말을ᄒᆞ거나ᄯᅩ爭鬪ᄅᆞᆯ始作ᄒᆞ거던父

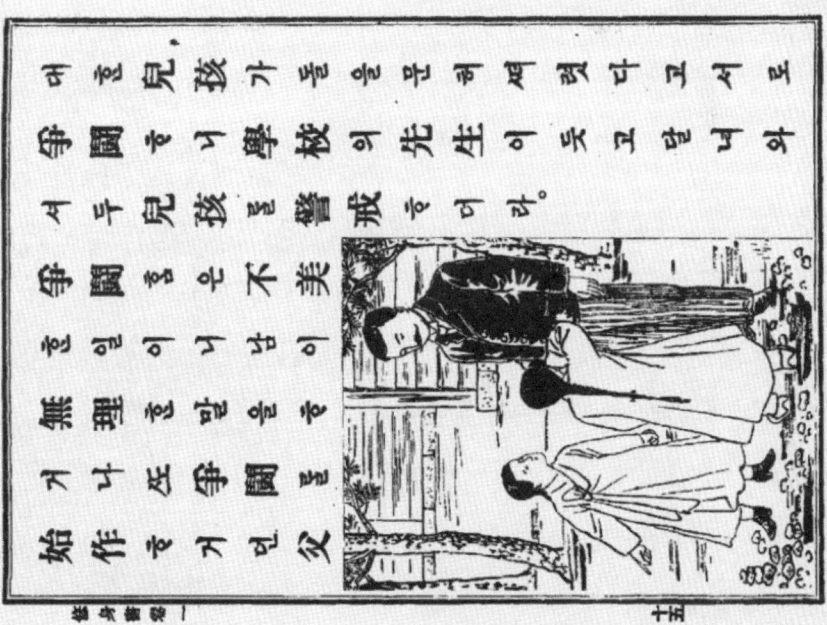

母나教師께告ᄒᆞ야教訓을밧ᄂᆞᆫ것이
올ᄒᆞ니라。
鷄犬과牛馬ᄀᆞᆺ흔것을볼지어다뎌즘
싱들은서로모히면恒常爭鬪ᄒᆞᄂᆞ니
라。사ᄅᆞᆷ은만히모도여도서로즐거ᄒᆞ
야爭鬪ᄒᆞᆷ이젹으니爭鬪ᄒᆞᄂᆞᆫ者ᄂᆞᆫ어
리셕고사나운사ᄅᆞᆷ이오ᄯᅩ下等사ᄅᆞᆷ
이니라。

第七課 거짓말잘ᄒᆞᄂᆞᆫ兒孩

어ᄂᆞ山村에ᄒᆞᆫ兒孩
가잇ᄂᆞᆫ대사ᄅᆞᆷ을騷
動식히려ᄒᆞ야범이
왓다범이왓다소래
질으면셔다라나거
놀듯ᄂᆞᆫ사ᄅᆞᆷ들이크
게놀나急히모도혀

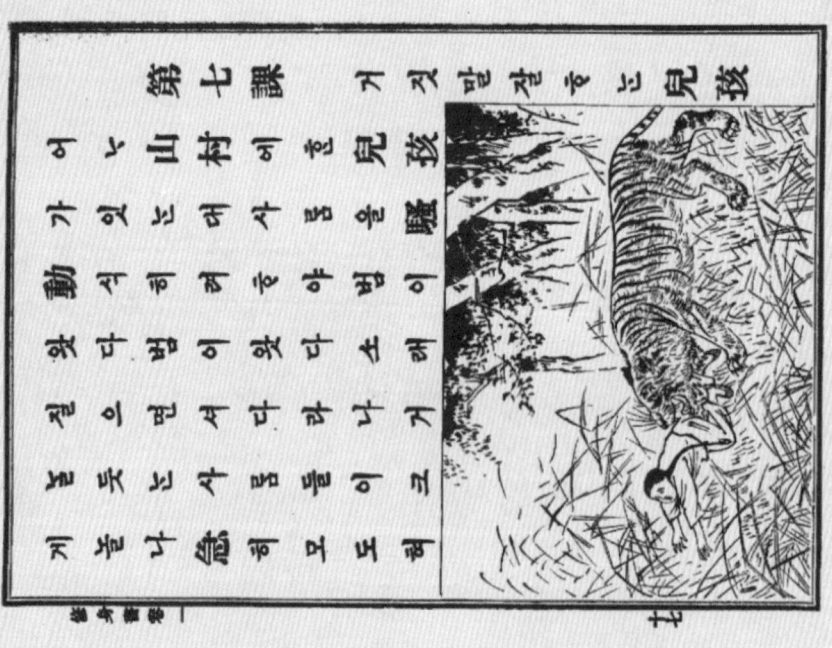

본즉범은업ᄂᆞᆫ지라여러사ᄅᆞᆷ이크게怒ᄒᆞ야도라가니라。

그後어ᄂᆞ날참말범이와셔입을벌이며눈을부릅ᄯᅳ고그兒孩를물고져ᄒᆞ거ᄂᆞᆯ그兒孩가크게놀나범이왓다범이왓다참말범이왓스니ᄲᆞᆯ니와셔救援ᄒᆞ여달나ᄒᆞ고狂人ᄀᆞᆺ치소래질으더라。

그러ᄒᆞ나洞里사ᄅᆞᆷ들은ᄯᅩ虛言으로ᄉᆡᆼ각ᄒᆞ고ᄒᆞᆫ사ᄅᆞᆷ도오지아니ᄒᆞ니그兒孩가ᄒᆞᆯ릴업셔범에게물니여죽으니라。이와ᄀᆞᆺ치虛言을잘ᄒᆞᄂᆞᆫ者ᄂᆞᆫ眞談을ᄒᆞ야도남이밋지아니ᄒᆞ며或처음에ᄂᆞᆫ속히여도畢竟은信을일허ᄇᆞ리여남에게賤待를밧ᄂᆞ니라。

알지못ᄒᆞᄂᆞᆫ일을안다ᄒᆞ며보지못ᄒᆞᆫ

일을보앗다ᄒᆞ며듯지못ᄒᆞᆫ일을드럿다ᄒᆞᆷ은모다虛言이니라。

第八課 華盛頓一

美國에와싱돈이라ᄒᆞᄂᆞᆫ사ᄅᆞᆷ이잇ᄂᆞᆫ대그父親이櫻花나무一株ᄅᆞᆯ심으고

甚히ᄉᆞ랑ᄒᆞ더라。

이ᄯᅢ에와싱돈의나히어린지라父親이小斧ᄒᆞᆫ기ᄅᆞᆯ사셔주엇더니와싱돈이크게깃버ᄒᆞ야試驗으로나무ᄅᆞᆯ버히고져ᄒᆞ야ᄯᅳᆯ로ᄃᆞ니다가偶然히櫻花나무ᄅᆞᆯ보고버혀너머ᄯᅥ리니라。父親의ᄉᆞ랑ᄒᆞᄂᆞᆫ것인줄은조곰도알지못ᄒᆞ얏더니父親이밧갓으로브터

도라와서櫻花를보려고ᄯᅳᆯ에나아가니櫻花나무가너머지고ᄭᅥᆺ이ᄯᅡ에ᄒᆞ터진지라크게怒ᄒᆞ야婢僕들을모도이고嚴責ᄒᆞ거ᄂᆞᆯ와싱돈이이말을듯고卽時父親의압으로나아가告호대。

이바님뎌櫻花나무를버힌者ᄂᆞᆫ小子로소이다

아바님ᄭᅴ옵서ᄉᆞ랑ᄒᆞ시ᄂᆞᆫ줄은조

곰도아지못ᄒᆞ얏습ᄂᆞ이다小子가미우잘못ᄒᆞ얏ᄉᆞ오니容恕ᄒᆞ여주시옵소셔。

너의들은이ᄯᆡ에그父親이와싱돈을크게ᄭᅮ지질줄로싱각ᄒᆞ며ᄯᅩ와싱돈은父親ᄭᅴ크게ᄭᅮ지람을當ᄒᆞᆯ줄로싱각ᄒᆞ리로다。

第九課 華盛頓 二

그父親은와싱돈의손목을잡아당긔
고머리ᄅᆞᆯ어르만지며말ᄒᆞ대。
네가婢僕들이ᄭᅮ지람을當ᄒᆞᆷ을불
샹히녁이여두려워ᄒᆞ지아니ᄒᆞ고
自服ᄒᆞ니眞實로男子의行實이로
다。
나ᄂᆞᆫ이러케正直ᄒᆞᆫ아ᄃᆞᆯᄃᆞᆫ것을ᄉᆡᆼ
각ᄒᆞᆷ애깃븐ᄆᆞᄋᆞᆷ을이긔지못ᄒᆞ니

一株의櫻花나무ᄅᆞᆯ엇지앗갑다ᄒᆞ
리오。
사ᄅᆞᆷ은ᄇᆞᆫ드시過失이업지못ᄒᆞᄂᆞ
니即時改過ᄒᆞᆷ이올커ᄂᆞᆯ懦弱ᄒᆞᆫ사
ᄅᆞᆷ은ᄭᅮ지람을當ᄒᆞᆯ가두려워ᄒᆞ야
거짓말을ᄭᅮᆷ이ᄂᆞ니라녀ᄀᆞᆺ치正直
ᄒᆞᆫ사ᄅᆞᆷ은能히그過失을自服ᄒᆞᄂᆞᆫ
도다。

네가恒常이러케正直ᄒᆞᆫ男子의行
實을가지면분ᄃᆞ시世界에聲名이
놉흔사ᄅᆞᆷ이될지니나ᄂᆞᆫ이우에더
즐거운일이어ᄃᆡ잇스리오ᄒᆞ니라。
그後에美國의大統領이되여至今ᄭᆞ지
美國사ᄅᆞᆷ들이神人과ᄀᆞᆺ치尊敬ᄒᆞ
ᄂᆞᆫ와싱돈은곳이兒孩니라。

第十課 父母의樂

父母ᄭᅴ셔우리들을養育ᄒᆞ신勞苦ᄂᆞᆫ
우리들이仔細히아ᄂᆞᆫ바ㅣ니라。
그러ᄒᆞ나父母ᄭᅴ셔ᄂᆞᆫ勞苦되ᄂᆞᆫ줄을
모로시고도로혀樂事로삼으시ᄂᆞ니
라。
긔ᄂᆞᆫ것을보시면서기ᄅᆞᆯ기다리시고
셔ᄂᆞᆫ것을보시면거러ᄃᆞ님을기다리
시고거러ᄃᆞ님을보시면ᄃᆞᄅᆞᆷ박질ᄒᆞᆷ

을기다리시ᄂᆞ니라。

漸漸자라면學校에보내여쓸사ᄅᆞᆷ을ᄆᆞᆫᄃᆞᆯ고져ᄒᆞ시고學校에셔工夫를잘ᄒᆞ야先生에게稱賛을듯고동모에게貴ᄒᆞᆷ을밧음을드르시면父母께셔至極히깃버ᄒᆞ시ᄂᆞ니라。

父母의樂事ᄂᆞᆫ이보담큰것이업고또ᄒᆞᆫ아ᄃᆞᆯ된者의孝誠도이에셔지남이

업ᄂᆞ니라。

父母께셔ᄂᆞᆫ恒常우리몸이充實ᄒᆞᆷ을ᄇᆞ라시고또病이들면근심ᄒᆞ심이過度ᄒᆞ시니우리몸이充實ᄒᆞ야每日學校에가셔活潑ᄒᆞ게運動ᄒᆞ고熱心으로工夫ᄒᆞᆷ을보시면엇더케깃버ᄒᆞ실ᄂᆞᆫ지測量ᄒᆞᆯ수업ᄂᆞᆫ바ㅣ니라。

第十一課 身體

父母ᄂᆞᆫ우리들의充實홈을ᄇᆞ라사恒常病이잇슬가근심ᄒᆞ시ᄂᆞ니라。

우리들이不幸히病이잇스면父母께셔ᄂᆞᆫ寢食을니져ᄇᆞ리시고極盡히救援ᄒᆞ시ᄂᆞ니라。

어兒孩ᄂᆞᆫ비가압흔貌樣이니오쥭히苦狀이되며그母親께셔ᄂᆞᆫ오쥭히걱정이되시리오。

이兒孩가엇지ᄒᆞ여비가압흐뇨畢竟은몸에利롭지아니ᄒᆞᆫ것을먹엇거나그럿치아니ᄒᆞ면過食ᄒᆞᆫᄭᆞ닭이로다。

病이들어父母께근심을식히면ᄆᆞ장不孝가되ᄂᆞ니그런故로우리들은恒

常操心ᄒᆞ야身體ᄅᆞᆯ保重ᄒᆞᆷ이올ᄒᆞ니
믈을過히먹거나未熟ᄒᆞᆫ果實과傷ᄒᆞᆫ
飮食을먹ᄂᆞᆫ것이됴치아니ᄒᆞ니ᄀᆞ장
操心ᄒᆞᆯ바ㅣ니라。
ᄯᅩ身體ᄅᆞᆯ精潔ᄒᆞ게아니ᄒᆞᆷ으로病이
나ᄂᆞᆫ일도만ᄒᆞ니恒常얼골과머리와
손과발을씨슷ᄒᆞ게ᄒᆞᆷ이됴ᄒᆞ니라。그
런故로運動을잘ᄒᆞᄂᆞᆫ사ᄅᆞᆷ은病이적

으니라그러ᄒᆞ나運動을過히ᄒᆞᆫ後에
卽時믈을마시면極히害가되ᄂᆞ니라。

第十二課 自己의物他人의物

이小兒ᄂᆞᆫ
복쇼아세
기ᄅᆞᆯ가졋
도다이小
兒ᄂᆞᆫ田園

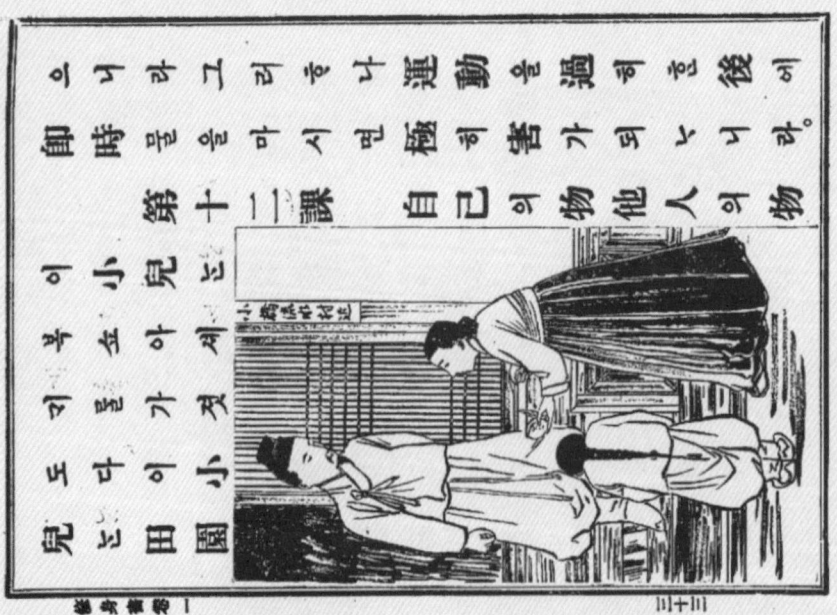

에복쇼아가濃爛히닉은것을보고다
셧기ᄅᆞᆯ싸셔두기는먹고세기는母親
께드리고져ᄒᆞ야가지고도라옴이니
小兒는母親도미우깃버ᄒᆞ실줄로싱
각ᄒᆞᆷ이로다。
母親이이것을보고무러ᄀᆞᆯᄋᆞ대복쇼
아ᄅᆞᆯ누구에게엇엇ᄂᆞ뇨ᄒᆞ니小兒가
對答ᄒᆞ대이것은엇은것이아니오길

가의밧헤셔싸온것이라ᄒᆞ니母親이
놀나ᄀᆞᆯᄋᆞ대그것은不美ᄒᆞᆫ일이로다
남의것을가져오면곳盜賊의行實이
니라。速히가셔田主에게주고謝罪ᄒᆞ
는것이올ᄒᆞ니뉘밧인지나와ᄒᆞᆷᄭᅴ가
자ᄒᆞ고急히그밧에가셔主人을차져
깁히謝過ᄒᆞ더라。
他人의物과自己의物을分別ᄒᆞ야부

되남의物件을가지지말고ᄯᅩ말업시쓰지말며남의物件을빌어다가쓸ᄯᆡ는操心ᄒᆞ여쓰고ᄯᅩ路上에ᄯᅥ러진物件은그主人에게도로주는것이올ᄒᆞ니萬一主人이分明치아니ᄒᆞ거던父母던지教師에게밧치는것이올ᄒᆞ니라。

第十三課 物件을잘看守ᄒᆞᆯ일

이兒孩는學校에가기ᄅᆞᆯ됴화ᄒᆞ야一日도缺席홈이업고ᄯᅩ一次도晚到홈이업더니어ᄂᆞ날에平日과ᄀᆞᆺ치學校에가려ᄒᆞ는대國語讀本둔곳을니져ᄇᆞ려서아모리차져도알수

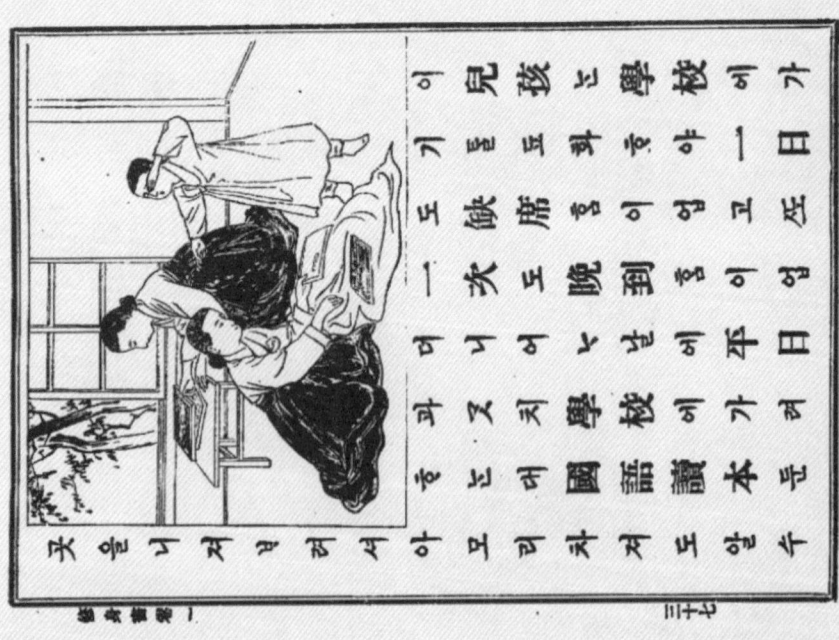

업고學校에갈時間은임의갓가온지
라ᄆᆞ음이忽急ᄒᆞ야울면셔婢子를ᄭᅮ
짓더라。
母親도나아와ᄒᆞᆷᄭᅴ차져도못ᄎᆞᆷ내볼
수업ᄂᆞᆫ지라ᄒᆞᆯ수업시今日만同席學
徒의冊을보고ᄒᆞᆷᄭᅴ비ᄒᆞ겟다ᄒᆞ고急
히學校에가니임의十分즈음지낫더
라。

집에도라온後에母親이말ᄉᆞᆷᄒᆞ대。
自己의物件은自己가銘心ᄒᆞ야잘
看守ᄒᆞᄂᆞᆫ것이올ᄒᆞ니萬一남만밋
으면미양오날아참ᄀᆞᆺ치狼狽ᄒᆞᄂᆞᆫ
일이만ᄒᆞᆯ지니라。
이兒孩가크게懲戒되야이로브터
ᄂᆞᆫ衣服과신과書冊과모든學校諸
具의自己物件은ᄉᆞᄉᆞ로看守ᄒᆞ야

그後ᄂᆞᆫ一次도學校의時間을어긔ᄂᆞᆫ일이업더라。

第十四課 物件을貴重히녁이ᄂᆞᆫ兒孩

ᄒᆞᆫ兒孩가잇ᄂᆞᆫ대어ᄂᆞ商廛에와셔使喚되기ᄅᆞᆯ請ᄒᆞ거ᄂᆞᆯ主人이그兒孩ᄅᆞᆯ보고端正ᄒᆞᆫ사ᄅᆞᆷ으로ᄂᆞᆫ싱각ᄒᆞ나卽今은사ᄅᆞᆷ數爻가차셔闕이업스니다

ᄅᆞᆫ廛에가셔求ᄒᆞ여보라고懇切히말ᄒᆞ니라。

그兒孩가ᄒᆞᆯ일업셔도라갈새偶然히그廛압헤細針ᄒᆞᆫ기가싸에써러진것을보고집어셔衣服에쏫고가려ᄒᆞ더니主人이窓으로이것을보고다시그兒孩ᄅᆞᆯ불너드려自己廛에두니라。

너의들은그主人이무ᄉᆞᆷᄯᅳᆺ으로이

兒孩를다시불너드리여使喚으로쓴줄로싱각ᄒᆞᄂᆞ뇨。

그主人도本來至極히貧窮ᄒᆞ다가미오勤苦ᄒᆞ야

饒富ᄒᆞᆫ사ᄅᆞᆷ이된지라。그런故로적은物件이라도貴重히녁이ᄂᆞᆫ者ᄂᆞᆫ畢竟着實ᄒᆞᆫ商人이되ᄂᆞᆫ줄로알앗더니이제그兒孩가적은細針ᄒᆞᆫ기라도貴重히녁임을보고그ᄆᆞᄋᆞᆷ이感動ᄒᆞᆫ바ㅣ니라。

主人의豫想ᄒᆞᆷ과ᄀᆞᆺ치果然그兒孩가漸漸世上에信用을엇어그後에着實

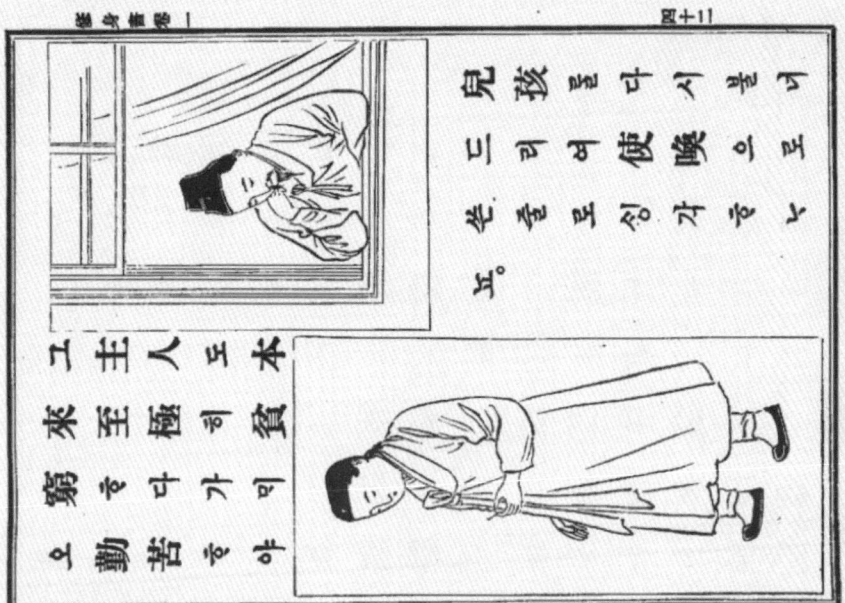

ᄒᆞᆫ商人이되니라。붓ᄒᆞ기와죠회ᄒᆞᆫ장이라도父母께셔ᄂᆞᆫ勤苦ᄒᆞ신힘으로우리들에게주시ᄂᆞᆫ것이니萬一料量업시써ᄇᆞ리면엇지不孝의行實이아니리오。

第十五課 約束

順明과福童은ᄆᆡ우誼됴흔동모ㅣ라。順明이아ᄅᆞᆷ다운畵帖을가졋ᄂᆞᆫ대福

童이順明의집에가셔畵帖을보고甚히됴화ᄒᆞ야母親과妹氏에게보이고

져ᄒᆞ야暫間빌어갓다가明日午前에반ᄃᆞ시도로가져오기로約束ᄒᆞ니라。그날밤에母親과妹氏가그畵帖을보

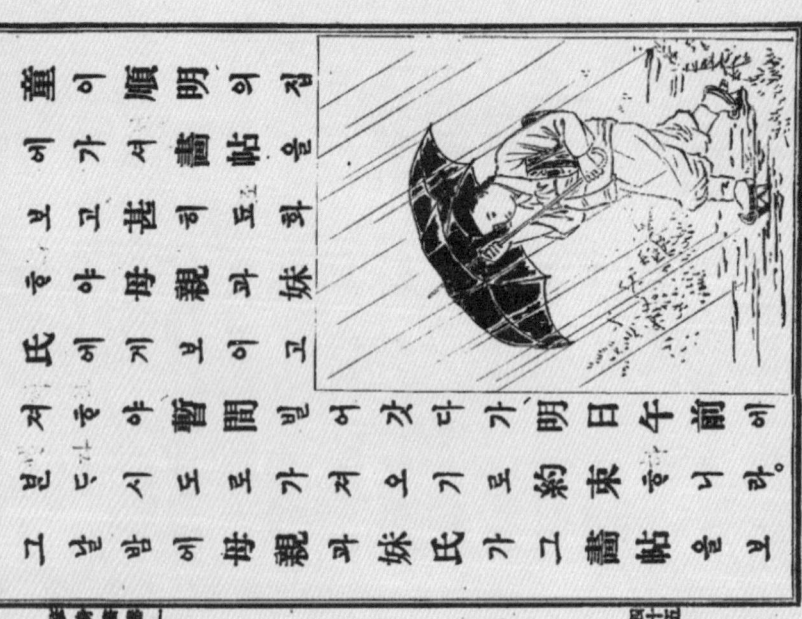

고ᄆᆡ우깃버ᄒᆞ더라。이른날大雨가오ᄂᆞᆫᄃᆡ福童이그畫帖을갓다주고져ᄒᆞ거ᄂᆞᆯ妹氏가挽留ᄒᆞ여ᄀᆞᆯᄋᆞᄃᆡ「大雨가오고또道路도ᄆᆡ우사오나오니죠곰기다리면비가긋칠듯ᄒᆞ니午後에갓다주면엇더ᄒᆞ뇨」ᄒᆞ거ᄂᆞᆯ福童이ᄀᆞᆯᄋᆞᄃᆡ「午前으로約束ᄒᆞᆫ지라아모리비가올지라도내身體ᄂᆞᆫ조희가아닌즉져

ᄶᅥ어질念慮ᄂᆞᆫ업다」ᄒᆞ고우스면셔못ᄎᆞᆷ내갓다주니라。

母親이그말을듯고크게깃버ᄒᆞ여ᄀᆞᆯᄋᆞᄃᆡ

約束을직힘은眞實로착ᄒᆞᆫ일이라男子가ᄒᆞᆫ번約束ᄒᆞᆫ일은決斷코어긔지아니ᄒᆞᆯ지니너ᄀᆞᆺᄒᆞᆫ사ᄅᆞᆷ은남에게信用을엇어ᄇᆞᆫᄃᆞ시立身ᄒᆞ리

라ᄒᆞ더라

普通學校學徒用 修身書卷一終

光武十一年二月一日發行
隆熙二年三月一日再版
隆熙二年十月三十日參版
隆熙三年三月一日四版
隆熙三年十一月一日五版
隆熙四年八月一日六版

定價金拾錢

部

三省堂書店印刷

영인

보통학교 학도용 수신서 권2

學部編纂

普通學校學徒用

修身書 卷二

東京 三省堂書店印刷

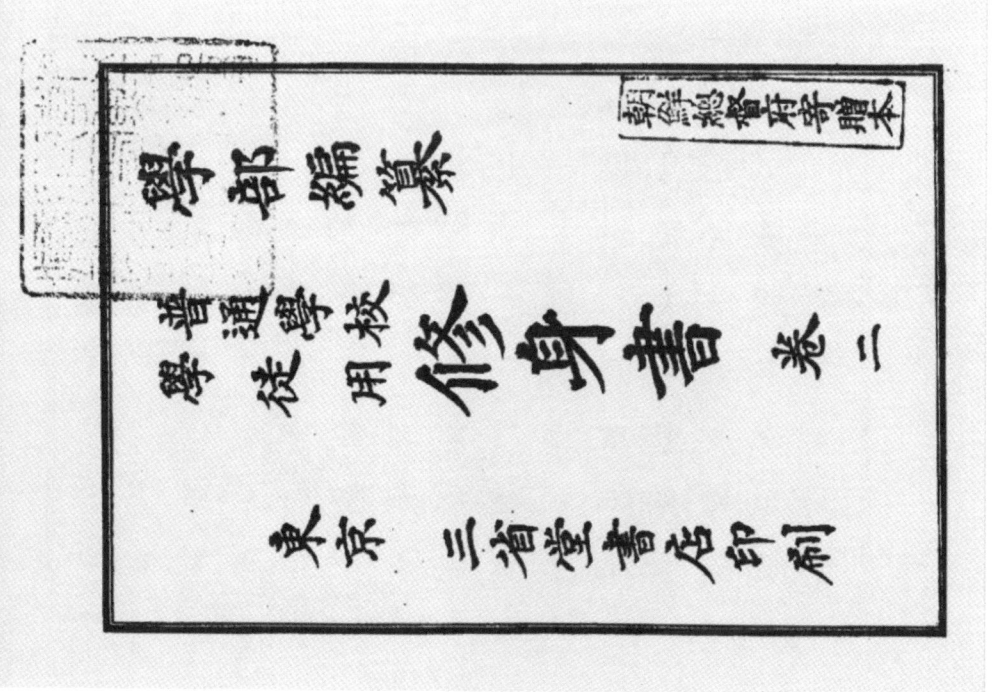

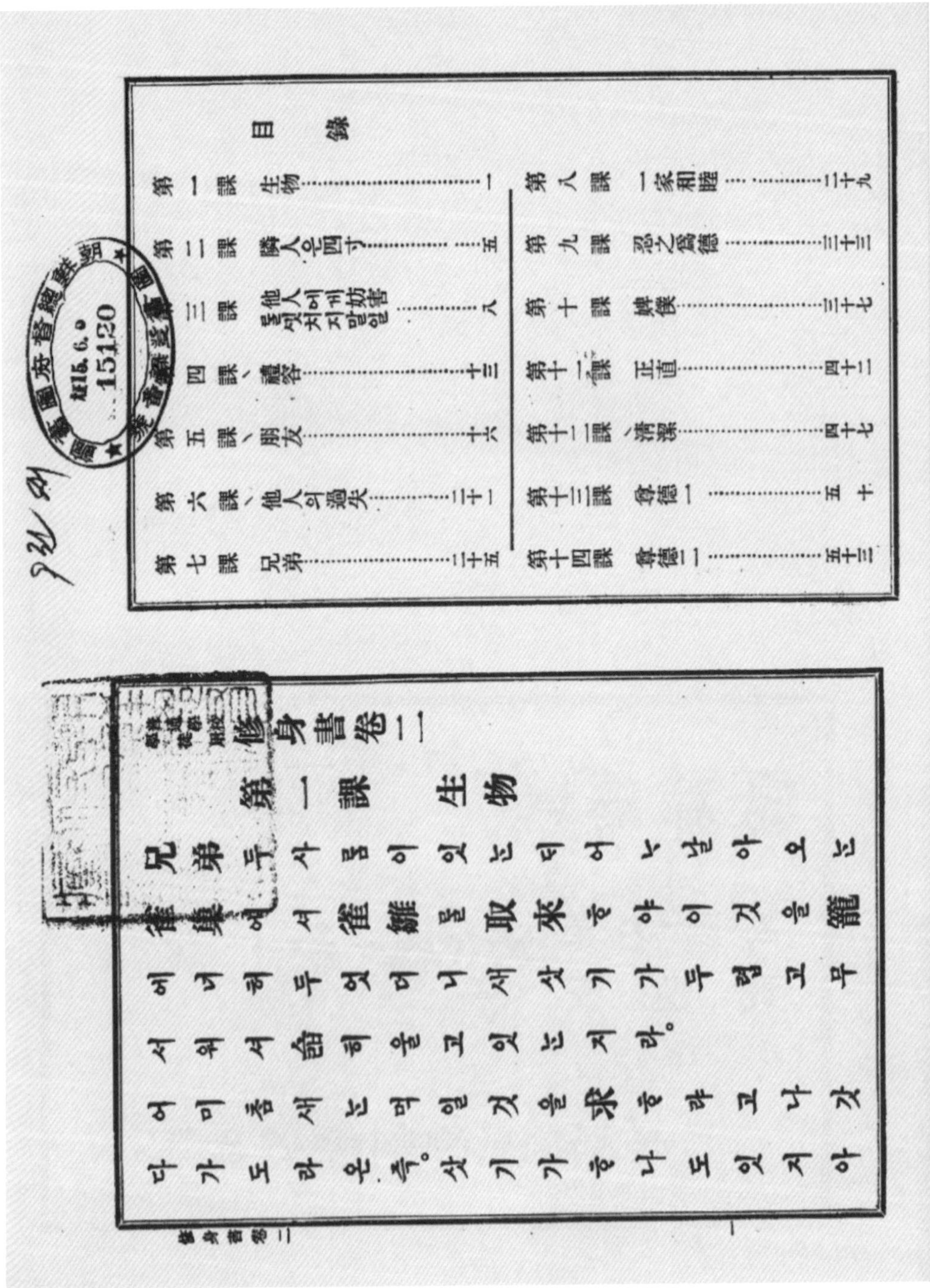

目錄

普通學校學徒用 修身書卷二

第一課 生物

兄弟두사ᄅᆞᆷ이잇ᄂᆞᆫᄃᆡ어ᄂᆞ날아오ᄂᆞᆫ雀巢에셔雀雛를取來ᄒᆞ야이것을籠에너허두엇더니새삿기가두렵고무셔워셔啼히울고잇ᄂᆞᆫ지라。어미참새ᄂᆞᆫ먹일것을求ᄒᆞ랴고나갓다가도라온즉。삿기가ᄒᆞ나도잇지아

修身書卷二 一

니흠이놀나
셔울며四方
으로날아든
이면셔삿기
를찻는도다。

兄은이貌樣을보고矜惻히
싱각ᄒᆞ야아오에게닐너골

ᄋᆞ되。
너는작은새삿기를잡아가지고矜
惻히싱각지아니ᄒᆞ느냐보아라새
삿기는恐怖ᄒᆞ야우리들의얼골만
보고잇다。
어미새는狂氣가잇는ᄃᆞ시울면셔
삿기를찻는다。
우리兄弟가萬一사ᄅᆞᆷ에게捕捉ᄒᆞᆷ

이되야父母의處所를遷離ᄒᆞ야보
라其時에우리들의悲悵홈이何如
ᄒᆞᆯ가ᄉᆡᆼ각ᄒᆞ라또父母도우리兄弟
를見失ᄒᆞ면얼마나悲歎ᄒᆞᆯ가ᄉᆡᆼ각
ᄒᆞ라雀은鳥獸蟲魚의類ㅣ나그러
나몸을自愛ᄒᆞ며子息을ᄉᆡᆼ각ᄒᆞᄂᆞᆫ
ᄆᆞ옴은우리와다를것이업ᄂᆞ니라
그것을ᄉᆡᆼ각지아니ᄒᆞ고無益ᄒᆞ게

生物을辛苦케홈은甚히惡ᄒᆞᆫ일이
로다慈愛의ᄆᆞ옴이잇ᄂᆞᆫ사ᄅᆞᆷ은如
此ᄒᆞᆫ行爲를ᄒᆞ지아니ᄒᆞᄂᆞ니라。
아오ᄂᆞᆫ이말을듯고크게感動ᄒᆞ야忽
然히慈愛ᄒᆞᄂᆞᆫᄆᆞ옴이나셔卽時새삿
기를雀巢로도로갓다두니라。

第二課 隣人은四寸

녜로브터「리웃四寸」이라ᄒᆞᄂᆞᆫ말이잇

도다。近隣의사ᄅᆞᆷ은諸般事에서로扶助ᄒᆞᆷ이만흠을니름이니、急迫ᄒᆞᆫ疾病이잇ᄂᆞᆫ쌔와盜難과火災를當ᄒᆞᆯ쌔에第一盡力ᄒᆞᆷ은리웃사ᄅᆞᆷ이오、또非常ᄒᆞᆫ일이잇슬쌔뿐아니라每日서로言語를ᄒᆞ며서로慰勞를ᄒᆞ며서로즐거워ᄒᆞᆷ도리웃사ᄅᆞᆷ이로다。

萬一우리집이사ᄅᆞᆷ이살지아니ᄒᆞᄂᆞᆫ

山中과曠野에홀노잇스면、그寂寞ᄒᆞᆷ이엇더ᄒᆞ리오。

그러ᄒᆞᆫ즉우리ᄂᆞᆫ리웃사ᄅᆞᆷ과親睦ᄒᆞ며、諸般事에다서로扶助ᄒᆞᆷ이可ᄒᆞ도다。

妄佞되히詬辱ᄒᆞ거나、細瑣ᄒᆞᆫ일로不和케ᄒᆞᆷ이不可ᄒᆞ도다。또隣家의牆壁을傷ᄒᆞ며、草木을꺽그며、果實을竊取

ᄒᆞ야 리웃사ᄅᆞᆷ에게 責望을 當ᄒᆞᆷ이 不可ᄒᆞ도다。

第三課 他人에게 妨害롤 씻치지 말일

玉童은 그 母親과 ᄒᆞᆫ가지로 場市에 나가셔 洋燈을 사니라。그 歸路에 이것을 ᄯᅡ에 ᄯᅥ러치니 洋燈이 돌에 부닷쳐 破碎되엿도다。

母親이 그 破碎ᄒᆞᆫ 조각을 一一히 줍는지라 玉童은 이ᄀᆞᆺ치 破碎됨은 아모ᄃᆡ도 無用의 物件인ᄃᆡ 何故로 주어가지고 가ᄂᆞ뇨 뭇ᄂᆞᆫ지라 母親이 對答ᄒᆞ되 破碎ᄒᆞᆫ 조

각은아모더도쓸더업스나줍지아니ᄒᆞ고그대로두면이것을밟아발을傷ᄒᆞᄂᆞᆫ사ᄅᆞᆷ이잇슴을두려워ᄒᆞ노라。玉童도果然그러ᄒᆞ다ᄉᆡᆼ각ᄒᆞ고ᄒᆞᆫ가지로이것을주어서사ᄅᆞᆷ通行치안ᄂᆞᆫ곳에뭇으니라。

사ᄅᆞᆷ은玉童의母親과ᄀᆞᆺ치他人에게妨害ᄅᆞᆯ씻치지아니ᄒᆞ기로恒常ᄆᆞᄋᆞᆷ

을먹음이可ᄒᆞ도다。

自己一人만爲ᄒᆞ기ᄅᆞᆯᄉᆡᆼ각ᄒᆞ고他人의일을ᄉᆡᆼ각지아니홈은착ᄒᆞᆫ사ᄅᆞᆷ의行實이아니니라學校에서他人에게妨害됨을不顧ᄒᆞ고작난ᄒᆞᄂᆞᆫ사ᄅᆞᆷ이잇ᄂᆞᆫ지라。

册床을더럽게ᄒᆞ거나破傷ᄒᆞᄂᆞᆫ사ᄅᆞᆷ도잇스니그러ᄒᆞᆫ사ᄅᆞᆷ은能히善人이

되지못ᄒᆞᄂᆞ니라。

他人의庭園에樹木을折取ᄒᆞ며田畓의種物을害롭게ᄒᆞ며橋梁、郵便函、電信柱에作戱ᄒᆞᄂᆞᆫ일은ᄀᆞ장惡ᄒᆞᆫ일이로다。

道路近傍에大小便을누어셔惡臭가나게ᄒᆞᆷ은他人에게妨害될ᄲᅮᆫ아니라一國에羞恥가되ᄂᆞ니라。

第四課　禮容

時方이사ᄅᆞᆷ의집에客이온지라兒童은禮容이端正ᄒᆞ게敬禮ᄒᆞᄂᆞᆫ도다。客이이것을보고그禮容잇슴을褒揚ᄒᆞ니라。

이兒童은每日學校에가셔禮容을鍊習ᄒᆞ며또그父母도恒常그兒童에게됴ᄒᆞᆫ禮法으로써敎育ᄒᆞ니라。

우리들도ᄯᅩᄒᆞᆫ이
兒童과ᄀᆞᆺ치禮容
을端正히ᄒᆞ야實
客이오실ᄯᅢ는敬
禮ᄒᆞᆷ이可ᄒᆞ고ᄯᅩ
아참에니러날ᄯᅢ
와밤에잘ᄯᅢ와學
校에갈ᄯᅢ와도라

올ᄯᅢ는父母에게禮ᄒᆞᆷ이可ᄒᆞ도다。學
校에서는先生에게敬禮ᄒᆞ며學友에
게인ᄉᆞᄒᆞ며其他道路上에서웃사ᄅᆞᆷ
을맛날ᄯᅢ에도禮ᄒᆞᆷ이可ᄒᆞ도다。
우리少年은心氣ᄅᆞᆯ活潑ᄒᆞ게ᄒᆞᆯ지나
그러나輕忽ᄒᆞᆷ은不可ᄒᆞ니。禮ᄅᆞᆯ잘직
희며儀容을端正히ᄒᆞ고ᄯᅩ活潑ᄒᆞ게
ᄒᆞᆷ이眞實로善良ᄒᆞᆫ少年이로다。

第五課 朋友

녯적淸國에荀巨伯이라ᄒᆞᄂᆞᆫ사ᄅᆞᆷ이잇스니少時에學校에서로親密ᄒᆞ던朋友를長成ᄒᆞᆫ後에도니져ᄇᆞ리지아니ᄒᆞ고恒常서로往來ᄒᆞ야더옥親密히ᄒᆞ더라。

巨伯이그朋友의病이나서甚히危重ᄒᆞᆷ을듯고。數百里의道路를멀니녁이

지안코가셔慰問ᄒᆞ니라。

病든友人이이깃버ᄒᆞ야巨伯의손을잡고落淚ᄒᆞ며그親切ᄒᆞᆷ을致謝ᄒᆞ니라。

못ᄎᆞᆷ이셰盜賊이니러나셔人家에衝火

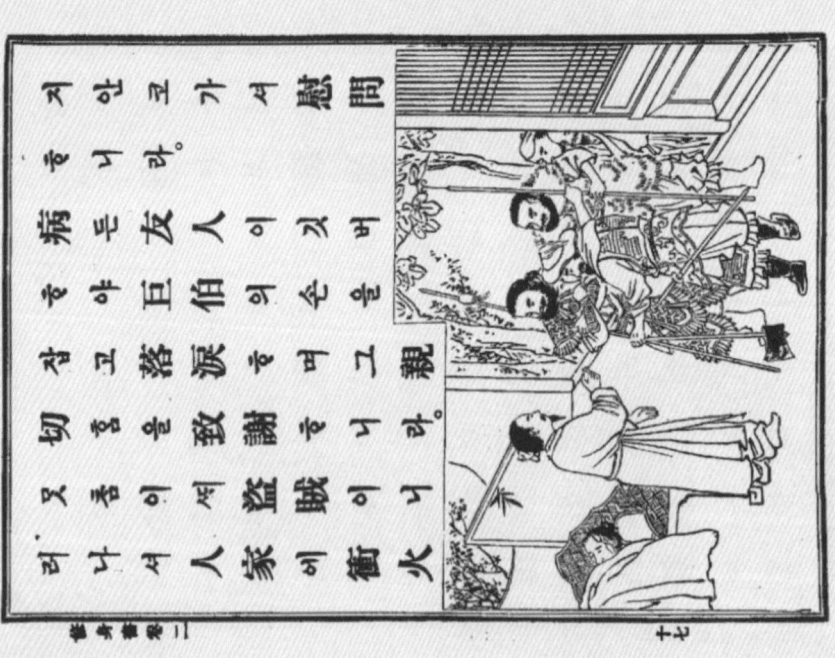

ᄒᆞ며人命을殺害ᄒᆞ며財貨ᄅᆞᆯ奪取ᄒᆞ
는지라友人은巨伯이盜賊에게殺害
ᄅᆞᆯ當ᄒᆞᆯ가念慮ᄒᆞ야ᄀᆞᆯᄋᆞᄃᆡ「兄은遠路
에와서나로因ᄒᆞ야盜賊에게殺害ᄅᆞᆯ
當ᄒᆞᆯ가두려오니願컨ᄃᆡ速速히逃避
ᄒᆞ라」ᄒᆞᆫᄃᆡ巨伯이對答ᄒᆞ야ᄀᆞᆯᄋᆞᄃᆡ「이
제이ᄀᆞᆺ치衰病ᄒᆞᆫ그ᄃᆡᄅᆞᆯ두고가는것
은ᄎᆞᆷ아못ᄒᆞ겟노라萬一盜賊이와셔

나ᄅᆞᆯ殺害ᄒᆞ면나는ᄎᆞᆷ하리그ᄃᆡ와ᄒᆞᆫ
가지로죽겟노라。」말ᄒᆞᆯ사이에발셔盜
賊이왓는지라盜賊이巨伯을보고ᄀᆞᆯ
ᄋᆞᄃᆡ「一郡사ᄅᆞᆷ이우리온다는말을듯
고다逃亡ᄒᆞ야다라나거ᄂᆞᆯ너·는무ᄉᆞᆷ
緣由로ᄒᆞᆯ노留ᄒᆞ는고」巨伯이對答ᄒᆞ
야ᄀᆞᆯᄋᆞᄃᆡ「나는親舊의病이잇슴을듯
고멀니왓노라보라여긔臥席ᄒᆞᆫ사ᄅᆞᆷ

은내가少年ᄊᆞ로브터兄弟와ᄀᆞᆺ치親近ᄒᆞᆫ朋友라命이임의朝夕에切迫ᄒᆞ거ᄂᆞᆯ내가엇지ᄎᆞᆷ아이親舊ᄅᆞᆯᄇᆞ리고逃走ᄒᆞ리오이親舊와ᄒᆞᆫ가지로殺害ᄅᆞᆯ밧을지라도나ᄂᆞᆫ여긔留ᄒᆞᆯᄯᆞᄅᆞᆷ이로라」盜賊이巨伯의言語에感動ᄒᆞ야서로顔色을보며우리가비록不良ᄒᆞᆫ사ᄅᆞᆷ이나賢良ᄒᆞᆫ사ᄅᆞᆷ居ᄒᆞᄂᆞᆫ處所에드러

와서害ᄅᆞᆯ씻치ᄂᆞᆫ일이不可ᄒᆞ다ᄒᆞ고간지라全郡이일로ᄆᆞᆯ미ᄋᆞᆷ아盜賊의難을免ᄒᆞ엿스니巨伯ᄀᆞᆺᄒᆞᆫ이ᄂᆞᆫ誠心으로그朋友ᄅᆞᆯ相愛ᄒᆞ얏도다。

第六課　他人의過失

壽童과福童은教室에서ᄒᆞᆫ踞床에안ᄌᆞ며ᄒᆞᆫ册床에서工夫ᄒᆞ더라。어ᄂᆞ날壽童이偶然히먹물을ᄯᅥ러처

서福童의册과衣服

을더럽힌지라壽
童이慌忙히白紙
로써이것을써스
며ᄀᆞᆯᄋᆞᄃᆡ「내가注
意치아니홈으로
써그ᄃᆡ의緊切ᄒᆞᆫ
册과衣服을더럽
게ᄒᆞ얏스니容恕

ᄒᆞ라」ᄒᆞ고無數히懇請ᄒᆞ니라。
福童은조곰도怒ᄒᆞᄂᆞᆫ貌樣이업고壽
童의말을悶惜히ᄉᆡᆼ각ᄒᆞ야對答호ᄃᆡ
「册은좀더러웟스나可히닑겟스며衣
服에뭇은먹물은ᄆᆞ르면關係치아니
ᄒᆞ도다누구던지過失이업기ᄂᆞᆫ어려
온지라나도또ᄒᆞᆫ그ᄃᆡ의物品을傷ᄒᆞᆯ
일이업겟다고말ᄒᆞ기能치못ᄒᆞ니其

時에容恕ᄒᆞ라고그ᄃᆡ와ᄀᆞᆺ치懇乞ᄒᆞ면도로혀未安ᄒᆞᆯ더이니조곰도念慮ᄒᆞ지말지어다」

過失은注意치아니홈으로브터나ᄂᆞ니서로操心ᄒᆞ야過失이업도록ᄒᆞ며萬一偶然히他人의物件을더럽게ᄒᆞ거나傷홈이잇스면壽童과ᄀᆞᆺ치容恕ᄒᆞ기ᄅᆞᆯ懇請ᄒᆞᆯ지어다또사ᄅᆞᆷ의過失

을깁히허물말고兄弟朋友가偶然히物件을더럽히거나傷홈이잇드리도怒ᄒᆞ지말고福童과ᄀᆞᆺ치도로혀이것을慰勞ᄒᆞᆯ지어다。

第七課 兄弟

녯적에엇더ᄒᆞᆫ武將이잇ᄂᆞᆫᄃᆡ年老ᄒᆞ야장ᄎᆞ餘年이멀지아니홈을알고다ᄉᆞᆺ子息을膝下에모히고활살五個ᄅᆞᆯ

주고이것을ᄭᅥᆨ그라ᄒᆞ니라。
다ᄉᆞᆺ子息이다만容易ᄒᆞ게ᄭᅥᆨ김을깃
버ᄒᆞ야即時ᄭᅥᆨ거서父親ᄭᅴ보이니라。
父親은다시五個의활살을주며이것
을묵거서ᄭᅥᆨ그라ᄒᆞ니各各盡力ᄒᆞ야
ᄭᅥᆨ그려ᄒᆞ되활살은ᄭᅥᆨ거지지아니ᄒᆞᆯ
ᄲᅮᆫ아니라구부러지지도안커ᄂᆞᆯ父親
은이것을보고다ᄉᆞᆺ子息에게訓戒ᄒᆞ

야ᄀᆞᆯᄋᆞ대。
너희들五兄弟ᄂᆞᆫ譬컨ᄃᆡ五個의활
살과ᄀᆞᆺᄒᆞᆫ지라활살은ᄒᆞᆫᄀᆡ식ᄭᅥᆨ그
면容易히ᄭᅥᆨ기나그러나다ᄉᆞᆺᄀᆡ를
묵그면ᄭᅥᆨ기極難ᄒᆞ니너희들도各
各외로히될ᄯᅢᄂᆞᆫ사ᄅᆞᆷ이容易히凌
侮ᄒᆞᆯ것이오서로意合ᄒᆞ야一致로
和合ᄒᆞ면사ᄅᆞᆷ이凌侮치못ᄒᆞ나니

라나는임의늙어命이朝夕에逼迫ᄒᆞ니내가죽은後에도兄은아오ᄅᆞᆯ사랑ᄒᆞ며아오는兄을恭敬ᄒᆞ야서로意合히ᄒᆞ면이활살을묵근것과ᄀᆞᆺᄒᆞ니라。

다ᄉᆞᆺ子息이이말을듯고크게感動ᄒᆞ야다父親의命을직히여一族이和睦ᄒᆞ야一門이繁昌ᄒᆞ엿다ᄒᆞ며다。진실로이武將의말과ᄀᆞᆺ치兄弟가和合ᄒᆞᆷ은서로利益이되ᄂᆞᆫ도다ᄯᅩ父母ᄂᆞᆫ子息의和睦ᄒᆞᆷ을보면大段히깃거워ᄒᆞ며和睦지못ᄒᆞᆷ을보면大段히근심ᄒᆞᄂᆞᆫ緣故로兄弟和合ᄒᆞᆷ은큰孝行이되고兄弟不和ᄒᆞᆷ은甚히不孝가되ᄂᆞ니라。

第八課　一家和睦

家內가서로和睦홈은他人도快樂ᄒᆞ게아ᄂᆞᆫ지라萬一그럿치안코家內가喧爭ᄒᆞ면듯ᄂᆞᆫ사ᄅᆞᆷ도不快ᄒᆞᆫ싱각이잇ᄂᆞ니라。

네로브터不和ᄒᆞᆫ家族은昌盛ᄒᆞᆫ일이업고和睦ᄒᆞᆫ家族은衰ᄒᆞᆫ일이업도다

家內에ᄂᆞᆫ父母도잇스며兄弟도잇스며姉妹도잇스니父母ᄂᆞᆫ그子息을ᄉᆞ

랑ᄒᆞ며子息은父母ᄅᆞᆯ尊敬홈이사ᄅᆞᆷ의道理로다姉兄은妹弟ᄅᆞᆯᄉᆞ랑ᄒᆞ며妹弟ᄂᆞᆫ姉兄을恭敬홈이ᄯᅩᄒᆞᆫ사ᄅᆞᆷ의道理로다父母가되야子息을ᄉᆞ랑치아니ᄒᆞ며子息이되야父母ᄅᆞᆯ尊敬치아니홈은사ᄅᆞᆷ의道理가아니로다姉兄이되야妹弟ᄅᆞᆯ뮈워ᄒᆞ며妹弟가되야姉兄을恭敬치아니홈은禽獸보담

도庸劣ᄒᆞ도다。

다만나의ᄆᆞ옴ᄃᆡ로홈으로브터不和ᄒᆞᆫ일을너여서드ᄃᆡ여서로反目ᄒᆞᄂᆞᆫ일이잇ᄂᆞᆫ지라自己의ᄆᆞ옴ᄃᆡ로ᄒᆞᄂᆞᆫᄆᆞ옴을抑制ᄒᆞ야서로容恕ᄒᆞ면家內가恒常和睦ᄒᆞ야반ᄃᆞ시不和ᄒᆞᆫ일이잇지아니ᄒᆞᆯ지로다。

녯적에어ᄂᆞ사ᄅᆞᆷ이家內에一百人口

가同居ᄒᆞᄂᆞᆫᄃᆡᄒᆞᆫ번도爭論ᄒᆞᆫ바ㅣ업ᄂᆞᆫ지라집이漸々興旺ᄒᆞ야우슴ᄉᆡᆼ이오悲悵ᄒᆞᆫ일은업슴이리웃사ᄅᆞᆷ이다그風俗을模倣ᄒᆞ야一郡의家族이다和睦ᄒᆞᆫ風俗이되얏다ᄒᆞ니이ᄂᆞᆫ可히본밧을만ᄒᆞᆫ일이로다。

第九課 忍之爲德

支那녯唐나라時代에張公藝라ᄒᆞᄂᆞᆫ

사ᄅᆞᆷ이잇ᄂᆞᆫᄃᆡ祖父母兄弟姉妹들이다ᄒᆞᆫ집안에서居ᄒᆞ야서로和睦ᄒᆞ게지ᄂᆡᄂᆞᆫ지라高宗皇帝ᄭᅴ셔이말을드르시고그집에親히幸行ᄒᆞ야一家가和睦ᄒᆞᄂᆞᆫ道

를下問ᄒᆞ신ᄃᆡ。公藝가紙筆을가지고와서忍字百餘字를써셔올니니라皇帝가怪異히녁여그緣由를下問ᄒᆞᆫᄃᆡ。公藝ㅣ對答ᄒᆞ야ᄀᆞᆯᄋᆞᄃᆡ。

多數ᄒᆞᆫ人口가ᄒᆞᆫ집안에居ᄒᆞ면恒常公平ᄒᆞᆫᄆᆞ옴을保全키極難이오며ᄯᅩ서로不合ᄒᆞᆫ일이잇ᄂᆞ이다。

그曲直을서로責望ᄒᆞ며서로憎惡ᄒᆞᆯ셰ᄂᆞᆫ드ᄃᆡ여爭論喧嘩의根本이되며反目不和ᄒᆞᄂᆞᆫ基礎가되ᄂᆞ니一族이和睦ᄒᆞᄂᆞᆫ道ᄂᆞᆫ다만忍一字ᄲᅮᆫ이오이다。

大凡朋友間에도서로참으면交際ᄒᆞᄂᆞᆫ情誼가傷ᄒᆞᄂᆞᆫ일이업ᄂᆞᆫ지라다만親ᄒᆞᆷ을밋고서로참지아니ᄒᆞ고卽時

서로責望ᄒᆞ며서로怒ᄒᆞᄂᆞᆫ緣由로不和ᄒᆞᆫ일을니ᄂᆞᆫ지라親子兄弟姉妹間은더옥서로참음이업고나의ᄆᆞ옴ᄃᆡ로말ᄒᆞ기容易ᄒᆞᆫ지라이것이곳一家不和ᄒᆞᄂᆞᆫ原因이되ᄂᆞ니公藝의말이甚히當然ᄒᆞ도다。

第十課 婢僕

貞童의집에女婢二人과男僕一人이

잇ᄂᆞᆫ지라。貞童의父母ᄂᆞᆫ極히慈悲心
이만흔사ᄅᆞᆷ인故로婢僕三人을慈愛
ᄒᆞ야子息과ᄀᆞᆺ치녁이ᄂᆞᆫ도다。婢僕도
ᄯᅩᄒᆞᆫ忠誠으로主人을爲ᄒᆞ야主人의
집을自己의집과ᄀᆞᆺ치ᄉᆡᆼ각ᄒᆞ더라。
其中에年長ᄒᆞᆫ女婢ᄂᆞᆫ貞童이나기前
으로브터집에잇서서少時로브터貞
童을愛護ᄒᆞ더貞童보기ᄅᆞᆯ子息과ᄀᆞᆺ

치ᄒᆞ더라。
婢僕의닙ᄂᆞᆫ衣服은다貞童의母親이
준것이며貞童의父親은學問이잇ᄂᆞᆫ
사ᄅᆞᆷ이라밤이면時時로婢僕을모화
文字ᄅᆞᆯ教授ᄒᆞ고ᄯᅩ時時로有益ᄒᆞᆫ言
語로訓導ᄒᆞ더라。婢僕도熱心으로비
호ᄂᆞᆫ故로孝經修身書等도能히通達
ᄒᆞᄂᆞᆫ지라貞童이學校에入學ᄒᆞᆷ으로

브터三人의婢僕은貞童이工夫ᄅᆞᆯ잘
ᄒᆞ며敎師에게稱贊밧음을깃거히넉
여學校로브터도라오면반ᄃᆞ시무엇
을學習ᄒᆞ얏ᄂᆞ뇨ᄒᆞ고뭇더라。
婢僕은貧賤ᄒᆞᆫ집에서生長ᄒᆞ야學問
도能치못ᄒᆞ며ᄯᅩ財産이업슴으로써
獨立ᄒᆞ야農商等을經營치못ᄒᆞᄂᆞᆫ도
다。뎌사ᄅᆞᆷ도富饒ᄒᆞᆫ집에生長ᄒᆞ야幼

穉ᄒᆞᆫ셔로브터學校에가서學問을鍊
習ᄒᆞ얏스면優等되ᄂᆞᆫ사ᄅᆞᆷ이되얏슬
지로다。
우리들도財産이업고學問이업스면
사ᄅᆞᆷ의婢僕이되리로다。이것을ᄉᆡᆼ각
ᄒᆞ면婢僕이賤ᄒᆞᆫ것이아니라可憐ᄒᆞᆫ
者이로다이것을ᄉᆡᆼ각지아니ᄒᆞ고婢
僕을苦勞히ᄒᆞᆷ은ᄀᆞ장惡ᄒᆞᆫ일이니라。

第十一課 正直

엇더ᄒᆞᆫ農夫가그子息으로ᄒᆞ야곰商賈물식히고져ᄒᆞ야엇더ᄒᆞᆫ場市衣服店에依托ᄒᆞ야使役이되야商業을見習케ᄒᆞ니라。

어ᄂᆞ날그廛에ᄒᆞᆫ婦人이와서疋木가온ᄃᆡ셔合意ᄒᆞᆫ것을擇出ᄒᆞ야이것을사고져ᄒᆞᄂᆞᆫᄃᆡ이兒孩가그疋木에欠

處잇슴을보고이것을그婦人에게告ᄒᆞ고其他疋木을擇ᄒᆞ쇼셔ᄒᆞ니그婦人은好品이업다ᄒᆞ고사려ᄒᆞ던일을中止ᄒᆞ고卽時가니라。

商廛主人이

이것을보고「賣買ᄒᆞᆯ物件의欠處잇ᄂᆞᆫ
것을客에게보임은不緊ᄒᆞ다」ᄒᆞ고이
兒孩를呵責ᄒᆞ며卽時書札을그父親
에게보ᄂᆡ고速速히이兒孩를ᄃᆞ려가
라ᄒᆞ니라。그父親이書札을보고大驚
ᄒᆞ야나의子息이不當ᄒᆞᆫ過失을行ᄒᆞ
얏도다ᄒᆞ고念慮ᄒᆞ면셔그廛에와셔
理由를무른ᄃᆡ主人이그緣由를말ᄒᆞ

고「이兒孩ᄂᆞᆫ頓然히商賈될所望이업
다」ᄒᆞ더라
父親은이말을들은즉主人의所謂不
緊이라ᄒᆞᆷ은實狀犯過가아닌지라나
의子息음더욱慈愛ᄒᆞᆯ만ᄒᆞᆫ正直ᄒᆞᆫ心
志가잇ᄂᆞᆫ者라ᄒᆞ고卽時다리고가셔
他商店에付托ᄒᆞ얏더니이兒孩ᄂᆞᆫ이
後로브터持心ᄒᆞᆷ이더욱正直히ᄒᆞ야

드듸여大商이되니라。
이兒孩를逐出ᄒᆞ던衣服商店은商業
界에信用을일허셔漸漸衰ᄒᆞ니라。
사ᄅᆞᆷ은不可不正直ᄒᆞᆯ지라正直ᄒᆞᆷ이
或自己의利益이되지못ᄒᆞᄂᆞᆫ듯ᄒᆞ나
그러ᄒᆞ나이ᄂᆞᆫ一時의일이오永久히
不利ᄒᆞᆷ은아니로다。
萬一正直ᄒᆞᆫᄆᆞᄋᆞᆷ이不足ᄒᆞ면무ᄉᆞᆷ일

이던지사ᄅᆞᆷ에게信用을엇지못ᄒᆞᄂᆞ
니라。

第十二課 清潔

身體의ᄯᆡ를씻지아니ᄒᆞ며더러온衣
服을닙고衆人의압에나옴은無禮ᄒᆞ
기가甚ᄒᆞᆫ者이로다假令無禮가아니
라ᄒᆞ드ᄅᆡ도남이실혀ᄒᆞ며陋醜히아
ᄂᆞ니라。또身體를不潔히ᄒᆞ야더러온

衣服을닙으면身體를爲ᄒᆞᆷ에도不利ᄒᆞ리로다病은身體와衣服을不潔히ᄒᆞᆷ으로브터만히나ᄂᆞ니라。假令不潔ᄒᆞᆷ이病의根本이아니되드리도恒常自己의ᄆᆞ옴도不快ᄒᆞ리로다。

그런故로사ᄅᆞᆷ이沐浴을잘ᄒᆞ며衣服을洗濯ᄒᆞ며頭髮을精ᄒᆞ게ᄒᆞ야恒常身體를精潔히ᄒᆞᆷ이可ᄒᆞ도다。

大凡衣服은華麗ᄒᆞᆫ것을要치아니ᄒᆞ며高價의物品을取치아니ᄒᆞᆷ이라。彬彬치아니ᄒᆞᆫ衣服이라도잘洗濯ᄒᆞ야清潔케ᄒᆞᆯ지어다우리나라사ᄅᆞᆷ들은衣服을자조洗濯ᄒᆞ나그러ᄒᆞ나沐浴을稀少히ᄒᆞᄂᆞᆫ도다。身體衣服ᄲᆞᆫ아니라家內庭園道路等도清潔케ᄒᆞᆷ이可ᄒᆞ도다。

道路에大小便을누며집밧그로大小便을流出케ᄒᆞ야惡臭가觸鼻ᄒᆞᆷ은文明國에서ᄂᆞᆫ決코업ᄂᆞᆫ일이니라。

第十三課 尊德一

距今百年前에日本에尊德이라ᄒᆞᄂᆞᆫ高名ᄒᆞᆫ사ᄅᆞᆷ이잇스니農夫의子이라집이元來貧困ᄒᆞᆯᄲᅮᆫ아니라父親이早沒ᄒᆞᆷ으로尊德은幼時로브터無限ᄒᆞᆫ

喫苦를當ᄒᆞ니라。尊德은每日早起ᄒᆞ야낫이면採薪ᄒᆞ고밤이면織屨ᄒᆞ야이것을放賣ᄒᆞ야써母親을供養ᄒᆞ며아오를養育ᄒᆞᆷ이極盡ᄒᆞ니라。

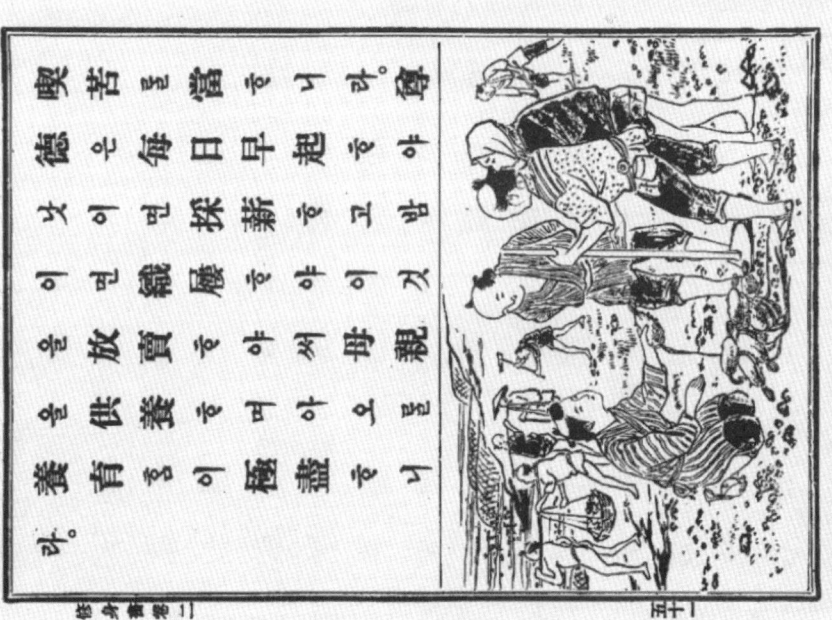

尊德이十二歲되얏슬셔에큰水害가
잇셔셔堤堰이崩頽ᄒᆞ야尊德의居住
ᄒᆞᄂᆞᆫ村里에셔家戶마다ᄒᆞᆫ사ᄅᆞᆷ식내
여堤堰修築의工事를始作ᄒᆞ니라。
尊德도이工事에갈더이로ᄃᆡ幼少ᄒᆞᆷ
으로氣力이不足ᄒᆞᆫ지라집에도라가
셔草鞋를삼아그翌朝에가지고가셔
여러사ᄅᆞᆷ에게各各ᄒᆞ나식주어ᄀᆞᆯᄋᆞ

ᄃᆡ「나ᄂᆞᆫ아직幼少ᄒᆞᆷ으로ᄒᆞᆫ사ᄅᆞᆷ의使
役을能히못ᄒᆞ고他人에借力ᄒᆞᆷ이
만ᄒᆞᆫ지라그恩惠를報酬ᄒᆞ기爲ᄒᆞᆷ이
라」ᄒᆞ니사ᄅᆞᆷ이다이말을듯고깃거히
그物件을領受ᄒᆞ고尊德의心德을感
動ᄒᆞ니라
그러ᄒᆞᆯᄲᅮᆫ아니라尊德이自己의助力
이不足ᄒᆞᆷ을思ᄒᆞ고他人은休憩ᄒᆞ야

도自己는休憩치아니ᄒᆞ고筋力되로
ᄒᆞ니土石을運轉홈이도로혀長者보
다多ᄒᆞ더라。

第十四課 尊德二

尊德이十六歲되얏슬ᄯᅢ에그母親이
病患이잇는지라尊德이깁히歎息ᄒᆞ
야日夜로盡心侍湯호되差效가업고
因ᄒᆞ야喪事를當ᄒᆞ니라。親族이議論

ᄒᆞ야尊德은그伯父에게依托ᄒᆞ고두
아우는다른親族의집에依托ᄒᆞ게ᄒᆞ
니라。伯父는尊德에게嚴히ᄒᆞ는지라
尊德이조곰도掛念치아니ᄒᆞ고終日
그家事를助力ᄒᆞ며밤이면燈下에서
學問을工夫ᄒᆞ니라。
伯父ㅣ이것을보고燈油를만히虛費
ᄒᆞᆯ가ᄒᆞ야「夜學으로因ᄒᆞ야燈油를虛

費흠이不可라」ᄒᆞ고夜學을停止케ᄒᆞ니라。尊德이이것을歎息ᄒᆞ야ᄀᆞᆯᄋᆞ되「내가不幸히父母를일코伯父에게依賴ᄒᆞᄂᆞᆫ지라그러나이제學問을ᄒᆞ지아니ᄒᆞ면一生에無識ᄒᆞᆫ사ᄅᆞᆷ이될지니집을興起키極難ᄒᆞᆯ지라。나의힘을因ᄒᆞ야工夫ᄒᆞᆯ진ᄃᆡ누가허물ᄒᆞ리오」ᄒᆞ고。

荏子를심어七八升의ᄭᆡ를엇고크게깃거ᄒᆞ야場市에가서放賣ᄒᆞ야燈油를사서夜學을ᄒᆞᄂᆞᆫ지라。伯父ᄂᆞᆫ또이것을보고農家의兒孩가學問을ᄒᆞ면무엇에쓰리오ᄒᆞ고夜深ᄒᆞ기ᄭᆞ지삭기를ᄭᅩ며家事를助力ᄒᆞ라命ᄒᆞᄂᆞᆫ지라尊德이ᄒᆞᆯ일업시夜深토록삭기를ᄭᅩ며草鞋를삼은後에夜學을益勉ᄒᆞ

니라。

尊德은이와又치伯父의家事를助力호셔.各種書冊을닑으며文字와算術을肄習호야學問이高明호碩儒가되야至今도神社에祭祀호나니라。

格言　艱難이너로호야곰玉을일오ᄂ니라。

普通學校學徒用 修身書卷二終

光武十一年二月一日發行
隆熙二年三月一日再版
隆熙二年十月三十日三版
隆熙三年五月五日四版
隆熙三年十一月一日五版

定價金拾錢

學部

三省堂書店印刷

영인

보통학교 학도용 수신서 권3

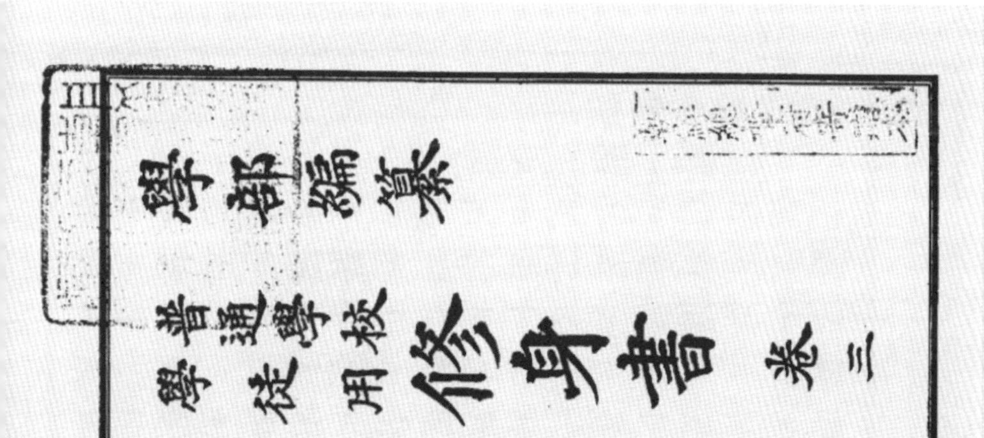
學部編纂

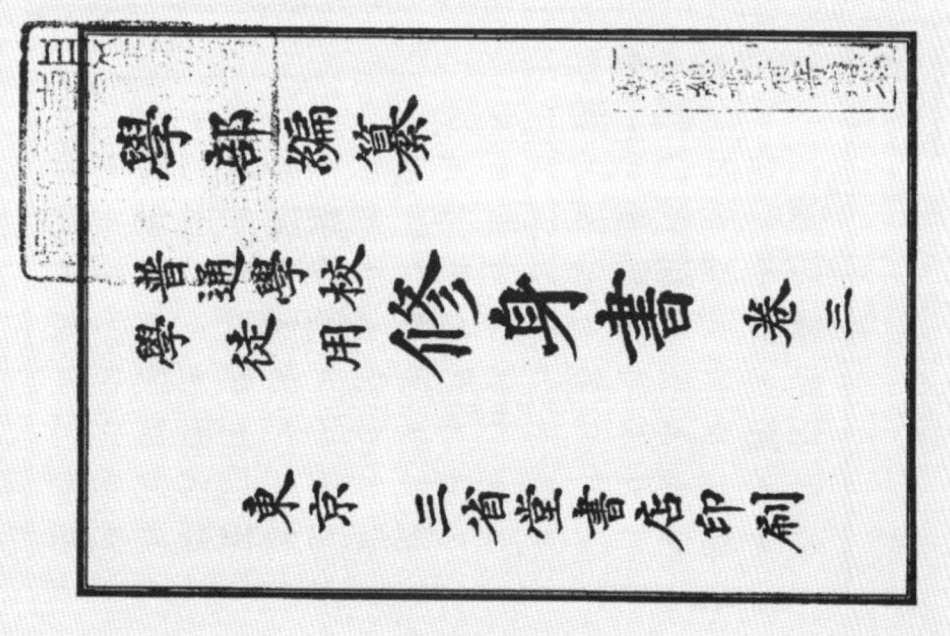

普通學校
學徒用
修身書 卷三

東京 三省堂書店印刷

目錄

普通學校學徒用 修身書卷三

第一課 規則

夕陽이山에걸녓는ᄃᆡ엇더ᄒᆞᆫ學徒二名이學校로브터집으로도라갈ᄉᆡ路邊에木柵을두룬一花園이잇는지라。그花園안에는奇花와異草를가득히심으고「閒人勿入」이라ᄒᆞ는木牌를세웟더라。一名의學徒가木柵을넘어셔花園안으로드러가거ᄂᆞᆯ홈ᄭᅴ가던學徒가木牌를ᄀᆞᄅᆞ치며골ᄋᆞᄃᆡ「여긔「閒人勿入」이라썻스니急히나오라」ᄒᆞ고催促ᄒᆞᄃᆡ花園안에드

修身書卷三 一

리간學徒는四方을도라보며花園밧쎄사ᄅᆞᆷ이업슴을多幸히넉이여友人의忠言을聽而不聞ᄒᆞ고ᄭᅩᆺ가지를함부로ᄭᅥᆨ더라。조곰잇다가巡査一名이달녀와셔이것을보고그行爲의端正치못ᄒᆞᆷ을大責ᄒᆞ는지라

大抵規則이라ᄒᆞ는것은衆人의公益을保全

ᄒᆞ기爲ᄒᆞ야定ᄒᆞᆫ바이라、故로엇더ᄒᆞᆫ셔는不便ᄒᆞᆫ줄로ᄉᆡᆼ각ᄒᆞᆷ이잇슬지라도嚴ᄒᆞ게직히여秋毫도犯ᄒᆞ지아니ᄒᆞᆯ것이로다만일人人이各其自己에게不便ᄒᆞᆷ을ᄉᆡᆼ각ᄒᆞ야직히지아니ᄒᆞ면規則은잇셔도업는것과ᄀᆞᆺ고衆人의秩序를紊亂케ᄒᆞᄂᆞ니이것을ᄉᆡᆼ각ᄒᆞᆯ진ᄃᆡ사ᄅᆞᆷ마다서로警戒ᄒᆞ야犯ᄒᆞ지아니ᄒᆞᆷ이可ᄒᆞ도다。他人은아지못ᄒᆞ리라ᄉᆡᆼ각ᄒᆞ고定規를犯ᄒᆞ는者는甚히庸劣ᄒᆞ니「君子는必愼其獨」이라ᄒᆞ는말을暫時도잇지말지니라

第二課 禮儀

禮儀를직힘은人道의맛맛ᄒᆞᆷ이라。禮儀를직히지아니ᄒᆞ면他人의게賤待를밧을뿐아니라他人으로ᄒᆞ여곰不快ᄒᆞᆫᄆᆞᄋᆞᆷ을가지게ᄒᆞᆷ이로다。그런즉對人接物에言語를반ᄃᆞ시恭遜히ᄒᆞ며長者를對ᄒᆞᆯᄯᅢ는特別히敬意를다ᄒᆞᆯ지니라。他人의압헤서欠伸을ᄒᆞ거나耳語를ᄒᆞ거나轉目을ᄒᆞᆷ은不可ᄒᆞ도다

他人에게書札을보닐ᄯᅢ는辭意를恭遜히ᄒᆞ고他人의書札을밧은후答書를求ᄒᆞ거던片

時라도遲滯ᄒᆞ지말지니라。또他人의書信과밋一般文字를許可업시는決斷코開見ᄒᆞᆷ이不可ᄒᆞ고他人이書札等屬을쓸ᄯᅢ에엿보는것과他人의談話를엿듯는것과他人의집을넘겨보는것이非禮의ᄀᆞ장甚ᄒᆞᆫ者이니라

禮儀는ᄆᆞᄋᆞᆷ과外樣의두가지가잇스니外樣으로만보고ᄆᆞᄋᆞᆷ에참으로恭敬ᄒᆞ는ᄉᆡᆼ각이업스면禮儀라ᄒᆞ지못ᄒᆞᆯ것이오。또ᄆᆞᄋᆞᆷ으로는恭敬ᄒᆞᆷ을다ᄒᆞᆯ지라도外樣에보이지아니ᄒᆞ면禮儀에合當치못ᄒᆞᆫ지라。그런즉ᄆᆞᄋᆞᆷ과

外樣두가지를다注意ᄒᆞᆯ지니라
世人은親狎ᄒᆞᆷ으로因ᄒᆞ야禮儀를도라보지안ᄂᆞᆫ者가잇도다。그러나그것은크게그ᄅᆞᆺᄒᆞᆷ이니라。
假令親ᄒᆞᆫ사이라도그親ᄒᆞᆫ것을밋고禮儀를직히지아니ᄒᆞ면그사괴임을永久히保全키어려울지니라。晏平仲은사ᄅᆞᆷ으로더브러사괴임에親ᄒᆞᆯ사록오ᄅᆡ恭敬ᄒᆞᄂᆞᆫ故로孔子稱讚ᄒᆞ야ᄀᆞᆯᄋᆞ사ᄃᆡ「晏平仲은與人交호ᄃᆡ久而敬之」라ᄒᆞ시니라

第三課 身分과衣服

엇더ᄒᆞᆫ가마귀가孔雀의깃이ᄀᆞ장華麗ᄒᆞᆷ을보고그것을取ᄒᆞ야제날ᄀᆡ틈에ᄭᅩᆺ고다른가마귀를對ᄒᆞ야자랑ᄒᆞᆯ셔ᄆᆞᆺᄎᆞᆷ孔雀이와셔이것은네깃이아니라ᄒᆞ고다ᄲᅦ여버리거ᄂᆞᆯ다른가마귀가이것을보고크게嘲笑ᄒᆞ니그가마귀가羞愧ᄒᆞᆷ을참지못ᄒᆞ야어ᄃᆡ로逃亾ᄒᆞ야갓ᄂᆞᆫ지라
이것은부질업시衣服을奢侈코져ᄒᆞᄂᆞᆫ사ᄅᆞᆷ을警戒ᄒᆞᆫ이약이라。사ᄅᆞᆷ은能히自己의身分

울ᄉᆡᆼ각ᄒᆞ야身分에相當ᄒᆞᆫ衣服을닙음이可ᄒᆞ도다。그러치아니ᄒᆞ면그가마귀와ᄀᆞ치남의게恥笑ᄅᆞᆯ밧ᄂᆞ니라

衣服은華麗ᄒᆞᆫ것이나갑만흔것이必要ᄒᆞᆫ것이아니라精潔ᄒᆞ고身分에相當ᄒᆞᆫ것이貴ᄒᆞ도다。衣服ᄲᅮᆫ아니라飮食이나器皿等屬이라도身分에過濫ᄒᆞᆫ物件은사ᄅᆞᆷ의ᄆᆞᄋᆞᆷ이卑陋ᄒᆞᆷ을보이ᄂᆞ니라

高麗光宗ᄶᅴ에徐弼이라ᄒᆞᄂᆞᆫ賢臣이잇ᄉᆞ니벼ᄉᆞᆯ이內議令에이르러淸節로ᄡᅥ일홈이놉

흔지라一日은光宗이羣臣을불너各各黃金술잔을주신ᄃᆡ다머리ᄅᆞᆯ조아天恩을謝禮ᄒᆞᄃᆡ。徐弼은홀노밧지아니ᄒᆞ고ᄭᅮᆯ으ᄃᆡ衣服과器皿은等級을分明히ᄒᆞᆯ지며奢侈ᄒᆞᄂᆞᆫ사ᄅᆞᆷ의ᄆᆞᄋᆞᆷ을猥濫케ᄒᆞᄂᆞᆫ根本이라臣等이金으로

모든그릇을쓰오면王은쟝ᄎᆞ무엇을쓰시려
ᄒᆞ시ᄂᆞ잇가
王이ᄀᆞᆯᄋᆞ사ᄃᆡ朕이그릇ᄒᆞ엿노라。卿은寶珮
업ᄂᆞᆫ것으로써寶珮를삼으니、朕이맛당이卿
의말로써寶珮를삼으리라ᄒᆞ시니後人이이
말을傳ᄒᆞ야美談을삼으니라

第四課 適當히勤務ᄒᆞ고適當히遊戲홈

一日을分ᄒᆞ야寢食과視務와休息ᄒᆞᄂᆞᆫ時間
이有ᄒᆞᄂᆞ니아모일도ᄒᆞᄂᆞᆫ것업시每日時間

을空費ᄒᆞᄂᆞᆫ사ᄅᆞᆷ도잇고日夜로勤勉ᄒᆞ야暫
時도놀지안ᄂᆞᆫ사ᄅᆞᆷ도잇고또終日토록노ᄂᆞᆫ
것도업고工夫ᄒᆞᄂᆞᆫ것도업시吸烟ᄒᆞ고閑談
ᄒᆞ면셔事務보ᄂᆞᆫ것을消日거리로아ᄂᆞᆫ사ᄅᆞᆷ
도잇ᄂᆞᆫ지라
時間을空費홈은人生의本分을져ᄇᆞ림이니
진실로警戒홀바어니와日夜로쉬지안코事
務에만勤勉홈도본ᄃᆡ시됴흔일이아니로다
사ᄅᆞᆷ이勤務만ᄒᆞ고遊興이업스면身體가健
康치못ᄒᆞ고精神이活潑치못ᄒᆞ야ᄆᆞᆺᄎᆞᆷ니勤

務ᄒᆞᆯ수업ᄂᆞᆫᄃᆡ이를지니視務ᄒᆞᆯ써에ᄂᆞᆫᄆᆞ장부즈런히ᄒᆞ며놀써에ᄂᆞᆫᄆᆞ장즐겁게ᄒᆞᆷ이됴호니라

英國사ᄅᆞᆷ은온갓일에時間을嚴ᄒᆞ게定ᄒᆞ야일ᄒᆞᄂᆞᆫ時間에ᄂᆞᆫ緊要ᄒᆞᆫ일이아니면말ᄒᆞᆫ마ᄃᆡ酬答ᄒᆞ지안코吸烟도ᄒᆞ지아니ᄒᆞ며무ᄉᆞᆷ滋味잇ᄂᆞᆫ일이잇슬지라도키를기우려듯거나눈을드러보지안코다만熱心으로視務ᄒᆞᄂᆞᆫ도다。그러ᄒᆞ나定ᄒᆞᆫ時間이오면一分間이라도猶豫치아니ᄒᆞ고보던일을收刷ᄒᆞ고곳

집으로도라와셔衣服을改着ᄒᆞ고或은郊外에散步ᄒᆞ며或은遊戲運動을ᄒᆞ고또親戚과朋友가會集ᄒᆞ야快樂ᄒᆞ게談笑ᄒᆞᄂᆞᆫ도다。이ᄀᆞᆺ치ᄒᆞ야一日의疲勞ᄒᆞᆷ을니져ᄇᆞ리고翌日은다시活潑ᄒᆞᆫ氣像으로視務ᄒᆞᄂᆞ니라

我國에셔ᄂᆞᆫ視務ᄒᆞᄂᆞᆫᄃᆡ勤勉ᄒᆞᆷ도업고遊戲ᄒᆞᄂᆞᆫᄃᆡ快樂ᄒᆞᆷ도업시時間을空費ᄒᆞᄂᆞᆫ사ᄅᆞᆷ이ᄆᆞ장만ᄒᆞ셔일을ᄒᆞ던지길을가던지긴烟竹을입에물고懶怠ᄒᆞᆷ이極度에達ᄒᆞ야國民의元氣가ᄯᅥᆯ치지못ᄒᆞ니이ᄂᆞᆫ一日이라도밧

비곳칠習慣이니라
우리들도教場에셔는熱心으로工夫ᄒᆞ고運
動場에셔는活潑ᄒᆞ게運動홈이可ᄒᆞ도다。또
집에잇슬지라도工夫홀ᄯᅢ는至極히부즈런
히ᄒᆞ고놀ᄯᅢ는至極히快樂ᄒᆞ게놀것이니아
모일도ᄒᆞ는것업시時間을空費홈은老人의
홀일이오少年의홀일이아니니라

第五課　호란그린

美國화셩돈의友人호란그린이라ᄒᆞ는사름
이잇셧스니。화셩돈과ᄀᆞᆺ치美國을富強케홈

은이사름의功이라ᄒᆞ는盛名을엇은사름이
라
호란그린은幼時로부터自己의學問과道德
을研究홈에注意ᄒᆞ야節制、勤儉、正直等十二
條의警箴을써셔壁에붓치고自己의每日行
ᄒᆞ는일이그箴文에어김이잇스면그것헤黑
點을ᄶᅵᆨ는데처음에는一日동안에黑點을二
三個식ᄶᅵᆨ더니漸次로修養ᄒᆞ야ᄆᆞᄎᆞᆷᄂᆡ黑點
을ᄶᅵᆨ을必要가업는데이르니라
호란그린은怒ᄒᆞ기쉬운性稟이잇는지라이

惡性을스ᄉᆞ로곳치고져ᄒᆞ야사ᄅᆞᆷ을對ᄒᆞᆷ에
憤激ᄒᆞᆫ일이잇스면곳말을너지안코一부터
十ᄭᆞ지헤인後에徐徐히입을여러말ᄒᆞ기로
心盟ᄒᆞ엿더니後에ᄂᆞᆫ習慣이되여怒ᄒᆞᆷ이적
어젓다ᄒᆞ더라

사ᄅᆞᆷ은恒常自己의性行을도라보아惡性은
곳치고善性은發達케ᄒᆞᆷ이可ᄒᆞ도다。自反ᄒᆞ
ᄂᆞᆫ心工이업ᄂᆞᆫ사ᄅᆞᆷ은ᄆᆞᆺᄎᆞᆷ내賢人君子됨을
엇지못ᄒᆞᄂᆞ니라。曾子ᄂᆞᆫ德性을修養ᄒᆞᆷ에ᄀᆞ
장緊要ᄒᆞᆫ일、세가지ᄅᆞᆯ自己가能히行치못ᄒᆞᆯ

가ᄒᆞ야每日세번식自己의몸을ᄉᆞᆲ혓다ᄒᆞ니
東西古今에賢人君子의行ᄒᆞᄂᆞᆫ바가다ᄀᆞᆺᄒᆞ
니라。

曾子曰吾日三省吾身。爲人謀而不忠乎。與
朋友交而不信乎。傳不習乎。

第六課　他人의名譽

이少年은只今久居ᄒᆞ던故鄕을ᄯᅥ나려ᄒᆞᄂᆞᆫ
도다。그사ᄅᆞᆷ이무ᄉᆞᆷ緣故로故鄕을ᄯᅥ나지아
니치못ᄒᆞ게되엿ᄂᆞ뇨

그사ᄅᆞᆷ의祖先이代代로이마을에居住ᄒᆞ고

그사ᄅᆞᆷ도ᄯᅩᄒᆞᆫ이마을에셔生長ᄒᆞ엿스나幼時로부터남을誹謗ᄒᆞ며사ᄅᆞᆷ의過失을摘發ᄒᆞ야名譽ᄅᆞᆯ損傷케ᄒᆞᆷ을됴화ᄒᆞᄂᆞᆫ故로一洞中이모다그사ᄅᆞᆷ을뮈워ᄒᆞ더라

接隣에李應善이라ᄒᆞᄂᆞᆫ商業家가잇ᄂᆞᆫᄃᆡ爲

人이正直ᄒᆞ야一人도是非ᄒᆞᄂᆞᆫ이가업ᄂᆞᆫ지라그러나應善의祖父가일즉이不正ᄒᆞᆫ秤錘로써銀을賣買ᄒᆞᆫ일로罰을當ᄒᆞᆫ일이잇셧더니이少年은恆常이일을드러말ᄒᆞ야應善을嘲笑ᄒᆞ더라。

ᄯᅩ同里에張九容이라ᄒᆞᄂᆞᆫ農夫가잇ᄂᆞᆫᄃᆡ不幸히中年에他債ᄅᆞᆯ勘報치못ᄒᆞᆫᄶᅢ으로一時破產을當ᄒᆞ엿스나그後에商業에勤勉ᄒᆞ야다시家產이豐饒ᄒᆞᆷ으로以前의負債ᄅᆞᆯ다淸帳ᄒᆞ니사ᄅᆞᆷ마다九容을稱讚안ᄂᆞᆫ이업스

되이少年은至今도오히려破産ᄒᆞ던써의일을말ᄒᆞ야九容을辱ᄒᆞ더라。

이少年이若此히남의不美ᄒᆞᆫ일을摘發ᄒᆞ며또虛無ᄒᆞᆫ말을做出ᄒᆞ야사ᄅᆞᆷ의名譽ᄅᆞᆯ傷케ᄒᆞᄂᆞᆫ일이만흔즉누가이사ᄅᆞᆷ과交遊ᄒᆞ기ᄅᆞᆯ즐겨ᄒᆞ리오人心을크게일허이마을에셔살기어려온故로드ᄃᆡ여父母之鄕을ᄯᅥ나게되엿ᄂᆞ니라。

他人의일을됴치안케말ᄒᆞ면畢竟은남에게뮈음을밧고自己도亦是됴치안은말을듯ᄂᆞᆫ

도다。

사ᄅᆞᆷ의名譽ᄂᆞᆫ生命財産보담도所重ᄒᆞᆫ지라。名譽ᄅᆞᆯ爲ᄒᆞ야生命을앗기지안ᄂᆞᆫ사ᄅᆞᆷ도잇ᄂᆞ니自己의名譽ᄅᆞᆯ重히넉임과ᄀᆞᆺ치남의名譽ᄅᆞᆯ重히넉여決斷코損傷치말지니라

너가남의名譽ᄅᆞᆯ重히넉이면남이또ᄒᆞᆫ너名譽ᄅᆞᆯ重히넉이고너가남의名譽ᄅᆞᆯ헐면남이또ᄒᆞᆫ너名譽ᄅᆞᆯ허ᄂᆞ니「出乎爾者ㅣ反乎爾」라ᄒᆞᄂᆞᆫ녯말을銘心ᄒᆞᆯ지어다。

第七課　眞正ᄒᆞᆫ勇者

爭鬪를嗜好홈은血氣之勇이니君子의貴히녁이는바ㅣ아니라。諸子는임의藺相如와廉頗의事蹟을알지로다。廉頗가藺相如의下位에居홈을憤怒ᄒᆞ야機會를엇으면辱ᄒᆞ고져홈을藺相如가듯고相逢ᄒᆞ기를不肯ᄒᆞ니라藺相如가廉頗를畏忌홈이아니라。趙는弱小ᄒᆞᆫ나라이오秦은強大ᄒᆞᆫ나라이라。그러나秦이敢히趙國을來攻치못홈은나와廉頗가잇슴이라。이제우리二人이相爭ᄒᆞ야서로反目ᄒᆞ면趙國은滅亾ᄒᆞ리라싱각홈이러라。廉頗

의無禮ᄒᆞᆫ擧動을보고藺相如인들엇지ᄆᆞ옴에快히녁엿스리오만은國家를爲ᄒᆞ야一己의私憤을抑制홈이러라。廉頗도이말을듯고크게붓그러워ᄒᆞ야藺相如를訪問ᄒᆞ고謝罪ᄒᆞ엿다ᄒᆞ니。藺相如와ᄀᆞᆺ흔사ᄅᆞᆷ은眞正ᄒᆞᆫ勇者이로다。

世間에往往히膂力의過人홈을밋고瞋目揚臂ᄒᆞ며高聲大語로他人을罵詈ᄒᆞ야勇者로自居ᄒᆞ는者ㅣ잇스나이는田夫野人의行動이오士君子의行홀바ㅣ아니니라

江河를건너는디는船隻이아니면不可ᄒᆞ고豺狼을잡는디는銃彈이아니면不可ᄒᆞ나그러ᄒᆞ나勇者이라船隻을焉用이며銃彈을何要오ᄒᆞ는者ㅣ잇스면이는勇者ㅣ아니오愚者ㅣ라ᄒᆞᆯ지로다。孔子도「暴虎憑河死而無悔者吾不與也」ㅣ라ᄒᆞ셧는지라。무ᄉᆞᆷ일이던지順序와方法이必有ᄒᆞ리니일에臨ᄒᆞ거던深思遠慮ᄒᆞ야最善ᄒᆞᆫ方法을擇ᄒᆞ야成功ᄒᆞ기를期必ᄒᆞ고成功치못ᄒᆞ면마지안는사름을眞正ᄒᆞᆫ勇者ㅣ라ᄒᆞᄂᆞ니라

第八課　君子의競爭

春期大運動會에各學校의學徒數千名이會集ᄒᆞ얏는디其中에서健步者三十名을擇ᄒᆞ야三百步競走를식힐ᄉᆡ壽童이最先으로疾風과ᄀᆞᆺ치走去ᄒᆞ고貞童은其次에走去ᄒᆞ니二人의사이는겨오三尺에지나지못ᄒᆞ는지라。觀光人들은누가一等賞을탈가ᄒᆞ야萬目이注視ᄒᆞ더라「壽童々々」이라고부르는者도잇고「貞童々々」이라고소리지르는者도잇는디。二人은專心全力으로一等을相爭ᄒᆞ더라。

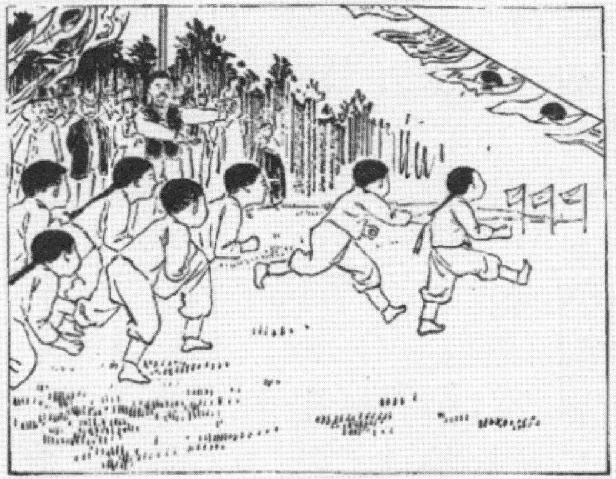

此際에貞童이右手로너미러壽童의總髮을잡아다려뒤로물니치고壽童보담압섯는지라。이것을아지못ᄒᆞᄂᆞᆫ者ᄂᆞᆫ「貞童일다貞童일다」ᄒᆞ며拍手喝采ᄒᆞ거놀。貞童은一等賞을탈줄로알고得意揚揚ᄒᆞ더라

그러나審判官은貞童의卑劣ᄒᆞᆫ行動을뮈워ᄒᆞ야一等賞인즉壽童에게주고貞童은當日의運動을禁止ᄒᆞᆯᄲᅮᆫ아니라一週間學校에留置ᄒᆞᆷ을命ᄒᆞ엿더라。

運動과學業과其他凡事에競爭ᄒᆞᆷ은公明正大히ᄒᆞᆯ지라。公明正大히ᄒᆞ면競爭은ᄀᆞ장尊崇ᄒᆞᆯ만ᄒᆞ도다。다만自己의勝利를엇기爲ᄒᆞ야他人을妨害ᄒᆞᆷ이貞童과ᄀᆞᆺ흔者ᄂᆞᆫ取ᄒᆞ지말지니라。他人을妨害ᄒᆞ고得勝ᄒᆞᆷ은참으로得勝ᄒᆞᆷ이아니니무엇이ᄆᆞᄋᆞᆷ에快ᄒᆞ리오。他

人을妨害ᄒᆞ지말고도로혀援助ᄒᆞ야그能力잇ᄂᆞᆫ디로行ᄒᆞ게ᄒᆞ고自己도能力잇ᄂᆞᆫ디로行ᄒᆞ야서로爽快ᄒᆞ게競爭홈을君子의競爭이라ᄒᆞᄂᆞᆫ도다。

運動會에셔도自己와競爭ᄒᆞᄂᆞᆫ者에게對ᄒᆞ야疾走ᄒᆞᄂᆞᆫ秘方ᄭᆞ지라도ᄀᆞᄅᆞ처주고競走홈이可ᄒᆞ도다。如此히ᄒᆞᆫ後에라ᄂᆞᆫ一等賞은眞正ᄒᆞᆫ一等이라。만일이일로因ᄒᆞ야二等三等이되엿스면自己의能力이오히려他人의게밋지못홈이니더옥勉强홀ᄯᆞ롬이라。學業도ᄯᅩᄒᆞᆫ이와다름이업도다。

第九課　寬大

宋時의呂蒙正은極히寬大ᄒᆞᆫ사ᄅᆞᆷ이라他人에게無禮홈을밧을지라도조곰도介意치아니ᄒᆞ더라。처음에參知政事가되여入朝홀서簾內에一朝士가倨坐ᄒᆞ야呂氏ᄅᆞᆯᄀᆞᄅᆞ치며「如此竪子도亦是參政乎」아ᄒᆞ고嘲笑ᄒᆞᄂᆞᆫ지라。

呂氏ᄂᆞᆫ聽而不聞ᄒᆞ고過去ᄒᆞᄂᆞᆫ지라。同列에잇던諸人이그朝士의無禮홈을憤히넉여그

官位와姓名을探索ᄒᆞ야詰責코져ᄒᆞ니呂氏가挽止ᄒᆞ다。

退朝ᄒᆞᆫ後에도同列에잇ᄂᆞᆫ諸人이오히려詰問치아니ᄒᆞᆷ을後悔ᄒᆞ거ᄂᆞᆯ。呂蒙正이ᄀᆞᆯᄋᆞᄃᆡ「ᄒᆞᆫ번그姓名을알면終身토록닛지못ᄒᆞᆯ지니차라리처음부터아지못ᄒᆞᄂᆞᆫ이만ᄀᆞᆺ지못ᄒᆞ고ᄯᅩ그姓名을探索ᄒᆞ야詰責ᄒᆞᆫ덜무엇에有益ᄒᆞ리오」ᄒᆞ니이말을人人相傳ᄒᆞ야그寬大ᄒᆞᆷ을敬服ᄒᆞ더라。

古人이有言曰「怒ᄒᆞᄂᆞᆫ사ᄅᆞᆷ은易與호ᄃᆡ怒ᄒᆞ

지안ᄂᆞᆫ사ᄅᆞᆷ이可恐ᄒᆞᆯ지라」ᄒᆞ엿스니果然이로다。度量이寬大ᄒᆞ야容易히怒ᄒᆞ지안ᄂᆞᆫ사ᄅᆞᆷ을對ᄒᆞ면自然畏敬ᄒᆞᆯᄉᆡᆼ각이나ᄂᆞᆫ도다。路上에서肩臂가相摩ᄒᆞᆯ지라도忽然히怒氣가滿面ᄒᆞ야사ᄅᆞᆷ을大聲叱咤ᄒᆞᆷ은賤丈夫의行爲인즉君子ㅣ甚히붓그려워ᄒᆞᄂᆞ니라。

사ᄅᆞᆷ이或時自己ᄅᆞᆯ對ᄒᆞ야無禮ᄒᆞᆫ言行이잇슬지라도徐徐히그所以然을窮究ᄒᆞᆫ즉一時无妄之過에나옴이만토다。婢僕等이그主人의게服事ᄒᆞᆷ에戰々兢々ᄒᆞ야猶恐失之ᄒᆞ거

ᄂᆞᆯ細瑣ᄒᆞᆫ일에도怒ᄒᆞ야叱責ᄒᆞᄂᆞᆫ사ᄅᆞᆷ이잇ᄂᆞᆫ지라。이ᄂᆞᆫ自己의威嚴을損傷ᄒᆞ야他人의輕侮ᄅᆞᆯ自招ᄒᆞᆷ이니라。

子貢이孔子ᄭᅴ뭇ᄌᆞ오ᄃᆡ「一言이可히終身토록行ᄒᆞᆯ者ㅣ잇ᄂᆞᆫ닛가」孔子ㅣᄀᆞᆯᄋᆞ사ᄃᆡ「恕」라ᄒᆞ셧ᄉᆞ니能히容恕ᄒᆞ면怒ᄒᆞᆷ이稀少ᄒᆞ니라。

第十課 愚人의迷信一

懦㤼ᄒᆞᆫ사ᄅᆞᆷ이잇서暗夜에幽寂ᄒᆞᆫ곳을行過ᄒᆞᆯ서頸長頭大ᄒᆞᆫ一妖怪가道傍垣上에蹲坐ᄒᆞ야睨視ᄒᆞ거ᄂᆞᆯ甚히驚㤼ᄒᆞ야집헛던短

杖으로써猛打ᄒᆞ고急히走歸ᄒᆞ다。翌日에友人을對ᄒᆞ야자랑ᄒᆞ되「나ᄂᆞᆫ昨夜에途中에서妖怪ᄅᆞᆯ맛나一棒으로打殺ᄒᆞ엿노라」ᄒᆞᄂᆞᆫ지라。그友人이異常히ᄉᆡᆼ각ᄒᆞ고그사ᄅᆞᆷ과同伴ᄒᆞ야該處에往見ᄒᆞᆫ즉垣上에잇던匏子가二片으로ᄭᆡ여져半分은地上에ᄯᅥ러지고半分은垣上에걸녓ᄂᆞᆫ지라。그사ᄅᆞᆷ이비로소妖怪가아니오匏子인줄알고赧色이滿面ᄒᆞ엿더라。

무릇此世에妖怪나鬼魔ᄅᆞᆯ보앗다ᄒᆞᆷ은다그

사ᄅᆞᆷ과ᄀᆞ치自己의ᄆᆞ옴의迷惑으로좃차ᄉᆡᆼ긴것이니라。勇氣잇고正大ᄒᆞᆫ사ᄅᆞᆷ中에ᄂᆞᆫ妖怪나鬼魔ᄅᆞᆯ보앗다ᄒᆞᄂᆞᆫ者ㅣ업ᄂᆞ니。이ᄂᆞᆫ妖怪가勇氣잇고正大ᄒᆞᆫ사ᄅᆞᆷ을두려워避ᄒᆞᆷ이아니라。그런怪物은分明히업ᄂᆞᆫ것이로ᄃᆡ懦㤼ᄒᆞᆫ사ᄅᆞᆷ의ᄆᆞ옴에ᄂᆞᆫ恐

懼ᄒᆞᆫᄉᆡᆼ각이가득ᄒᆞᆫ故로匏子도오히려妖怪와ᄀᆞ치보이ᄂᆞ니라。

또實노히怪物과ᄀᆞ치보이ᄂᆞᆫ물건도能히그根本을窮究ᄒᆞ면조곰도畏㤼ᄒᆞᆯ者ㅣ아니라。古塚이나破屋에셔靑光이보임은實狀잇ᄂᆞᆫ바이라。學問이업ᄂᆞᆫ사ᄅᆞᆷ은이것을鬼火로ᄉᆡᆼ각ᄒᆞ고畏㤼ᄒᆞ나그러나이ᄂᆞᆫ人骨이나其他腐敗ᄒᆞᆫ物件에셔나ᄂᆞᆫ燐이라稱ᄒᆞᄂᆞᆫ것이라。燐은能히타ᄂᆞᆫ것인ᄃᆡ셕냥을製造ᄒᆞᄂᆞᆫᄃᆡ燐을쓰ᄂᆞ니。무엇을足히恐㤼ᄒᆞ리오。

第十一課 愚人의迷信二

妖恠나鬼魔ᄲᅮᆫ아니라星宿를보고吉凶을占ᄒᆞ며掌紋을보고禍福을論ᄒᆞ며祈禱로病을다ᄉᆞ리고져ᄒᆞ며大旱에祈雨祭를지너여비를엇ᄂᆞᆫ줄로밋음이愚人中에最多ᄒᆞ니라。

엇던惑世誣民ᄒᆞᄂᆞᆫ者ㅣ잇서서家隅에神壇을設置ᄒᆞ고거긔祈禱ᄒᆞ면靈驗이神奇ᄒᆞ다ᄒᆞ고말ᄒᆞᄂᆞᆫ지라。近處의愚夫愚婦가所願ᄒᆞᄂᆞᆫ일이잇서祈禱를請ᄒᆞᆫ즉그祈禱者가神壇에올나가祈禱ᄒᆞ고少頃에神酒를담은酒瓶

에細短ᄒᆞᆫ木枝를血져노코ᄭᅮᆯᄋᆞ되「이木枝ᄂᆞᆫ神接ᄒᆞᆫ것이니손을다이지말고스ᄉᆞ로動ᄒᆞᆷ을보라」ᄒᆞ니사ᄅᆞᆷ사ᄅᆞᆷ이이것을驚訝ᄒᆞᄂᆞᆫ츠에못좀壁에둘넛던屛風이넘어지며酒瓶이橫倒ᄒᆞᆫ즉그속에無數ᄒᆞᆫ小魚가露出ᄒᆞᆫ지라。이에모든사ᄅᆞᆷ이木枝의

動搖ᄒᆞᆷ은小魚의힘인줄을알고크게怒ᄒᆞ야그祈禱者의欺人ᄒᆞᆷ을責ᄒᆞ며亂打ᄒᆞᄂᆞᆫ지라。祈禱者ᄂᆞᆫ苦痛ᄒᆞᆷ을難堪ᄒᆞ야既往부터各種方法으로欺人ᄒᆞᆷ을自服ᄒᆞ엿다ᄒᆞ니。巫卜等이사ᄅᆞᆷ을迷惑케ᄒᆞᆷ은大槩이와ᄀᆞᆺ흔것이라足히밋지못ᄒᆞᆯ지니라。

無論某事ᄒᆞ고理致업ᄂᆞᆫ일에迷眩ᄒᆞ야信仰ᄒᆞᆷ을迷信이라ᄒᆞᄂᆞ니。學問과智識이업ᄂᆞᆫ사ᄅᆞᆷ은迷信에ᄲᅡ지기쉬운지라。엇더ᄒᆞᆫ나라에던지學問이發達치못ᄒᆞᆫ時代에ᄂᆞᆫ迷信ᄒᆞᄂᆞᆫ

者ㅣ만ᄒᆞ셔今日에ᄂᆞᆫ三尺童子라도밋지아니ᄒᆞᆯ일을밋엇스나學問의進步ᄅᆞᆯ隨ᄒᆞ야迷信者가漸減ᄒᆞᄂᆞ니라。

「邪不犯正」이라ᄒᆞᄂᆞᆫ古言이잇스니。무릇奇怪ᄒᆞᆫ일을말ᄒᆞᄂᆞᆫ者ㅣ잇거던輕信치말고그理致의正邪ᄅᆞᆯ求ᄒᆞᆯ지라。愚人은事物의理致ᄅᆞᆯ未解ᄒᆞ고사ᄅᆞᆷ의말을輕信ᄒᆞᄂᆞᆫ故로正理에不當ᄒᆞᆫ일에도迷惑ᄒᆞᄂᆞ니라。

孔子曰知者不惑

第十二課　慈善

日本國東北地方에서歉年을當ᄒᆞ야五穀이不熟ᄒᆞᆫ일이잇ᄂᆞᆫ데그地方의人民이冬節에이르러衣食을求ᄒᆞ지못ᄒᆞ야凍餒ᄅᆞᆯ免치못ᄒᆞᄂᆞᆫ지라。

其時에鈴木이라ᄒᆞᄂᆞᆫ사ᄅᆞᆷ이잇ᄂᆞᆫ데元來慈善家이라。家勢가富饒ᄒᆞᆫ故로財産을蕩盡ᄒᆞ야貧民을救助ᄒᆞᆫ지라。鈴木의妻도그良人의慈善心에感動ᄒᆞ야自己의衣服과櫛笄ᄅᆞᆯ沒數히賣却ᄒᆞ야貧民救助ᄒᆞᄂᆞᆫ資金을補充ᄒᆞ더라。鈴木이一女ᄅᆞᆯ두엇ᄂᆞᆫ데年甫十五歲러

라。一日은雪積風寒ᄒᆞᆫ데一少女가藍縷ᄒᆞᆫ單衣ᄅᆞᆯ닙고全身을戰慄ᄒᆞ며門外에佇立ᄒᆞ야밥을비ᄂᆞᆫ지라。鈴木少女ᄂᆞᆫ이것을보고慇憐ᄒᆞᆫ情을不禁ᄒᆞ야自己의닙은바衣服一件을버셔셔乞人을주고져ᄒᆞ거ᄂᆞᆯ。그父母ᄂᆞᆫ少女

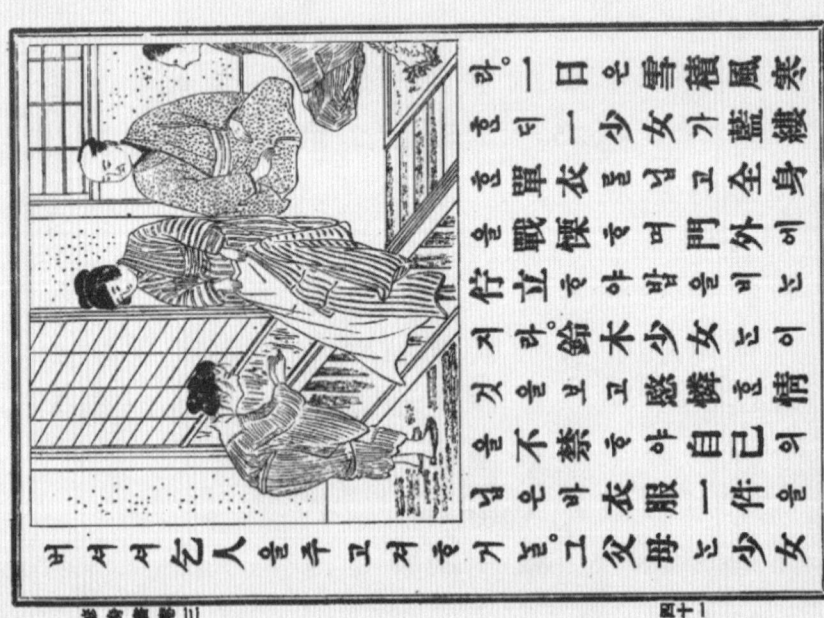

의慈悲心을奇特히녁이나試驗ᄒᆞᄂᆞᆫ말노무
르되「네衣服도임의貧民의게다주고겨오二
件이남엇ᄂᆞᆫᄃᆡ이제一件을ᄯᅩ더少女에게주
면너ᄂᆞᆫ嚴冬에장ᄎᆞᆺ엇지ᄒᆞ랴ᄒᆞᄂᆞ뇨」ᄒᆞᆫᄃᆡ。少
女가對答ᄒᆞ되「뎌可憐ᄒᆞᆫ女兒의寒苦ᄅᆞᆯ보고
홀로暖衣ᄅᆞᆯ닙음은人情에不忍ᄒᆞᆫ바이오ᄯᅩ
只今은冬節이다갓ᄂᆞᆫ즉不過幾日에氣候가
溫暖ᄒᆞ리라」ᄒᆞ고一件의衣服을脫與ᄒᆞᆫ지라。
뎌乞兒ᄂᆞᆫ鈴木少女의恩義ᄅᆞᆯ感激히녁여울
며ᄯᅡ에업ᄃᆞ려無數히謝禮ᄒᆞ엿다ᄒᆞ니그父

母와그女兒ᄂᆞᆫ此世에稀貴ᄒᆞ다고사ᄅᆞᆷ마다
稱善ᄒᆞ니라。

ᄉᆞᄉᆞ로勤勞치아니ᄒᆞ고ᄒᆞᆫ갓他人에게衣食
을哀乞ᄒᆞᆷ必要가업스나天災疾病等不意의
災難을當ᄒᆞ야困窮에ᄲᅡ진者ᄅᆞᆯ救助ᄒᆞᆷ은吾
人의義務라。무릇貧困ᄒᆞᆫ者와可矜ᄒᆞᆫ者ᄅᆞᆯ救
助ᄒᆞᆷ을慈善이라ᄒᆞᄂᆞ니。慈善이라ᄒᆞᄂᆞᆫ것은
金錢이나物品을惠與ᄒᆞᄂᆞᆫ것ᄲᅮᆫ아니라憐愛
ᄒᆞᄂᆞᆫ情으로親切ᄒᆞᆷ을다ᄒᆞᆷ도亦是慈善이니
라。

第十三課 節制

身體健康은萬事의根本이라身體가健康치못ᄒᆞ면忠臣도能히忠을다ᄒᆞ지못ᄒᆞ고孝子도能히孝를다ᄒᆞ지못ᄒᆞᆯ지라。身體의健康을保全코져ᄒᆞ면飮食을節制ᄒᆞᆷ이ᄀᆞ장緊要ᄒᆞ도다。口腹의慾心을制御ᄒᆞ고飮食을節操잇게먹음을節制라云ᄒᆞᄂᆞᆫ지라。호란그린은十二德中에節制를第一로녁엿스니。節制다음의切要ᄒᆞᆫ것은運動이니라。

녯적和蘭國에ᄒᆞᆫ富人이잇ᄂᆞᆫᄃᆡ每日아모일

도ᄒᆞ지안코珍羞盛饌으로縱慾飽食ᄒᆞ더니身體가漸漸肥胖ᄒᆞ야必也에苦痛을不堪ᄒᆞ게되엿ᄂᆞᆫ지라。醫師가節食運動ᄒᆞᆷ을忠告ᄒᆞ나一向聽치아니ᄒᆞ더라。千里遠方에良醫잇슴을듯고書札을보ᄂᆡ여治療를請ᄒᆞ엿더니。醫師ᄂᆞᆫ그사ᄅᆞᆷ의書札을보고運動과節制의不足ᄒᆞᆷ을알고卽時答書ᄒᆞ되「이ᄂᆞᆫ腹中에恠惡ᄒᆞᆫ蟲이發生ᄒᆞᆷ이니스ᄉᆞ로와셔治療를밧으라、車馬를타면病勢가漸重ᄒᆞ리니ᄇᆞᆫᄃᆞ시徒步로오라」ᄒᆞ엿더라。

그사ᄅᆞᆷ이醫師의말을信聽ᄒᆞ고發程ᄒᆞ엿스나처음날에ᄂᆞᆫ겨오二三十里ᄅᆞᆯ行ᄒᆞ야旅館에投宿ᄒᆞ엿더니日數가더ᄒᆞᄂᆞᆫᄃᆡ로身體의肥胖ᄒᆞᆷ이稍減ᄒᆞ고精神이爽快ᄒᆞ더니醫師의집에到達ᄒᆞᆯ써ᄂᆞᆫ病勢가거진快差ᄒᆞᆫ지라。醫師가이것을보고우ᄉᆞ며ᄀᆞᆯᄋᆞᄃᆡ「貴下의腹中에잇ᄂᆞᆫ惡蟲은旅行中에節制와運動을因ᄒᆞ야다죽엇도다」ᄒᆞ니그사ᄅᆞᆷ이비로소醫師의말을써닷고醫師의忠告ᄅᆞᆯ聽從ᄒᆞ야飲食을節制ᄒᆞ고每日運動을不怠ᄒᆞ엿더니身體

가至極히健康ᄒᆞ야八十享壽ᄅᆞᆯᄒᆞ엿다ᄒᆞᄂᆞ니라。

이말을드ᄅᆞᆯ진ᄃᆡ節制와運動이如何히必要ᄒᆞᆫ줄을알지로다。다만室內에서起臥ᄒᆞ야運動도ᄒᆞ지안코飲食만貪ᄒᆞᄂᆞᆫ者ᄂᆞᆫ自己의身體가所重ᄒᆞᆷ을아지못ᄒᆞᄂᆞᆫ사ᄅᆞᆷ이라。口腹의慾心을抑制치못ᄒᆞᆷ은甚히卑賤ᄒᆞᆯ섇아니라이일로因ᄒᆞ야身體의健康을害ᄒᆞ야人臣人子人弟人婦의本分을能히다ᄒᆞ지못ᄒᆞ면不德의罪ᄅᆞᆯ免치못ᄒᆞᆯ지니라。

普通學校學徒用 修身書卷三終

光武十一年二月一日發行
隆熙二年三月一日再版
隆熙三年三月一日三版
隆熙三年五月五日四版
隆熙四年八月廿日五版

定價金拾錢

學部

三省堂書店印刷

영인

보통학교 학도용 수신서 권4

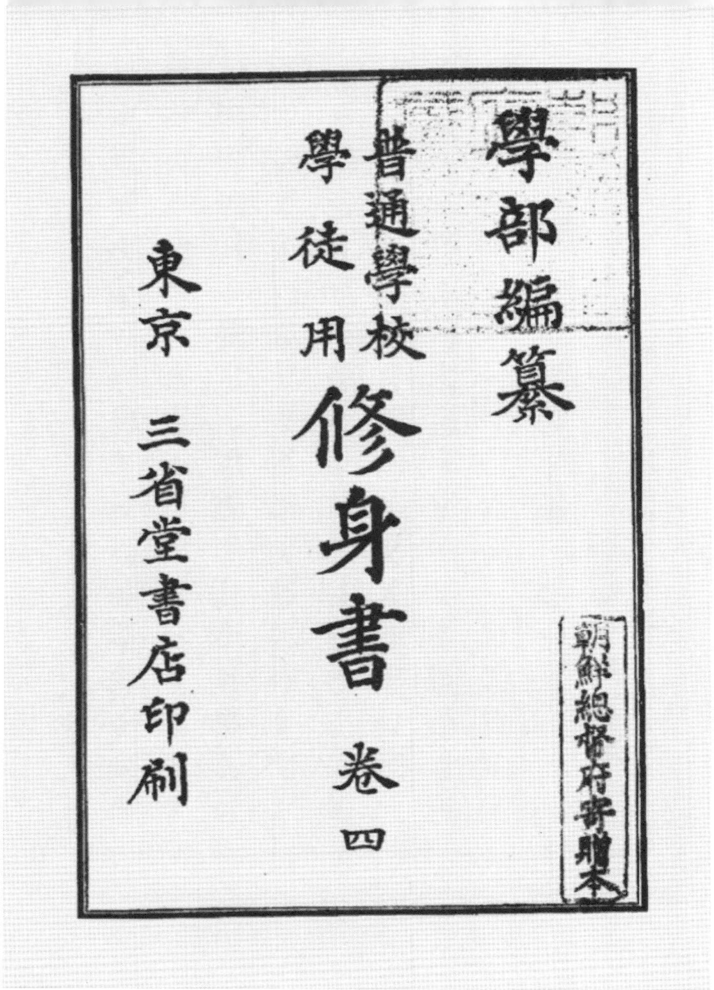
學部編纂
普通學校
學徒用
修身書 卷四
東京 三省堂書店印刷
朝鮮總督府寄贈本

目錄

普通學校學徒用

修身書卷四

第一課　獨立自營

西洋某都會에少年二人이잇ᄂᆞᆫᄃᆡ、一人은富家에生長ᄒᆞ고一人은貧家에生長ᄒᆞ엿더라。富家에生長ᄒᆞᆫ者ᄂᆞᆫ婢僕의使令이足ᄒᆞ야무ᄉᆞᆷ일이던지自手로ᄒᆞ지안코極히安樂ᄒᆞ게生活ᄒᆞ며貧家에生長ᄒᆞᆫ者ᄂᆞᆫ幼少ᄒᆞᆫ셔로브터父母의生計ᄅᆞᆯ助力ᄒᆞ기爲ᄒᆞ야諸般困苦ᄅᆞᆯ備嘗ᄒᆞ더라。然故로富家의少年은貧家의少年을卑賤히넉이고貧家의少年은富家의

少年을欽羨히녁이더니、二人이다長成ᄒᆞ야各々一家의産業을主管ᄒᆞᆷ에밋처ᄂᆞᆫ富家ᄂᆞᆫ奢侈ᄒᆞ며放蕩ᄒᆞᆫ所致로家産이零星ᄒᆞ야田宅과什物을漸次放賣ᄒᆞ고畢竟은糊口가極難ᄒᆞᆷ에이르고。貧家ᄂᆞᆫ勤勉ᄒᆞ며節儉ᄒᆞᆫ結果로財寶ᄅᆞᆯ蓄積ᄒᆞ야그少年이四十歲된ᄯᅢ에ᄂᆞᆫ城內의有數ᄒᆞᆫ財産家가되야婢僕의使令도足ᄒᆞ더라。

大凡사ᄅᆞᆷ은各其業務에勉勵ᄒᆞ야獨立自營ᄒᆞᄂᆞᆫ道ᄅᆞᆯ講究치아니치못ᄒᆞᆯ지로다。父兄의

遺業이나親舊의援助ᄅᆞᆯ依賴ᄒᆞ고遊衣遊食ᄒᆞᆷ은人世의ᄆᆞ장卑賤ᄒᆞᆫ者ㅣ니라。

年紀가長成ᄒᆞᆫ後에獨立自營ᄒᆞᄂᆞᆫ사ᄅᆞᆷ이되고져ᄒᆞᆯ진ᄃᆡ幼時로부터勤勞ᄒᆞᄂᆞᆫ習慣을養成ᄒᆞᆷ이必要ᄒᆞ도다。ᄒᆞᆫ갓他人을依恃ᄒᆞ면스ᄉᆞ로勉勵ᄒᆞᄂᆞᆫ氣力을일코行ᄒᆞ기쉬온일도行치못ᄒᆞᄂᆞᆫᄃᆡ이르ᄂᆞ니무ᄉᆞᆷ일이던지自爲ᄒᆞᄂᆞᆫ사ᄅᆞᆷ은氣力이漸々擴充ᄒᆞ야行키어려온일이라도容易히行ᄒᆞ게되ᄂᆞ니라。

富貴家에生長ᄒᆞᆫ者ᄂᆞᆫ凡事ᄅᆞᆯ婢僕으로ᄒᆞ여

곰식히고自手로動作ᄒᆞᆯ必要가업ᄂᆞᆫ故로動
輒他人에게依賴ᄒᆞᆯᄆᆞᄋᆞᆷ이싱겨셔長成ᄒᆞᆫ後
에獨立自營을ᄒᆞ지못ᄒᆞᄂᆞ니人生의第一不
幸ᄒᆞᆫ바ᄂᆞᆫ富貴家에生長ᄒᆞᆷ이니라。
貧寒ᄒᆞᆫ사ᄅᆞᆷ의子孫은能히他人에게依賴치
못ᄒᆞ고무ᄉᆞᆷ일이던지自爲ᄒᆞ기에盡力ᄒᆞᄂᆞ
니幼時에ᄂᆞᆫ不幸ᄒᆞᆫ듯ᄒᆞ나長成ᄒᆞᆫ後ᄂᆞᆫ도로
혀貧寒ᄒᆞᆫ사ᄅᆞᆷ의子孫이幸福을享受ᄒᆞᄂᆞᆫ者
ㅣ만ᄒᆞ니라。

格言 皇天은自助ᄒᆞᄂᆞᆫ者ᄅᆞᆯ助ᄒᆞᆷ

第二課 職業

祖先의遺業으로衣食이裕足ᄒᆞ야아모일도
營爲치안코悠々히歲月을空費ᄒᆞᄂᆞᆫ者ᄅᆞᆯ無
賴輩라稱ᄒᆞᄂᆞ니、人世에ᄀᆞ장卑賤ᄒᆞᆫ者이라。
사ᄅᆞᆷ은各々一定ᄒᆞᆫ職業에從事ᄒᆞᆷ이可ᄒᆞ니
라。
職業의種類ᄂᆞᆫ許多ᄒᆞᆫ지라。사ᄅᆞᆷ은所好와所
長을ᄯᆞ라셔職業을擇ᄒᆞᆯ지니。職業에ᄂᆞᆫ貴賤
과尊卑의差別이업ᄂᆞ니라。
世上에셔ᄂᆞᆫ商工業等의職業에從事ᄒᆞ야ᄉᆞ

ᄉᆞ로勞力홈을賤ᄒᆞ게녁이ᄂᆞᆫ者ㅣ잇스나이ᄂᆞᆫ큰弊風이로다。如何ᄒᆞᆫ職業에던지克勤克勉ᄒᆞ야社會에有益케ᄒᆞ고國家에有利케ᄒᆞ면그사ᄅᆞᆷ은尊敬ᄒᆞᆯ만ᄒᆞᆫ사ᄅᆞᆷ이라。부잘업시他人의職業을欽羨ᄒᆞ야自己의智力을量度치못ᄒᆞ고強行코져홈은極히危險ᄒᆞ니라。

ᄯᅩ父母의意見과家族의事情도參考홈이可ᄒᆞ도다。自己의才能에適當ᄒᆞᆫ職業이라도父母의意見이나家族의事情에不合ᄒᆞ면從事ᄒᆞ지못ᄒᆞᆯ지니라。

愼重히職業을選定ᄒᆞᆫ以上에ᄂᆞᆫ輕々히變更ᄒᆞ지말고熱心으로業務에勉勵홈이可ᄒᆞ도다。些少ᄒᆞᆫ蹉跌로因ᄒᆞ야素志ᄅᆞᆯ變動홈은勇氣업ᄂᆞᆫ사ᄅᆞᆷ이니라。

第三課 共同

獨立自營은ᄀᆞ장尊重히녁일바이나그러나孤立獨行으로成事코져ᄒᆞ야秋毫도他人과共同치아니ᄒᆞ려홈은愚者라ᄒᆞᆯ지로다。孤立獨行으로ᄂᆞᆫ到底히成事키어려온바이라도數人이共同ᄒᆞ면容易히成功홈이만ᄒᆞ니라。

엇던老人이童子四五人을召集ᄒᆞ고棒子三本과松板一枚ᄅᆞᆯ주며ᄀᆞᆯᄋᆞ되「이棒子ᄅᆞᆯ세우고. 그우에이松板을언져보라」ᄒᆞ니童子들이滋味잇게녁여各其試驗ᄒᆞ나成功ᄒᆞᆫ者ㅣ업ᄂᆞᆫ지라。

少頃에童子一人이무엇을攄得ᄒᆞᆷ과ᄀᆞᆺ치「이러케ᄒᆞ면容易히세우겟다」ᄒᆞ고細繩으로三本棒子의中間을合束ᄒᆞ고棒子의兩端을開列ᄒᆞᆫ後에그우에松板을언졋더라。

다른童子들이처음에試驗ᄒᆞᆷ과ᄀᆞᆺ치棒子一

本식을세우고져ᄒᆞ면아모리窮理ᄒᆞ야도功效가업스나。이와ᄀᆞᆺ치三本을合束ᄒᆞᆫ즉能히세우고그우에松板을언졋ᄂᆞᆫ지라。

我等이世事ᄅᆞᆯ營爲ᄒᆞᆷ은다이와ᄀᆞᆺᄒᆞᆫ지라。各人이孤立獨行ᄒᆞ면成功키어려온일이라도共同力을合ᄒᆞ면事半功倍가되ᄂᆞ니라。
然則一家一村一鄕의同居ᄒᆞᄂᆞᆫ者ᄂᆞᆫ每事를서로合心協力ᄒᆞᆯ必要가잇도다。共同力으로相扶相助ᄒᆞᆷ은獨立自營ᄒᆞᄂᆞᆫ道에違背치아니ᄒᆞᆯᄲᅮᆫ아니라他人의扶助를밧ᄂᆞᆫ것보다他人을만히扶助ᄒᆞ면도로혀慈善의一部分이되ᄂᆞ니라。

第四課　公衆

人類ᄂᆞᆫ親戚과朋友를愛護ᄒᆞᆯᄲᅮᆫ아니라一般公衆을爲ᄒᆞ야利益을圖謀ᄒᆞ기에注意ᄒᆞᆯ지니라。
殿閣、寺院、公園等에서樹木이나花卉를折傷ᄒᆞ거나道路에서車馬와밋通行者의妨害가되게ᄒᆞᄂᆞᆫ等事ᄂᆞᆫ다公衆을ᄉᆡᆼ각지안ᄂᆞᆫ데서ᄉᆡᆼ기ᄂᆞ니라。
飮料水에汚物이나塵芥를ᄇᆞ리던지腐敗ᄒᆞᆫ物件을路上에棄置ᄒᆞ던지傳染病든者를隱蔽ᄒᆞ던지或은消毒預防等을厭避ᄒᆞᆷ이다公衆에게貽害ᄒᆞᄂᆞᆫ일이니라。
公共物이나官有物에對ᄒᆞ야損害를더ᄒᆞᆷ이

ᄀᆞ장不可ᄒᆞ니譬컨ᄃᆡ電信柱、郵便函、鐵道線路、道路、橋梁、堤堰等에惡戱ᄅᆞᆯᄒᆞ거나官衙、學校等建築物을汚穢케ᄒᆞᆷ은皆是公衆에貽害ᄒᆞᄂᆞᆫ바이니ᄇᆞᆫ다시謹愼ᄒᆞᆯ지니라。集會의時間을억의고衆人이稠坐ᄒᆞᆫ가온ᄃᆡ셔他人을排擠ᄒᆞ거나汽車나汽船가온ᄃᆡ에셔無禮ᄒᆞᆫ擧動을보임이다公衆에게貽害ᄒᆞᆷ이니可愼ᄒᆞᆯ바이로다。人海中雜沓ᄒᆞᆫ셰에老弱과不具者ᄅᆞᆯ扶助ᄒᆞ며危險ᄒᆞᆫ것을보고救護ᄒᆞ며其他自己의힘

이밋ᄂᆞᆫᄃᆡ로公衆을爲ᄒᆞ야盡力ᄒᆞᆷ이人類의義務라ᄒᆞᆯ지니라。

第五課 衛生

身體의健全ᄒᆞᆷ을爲ᄒᆞ야衛生이ᄀᆞ장必要ᄒᆞᆷ은我等의임의아ᄂᆞᆫ바이라。衛生은一身을爲ᄒᆞᆯ뿐아니라또ᄒᆞᆫ公衆을爲ᄒᆞ야注意ᄒᆞᆷ이可ᄒᆞ도다。無心히不潔物을淸渠가온ᄃᆡ投棄ᄒᆞ면下流의사ᄅᆞᆷ이마시고惡疾에걸니ᄂᆞᆫ일이잇ᄂᆞᆫ지라。一人의不愼으로말ᄆᆡ암아惡疫에걸녀셔親族이나隣人의게傳染되야數日間

에多數ᄒᆞᆫ人命을損失ᄒᆞ는弊端이不無ᄒᆞ도다。

엇더ᄒᆞᆫ村落의一女子가終日토록野外에셔耘田ᄒᆞ다가夕陽에歸家ᄒᆞ얏는ᄃᆡ卒然히全身이苦痛ᄒᆞ야人事를不省ᄒᆞ는지라。家族과隣人이會合ᄒᆞ야救護

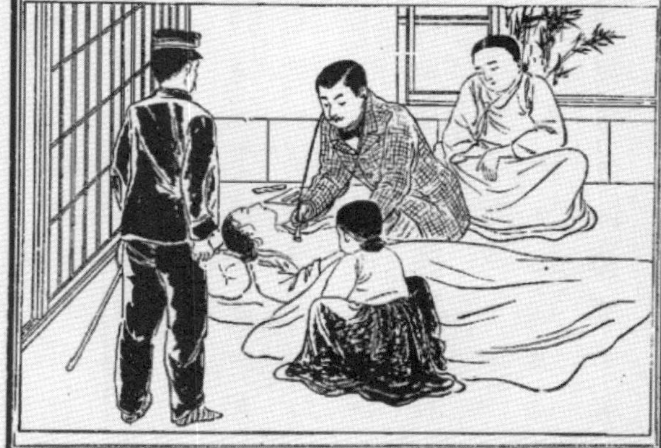

ᄒᆞ더니一日間에數人이同病에걸녓더라。近村의사ᄅᆞᆷ들이그말을듯고問病ᄒᆞ려오는者ㅣ連續不絶이러니그사ᄅᆞᆷ들에게도亦是傳染되야數日之內에死亾者ㅣ數十人에밋친지라。

警察署에셔이急報를듯고醫師를派遣ᄒᆞ야檢驗ᄒᆞᆫ즉베스도라稱ᄒᆞ는最惡ᄒᆞᆫ傳染病이러라。醫師는病人을避病院으로보니고家屋과什物은沒數히燒火ᄒᆞ야ᄇᆞ린後에야病毒을消滅ᄒᆞ엿다ᄒᆞ더라。

베스도外에도各種惡疾이잇스니虎列剌、瘟疫、痘疫等이라。傳染病의流行은衛生에注意ᄒᆞ지안음으로因ᄒᆞ야싱기ᄂᆞᆫ도다。故로各人이恆常衛生을重히녁여傳染病에걸니지안케ᄒᆞᆯ지니라。

痘疫은種痘로써預防ᄒᆞᆷ을엇ᄂᆞᆫ도다。文明諸國에셔ᄂᆞᆫ사ᄅᆞᆷ마다幼時에ᄇᆞᆫ다시種痘ᄅᆞᆯ식히ᄂᆞᆫ故로痘疫으로因ᄒᆞ야天命을夭折ᄒᆞ거나面上에痘痕잇ᄂᆞᆫ者ㅣ全無ᄒᆞ니라。我國에셔ᄂᆞᆫ오히려種痘의功效ᄅᆞᆯ아지못ᄒᆞᄂᆞᆫ者ㅣ

잇서셔兒童이痘疫으로死亾ᄒᆞᄂᆞᆫ者ㅣ만흐니慨歎ᄒᆞᆯ바이로다。

虎列剌ᄂᆞᆫ食物로因ᄒᆞ야싱기ᄂᆞᆫ病이라。사ᄅᆞᆷ마다各其飮食物에注意ᄒᆞ면이病을預防ᄒᆞ기어렵지안토다。平日에衛生을重히녁이고不幸히傳染病이들거던卽時警務署에馳報ᄒᆞ야그傳染ᄒᆞᆷ을防禦케ᄒᆞᆷ이可ᄒᆞ니라。만일이것을隱蔽ᄒᆞ엿다가多數ᄒᆞᆫ사ᄅᆞᆷ에게傳染케ᄒᆞ면이ᄂᆞᆫ칼로써殺人ᄒᆞᆫ것과다르지안으니라。

第六課 皇室

우리 皇室은 太祖高皇帝以來로 聖子
神孫이 五百年을 繼承ᄒᆞ야 우리 大韓帝國을
統治ᄒᆞ옵시ᄂᆞᆫ지라。盛衰治亂은 理數의 免키
어려온바인故로 變遷홈이 無常ᄒᆞ나 그러나
歷代列聖이 다 民俗을 敦化ᄒᆞ고 國威를 宣揚
홈에 宵旰惟憂ᄒᆞ옵시니라。輔弼之臣이 職責
을 다ᄒᆞ지못ᄒᆞ야 有司가 私利를 貪ᄒᆞ고 人民
의 疾苦를 不顧ᄒᆞᆫ일이 업지아니ᄒᆞ나 이ᄂᆞᆫ 列
聖의 聖心이 아니시니라。

我等의 祖先及我等이 世々로 皇室의 恩澤
을 厚蒙ᄒᆞ엿도다。故로 我等은 皇室을 尊奉
ᄒᆞ야 鴻恩의 萬一을 報答홈이 可ᄒᆞ도다
皇帝皇后兩陛下ᄂᆞᆫ 臣民의 父母이신즉 우리
臣民된者ᄂᆞᆫ 皇帝皇后兩陛下를 父母와 ᄀᆞᆺ
치 依仰ᄒᆞᆯ지로다。
孝子가 父母를 섬기ᄂᆞᆫ ᄆᆞ음으로써 國君을 섬
기면 忠臣이 될지라。故로 古昔브터 忠臣을 孝
子의 門에 求ᄒᆞ라ᄒᆞ니라。父母ᄂᆞᆫ 其子女의 安
寧幸福을 希望홈이 ᄀᆞ장 懇切ᄒᆞ도다。그러나

安寧幸福을求ᄒᆞᄂᆞᆫ道ᄂᆞᆫ修身齊家가本領이되ᄂᆞ니修身齊家ᄂᆞᆫ孝道의最大ᄒᆞᆫ者이라。口體之養은盡善盡美케ᄒᆞᆯ지라도修身齊家의道ᄅᆞᆯ行치못ᄒᆞ야父母에게貽憂ᄒᆞᆷ이잇스면不孝의罪ᄅᆞᆯ免키어려오니라。

皇帝陛下ᄭᅦ옵서日夜로宸襟을苦勞히ᄒᆞ심도亦是臣民의安寧幸福을求ᄒᆞ심이라。故로臣民이各其身家ᄅᆞᆯ修齊ᄒᆞ며職業에勤勉ᄒᆞ야스ᄉᆞ로安寧幸福의道ᄅᆞᆯ講ᄒᆞᆷ은곳
皇帝陛下의 聖意ᄅᆞᆯ仰體ᄒᆞᆷ이니忠君愛國

의道ᄂᆞᆫ此外에업ᄂᆞ니라。ᄒᆞᆫ갓口舌로ᄂᆞᆫ志士仁人이라稱ᄒᆞ고不正ᄒᆞᆫ行爲가잇거나四方에奔走ᄒᆞ야一事도實踐치안코人民의膏血을吸收ᄒᆞ야衣食을奢侈ᄒᆞᄂᆞᆫ者ᄂᆞᆫ亂臣이며賊子이니라。

然則我等이 皇室의鴻恩大德을奉答ᄒᆞ고陛下의忠良ᄒᆞᆫ臣民이되ᄂᆞᆫ道ᄂᆞᆫ修身齊家의外에他道가업ᄂᆞ니라。

第七課 良吏

大凡國家에百官을設置ᄒᆞ야庶政을分掌케

ᄒᆞᆷ은國民의安寧幸福을增進코져ᄒᆞᆷ이라。

國君은賢明ᄒᆞᆯ지라도九重에深居ᄒᆞ신지라。奸臣이君側에羅列ᄒᆞ야聰明을掩蔽ᄒᆞ면四境의民情을洞察치못ᄒᆞᄂᆞᆫ지라。엇지民情이廟堂之上에達ᄒᆞᆷ을엇으리오。故로 聖帝明王은百官을任命ᄒᆞᆷ에반다시正直ᄒᆞᆫ사ᄅᆞᆷ을擇ᄒᆞᄂᆞ니라。

官吏ᄂᆞᆫ億兆中에서擇ᄒᆞ야人民의儀表ᄅᆞᆯ삼ᄂᆞᆫ바이라。故로忠誠、公平、勤儉、廉直으로宗旨ᄅᆞᆯ삼아우ᄒᆞ로君王을輔佐ᄒᆞ고아ᄅᆡ로庶民

을撫愛ᄒᆞᆫ後에야可히良吏라稱ᄒᆞᆯ지라。若或長上에게阿諛ᄒᆞ야同僚ᄅᆞᆯ排擠ᄒᆞ고恩寵을獨專코져ᄒᆞᄂᆞᆫ者ᄂᆞᆫ不忠ᄒᆞᆫ奸臣이니라。親戚故舊ᄅᆞᆯ爲ᄒᆞ야法律을枉斷ᄒᆞ거나遺賂獻諂을因ᄒᆞ야吏務ᄅᆞᆯ左右ᄒᆞᄂᆞᆫ者ᄂᆞᆫ國家의罪人이오。

權勢ᄅᆞᆯ誇張ᄒᆞ기爲ᄒᆞ야驕奢ᄅᆞᆯ放縱히ᄒᆞ거나官職을濫用ᄒᆞ야私利ᄅᆞᆯ貪ᄒᆞᄂᆞᆫ者ᄂᆞᆫ人民의仇敵이로다。如此ᄒᆞᆫ者가國家의要職에居ᄒᆞ면綱紀가紊亂ᄒᆞ야政令이行치못ᄒᆞ고人

民이塗炭에ᄲᅡ져셔國家도ᄯᅩᄒᆞᆫ衰亡ᄒᆞ리
니엇지審愼치아니ᄒᆞ리오。

第八課　租稅

政府大臣以下에百執事들은人民을保護
ᄒᆞ야泰平히生活케ᄒᆞ고져ᄒᆞᆷ이라。
觀察使郡守等은地方民情을中央政府에報
告ᄒᆞ며中央政府의命令을遵行ᄒᆞ야人民의
便宜를務圖ᄒᆞᆯ지오。中央政府ᄂᆞᆫ觀察使郡守
의報告를綜合ᄒᆞ야民情을深察ᄒᆞ고人民의
幸福을增進고져ᄒᆞ야諸般施設에汲々ᄒᆞᄂᆞ

니라。
學校를廣設ᄒᆞ야人民을教育ᄒᆞ고裁判所를
分置ᄒᆞ야生命財產을保護ᄒᆞ며警察署가잇
셔셔不良ᄒᆞᆫ무리를懲戒ᄒᆞ며道路를開通ᄒᆞ
며橋梁을架設ᄒᆞ야交通을便利케ᄒᆞᆷ이다人
民의利益을爲ᄒᆞᆷ이니라。
此等事業에消費ᄒᆞᄂᆞᆫ財政은國家를爲ᄒᆞ야
必要ᄒᆞᆫ者이라。如此ᄒᆞᆫ經費를分擔ᄒᆞ야國民
이政府에納上ᄒᆞᄂᆞᆫ金錢을租稅라稱ᄒᆞᄂᆞ니。
我等人民은地位와財產을應ᄒᆞ야相當ᄒᆞᆫ租

稅를納上치아니치못홀지로다。租稅를免ᄒᆞ고져ᄒᆞ야官吏를欺罔ᄒᆞ거나納稅ᄒᆞᄂᆞᆫ期限을違越ᄒᆞᄂᆞᆫ者ᄂᆞᆫ決斷코忠良ᄒᆞᆫ人民의行치아니홀바이어ᄂᆞᆯ況乎官吏가되여政府와人民의사이에셔私橐을充肥ᄒᆞ면不忠의最甚ᄒᆞᆷ이니라。

第九課　公私의區別

唐時에張鎭國이라ᄒᆞᄂᆞᆫ사ᄅᆞᆷ이舒州都督이되엿ᄂᆞᆫᄃᆡ舒州ᄂᆞᆫ그故鄕이라。赴任ᄒᆞᆫ後에親戚과故舊를招待ᄒᆞ야盛宴을開設ᄒᆞ고談笑

歡飮ᄒᆞ기를布衣셰와ᄀᆞᆺ치ᄒᆞ더라。宴畢에特別히告ᄒᆞ야ᄀᆞᆯᄋᆞᄃᆡ너가今日에故人과歡飮홈을엇음은實로깃부나明日브터ᄂᆞᆫ舒州都督으로諸君을對ᄒᆞ리라ᄒᆞ고。厥後에ᄂᆞᆫ親戚과親友라도犯法ᄒᆞᄂᆞᆫ者ㅣ잇스면秋毫도容貸치아니ᄒᆞ니라。

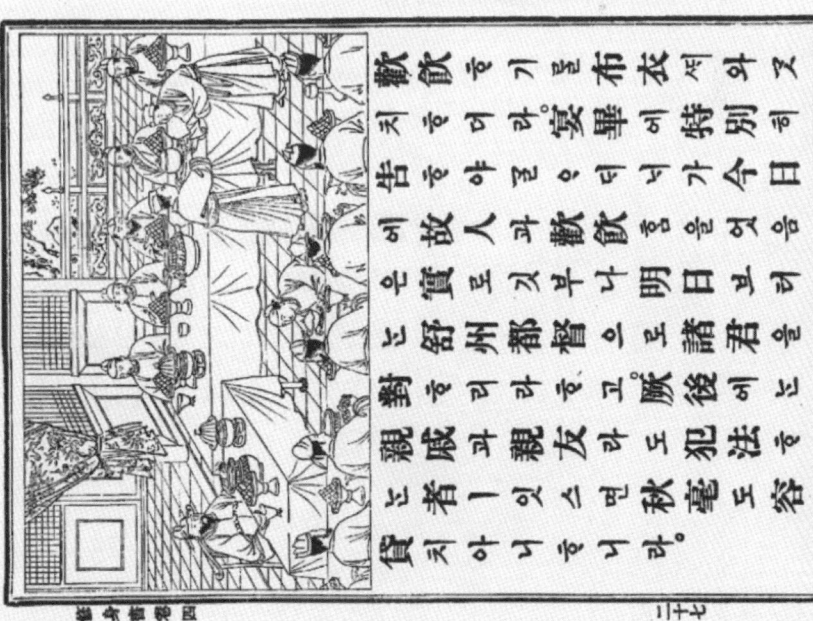

晉文公이其臣咎犯에게西河守될만ᄒᆞᆫ者를무른ᄃᆡ。咎犯이虞子羔를薦擧ᄒᆞ다。虞子羔는、咎犯의怨讐인故로文公이恠히녁여咎犯ᄃᆞ려무르되「虞子羔는卿의怨讐가아니냐」ᄒᆞᆫᄃᆡ咎犯이對答ᄒᆞ야ᄀᆞᆯᄋᆞᄃᆡ「王이西河守될만ᄒᆞᆫ者를下詢ᄒᆞ시기로그適任者를薦擧ᄒᆞᆯᄯᆞᄅᆞᆷ이로소이다。臣과虞子羔의일은全혀私事이니다」ᄒᆞ니라。

무릇官職에居ᄒᆞᆫ者ㅣᄀᆞ장審愼ᄒᆞᆯ바는公私의區別을分明케홈에잇ᄂᆞᆫ지라。人情은往々親疎를因ᄒᆞ야厚薄이不均ᄒᆞ고愛憎을因ᄒᆞ야褒貶이不公ᄒᆞᄂᆞ니。榮貴ᄒᆞᆫ몸으로써親戚故舊를不忘홈은美德이라ᄒᆞᆯ지라。그러나親愛로爲ᄒᆞ야公私의區別을紊亂케ᄒᆞ지아니홈은張鎭國과ᄀᆞᆺ치ᄒᆞᆯ지니라。

親疎로因ᄒᆞ야厚薄을偏施치아니홈은居官者의遵守ᄒᆞᆯ바이라。雖然이나國家를爲ᄒᆞ야讐敵이라도推擧홈을咎犯과ᄀᆞᆺ치홈은忠誠寬弘ᄒᆞᆫ君子로다。

第十課　博愛

英國에나이딩겔이라ᄒᆞᄂᆞᆫ婦人이잇스니。富家의女子이라。幼時로브터慈愛之心이만ᄒᆞ셔貧者를救助ᄒᆞ며病者를看護ᄒᆞ며不幸ᄒᆞᆫ者를慰恤ᄒᆞᆷ으로써第一樂事를삼ᄂᆞᆫ지라。

當時에英國上等社會의女子ᄂᆞᆫ衣服을華麗히ᄒᆞ야驕奢를相競ᄒᆞᄂᆞᆫ風俗이잇스나、나이딩겔은조곰도그風俗에물드지안코閑隙이잇스면病院과監獄에前往ᄒᆞ야病人과囚徒를慰問ᄒᆞ더라。

適其時에그리미야戰爭이라ᄒᆞᄂᆞᆫ劇烈ᄒᆞᆫ兵

燹이닐어나셔英佛兩國이聯合ᄒᆞ야露國을對抗ᄒᆞᆫ지라。又ᄎᆞᆷ盛暑를當ᄒᆞ야虎列刺가盛히流行ᄒᆞ야死者病者의數가夥多ᄒᆞᆫᄃᆡ本國을遠隔ᄒᆞᆫ戰地에醫師도업고看護도着實치못ᄒᆞ야兵士의困苦ᄒᆞᆷ이ᄀᆞ장甚ᄒᆞᆫ지라。

나이딩겔이이말을듯고慇憐ᄒᆞᆫ情을禁치못ᄒᆞ야同志의婦人三十四人을糾合ᄒᆞ야戰地에나아가病傷者를救護ᄒᆞ기에盡力ᄒᆞ엿도다。나이딩겔은晝夜로寢食을忘却ᄒᆞ고東奔西走ᄒᆞᆷ으로因ᄒᆞ야身體가疲勞ᄒᆞ야드듸여

成病ᄒᆞᆫ지라。於是에사ᄅᆞᆷ마다歸國ᄒᆞᆷ을勸ᄒᆞ되聽從치안코快復ᄒᆞᆷ을기ᄃᆞ려다시看護에從事ᄒᆞ니라。

이戰爭은ᄆᆞᆺ참ᄂᆡ英佛兩國이勝捷을엇으니나이팅겔도本國으로歸來ᄒᆞ다。英國女皇이나이팅겔을接見ᄒᆞ고그功勞를褒揚ᄒᆞ며一般國民도그博愛心을深感ᄒᆞ야나이팅겔의高名이世界에喧傳ᄒᆞ니라。

吾等이君臣、父子、兄弟、夫婦、朋友間에서로親愛ᄒᆞᆷ은已無暇論이고四海同胞를博愛ᄒᆞᆷ이

可ᄒᆞ도다。特別히貧者病者傷者不具者等은人世의ᄀᆞ장可憐ᄒᆞᆫ者인즉此를救助ᄒᆞᆷ은吾等의本分이라。나이팅겔과ᄀᆞᆺᄒᆞᆫ者ᄂᆞᆫ能히博愛의道를알앗다ᄒᆞᆯ지로다。

第十一課 動物待遇

나이팅겔의博愛心은禽獸에게ᄭᆞ지밋첫도다。

家內에一老僕이잇서셔犬一匹을愛養ᄒᆞᄂᆞᆫᄃᆡ。一日은悖惡ᄒᆞᆫ兒童들이그黃犬에게投石ᄒᆞ야足部를傷ᄒᆞ엿ᄂᆞᆫ지라。老僕은愛犬의苦

痛ᄒᆞᄂᆞᆫ貌樣을目不忍見ᄒᆞ야차랄히絞殺ᄒᆞ야그苦痛을업게ᄒᆞ고져ᄒᆞ더라。못ᄎᆞᆷ나이딩겔이이것을見ᄒᆞ고矜惻ᄒᆞᆫ情을能히禁치못ᄒᆞ야卽時溫湯으로犬足의傷處를淨洗ᄒᆞ고繃帶를감으며苦痛이오작ᄒᆞ라速히差道잇스리니忍耐ᄒᆞ라ᄒᆞ고慰

勞ᄒᆞᄂᆞᆫ言辭가사ᄅᆞᆷ을對ᄒᆞᆷ과ᄀᆞᆺ더라。數日을至誠으로救護ᄒᆞ더니黃犬의傷處가快差ᄒᆞᆫ지라。

四五日後에그黃犬이나이딩겔을보고나ᄂᆞᆫ다시走來ᄒᆞ야搖尾展足ᄒᆞ며그恩義를感謝ᄒᆞᄂᆞᆫ것ᄀᆞᆺ거ᄂᆞᆯ。老僕이그擧動을보고ᄀᆞᆯᄋᆞ되「ᄀᆡ가만일말을ᄒᆞᆯ줄알면얼마나致謝ᄒᆞ리오」ᄒᆞ니라。

東洋의녯聖人도恩惠가禽獸에게ᄭᆞ지밋첫다ᄒᆞ엿도다。무릇天地사이에稟生ᄒᆞᆫ者ᄂᆞᆫ다

生命을重히녁이고安樂을希望ᄒᆞᄂᆞ니。부잘업시禽獸蟲魚로困苦케ᄒᆞᆷ은不可ᄒᆞ도다。人類의飮食을供ᄒᆞ기爲ᄒᆞ야動物을捕殺ᄒᆞᆷ은不得已ᄒᆞᆫ일이오。또人畜에有害ᄒᆞᆫ動物을驅除ᄒᆞᆷ은必要ᄒᆞ도다。그러나必要가업시動物을殺傷ᄒᆞ거나困苦케ᄒᆞᆷ은可戒ᄒᆞᆯ지니라。牛馬에게非常ᄒᆞᆫ重卜을載去ᄒᆞ며鞭撻을頻加ᄒᆞᆷ도殘忍ᄒᆞ야看過치못ᄒᆞ겟도다。彼等은아모快樂도업시終日吾等을爲ᄒᆞ야勞役ᄒᆞᄂᆞ니엇지虐待ᄒᆞ리오。

第十二課 赤十字社

나이딩겔의行ᄒᆞᆫ바博愛事業은世界의人心을크게感動케ᄒᆞᆫ지라。其後墺地利國과伊太利國사이에戰爭이니러낫ᄂᆞᆫ디瑞士라ᄒᆞᄂᆞᆫ나라에쥬난이라ᄒᆞᄂᆞᆫ富人이잇ᄂᆞᆫ지라。나이딩겔의일을摸倣ᄒᆞ야同志와ᄀᆞᆺ치戰地에나아가砲烟彈雨를무릅쓰고病者傷者를救護ᄒᆞ야兩國兵士로ᄒᆞ여곰크게그恩惠를感泣케ᄒᆞ니라。

戰爭이結局된後에쥬난이四方에驅馳ᄒᆞ야

諸國의同意를엇어赤十字社를刱立ᄒᆞ니라。

「赤十字社의主旨는敵兵의兵士라도다그身命을國家에밧친者이라。瘡痍疾病을因ᄒᆞ야能히對戰치못홈에이르

면可憎ᄒᆞᆫ敵兵이아니오可敬ᄒᆞᆯ勇士이라。이를救護홈은吾人의本分이라」홈에잇도다。故로戰時를當ᄒᆞ야彼我를不問ᄒᆞ고傷者、病者를救護홈으로써目的을삼ᄂᆞᆫ도다。그徽章으로白質에赤十字의記號를用ᄒᆞᄂᆞᆫ故로本社의名稱을作ᄒᆞ니라。

至今은世界文明諸國이다赤十字社同盟에入參ᄒᆞᆫ지라。赤十字의徽章을佩用ᄒᆞ고赤十字社의任務에從事ᄒᆞᄂᆞᆫ者ᄂᆞᆫ戰地에잇셔도危害를더홈이업ᄂᆞᆫ故로赤十字社員은彼我

의陣地를不問ᄒᆞ고何處에던지들어가救護
ᄒᆞᆷ을엇ᄂᆞ니라。
赤十字社의創立은겨오四十年에不過ᄒᆞ나
博愛의恩惠에沾浴ᄒᆞᆫ者ᄂᆞᆫ其數가幾百萬인
지不知ᄒᆞᄂᆞᆫ도다。

第十三課　朋友

吾等은이學校에卒業ᄒᆞᆯ期限이不遠ᄒᆞ도다。
學校에工夫ᄒᆞᄂᆞᆫ동안은親愛ᄒᆞᄂᆞᆫ教師의訓
導를밧앗거니와至今브터ᄂᆞᆫᄒᆞᆯ노스ᄉᆞ로制
斷ᄒᆞ며스ᄉᆞ로修養ᄒᆞᆯ지라。다만相戒相教ᄒᆞᆯ

者ᄂᆞᆫ朋友ᄲᅮᆫ이로다。
「나모ᄂᆞᆫ方圓ᄒᆞᆫ器械를ᄯᆞ르고사ᄅᆞᆷ은善惡ᄒᆞᆫ
朋友에달녓다」ᄒᆞ니。恆常善友와交遊ᄒᆞ면不
識不知間에善人이되고惡友와交遊ᄒᆞ면何
時에던지惡人이되ᄂᆞ니朋友를擇取ᄒᆞᆷ에ᄀᆞ
장注意ᄒᆞᆯ지니라。
朋友ᄂᆞᆫ善事를勸勉ᄒᆞ고惡事를警戒ᄒᆞᆯᄲᅮᆫ아
니오吉凶禍福과喜怒哀樂을서로말ᄒᆞ며서
로깃버ᄒᆞᄂᆞᆫ지라。엇던사ᄅᆞᆷ이말ᄒᆞ기를「喜樂
이잇슬셰에이것을말ᄒᆞᆯ朋友가잇스면그喜

樂이倍勝ᄒᆞ고憂苦가잇슬셰에이것을말ᄒᆞᆯ朋友가잇스면그憂苦가半減ᄒᆞᆫ다」ᄒᆞ엿ᄂᆞ니라。

一朝朋友의交誼를深結ᄒᆞᆫ後ᄂᆞᆫ서로信義를직히며利益을셰ᄒᆞ야交契가愈往愈厚케ᄒᆞᆯ지라。若或朋友가過失이잇스면忠告善導ᄒᆞᆯ것이오또朋友의忠告를밧거던喜悅ᄒᆞᆫᄆᆞ음으로聽從ᄒᆞᆷ이可ᄒᆞ도다。

細瑣ᄒᆞᆫ事端으로因ᄒᆞ야友情을傷ᄒᆞ고서로嫉視ᄒᆞᆷ은小人의行爲라。아모리親ᄒᆞᆫ朋友라도許久ᄒᆞᆫ歲月之間에ᄂᆞᆫ彼此에不美ᄒᆞᆫ일도잇스리니。如此ᄒᆞᆫ셰에도決斷코怒ᄒᆞ지말고서로容恕ᄒᆞ야意見의不合ᄒᆞᆫ바를從容히말ᄒᆞᆷ이可ᄒᆞ니라。

普通學校學徒用修身書卷四終

隆熙二年三月一日發行
隆熙三年三月一日再版
隆熙三年十一月一日三版
隆熙四年八月一日四版

定價金拾錢

學部

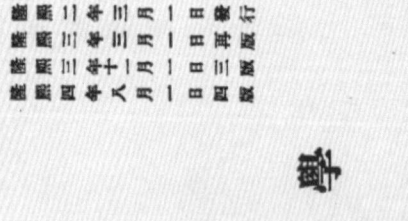

三省堂書店印刷